绿色低碳行为研究丛书

绿碳行为经济学：
汲取增长与濡化发展

田立新　肖　江　傅　敏　朱东旦　张文彬　著

科学出版社

北　京

内 容 简 介

　　本书是国家自然科学基金重大项目课题"企业和居民的绿色低碳行为研究"的阶段性成果，基于管理科学、经济学、行为学及系统科学的视角，多角度介绍绿色低碳行为经济学中的"汲取增长与濡化发展"理论和方法。本书分为两篇共 12 章，第 1 章为绪论；第一篇包括第 2~6 章，主要介绍绿碳行为的汲取内生增长理论；第二篇包括第 7~12 章，主要介绍绿碳行为下的濡化协同发展理论。

　　本书可作为能源经济、能源系统工程、行为经济、气候经济、空间经济、管理科学与工程、复杂系统分析与决策、节能减排和经济系统分析等方向的研究生教材，也可作为相关领域研究人员和相关政府决策部门的参考书。

图书在版编目（CIP）数据

绿碳行为经济学：汲取增长与濡化发展 / 田立新等著. —北京：科学出版社，2021.7

　　（绿色低碳行为研究丛书）

ISBN 978-7-03-066339-9

Ⅰ. ①绿… Ⅱ. ①田… Ⅲ. ①低碳经济–行为经济学 Ⅳ. ①F062.2

中国版本图书馆 CIP 数据核字（2020）第 197119 号

责任编辑：陶　璇 / 责任校对：贾娜娜
责任印制：张　伟 / 封面设计：蓝正设计

科 学 出 版 社 出版
北京东黄城根北街 16 号
邮政编码：100717
http://www.sciencep.com
北京捷迅佳彩印刷有限公司 印刷
科学出版社发行　各地新华书店经销
*
2021 年 7 月第 一 版　开本：720×1000　B5
2021 年 11 月第二次印刷　印张：21
字数：420 000
定价：**210.00 元**
（如有印装质量问题，我社负责调换）

总　序

当前世界范围的可持续发展正在同时推进两大进程，其一是推进联合国《2030年可持续发展议程》，旨在实现全球经济发展、社会进步和环境保护之间的协调和平衡；其二是落实和实施《巴黎协定》，旨在推进能源和经济低碳化变革，实现控制全球升温、保护地球生态安全的目标。实现这两个目标的政策措施相一致，具有广泛的协同效应，都需要强化能源革命，建立并形成清洁低碳、安全高效的能源体系；推动经济发展方式转变，形成绿色、低碳、循环可持续发展的经济体系，打造经济发展、能源安全、环境保护和减排二氧化碳协同治理与多方共赢的格局。

当前及"十四五"期间，中国要保持战略定力，坚持节能减碳的目标导向和政策措施不放松。要以习近平生态文明思想为指导，努力实现以生态优先、绿色低碳发展为导向的高质量发展。习近平生态文明思想倡导人与自然和谐共生，倡导绿色低碳循环可持续发展的生产方式和生活方式，是我国推动生态文明、建设美丽中国的指导方针，而且对全球应对气候变化、保护地球生态安全、实现人类社会可持续发展具有重要指导意义。习近平同志提出，"共谋全球生态文明建设，深度参与全球环境治理，形成世界环境保护和可持续发展的解决方案，引导应对气候变化国际合作"[①]，也是我国推进全球气候治理体系变革和建设的基本理念和指导思想。

2016年国家自然科学基金委员会根据《国家自然科学基金"十三五"发展规划》优先发展领域，发布了"绿色低碳发展转型中的关键管理科学问题与政策研究"重大项目。经过申报和专家遴选，最终由清华大学、上海交通大学、南京师范大学、北京航空航天大学四家单位联合主持，开展为期五年的研究。田立新教授团队负责重大项目课题2"企业和居民的绿色低碳行为研究"的工作，从微观视角阐明企业和居民绿色低碳行为的规律和模式，是整体项目关于绿色低碳转型行为方式研究的理论与实现。

经过三年的扎实工作，田立新教授团队撰写了专著《绿碳行为经济学》，是

---

① 习近平出席全国生态环境保护大会并发表重要讲话. http://www.gov.cn/xinwen/2018-05/19/content_5292116.htm，2018-05-19.

课题 2 重要的阶段性成果。专著由《绿碳行为经济学：汲取增长与濡化发展》和《绿碳行为经济学：交互度量与边际响应》两卷构成，从系统科学的观点出发，多角度介绍绿色低碳行为下新的行为经济学理论和方法。全书共分为四部分，第一部分主要介绍绿碳行为的汲取内生增长理论，第二部分主要介绍绿碳行为的濡化协同发展理论，第三部分主要介绍绿碳行为的选择及传播理论，第四部分主要介绍绿碳行为下的经济发展度量与阈值理论。专著内容相对于本领域已有成果，学术视角独特、研究方法新颖、数据资料充分详尽、理论与实证分析相结合且互相印证，对行为经济学在绿色低碳领域的发展具有独到的贡献。综合运用多元统计分析、复杂网络理论、行为分析理论、非线性动力学理论、多目标动态优化、大数据分析技术等多学科交叉方法，构建企业和居民绿色低碳行为的基础理论，探索多区域工业碳生产力及其绿色竞争优势，评价区域绿色竞争力，分析居民绿色低碳行为选择及扩散机制，揭示绿色低碳行为下经济发展的度量及市场的阈值规律，实现绿色低碳行为领域的理论创新，发展绿色低碳行为理论体系，理论价值明晰。研究绿碳行为经济学问题跨越了多学科，交叉特色明显。定性、定量分析相结合，前后思路连贯，逻辑严密，数学模型多样，多角度、多方法阐述绿碳行为的经济学问题，绝大多数章节已在国内外重要期刊上发表，其中部分内容刊登在国际顶尖期刊 *PNAS* 及国际权威期刊 *Applied Energy*、*Energy*、*Journal of Cleaner Production* 等上。

中国倡导合作共赢、公平正义、共同发展的全球气候治理新理念，把合作应对气候变化作为推动各国可持续发展的机遇，促进各国特别是发展中国家走上气候适宜型的低碳经济发展路径，以实现"发展"与"减碳"的双赢，促进各国加强互惠合作，共同发展，打造人类命运共同体。在国内遵循绿色、循环、低碳发展理念，统筹国内可持续发展与全球应对气候变化国内、国际两个大局，推动能源革命和经济发展方式转型，打造经济、民生、资源、环境与应对气候变化多方共赢的局面。中国在全球气候治理变革、能源与经济低碳转型、互惠共赢国际合作等领域，已经并将继续做出重要贡献，发挥引领作用。

在这样的背景下，田立新教授团队撰写的《绿碳行为经济学》专著，正合时宜，该书作为行为经济学在绿色低碳行为领域的新拓展，适合作为研究性参考书，从事经济学、管理学的研究人员会比较有兴趣，值得推荐。

国际欧亚科学院院士

中国国家气候变化专家委员会副主任

国务院参事室特约研究员

何建坤

2020 年 5 月 20 日

序　言

　　"绿色低碳发展转型中的关键管理科学问题与政策研究"重大项目是国家自然科学基金委员会"十三五"第一批26个重大项目之一。绿色低碳发展转型涉及经济转型和产业升级、个人和组织行为改变、能源系统变革和国际气候治理体系创新等问题，是一项复杂的系统工程，存在很多的挑战和不确定性。为了尽可能地降低转型的成本和有效应对转型过程中的风险，需要全球性的视野和前瞻性的布局，在国家宏观战略层面进行不同空间和时间尺度的统筹协调，提出近、中、远期不同阶段的转型目标和要求，优化转型路径，实施及时有效的政策干预，对转型过程进行科学管理。鉴于我国绿色低碳发展转型的复杂性，迫切需要对我国绿色低碳发展转型中的关键管理科学问题进行系统和深入的研究，实现对转型过程自身客观规律的深刻认识，形成国家决策和政策制定的科学支持平台，促进相关学科领域的发展，是兼具学术与实践价值、体现国家需求的重大研究任务。

　　该重大项目共分为5个课题，其中课题2"企业和居民的绿色低碳行为研究"，从社会参与的角度阐明企业和居民绿色低碳行为的规律和模式，是整体项目关于绿色低碳转型行为方式研究的理论与实现。所构建的企业和居民的绿色低碳行为理论及方法，作为总体科学目标中"绿色低碳发展转型中的关键管理科学问题与政策研究"的理论及方法之一，是重大项目研究落实中央提出"创新、协调、绿色、开放、共享"发展理念的重要体现。《巴黎协定》制定后，自下而上的减排行动正在推动个人、团体、联盟的自发绿色低碳行为，成为实现《巴黎协定》的基础。绿色低碳行为正在成为时尚潮流、社会公德、生活习惯。绿色低碳行为的深入研究趋势增强，成为学科发展前沿。在全球应对气候变化进程出现新转折的时代背景下，统筹国内、国际两个大局，形成我国企业和居民的绿色低碳行为的特征、规律、路径、机制以及关键不确定性的科学描述，建立起我国绿色低碳发展转型的科学理论和方法，具有重要意义。

　　课题2研究企业生产和居民消费不同层面的绿色低碳行为机理，利用行为管理学、行为经济学、复杂网络、博弈论、大数据分析、社会心理分析等多学科综合交叉的理论方法，结合统计资料及问卷调查数据，探索企业和居民绿色低碳行为的基础理论，建立中国特色的企业和居民绿色低碳行为的管理新体系；分别从企业异质性、社会交互和经营管理对企业碳生产力提升的作用，以及居民异质性和社会交互对居民绿色低碳产品使用的作用这两个角度构建绿色低碳行为的模拟模型与核算方法；研究行为干预对企业和居民节能减排的作用机制，分析企业和居民的需求对节能和绿色低碳能源利用的影响，提出促进绿色低碳生产和消费行为方式改变的行为治理政策措施。

专著《绿碳行为经济学》是课题 2 的阶段性成果，是对前期重要成果的总结，本书着重构建绿色低碳行为经济学体系，分为两卷，分别是《绿碳行为经济学：汲取增长与濡化发展》《绿碳行为经济学：交互度量与边际响应》。专著重点研究了企业和居民的绿色低碳行为，揭示了绿碳行为的汲取内生增长机理、绿碳行为的濡化协同发展机理、绿碳行为的交互机理、绿碳行为下的经济发展度量与阈值机理，在一个增长体系、一个交互度量体系、一个边际响应度量体系下形成绿色低碳行为发展综合集成系统（G-Carbon 系统），在理论、方法上有所创新，并进行了实证分析。

《绿碳行为经济学：汲取增长与濡化发展》由田立新教授总体规划设计及协调。第 1 章由肖江老师、张广永博士撰写；第 2~4 章由田立新教授、万冰越博士撰写；第 5~6 章由田立新教授，甄在利博士，胡鹏琪、刘雅萍研究生撰写；第 7~8 章由朱东旦老师撰写；第 9 章由田立新教授、张广永博士、张文彬副教授撰写；第 10 章由傅敏副教授、方国昌教授撰写；第 11 章由田立新教授、傅敏副教授、顾丽琴研究生撰写；第 12 章由田立新教授、张广永博士、张文彬副教授撰写。全书由田立新教授、肖江老师、甄在利博士统稿及润色。感谢积极参与写作的教师们，他们是范兴华教授、蒋书敏教授、杜瑞瑾副教授、李文超副教授、白洋副教授、王明刚副教授等。感谢参与本书写作的研究生合作者们，他们是胡鹏琪、刘雅萍、顾丽琴、潘将来等。

本书相关研究内容得到下列基金项目的资助：国家自然科学基金重大项目课题（71690242），国家自然科学基金项目（11731014、51976085、61973143、71974080、51976085、71774077、71874188、51876081、91546118），国家重点研发计划全球变化及应对重点专项课题（2020YFA0608601），江苏省社会科学基金（18EYB020），江苏省软科学基金（BR2019027），江苏高校优势学科建设工程（三期）资助项目（PAPD-2018-87）。感谢南京师范大学江苏省地理信息资源开发与利用协同创新中心、南京师范大学江苏省高校优势学科-数学为本书提供的资金支持。

衷心感谢张希良教授、范英教授、耿涌教授、陈文颖教授、何建坤教授、刘燕华研究员、周宏春研究员、石敏俊教授、魏一鸣教授、周德群教授、周鹏教授、孙梅教授、陈诗一教授、毕军教授等，他们在写作的过程中提出许多宝贵意

见及建议，感谢来自海外的杨自力教授、沈波教授、苏斌教授、严晋跃教授、关
大博教授等，他们在本书的撰写和出版过程中提供了许多有益建议和帮助。同
时，感谢与著者们的团队长期以来合作交流的学者和管理人员的大力支持。再次
感谢为本书撰写和出版提供帮助的所有人。

田立新

2020 年 5 月 20 日

目 录

第一篇 汲取内生增长理论

第二篇　濡化协同发展理论

第1章 绪 论

1.1 行为经济学概述

1.1.1 行为经济学的内涵[1]

行为经济学是在心理学的基础上研究经济行为和经济现象的经济学分支学科[2]，它在近年来受到越来越多的关注，诺贝尔经济学奖已多次授予行为经济学研究者（赫伯特·西蒙、丹尼尔·卡内曼、罗伯特·席勒、理查德·泰勒等）。行为经济学是最近十年来发展最为迅猛的经济学领域之一，也是少数从不驱逐"外来人口"的经济学领域，这确认了行为经济学作为一个相对新兴的分支为经济学做出的贡献，以及对传统主流经济学产生的深远影响[3-6]。随着行为经济学对交叉学科优势的发挥，应用心理学、神经科学研究成果，将经济学研究领域从物质资料的生产和消费结构、货币交换关系，拓展到研究人的全部经济行为及有关决策，构建了一个"充满人性和人类价值"的理论框架。可见，行为经济学不仅丰富了经济学分析问题的方式，对经济行为的分析更加接近现实，而且无疑对经济学在现实生活中的进一步应用做出了贡献。

行为经济学是相对于古典经济学而言，将认知科学、心理学与经济学原理结合的科学，它研究的是心理、认知、情感、文化、社会等因素对个人与组织的经济决策所产生的影响，并将之与传统经济学解释下的决策进行对比，它是基于人的经济动因的有限理性而提出的。传统古典经济学假定人的行为都是无限理性、具备无限控制力和追求自身效用最大化的，即"经济人"，是"进行一切经济分析的基础"（卡尔·布鲁内）。但信息的不完全性，人类认识能力的有限性，对公平、互惠等社会价值的追求，使得人们的决策也有情感、意识形态引导的成分，即决策的理性是有限的。因此，传统经济学对现实中的许多"非物质动机"的经济现象往往很难解释甚至结论相悖，从而传统经济学受到一些质疑和挑战。

经济学作为社会科学中的一颗璀璨明珠，从亚当·斯密开创现代经济学的分析方法以来，经济学的发展已经深入我们生活的方方面面，小到我们日常的生活购物，大到一个国家的经济运行，都和经济学脱离不了关系。众所周知，传统的经济学建立在"经济人假设"之上，"经济人"是会计算、有创造性，并且追求利益最大化的人，研究这个理性的"经济人"是一切传统微观经济学的基础，然而"经济人假设"太过于完美以至于在我们的日常生活中几乎都不存在，所以微观经济学能够解释的很多问题都存在瑕疵，特别是 20 世纪中叶之后，世界的经济学界曾经有过一段时间的发展乏力，当时传统经济学说在一些理论推演的过程中出现了问题，无论是古典经济学还是凯恩斯主义经济学都出现了对日常生活无法解释的问题。

行为经济学的产生在经济学领域引起了很大反响，有人说这是经济学领域的一次革命，但笔者认为行为经济学更是一种回归，它将经济学中的"人"重新定义到经济学创建最初时的"人"的含义上来。行为经济学创始人丹尼尔·卡内曼及其伙伴阿摩司·特沃斯基将心理学尤其是认知心理学的研究成果运用到经济学研究领域，开创出了一系列新的经济学概念和理论[7]。从狭义上来说，行为经济学就是心理分析和经济分析结合的产物，将人类的认知、社会地位、情绪、个性和情境等心理学因素引入了经济学，从而能够更好地分析我们日常的生活。

1.1.2　行为经济学的发展历程

1. 早期发展

行为经济学在西方主流经济学中不是新学。早在亚当·斯密的《道德情操论》中就已有对人类行为的经济分析，并注意到"证伪主义"心理对人们经济行为的影响。之后的经济学家仍关注对经济行为的研究，但随着证伪主义和实证主义方法论被经济学广泛接受，心理因素逐渐与行为经济相分离。但由于一些无法被传统经济理论解释的现象，经济学家又把目光投向了经济现象背后的心理因素。随着新古典经济学的发展，经济学家开始尝试把经济学重塑为一种自然科学，完全根据经济动因的假设来推导人们的行为，提出了"经济人"这一概念，假想人的行为都是基本理性的。新古典主义经济学家也的确吸收了心理学——这是弗朗西斯·埃奇沃思、维弗雷多·帕累托、欧文·费雪等人的贡献。到了 20 世纪，经济心理学在加布里埃尔·塔尔德、乔治·卡托纳、拉兹洛·加莱等人的努力下诞生，预期效用和贴现效用模型开始被广泛接受，从而催生了一些可检验的假设，用以检验将不确定性和跨期消费纳入考虑后的决策行为。一次又一次被观察到的异常现象最终对这些假设形成了挑战，随后莫里斯·阿莱在此基础上更进一步，于 1953 年首次提出了"阿莱悖论"，对预期效用假设发起了挑战。在 20 世纪 60 年代，认知心理学开始逐渐被阐明，这是一种有别于行为主义模型的信息处理机制理论。这个领域的心理学家，如沃德·爱德华兹、阿摩司·特沃斯基、丹尼尔·卡内曼等，开始将他们提出的基于风险和不确定性的决策制定的认知心理学模型，拿来对比理性行为的经济学模型，而行为模型一般会综合考虑心理学、神经科学、微观经济学。行为经济学的研究范围包括市场决策的产生方式、公众选择的引导机制，其主流观点有三个：①经验法则，人们 95%的决策都是根据经验法则不假思索做出的；②框架效应，偏见和刻板印象的积累，会在人们头脑中形成固定框架，使得人们在各自框架下理解、应对事物；③无效市场，包括错误定价和非理性决策行为。20 世纪 80 年代，理查德·泰勒提出大多数人的决策既非完全理性，也并非完全追求利益的最大化，在这种情况下，行为经济学便应运而生。到 20 世纪 90 年代，出现了以乔治·卡托纳、赫伯特·西蒙为代表的一批专门研究经济行为的经济学家。乔治·卡托纳从心理学专业角度研究人们的经济行为，提出通货膨胀的心理预期假说；赫伯特·西蒙提出了基于有限理性的信息处理和决策方法。可见，行为经济学将心理学的研究成果运用到经济现象研究中，经济分析不再仅仅是研究产品的数量和价格之间抽象的关系，而且是发现人的经济行为特点和规律（乔治·卡托纳），注重研究非理性的、复杂的人类行为，所体现出的分析往往更加接近现实。

2. 重大标志——诺贝尔经济学奖

传统经济学一直在市场体系中假设人类理性，主要前提是人们总是会有稳定的偏好，并根据自己的利益行事，以获得最大的收益。行为经济学是经济学中的一个思想流派，它接受人类并不总是理性的行动，有稳定的偏好，或者最大化自己的收益，它在很大程度上依赖于心理学实验来证明人类实际上充满了一系列影响他们行为、思考和感受的偏见。随着对该领域的发展，众多研究者也因此取得丰硕的成果。

1978 年赫伯特·西蒙教授荣获诺贝尔经济学奖[8]，以表彰其对"经济组织内的决策过程进行的开创性的研究"。2002 年，心理学家丹尼尔·卡内曼被授予诺贝尔经济学奖，以表彰他"将心理学应用于经济学研究，特别是在不确定情况下人们如何做出判断和决策的研究"[9]。2013 年，经济学家罗伯特·席勒凭借（在行为金融学领域）"对资产价格的实证分析"获得诺贝尔经济学奖[10]。2017 年，经济学家理查德·泰勒被授予诺贝尔经济学奖，以表彰他"在行为经济学领域所做的贡献，以及挑战传统经济学，提出人们是可预测非理性的这一创新论点"[11]。瑞典皇家科学院这样描述泰勒的研究：理查德·泰勒将心理上的现实假设纳入经济决策分析中，通过探索有限理性、社会偏好和缺乏自我控制的后果，展示了这些人格特质如何系统地影响个人决策及市场成果。这一事件可以说是行为经济学发展过程中的重要事件之一。因为在泰勒之前，赫伯特·西蒙和丹尼尔·卡内曼也因对行为经济学的贡献而获得诺贝尔奖，但他们同时也是心理学家，由此他们在行为经济学方面的发现更多被认为是心理学对经济学的补充，而理查德·泰勒和在他之前的罗伯特·席勒可以被认为是纯经济学家。由此，他们的获奖在某种程度上标志了行为经济学成为经济学的一门独立的分支。

3. 发展趋势

行为经济学突破了"经济人"理论的假设，在某种程度上把在宏观上的经济研究拓展到微观的个体，从而得出更科学、更实际的经济学规律并进行更准确的预测。行为经济学对传统经济学不能解释的问题做出了解释，为经济学研究提供了新思路。

作为一门新兴学科，行为经济学也有其局限，即尚未建立起系统的、完整的理论框架和体系。同时，行为经济学没有特定的理论逻辑，尚需通过传统经济学对人们的行为进行假设，然后通过实证法检验并修正理论成果。也就是说，在短期内，行为经济学的研究需要在很大程度上依赖传统经济学的研究成果，可能较少有自己完全独立的新发现。从研究方面来说，行为经济学与心理学、神经科学等学科交融，其需要研究者不仅具有经济研究的数学基础，有心理学和神经科学的知识储备，还要有经济学、社会人文的良好素养。对研究人员素质的高要求使行为经济学的完善尚需大量交叉学科的人才。

行为经济学目前的不足也为其短期内的发展方向做出了引导。构建稳健的理论体系，实证法检验传统经济学理论成果，跨学科交叉研究是行为经济学的发展趋势。毫无疑问，行为经济学将使经济学更好地描述和指导经济现象，拓宽经济学的广度和深度。

1.1.3　行为经济学的理论综述

传统经济学对经济现象的预测建立在绝对理性的"经济人"理论基础之上，而在现实情况中，人们的行为受到心理、环境、观念引导的影响，并非绝对理性，传统经济学对人的经济决策行为的假设往往存在偏差。行为经济学通过运用心理学研究成果，将传统经济预测引入维度更丰富的假设方法，使行为经济学的经济预测相较于传统经济学更加符合实际情况。行为经济学虽然存在尚未形成系统理论的局限，但其已形成的若干理论为经济学研究提供了新视角。下面就其中预期理论、边际需求和信息对决策的影响做出分析。

预期理论：指的是在特定的条件下，不同人的行为方式和偏好会影响其预期。预期理论有三个主要观点：首先，面对已经获得的东西，人们倾向于风险规避；其次，面对损失，人们倾向于冒险；最后，获得和损失是相对于某个参照点而言的。人们往往对结果偏离某一固定偏好水平更加敏感，而对用绝对项衡量的反倒不敏感。这种对变化而不是大小的重视，可能与心理学的认知法则有关。根据该法则，人们对外部环境的变化而非其强度更敏感。此外，Mathew Rabin 还提出，"人们的偏好具有风险厌恶的基本特性"，即人们倾向于降低消费风险和不确定性的活动。

边际需求：边际需求是指"商品供给量每增加一个单位所引起的需求量增加的多少"。传统经济学的边际效用递减理论认为，随着供给增加，市场的边际需求呈下降趋势。但行为经济学的研究表明，边际需求并不完全符合这一理论。例如，统计数据显示，战后西方发达国家中，在收入水平大大提高、供给量大大提高后，消费者对商品和劳务的需求量显著增加。

信息对决策的影响：传统经济学理论认为，信息是决策的基础，信息越丰富越有助于人们做出科学的决策。但行为经济学的研究表明，信息和疑虑的变化并不是始终成反比。许多长期投资者正是因为掌握了过多信息而犹豫不决，甚至放弃了投资计划。

1.1.4　行为经济学的基本内容[12]

第一，预期理论。该理论对传统的风险决策理论做出了修正，证明不确定条件下的判断和决策，许多都系统地偏离了传统的经济学理论，特别是偏离期望效用理论。预期理论有三个基本理论观点：面临获得，人们倾向于风险规避；面临损失，人们倾向于追求风险；获得和损失是相对于参照点而言的。人们往往对结果偏离某一固定偏好水平更加敏感（如现状的方式），而不是对用绝对项衡量的结果更加敏感。这种对变化而不是大小的重视可能与心理学的认知法则有关。根据这种法则，人们对外部环境（如温度和光线）的变化而不是其强度更敏感。而且，与偏好水平相比，在同等大小的损失和收益之间，人们常常更讨厌发生损失。

第二，启发式认知偏向。人们在判断的过程中，会走一些思维捷径。这些思维的捷径，有时帮助人们快速地做出准确的判断，但有时会导致判断的偏差。这些因走捷径而导致的判断偏差，就称为启发式偏向。三种最典型的启发式偏向：一是代表性偏向。代表性偏向是指人们简单地用类比的方法去判断。如果甲类事件相似于乙类事件，则甲就属于乙，与乙同类。使用"代表性"进行判断往往会导致过度自信。二是可得性偏向。可得性偏向是指当人们需要做出判断时，往往会依赖快速得到的信息，或是最先想到的东西，而不是去致力于挖掘更多的信息。可得性偏向又分为四种表现形式：事件的可追溯性所造成的可得性偏向；被搜索集合的有效性所造成的可得性偏向；想象力所造成的可得性偏向；幻觉相关所造成的可得性偏向。三是锚定效应。锚定效应是指当人们需要对某个事件做定量估测时，会将某些特定的数值作为起始值，这些起始值就像"锚"一样使估测值落于某一区域中。如果这些"锚"定的方向有误，那么估测就会产生偏差。锚定效应有三种体现：不充分的调整；连续和独立事件的估测偏向；主观概率分布的估测偏差。

第三，心理账户。心理账户的研究主要关注三个因素：一是收入的来源。根据钱来源的不同，人们会将它们分到不同的账户中去，不同账户的边际消费倾向是不一样的。人们会把自己辛辛苦苦挣来的钱存起来不舍得花，但是如果是一笔意外之财，可能很快就花掉了。这其实说明人们在头脑里分别为这两类钱建立了两个不同的账户，挣来的钱和意外之财两者是有区别的。二是收入的支出。人们会将收入分配到不同的消费项目中去，各个项目之间资金不具有完全替代性。三是对心理账户核算的频率。对心理账户是每天核算，每周核算，还是每年核算，对人们的决策行为有很大的影响。

第四，行为生命周期假说。生命周期假说假设人们能够事先估计一生的收入，然后通过合理安排储蓄和消费来平滑一生的消费，这样就能达到货币效用最大化。如果人一生的每个阶段的效用函数都是边际效用递减，并且每一期的消费冲动都是相同的并且可以细分，那么总效用就可视为每一期效用的净现值总和，也只有在这种情况下，这一理论才是可被接受的。行为生命周期假说为原先的理性假说添加了三个重要的行为学变量：自我约束变量；心理账户变量；心理定格变量。

第五，自我约束问题。可以根据对自我约束问题意识的程度不同，将人们分为三种不同的类型：一是成熟型。他们充分意识到自身存在自我约束问题，并且倾向于准确地预测将来的行为。二是幼稚型。他们根本没有意识到自身存在的自我约束问题，因此会错误地预测自己将来的行为。三是偏幼稚型。这类人能够意识到自身的自我约束问题，但低估了这一问题所造成的影响。在储蓄活动中，自我约束问题可能产生两种行为倾向：一是"幼稚拖延"，当人们认为在未来他们的效用函数会发生变化时，就会出现这种"幼稚拖延"。他们错误地认为，虽然今天明摆着是这样的，但是明天会有所不同。他们没能意识到明天的自己也将不再是今天的自己，因此当明天到来时，他们依然会拖延。二是"成熟提前"，当成熟型决策者将消费现有的收入看作一项愉快的活动时，由于他们对未来的自己有充分的认识，他们对自己说：如果明天我会把今天的储蓄都花光，那么为什么我今天还要储蓄呢？于是在没有成本（如税收优惠）的前提下，成熟型决策者也会拖延储蓄。

行为经济学作为相对新兴的一个经济学分支，为传统经济学开辟了充满活力的新的研究视角。正如乔治·卡托纳所言，行为经济学的兴起，让经济分析"不再仅仅局限于研究商品和价格之间、储蓄和流通之间抽象的关系，而是发现人的经济行为的特点和规律"，使经济学理论研究增添了人文主义气息，为现代经济学的理论框架增添了"人性和人类价值"，其对金融市场、金融投资、储蓄行为、工资理论、经济立法等领域的研究做出了重要贡献。此外，行为经济学注重实证和观察方法的应用，但并不局限于固有的研究方法，其运用心理学、社会学的成果，结合现代高新科技，在研究思路上锐意创新，是对传统经济学研究的一次理论革命和研究方法革命。虽然行为经济学尚未产生系统的理论体系，但其带来的广阔的研究前景令人期待，且随着越来越多的专业学者的研究深入，行为经济学将更加严谨与系统化。总而言之，行为经济学作为一门将人文性与科学性相融合的学科，展现了自身的突出特点。在经济全球化、社会化的今天，行为经济学将助力经济学的发展与应用。

1.2　研究意义和内容

1.2.1　研究意义

气候变化是人类发展进程中出现的问题，既受自然因素影响，也受人类活动影响，既是环境问题，更是发展问题，同各国发展阶段、生活方式、人口规模、资源禀赋以及国际产业分工等因素密切相关。一方面，应对气候变化，实现可持续发展，是摆在我们面前一项紧迫而又长期的任务，事关人类生存环境和各国发展前途；另一方面，气候变化是全人类面临的共同挑战，《巴黎协定》已具备广泛的支持基础。气候变化，节能减排，促进新能源发展，是各国转变发展方式、破解资源环境制约、提升国际竞争力的内在要求。绿色低碳发展道路是大势所趋，为了眼前能见的一点儿利益就逆向而行，只能错失一个新时代的发展机遇。

应对气候变化，促进绿色低碳发展既是全球各国政府的共识，也是中国政府的国家战略。十八大报告指出："着力推进绿色发展、循环发展、低碳发展，形成节约资源和保护环境的空间格局、产业结构、生产方式、生活方式，从源头上扭转生态环境恶化趋势，为人民创造良好生产生活环境，为全球生态安全作出贡献。"[①]"绿色发展""低碳经济"作为一种综合性的经济社会转型战略，是应

---

① 十八大报告（全文）：坚定不移沿着中国特色社会主义道路前进 为全面建成小康社会而奋斗. http://www.wenming.cn/djw/gcsy/zywj/201305/t20130524_1248116.shtml，2012-11-08.

对气候变化和维护生态安全的重要举措。中国把绿色发展、低碳发展作为生态文明建设的基本途径，并积极推动形成节约资源和保护环境的空间格局，实现生产方式、消费行为的转型发展。实现这种转型发展的关键是寻求绿色行为驱动的促进碳生产力提高的新型低碳生产模式和消费模式的低碳路径。

企业和居民都是社会生产和经济活动的基本主体，是影响绿色低碳经济发展的决定性力量。只有通过对企业和居民的绿色低碳行为进行正确管理，才能真正实现我国经济的绿色低碳发展。但当前我国企业和居民的绿色低碳理念与行为仍然无法适应国家的绿色低碳发展战略。如何对企业和居民的行为建立起合理的约束与规范机制、开放共享的绿色低碳产品市场，实现全方位的互联互通，以及如何有效地引导企业和居民的绿色低碳行为，并建立起相应的动态响应机制，关系到我国未来能否有效发展绿色低碳经济进而实现经济的可持续发展。在当前气候变化和低碳发展的背景下，企业和居民的绿色低碳行为方式和交互作用日益复杂，市场、技术及政策的不确定性也在很大程度上影响着企业和居民的绿色低碳行为，传统的环境理论与经济学理论已很难从根本上解决当前背景下经济、社会、环境多目标"共赢"的问题。要树立新的资源观、发展观、生产观和消费观，改变已有的生产和消费体系；依靠市场的调节作用，通过政府部门的引导，以及社会主体的参与、交互影响及响应，最终形成新的绿色低碳生产消费体系。发展的长效机制，亟待进行新的理论探索、方法的突破及实践。

综上所述，需要建立具有中国特色的企业和居民绿色低碳行为基础理论，探索企业绿色低碳行为及管理机制，分析居民绿色低碳行为及传播机制，对各种行为干预策略下企业和居民节能和减少碳排放的作用进行定量评估，进而实现绿色低碳生产方式和消费方式的改变。

1.2.2 研究内容

本书从系统科学的观点出发，多角度介绍绿色低碳行为下新的经济学理论和方法。本书是《绿碳行为经济学：汲取增长与濡化发展》。第 1 章为绪论，介绍了传统的行为经济学及本书的研究意义和研究内容。

第一篇为第 2~6 章，主要介绍绿碳行为的汲取内生增长理论，分别从绿碳行为驱动的内生增长动力机理、基于绿碳汲取水平增长的碳价值实现、问题导向下创新知识体系的绿碳增长机理、人工智能下的内生增长机理、可再生氢能经济的内生增长机理这 5 方面进行分析研究。

第二篇为第 7~12 章，主要介绍绿碳行为的濡化协同发展理论，分别从多区域工业碳生产力分析、产业系统碳生产力模型及其绿色竞争优势、效率提升的协同增长机理、最优经济增长的节能减排模型及应用、碳税及经济发展的优化路径、多主体绿碳扩散行为濡化下的能源效率提升及演化这 6 方面进行分析研究。

参 考 文 献

[1] 周妍辰. 行为经济学研究综述. 环球市场信息导报，2018，（43）：254-255.

[2] 肖斌. 经济学与心理学的融合——行为经济学述评. 当代经济研究，2006，（7）：23-26.

[3] 马涛. 行为经济学对传统主流经济学的挑战. 社会科学，2004，（7）：18-26.

[4] 李爱梅，凌文辁. 论行为经济学对传统经理理论的挑战. 暨南学报（人文科学与社会科学版），2005，27（1）：24-29，137.

[5] 于全辉，孟卫东，等. 行为经济学对传统经济学的批判. 生产力研究，2007，（14）：3-4，20.

[6] 蒋军锋，殷婷婷. 行为经济学兴起对主流经济学的影响. 经济学家，2015，（12）：68-78.

[7] 罗潆. Daniel Kahneman 行为经济学思想综述. 山东大学硕士学位论文，2009.

[8] Simon H. Biographical. https://www.nobelprize.org/prizes/economic-sciences/1978/simon/biographical/, 2019-4-20.

[9] 李增刚. 行为经济学和实验经济学的基础：2002 年诺贝尔经济学奖获得者思想介评. 经济评论，2002，（6）：82-84.

[10] 陶春生，虞彤. 2013 年度诺贝尔经济学奖得主学术贡献评介. 经济学动态，2013，（12）：91-103.

[11] 薛求知. 将心理分析引入经济学——2017 年诺贝尔经济学奖获奖成果解读. 企业管理，2017，（12）：6-10.

[12] 韦婷婷. 行为经济学理论综述. 中国集体经济，2010，（36）：54.

第一篇
汲取内生增长理论

引　言

　　自 1978 年改革开放以来，中国经济持续迅猛增长。经济的高速增长拉动了能源需求全面提高和碳排放量持续攀升，对生态环境造成了巨大压力。事实表明，中国 2006 年二氧化碳排放总量首次超过美国，成为全球最大碳排放国；2009 年成为全球最大能源消费国，具体而言，2016 年中国二氧化碳排放量达到 91.23 亿吨，占全球二氧化碳排放总量的 27.29%。中国正面临着资源约束趋紧、环境污染的严峻形势和巨大压力，特别是在以北京、上海、广州等为代表的大城市。面对国内日益突出的环境问题，中国政府提出了"十二五"和"十三五"期间全国单位 GDP 能耗分别下降 16% 和 15% 的目标，以及到 2020 年全国单位 GDP 二氧化碳排放量降低 40%~45% 的目标。面对国际日渐频繁的气候问题谈判，中国政府在国际上做出了一系列有魄力的碳减排承诺。例如，2014 年，在《中美气候变化联合声明》中，中国首次正式提出将于 2030 年左右使二氧化碳排放量达到峰值并争取尽早实现；2015 年，中国进一步提出，到 2030 年中国单位 GDP 二氧化碳排放量要比 2005 年下降 60%~65%。可见，如何制定合理的环境政策、寻求有效的碳减排途径，实现低碳发展，是中国当前迫切需要解决的重大现实问题。

　　中国乃至全球正在面临着严重的环境污染与气候变化问题。随着经济全球化与生产力的迅猛发展，人们在享受经济全球化带来的好处的同时，雾霾、气候变暖、自然灾害等破坏性现象在全球范围内愈演愈烈，人类在征服自然的过程中，也承受着巨大的代价。全球都在遭受着环境恶化、资源约束、人地关系紧张带来的生存威胁。矿产和化石燃料等自然资源对经济增长至关重要，因为它们是商品和服务生产的重要投入要素。因此，许多研究将能源消耗作为环境退化的另一个重要决定因素，因为污染主要是由燃烧化石燃料造成的。在工业革命之后，这些不可再生资源的大规模使用增加了温室气体的排放。在过去的 40 年里，这一数字迅猛增加。温室气体的排放恶化了人类生活所必需的生存和生活环境。然而，它被认为是经济增长的代价。因此，经济增长被认为是环境退化的一个重要因素。环境作为一种不可替代的资源，是人们赖以生存的基础。经济增长情况和与之相联系的环境是紧密相连的。西方国家在经历两次工业革命后，取得了巨大的经济增长，创造了大量的物质财富，但同时破坏了生态环境，如污染了水土和空气、减少了森林草地资源，使很多生物濒临灭绝，生态环境的破坏所带来的负面影响直到今天仍未被解决。环境的恶化会给经济的增长带来负面作用，经济增长将面临资源环境等物质基础的供给能力不足的问题，经济因此不能持续健康发展。

面对日益严峻的环境问题，《联合国气候变化框架公约》《哥本哈根协议》等国际协议的签订和执行进一步表明，绿色发展、环境保护在新时代的背景下已经达成了全球共识。这是维持全球经济持续稳定增长的必然选择。2015 年，我国实行了新的《环境保护法》，我国环境保护的法律法规及标准要求也在不断地提高。在 2016 年 G20 杭州峰会上，绿色发展概念被多次提到。中国经济需要高质量发展，高质量发展需要优化经济结构，发展绿色经济模式。

工业革命以来，全球经济快速发展，能源利用水平大幅度提高。在全球经济发展的同时也带来越来越严重的环境问题，其中全球气候变暖问题得到越来越多国家的关注，发展低碳经济成为新的经济增长方式。绿色低碳经济，不仅是应对全球气候变暖的必然选择，也是积极保障能源安全，推动中国区域经济转型的最佳选择。

本篇主要研究绿色低碳行为下汲取的内生增长理论，共分为五章。第 2 章为绿碳行为驱动的内生增长动力机理，在原有内生增长模型的基础上考虑了绿色低碳行为的驱动作用。从环境质量水平、排放投入水平、知识扩散量体现生产模块中的绿色低碳行为；从环境质量存量水平及碳排放量水平影响家庭当前消费水平获取代表性家庭效用来体现家庭模块中的绿色低碳行为；把减排技术的研发和新能源的生产及利用技术的研发作为研发投入中的绿色低碳行为，以此形成本章所研究的经济系统中的绿色低碳行为，并由此建立了绿色低碳行为驱动的新型内生增长模型。提出了三种绿色低碳行为制度：政府的绿色低碳行为制度（government's green low-carbon behavior，GG）、有政府激励的私人的绿色低碳行为制度（private green low-carbon behavior motivated by the government，PMG）、无政府激励的私人的绿色低碳行为制度（private green low-carbon behavior motivated by anarchy，PG），对模型做优化分析并对有绿色低碳行为的三种制度做优化选择，做三种政策下的实证研究，获取了绿色低碳行为的综合效应：增长福利效应和知识扩散效应。第 3 章基于绿碳汲取水平增长的碳价值实现，从企业与居民主动、自觉、自律践行绿色低碳行为视角，研究经济系统在绿色低碳行为驱动下的内生增长规律及其绿色低碳汲取水平下增长过程中的碳价值实现。将减少碳排放投入与自然环境的自我净化能力作为内生因素纳入增长的动力范围，并称之为绿色低碳汲取水平。用绿色低碳汲取水平来测量企业与居民主动、自觉、自律的绿色低碳行为。依据绿色低碳汲取水平、技术方程、欧拉方程，实现了碳价值，并得出了绿色低碳汲取水平内生效应与碳价值实现水平效应。第 4 章为问题导向的创新知识体系消纳作用驱动的新型内生增长模型及创新-濡化效应，主要研究了问题导向下的基础研究、应用成果与转化技术，分析了政府干预基础研究投资、所缴纳的消费税、创新因子、环境税和碳税对企业与居民主动、自觉、自律践行绿色低碳行为下的新型内生增长模型中经济的影响。提出了创新因子，将基础研究、应用成果、转化技术这三个阶段结合起来，并得到了创新效应。第 5 章为人工智能效益提升的内生增长模型及智能效应，将人工智能技术引入内生增长模型，提出人工智能研发的三种投资模式，实证分析了三种投资模式对经济增长和福利水平的影响，得出最优投资模式。第 6 章为可再生能源驱生氢能的再生效应，集中研究一个有关可再生能源转换为氢能的内生增长模型，在现有内生增长模型的基础上考虑了绿色低碳行为的影响，将可再生能源中的弃风、弃光、弃水转换为氢能，提高可再生能源的利用效益，并通过数值模拟分析比较模型在开放存取和完全产权两种不同制度下的均衡结果。

第2章 绿碳行为驱动的内生增长动力机理[①]

本章建立绿色低碳行为驱动的新型内生增长模型，对模型做优化分析并对有绿色低碳行为的三种制度做优化选择，做三种政策下的实证研究，获取综合效应。本章总共分为三个部分：绿色低碳行为的内生增长模型、三种绿色低碳行为制度、实证及政策效应。在绿色低碳行为的内生增长模型这一部分，我们建立了新型内生增长模型，这一模型在现有内生增长模型的基础上考虑了绿色低碳行为的作用及影响。该模型将绿色低碳行为下的经济系统分成生产部门、家庭及减排研发部门这三个模块进行讨论。在生产模块中，我们在中间产品中考虑了知识扩散量，用知识扩散量来表述绿色低碳行为的传播，在特定部门中间产品的生产函数中考虑了环境质量、资本、劳动、排放投入，而后依据中间生产商的利润函数得到了中间生产商的一阶条件。在家庭模块中，我们在代表性家庭效用中考虑了消费、环境质量、碳排放量，并利用汉密尔顿函数求得代表性家庭的消费和物质资本的最佳条件。在减排研发模块中，我们得到了平衡增长路径在稳定状态的特点。在第二部分，我们提出了三种绿色低碳行为制度，通过政府预算约束下的优化和绿色低碳行为下新模型的九个优化解及福利函数比较了政府的绿色低碳行为制度（GG）、有政府激励的私人的绿色低碳行为制度（PMG）、无政府激励的私人的绿色低碳行为制度（PG）这三种制度，结果发现有政府激励的私人的绿色低碳行为是一种达到最高增长率和福利水平的最优制度。在实证及政策效应这一部分，我们提出政策制定者需要考虑的三个绿色低碳参数并分别依据美国和中国的数据进行数值模拟，而后对两国数值模拟得到的结果进行了比较，得到了绿色低碳行为的综合效应：增长福利效应和知识扩散效应。

[①] 本章主要内容出处：Wan B Y, Tian L X, Zhu N P, et al. A new endogenous growth model for green low-carbon behavior and its comprehensive effects. Applied Energy, 2018, （230）: 1332-1346.

2.1　经济系统相关动态分析

本章从绿色低碳行为驱动下的经济社会发展动力出发研究新型内生经济增长模型，共分为三个部分：绿色低碳行为的内生增长模型、三种绿色低碳行为制度、实证及政策效应。

在绿色低碳行为的内生增长模型这一部分，我们将绿色低碳行为下的经济系统分成了三个模块：生产模块、家庭模块、减排研发模块。

关于生产模块的研究，Bleaney 等在生产函数中考虑了私人资本和公共投入[1]；Mino 在生产函数中考虑了物质资本和人力资本，与物质资本有关的特定部门的外部性，与人力资本有关的特定部门的外部性[2]；Howitt 考虑了生产中使用的劳动力、国家生产和使用的不同中间产品的数量、中间产品输出流和生产率参数[3]；Futagami 和 Lwaisako 在总量生产函数中考虑了劳动投入和中间产品的组合，在中间产品生产函数中考虑了中间产品的数量[4]；Ackerberg 等在生产函数中考虑了资本投入、劳动投入、两个计量经济学的不可观测变量[5]；Laeven 等在生产函数中考虑了技术水平参数、劳动需求和 t 时刻的中间产品[6]；Bretschger 等把最终产品分成特定部门的中间产品和其他部门的中间产品，而后对于特定部门的中间产品依据 CES 函数考虑了劳动与能源两个要素[7]。

现有文献都对中间产品的生产函数进行了研究，考虑了环境质量、劳动、资本、技术水平、排放投入等要素，却未能从绿色行为作为内生动力的角度对中间产品的影响及作用进行优化分析，因此我们在新模型的中间产品中考虑了知识扩散量，用知识扩散量来表述绿色低碳行为的传播。我们在上述研究的基础上首先给出了最终产品关于中间产品的生产函数，并将中间产品分成特定部门的中间产品和其他部门的中间产品，而后将两者依据 CES 函数组合，并对中间产品进行静态利润最大化。本章主要是对特定部门的中间产品部分进行讨论，在 Chu 和 Lai 中间产品中生产函数研究[8]基础上，考虑了知识扩散量，同样运用 CES 函数，考虑了知识扩散量作为内生动力下的生产函数。

关于知识扩散量，前人也做了大量的研究。Franco 和 Filson 指出在高科技产业中，一个重要的扩散方法是雇员流动：许多一开始进入公司的雇员使用的都是在之前公司所学到的技术[9]；Chen 和 Hicks 指出知识扩散是知识在广泛的科学和工程研究及发展中的同化，科学和技术之间的知识扩散是一个具有挑战性的问题，这是因为新出现的模式都具有复杂性。这篇文章提出了一种结合复杂网络理论、网络可视化和专利引文分析的方法，以改进知识扩散研究的方法[10]。

Macgarvie 利用专利引文衡量技术知识的国际扩散，研究发现，通过物理和技术以及共享一种共同语言，扩散得以增强[11]。Braunerhjelm 等提出了一个模型来说明增长如何依赖知识积累以及如何通过两个现有企业的活动进行扩散[12]。Autant-Bernard 等强调了地方知识溢出的实证结果以及一些政策含义[13]。Yang 等提出了一种基于局部非均匀网络的知识扩散模型，并介绍了优先选择的扩散机制和知识吸收能力[14]。Todo 等利用大型企业面板数据，通过知识扩散检验供应链网络结构对生产率和创新能力的影响[15]。Bretschger 等考察了知识扩散对气候政策的增长和成本的影响，建立了一个具有内生增长的一般均衡模型，代表了部门和地区之间的知识扩散，通过采用专利引文数据进行估计计量得到：知识扩散取决于可达性和吸收能力，知识扩散导致经济"绿色化"，促进"清洁"碳生产部门的生产力[7]。但是现有文献未能从绿色行为作为内生动力角度对中间产品的影响及作用进行优化分析，因此我们在新模型的中间产品中考虑了知识扩散量，用知识扩散量来表述绿色低碳行为的传播。而后，依据柯布-道格拉斯生产函数我们得到了 j 公司在 i 部门下的组合变量的生产函数，这一生产函数除了考虑了资本和劳动，还考虑了排放投入。这里的排放是指污染排放，我们给出了对应的污染排放的知识存量，但本章不仅仅考虑了这一种排放的知识存量，在下面的家庭模块中我们还将考虑碳排放的知识存量，并且在减排研发模块中我们还将考虑新能源的生产及利用技术的研发。

在家庭模块，我们考虑了代表性家庭效用，并由代表性家庭效用得出了福利水平。Luis 等在代表性家庭效用中考虑了消费水平，并且在均衡增长下，消费增长率必须等于产出增长率[16]。Baldwin 等在代表性家庭效用中考虑了产品的消费、工业制成品的 CES 复合以及纯时间偏好率[17]。Braunerhjelm 等假设需求是由具有长期跨期替代弹性的消费者偏好决定的，然后构造汉密尔顿函数以获得最大的一阶条件[12]。Chu 和 Lai 在代表性家庭效用中考虑了环境质量存量和消费水平[8]。Suphaphiphat 等在代表性家庭效用中考虑了消费水平和贴现率[18]。Donadelli 借鉴 Epstein 和 Zin 等的成果在代表性家庭效用中考虑了消费、相对风险规避系数、跨期替代弹性和贴现因子[19, 20]。Valente 在代表性家庭效用中考虑了消费和消费跨期替代弹性的倒数[21]。现有文献已经在代表性家庭效用中考虑了环境质量存量、消费等因素，并得出福利水平函数，但未从低碳行为角度对福利水平进行分析，因此，我们在 Chu 和 Lai 考虑了消费和环境质量的代表性家庭效用函数[8]基础上，还考虑了碳排放量，并依据汉密尔顿函数求得家庭的消费和物质资本的最佳条件。对于碳排放量，我们在后面的减排研发模块中对应着一个碳排放的知识存量。

在减排研发模块，Peng 和 Bao 在研发部门中考虑了中间产品的设计方案专利价格和人力资本报酬[22]；Chu 和 Lai 将污染减排技术作为知识，由于知识的创造需要时间和努力，因此，创新和发明是投资的行为，而后依据生产力参数和研发活动的劳动投入构建一个减排知识[8]；Yan 和 Zhang 在研发部门中将研发投入分成了减排技术的研发和新能源的生产及利用技术的研发两部分，而后采用柯布–道格拉斯形式构建了研发生产函数[23]。现有文献将污染减排技术作为知识存量考虑进了研发部分，但并未从低碳行为角度进行考虑，因此，我们在 Yan 和 Zhang[23]的基础上，假设研发的投入主要由政府进行，并将减排技术的研发分成了碳排放的知识存量和污染排放的知识存量两个部分。在这里我们假设研发的投入主要是由政府进行，这是因为研发需要技术、人力以及资金的投入，同时需要知识的创造和积累，而这些投入是昂贵的。就像 Bovenberg 和 Smulders 所强调的那样，在一个完全竞争的市场下，减排研发不能得到奖励，因此，没有政府的干预就没有减排技术的创新[24]。

在三种绿色低碳行为制度这一部分中，我们在 Chu 和 Lai 将减排分成公共减排、无税收回收的私人减排和有税收回收的私人减排[8]的基础上，并基于上述部分，提出了三种绿色低碳行为制度：政府的绿色低碳行为、有政府激励的私人的绿色低碳行为、无政府激励的私人的绿色低碳行为，并对三种绿色低碳行为制度进行了讨论。这三种制度是 Chu 和 Lai[8]中三种制度的一般情况，当中的绿色低碳行为包括了减排研发部分，除此之外还有使用新能源设备等。通过政府预算约束下的优化和绿色低碳行为下新模型的九个优化解以及福利函数，得出有政府激励的私人的绿色低碳行为是一种达到最高增长率和福利水平的最优制度。

在实证及政策效应这一部分中，我们提出政策制定者需要考虑的三个绿色低碳参数并分别依据美国和中国的数据进行数值模拟，而后对得到的两国数值模拟的结果进行了比较，得到了绿色低碳行为的综合效应：增长福利效应和知识扩散效应。增长福利效应是指增加政府的转移支付，政府的绿色低碳行为与有政府激励的私人的绿色低碳行为下的增长率和福利水平下降，但无政府激励的私人的绿色低碳行为下的增长率和福利水平保持不变；知识扩散效应是指增加知识扩散的吸收能力，政府的绿色低碳行为与有政府激励的私人的绿色低碳行为下的增长率和福利水平上升，但无政府激励的私人的绿色低碳行为下的增长率和福利水平保持不变。在三种制度选择意义上，存在经济增长与环境质量之间的权衡。碳税、环境税政策是否影响经济增长的关键取决于环境正外部性的存在与否，但无论环境是否存在正外部性，碳税、环境税的福利水平在 GG 和 PMG 制度下都是上升的，但美国的 PG 制度的碳税、环境税福利水平是上升的，而中国的 PG 制度的碳税、环境税福利水平是下降的。

综上可见，绿色低碳行为作为内生动力驱动下的经济增长问题成为发展趋势。本章将用三个部分来研究这一问题，如图 2-1 所示，首先建立绿色低碳行为经济增长模型；其次研究该模型下的有关绿色低碳行为制度的优化理论；进一步分别依据美国和中国的数据做实证分析并进行比较，以此获得相关的综合效应。在新的模型部分，我们注意到现有文献将经济系统分成生产部门、家庭、减排研发部门三个模块来构建内生增长模型，但并未将绿色低碳行为作为内生动力加以研究及分析，因此我们构建了绿色低碳行为下的新型内生增长模型，我们仍然将经济系统分为三个模块。在生产模块中考虑了知识扩散量，用知识扩散量来表述绿色低碳行为的传播；在家庭模块中考虑了碳排放量，在减排研发模块中考虑了碳排放的知识存量，用碳排放量和碳排放的知识存量来表述绿色低碳行为。在三种绿色低碳行为制度部分的研究中，Chu 和 Lai 是对三种减排研发政策即公共减排研发政策、无税收回收的私人减排研发政策、有税收回收的私人减排研发政策进行比较，发现最优政策是有税收回收的私人的减排研发政策[8]。在这里，政府的补贴体现在对研发的补贴，而我们提出了三种绿色低碳行为制度：政府的绿色低碳行为制度（GG）、有政府激励的私人的绿色低碳行为制度（PMG）、无政府激励的私人的绿色低碳行为制度（PG），而后通过政府预算约束下的优化、绿色低碳行为下新模型的九个优化解和福利函数对这三种绿色低碳行为制度进行比较，发现最优制度是有政府激励的私人的绿色低碳行为制度。在我们的文章中，政府的激励作用体现在对私人或个体使用新能源设备或者自主进行研发新能源设备的补贴上。这里的三种绿色低碳行为制度是在假设研发投入主要是由政府进行的基础上提出的。在实证及政策效应这一部分中，Chu 和 Lai 是对政府的其他支付、环境税、关税以及完全竞争市场进行了讨论，发现在绿色低碳行为制度选择意义上，存在经济增长与环境质量之间的权衡；私有化减排带来的利益越大，企业垄断力就越大；如果政府利用对环境的税收收入来补贴私人减排研发，所带来的增长率和福利会比其他所有制度更高；当政府的其他支付支出增加时公共减排政策的有利影响将被削弱；如果中间生产商以固定的价格从国外引入污染投入，环境税的上涨可能会同时减少污染和刺激增长[8]。我们则对中国和美国的政府转移支付、知识扩散的吸收能力和碳税、环境税进行了讨论和比较，同样也得出：在绿色低碳行为制度选择意义上，存在经济增长与环境质量之间的权衡，碳税、环境税政策是否影响经济增长的关键取决于环境正外部性的存在与否，但无论环境是否存在正外部性，碳税、环境税的福利水平在 GG 和 PMG 制度下都是上升的。但是对于美国而言，碳税、环境税的福利水平在 PG 制度下是上升的，对于中国而言却是下降的，这是因为中国政府大力支持私人使用新能源设备并对此进行了补贴，这些补贴激励着私人去使用新能源设备，当政府对私人研发与使用新能源设备不再进行补贴也就是推行无政府激励的私人的绿色低碳行为制度时，私人的积极性就会降低。与此同时，研发也会造成一定的环境污染，当征收的碳税、环境税越多的时候，私人研发与使用新能源设备的积极性就会受到打击，从而使得经济增长率与福利水平呈现下降趋势；除此之外，我们得到了绿色低碳行为的综合效应：增长福利效应和知识扩散效应。

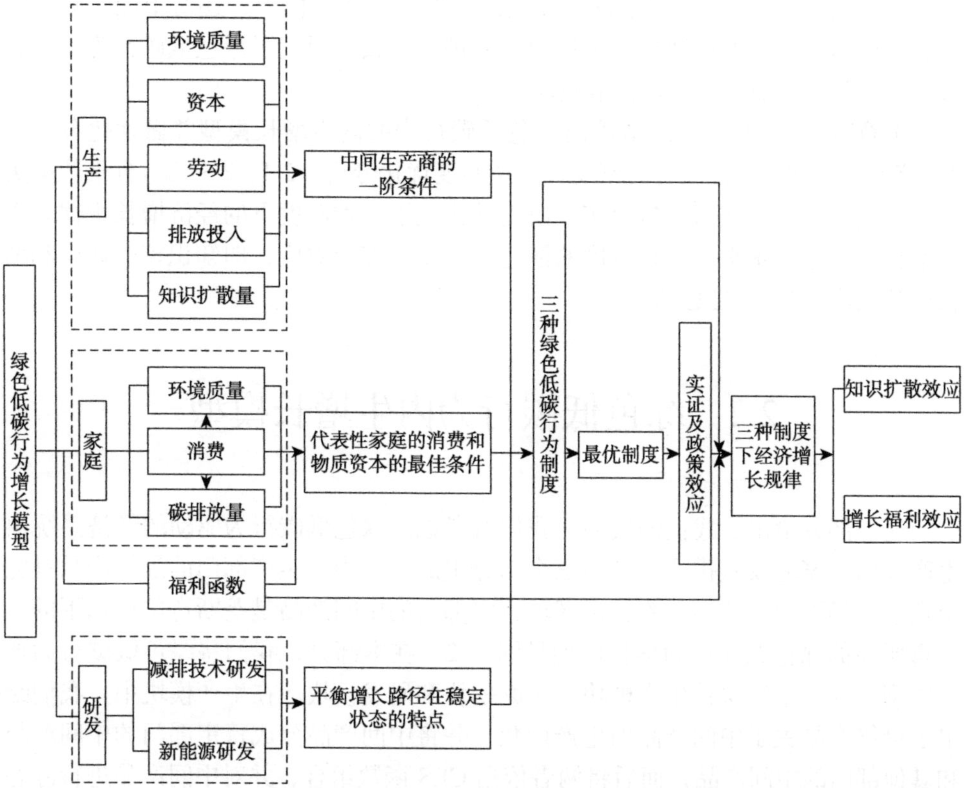

图 2-1　研究框架

本章的研究与以往研究的主要区别也即我们的主要创新点在于以下几个方面。

（1）模型部分，我们在原有内生增长模型的基础上考虑了绿色低碳行为的驱动作用。本章中绿色低碳行为体现在以下方面：从环境质量水平、排放投入水平、知识扩散量体现生产模块中的绿色低碳行为；从环境质量存量水平及碳排放量水平影响家庭当前消费水平获取代表性家庭效用来体现家庭模块中的绿色低碳行为；把减排技术的研发和新能源的生产及利用技术的研发作为研发投入中的绿色低碳行为，以此形成本章所研究的经济系统中的绿色低碳行为。这种绿色低碳行为对经济增长模型的驱动研究是以往没有的。

（2）我们提出了三种绿色低碳行为制度：政府的绿色低碳行为制度、有政府激励的私人的绿色低碳行为制度、无政府激励的私人的绿色低碳行为制度，并对三种绿色低碳行为制度进行了讨论。这三种绿色低碳行为制度是 Chu 和 Lai[8] 中三种制度的一般情况，其中的绿色低碳行为包括了减排研发部分，除此之外还有使用新能源设备等。

（3）在本章中，我们不仅对美国的数据进行数值模拟，还对中国的数据进行数值模拟，并将两国数值模拟所得结果进行比较，得到了绿色低碳行为的综合效应：增长福利效应和知识扩散效应。

本章的叙述如下。2.2 节给出绿色低碳行为的内生增长模型并做优化分析。2.3 节给出三种绿色低碳行为制度，并做制度优化分析。2.4、2.5 两节分别依据美国和中国的数据做数值分析及实证研究并比较了三种制度下的经济增长规律，以及增长率和福利水平下三种制度的演化，获得了综合效应，即知识扩散效应和增长福利效应。2.6 节是总结。

2.2　绿色低碳行为内生增长模型

这一部分给出了我们的模型，我们所考虑的绿色低碳行为驱动的经济系统由生产部门、家庭及减排研发部门三个部分组成。其中，生产部门的最终产品是完全竞争市场下的，特定时刻特定区域特定部门的中间产品是垄断竞争市场下的。本章所述的绿色低碳行为增长模型见图 2-2。在本部分，我们将绿色低碳行为增长模型分为三个模块：生产模块、家庭模块和研发模块。在生产模块中，我们给出了最终产品关于中间产品的生产函数，并将中间产品分成特定部门的中间产品和其他部门的中间产品，而后将两者依据 CES 函数组合，并对中间产品进行静态利润最大化；对于特定部门的中间产品，我们考虑到绿色行为这一因素，在现有文献的基础上额外考虑了知识扩散量，用知识扩散量来表述绿色低碳行为的传播，并根据 CES 函数将 j 公司 i 部门下的组合变量与知识扩散量组合，进行动态利润最大化，而后在 j 公司 i 部门下的组合变量中考虑了生产函数。在生产函数中，我们考虑了环境质量、资本、劳动、排放投入，并依据中间生产商的利润函数得到了中间生产商的一阶条件。在家庭模块中，我们考虑了代表性家庭效用，并在代表性家庭效用中考虑了环境质量、消费和碳排放量，而后依据汉密尔顿函数求得代表性家庭的消费和物质资本的最佳条件。并由这样一个代表性家庭效用函数求得福利水平函数，该福利水平函数将在后面用于比较三种制度下的福利水平情况。在研发模块中，我们假设研发投入主要由政府进行，并将研发投入分为减排技术的研发和新能源的生产及利用技术的研发，与生产模块中给出的污染排放知识存量一样，在这一模块中我们给出了与碳排放量对应的碳排放的知识存量。我们将减排技术的研发分为污染排放知识存量与碳排放知识存量，而后得出平衡增长路径在稳定状态的特点。

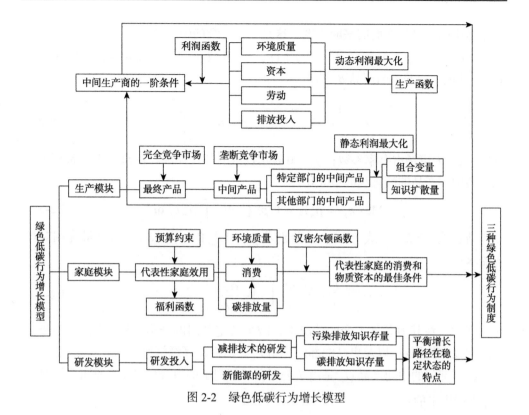

图 2-2　绿色低碳行为增长模型

2.2.1　生产模块

在生产模块这一部分中，我们给出了最终产品关于中间产品的生产函数，并将中间产品分成特定部门的中间产品和其他部门的中间产品，而后将两者依据 CES 函数组合，并对中间产品进行静态利润最大化；对于特定部门的中间产品，我们考虑到绿色行为这一因素，在现有文献的基础上额外考虑了知识扩散量，用知识扩散量来表述绿色低碳行为的传播，并根据 CES 函数将 j 公司 i 部门下的组合变量与知识扩散量组合，进行动态利润最大化，而后在 j 公司 i 部门下的组合变量中考虑了生产函数。在生产函数中，我们考虑了环境质量、资本、劳动、排放投入，并依据中间生产商的利润函数得到了中间生产商的一阶条件。

根据 Dixit 和 Stiglitz[25]，我们得到生产函数：

$$Y_{rt} = \left[\int_0^1 y_{irt}{}^{1-\theta} \mathrm{d}i \right]^{\frac{1}{1-\theta}}, \theta \in [0,1] \tag{2-1}$$

其中，Y_{rt} 表示 t 时刻 r 区域的最终产品；y_{irt} 表示 t 时刻 r 区域 i 部门的中间产品；

θ 表示中间产品生产商的垄断程度。这是一个连续的中间产品 y_{irt}。

中间产品 y_{irt} 在时间 t 下，在部门 $i \in I$，区域 r 下，由特定部门的中间产品 Q_{irt} 和其他部门的中间产品 B_{irt} 给出：

$$y_{irt} = \left[\alpha_{ir} Q_{irt}^{\frac{\gamma_{ir}-1}{\gamma_{ir}}} + (1-\alpha_{ir}) B_{irt}^{\frac{\gamma_{ir}-1}{\gamma_{ir}}} \right]^{\frac{\gamma_{ir}}{\gamma_{ir}-1}} \tag{2-2}$$

其中，α_{ir} 为市场占有率参数；$\gamma_{ir} > 0$ 表示投入的替代弹性。在 t 时刻，i 部门 r 区域下的中间产品的静态利润最大化：

$$\underset{Q_{irt}, B_{irt}}{\text{Max}} \pi_{Y_{rt}} = p_{rt}^Y Y_{rt} - \int_0^1 p_{irt}^Q Q_{irt} \mathrm{d}i - \int_0^1 p_{irt}^B B_{irt} \mathrm{d}i \tag{2-3}$$

结合式（2-2）、式（2-3），分别求 Q_{irt} 和 B_{irt} 的一阶条件，得到最优相对投入需求：

$$\frac{Q_{irt}}{B_{irt}} = \left(\frac{p_{irt}^Q}{p_{irt}^B} \right)^{-\gamma_{ir}} \left(\frac{\alpha_{ir}}{1-\alpha_{ir}} \right)^{\gamma_{ir}} \tag{2-4}$$

因此，在其他条件不变的情况下，减少特定部门的产出价格 p_{irt}^Q，将会诱导更高的投入使用 Q_{irt} 以及更高的部门产出 Y_{rt}，从而提高经济产出。

特定部门的中间产品 Q_{irt} 是由 j 公司在 i 部门下的组合变量 x_{jirt} 和知识扩散量 z_{jirt} 生产出来的：

$$Q_{irt} = \left[\int_{j=0}^{J_{irt}} \alpha_j x_{jirt}^k \mathrm{d}j + \int_{j=0}^{J_{irt}} (1-\alpha_j) z_{jirt}^k \mathrm{d}j \right]^{\frac{1}{k}} \tag{2-5}$$

其中，α_j 为知识扩散的吸收能力，$\alpha_j \in [0,1]$；J_{irt} 为 t 时刻内 i 部门 r 区域下的中间产品的数量。$k \in (0,1)$ 度量了来源于多样化的收益。

特定部门中间产品生产商的利润最大化问题是

$$\underset{x_{jirt}, z_{jirt}}{\text{Max}} \pi_{Q_{irt}} = p_{irt}^Q Q_{irt} - \int_{j=0}^{J_{irt}} p_{jirt}^x x_{jirt} \mathrm{d}j - \int_{j=0}^{J_{irt}} p_{jirt}^z z_{jirt} \mathrm{d}j \tag{2-6}$$

结合式（2-1）、式（2-2）、式（2-5）、式（2-6），分别求 x_{jirt} 和 z_{jirt} 的一阶条件，得到

$$\frac{x_{jirt}}{z_{jirt}} = \left(\frac{\alpha_j}{1-\alpha_j} \right)^{\frac{1}{1-k}} \left(\frac{p_{jirt}^x}{p_{jirt}^z} \right)^{-\frac{1}{1-k}} \tag{2-7}$$

因此，在其他条件不变的情况下，基于绿色低碳行为，增加知识扩散量的价格 p_{jirt}^z，将会使得知识扩散量 z_{jirt} 变少。

假设中间产品是对称的，那么 $x_{jirt} = x_{irt}$，$z_{jirt} = z_{irt}$，$p_{jirt}^x = p_{irt}^x$，

$p_{jirt}^{z} = p_{irt}^{z}$，则式（2-7）可以写为

$$\frac{x_{irt}}{z_{irt}} = \left(\frac{\alpha_j}{1-\alpha_j}\right)^{\frac{1}{1-k}} \left(\frac{p_{irt}^{x}}{p_{irt}^{z}}\right)^{\frac{1}{1-k}} \tag{2-8}$$

j 公司在 i 部门下的组合变量 x_{irt} 的生产函数如下：

$$x_{irt} = A(N)k_{irt}^{\alpha}e_{irt}^{1-\alpha}l_{x_{irt}}^{\beta}, \quad A'(N) > 0 \tag{2-9}$$

其中，A 为环境生产力函数；N 为环境质量；k_{irt}，e_{irt}，$l_{x_{irt}}$ 分别表示 t 时刻 i 部门 r 区域下的特定中间产品生产的资本、排放投入、劳动。为了反映环境质量所产生的正的生产外部性，式（2-9）指出，t 时刻 i 部门 r 区域下的特定中间产品的产出水平随着自然环境的改善而提高。t 时刻 i 部门 r 区域下的特定中间生产商的利润函数 π_{irt} 可以表示为

$$\pi_{irt} = p_{irt}^{x}x_{irt} - rk_{irt} - me_{irt} - \omega l_{x_{irt}} - \tau_P p_{irt} \tag{2-10}$$

其中，r 为资本的租赁率；ω 为劳动力的价格；m 为污染投入的价格；τ_P 为政府征收的污染税；p_{irt} 为污染量。

在生产 t 时刻 i 部门 r 区域下的特定中间产品的过程中生产商所排放的污染量为

$$p_{irt} = \left(\frac{e_{irt}}{H_{irt1}}\right)^{\frac{1}{\varepsilon}} \tag{2-11}$$

其中，e_{irt} 为污染投入；H_{irt1} 为污染排放知识存量；$\frac{1}{\varepsilon}(\varepsilon > 0)$ 为污染排放弹性系数。在式（2-11）中，污染的排放水平和污染排放知识存量 H_{irt1} 负相关，和污染投入量 e_{irt} 正相关。

我们根据 Tahvonen 和 Kuuluvainen[26]、Bovenberg 和 Smulders[24]、Fullerton 和 Kim[27]，将自然环境视为一种可再生资源，因此，可以按照以下方式生长和消耗：

$$\dot{N} = bN(1-N) - p_{irt} \tag{2-12}$$

其中，点表示随时间的变化率；b 为一个捕获生态再生程度的参数；$bN(1-N)$ 反映了环境的再生能力，它一开始会以较大的 N 增加，但当 N 超过阈值时会最终下降。式（2-12）说明，随着污染水平的上升，环境质量在下降。在稳定状态下，由于污染等于环境的再生能力 $\left[p_{irt} = bN(1-N)\right]$，环境质量随着时间的推移而保持不变。

t 时刻 i 部门 r 区域下特定中间产品的中间生产商的一阶条件如下：

$$\frac{\alpha_j}{1-\alpha_j}\frac{p_{irt}^{z}}{z_{irt}^{k-1}}\alpha k\frac{x_{irt}^{k}}{k_{irt}} = r \tag{2-13}$$

$$\frac{\alpha_j}{1-\alpha_j}\frac{p_{irt}^z}{z_{irt}^{k-1}}k\varepsilon(1-\alpha)x_{irt}^k=m\varepsilon H_{irt1}p_{irt}^\varepsilon+\tau_P p_{irt} \tag{2-14}$$

$$\frac{\alpha_j}{1-\alpha_j}\frac{p_{irt}^z}{z_{irt}^{k-1}}\beta k\frac{x_{irt}^k}{l_{x_{irt}}}=\omega \tag{2-15}$$

式（2-12）~式（2-15）指出，考虑到环境质量和减排知识，企业将资本、污染、劳动的边际收益等同于各自的边际成本。式（2-14）说明，较大的污染排放的知识存量提高了污染的边际成本，从而减少了污染的使用。

注 2-1：在 2.2.1 小节中，我们考虑到绿色行为这一因素，在现有文献的基础上考虑了知识扩散量，用知识扩散量来表述绿色低碳行为的传播，并根据 CES 函数将 j 公司 i 部门下的组合变量与知识扩散量组合。

2.2.2　家庭模块

在这一模块中，我们考虑了代表性家庭效用，并在代表性家庭效用中考虑了环境质量、消费和碳排放量，而后依据汉密尔顿函数求得代表性家庭的消费和物质资本的最佳条件。并由这样一个代表性家庭效用函数求得福利水平函数，该福利水平函数将在后面用于比较三种制度下的福利水平情况。

在 Chu 和 Lai[8] 与 Chen 等[28] 的基础上，我们的代表性家庭的效用可由当前消费水平 C、环境质量存量 N 和碳排放量 T 共同决定。因此，代表性家庭效用表示为

$$W=\int_0^\infty\left[\frac{(CN^\eta)^{1-\sigma}-1}{1-\sigma}-\frac{T^{1+\omega'}}{1+\omega'}\right]\exp(-\rho t)\mathrm{d}t \tag{2-16}$$

其中，W 为具有代表性的家庭的已贴现的终身效用；ρ 为主观时间偏好率；σ 为跨期替代弹性；η 为与环境有关的效用的权重；ω' 为与碳排放有关的效用的权重。

在这里，与 2.2.1 小节一样，碳排放量对应一个碳排放知识存量 H_{irt2}，所以我们把减排技术研发 H_{irt} 分成污染排放知识存量和碳排放知识存量，也就是 $H_{irt}=H_{irt1}+H_{irt2}$。

因此，代表性家庭所面临的预算约束为

$$\dot{k}_{irt}=(1-\tau_k)rk_{irt}+E_{x_{irt}}l_{x_{irt}}+E_{H_{irt}}l_{H_{irt}}+\pi_{irt}+G-\tau_T T-C \tag{2-17}$$

$$\dot{T}=T^\xi H_{irt}^{-\zeta}-\phi T,\ \phi>0,\ \xi>0,\ \zeta>0 \tag{2-18}$$

其中，T 为碳排放量；ξ 为碳排放对污染的弹性；H_{irt} 为减排技术研发；ζ 为减排技术对碳排放的弹性；ϕ 为环境自治系数。

在这里，劳动力可用于中间产品部门的生产 $l_{x_{irt}}$ 与减排研发 $l_{H_{irt}}$。具有代表性

的家庭通过向厂商提供劳动和资本获得收入，并获得利润 π_{irt} 和政府的转移支付 G，然后用于租金税、环境税和碳税与消费。

根据式（2-16）~式（2-18），我们可以得到汉密尔顿函数：

$$H = \left[\frac{\left(CN^\eta\right)^{1-\sigma} - 1}{1-\sigma} - \frac{T^{1+\omega'}}{1+\omega'} \right] + \lambda_2 \left(T^\xi H_{irt}^{-\zeta} - \phi T \right) \qquad (2\text{-}19)$$
$$+ \lambda_1 \left[\left(1-\tau_k\right) r k_{irt} + E_{x_{irt}} l_{x_{irt}} + E_{H_{irt}} l_{H_{irt}} + \pi_{irt} + G - \tau_T T - C \right]$$

最大化条件满足：

$$\begin{cases} \dfrac{\partial H}{\partial C} = C^{-\sigma} N^{\eta(1-\sigma)} - \lambda_1 \\[2mm] \dfrac{\partial H}{\partial \tau_T} = -\lambda_1 T \\[2mm] \dot{\lambda}_1 = \rho\lambda_1 - \dfrac{\partial H}{\partial k_{irt}} = \rho\lambda_1 - \lambda_1\left(1-\tau_k\right)r \\[2mm] \dot{\lambda}_2 = \rho\lambda_2 - \dfrac{\partial H}{\partial T} = \lambda_2\left(\rho - \xi T^{\xi-1} H_{irt}^{-\zeta} + \phi\right) - T^{\omega'} + \lambda_1 \tau_T \end{cases} \qquad (2\text{-}20)$$

由此可得

$$C^{-\sigma} N^{\eta(1-\sigma)} = \lambda_1 \qquad (2\text{-}21)$$

$$\frac{\dot{\lambda}_1}{\lambda_1} = \rho - \left(1-\tau_k\right)r \qquad (2\text{-}22)$$

$$\frac{\dot{\lambda}_2}{\lambda_2} = \left(\rho - \xi T^{\xi-1} H_{irt}^{-\zeta} + \phi\right) - \frac{T^{\omega'}}{\lambda_2} + \frac{\lambda_1 \tau_T}{\lambda_2} \qquad (2\text{-}23)$$

这也是代表性家庭的消费和物质资本的最佳条件。

注 2-2：在 2.2.2 小节中，我们在现有文献的代表性家庭效用只考虑消费和环境质量的基础上，考虑了碳排放量并以此来体现低碳行为。

2.2.3 研发模块

在这一模块，我们将研发投入分成减排技术的研发和新能源的生产及利用技术的研发，和 2.2.1 小节所讨论的污染排放知识存量 H_{irt1} 一样，给出一个对应着碳排放的碳排放知识存量 H_{irt2}，将减排知识存量和碳排放的知识存量归为减排技术的研发 H_{irt}：

$$H_{irt} = H_{irt1} + H_{irt2} \qquad (2\text{-}24)$$

假设研发的投入主要由政府进行，则研发的投入行为：

$$H = H_{irt} + H' \tag{2-25}$$

$$\dot{H} = \delta l_H H \tag{2-26}$$

其中，δ 为生产力参数；H_{irt} 为减排技术的研发；H' 为新能源技术的研发；l_H 为研发活动的劳动投入。

在我们的模型中，长期增长是可行的和可持续的，平衡增长路径在稳定状态的特点为

$$\frac{\dot{Y}_{rt}}{Y_{rt}} = \frac{\dot{C}}{C} = \frac{\dot{k}_{irt}}{k_{irt}} = \frac{\dot{H}}{H} = g, \dot{N} = \dot{p}_{irt} = 0 \tag{2-27}$$

这里的环境质量和污染在物理意义上是有限的，并且所有其他经济变量以恒定的内生增长率 g 增长。

注 2-3：在 2.2.3 小节中，我们在考虑减排知识存量的基础上，还考虑了碳排放知识存量和新能源的生产及利用技术的研发。

2.3　绿色低碳行为的三种制度及优化

在这一部分中，我们在 Chu 和 Lai 将减排分成公共减排、无税收回收的私人减排和有税收回收的私人减排[8]的基础上，提出了三种绿色低碳行为制度：政府的绿色低碳行为制度（GG）、有政府激励的私人的绿色低碳行为制度（PMG）、无政府激励的私人的绿色低碳行为制度（PG），并对三种绿色低碳行为制度进行了讨论。这三种制度是 Chu 和 Lai[8]中三种制度的一般情况，其中的绿色低碳行为包括了减排研发部分，除此之外还有使用新能源设备等。我们通过政府预算约束下的优化和绿色低碳行为下新模型的九个优化解及福利函数比较了这三种制度，得出最优制度。本部分的结构见图 2-3。

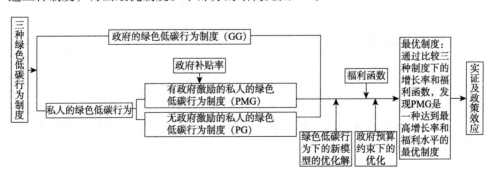

图 2-3　三种绿色低碳行为制度

在这里，我们考虑绿色低碳行为和政府预算约束的关系。我们知道绿色低碳行为可以由政府做出，如制定一系列环境保护政策、开发利用新能源等。同样地，绿色低碳行为也可以由私人做出，如选择不同的出行方式，用电车代步汽车、自主研发等。在私人做出的情况下，政府可以选择进行补贴与不进行补贴。因此，我们可以将绿色低碳行为分为三种：政府的绿色低碳行为（GG）、有政府激励的私人的绿色低碳行为（PMG）和无政府激励的私人的绿色低碳行为（PG）。由于政府的预算约束会随着上述三种情况的变化而变化，平衡增长路径可以显示出这三种制度对比后的结果。因此，我们将在下文中依次讨论这三种制度。

2.3.1　政府的绿色低碳行为

在这种情况下，绿色低碳行为是由政府提供的，则政府的平衡预算约束为

$$G + q_H \dot{H} = \tau_k rk_{irt} + \tau_P p_{irt} + \tau_T T \qquad (2\text{-}28)$$

其中，G 为政府的转移支付；q_H 为减排研发活动相对于最终产品的价格；$\tau_k rk_{irt}$ 为资本税；$\tau_P p_{irt}$ 为污染税；$\tau_T T$ 为碳排放税。

式（2-29）与 Fullerton 和 Kim[27]一致，减排知识被视为一种公共产品，可以被私人自由使用，则劳动力是完全流动的。因此：

$$\frac{\alpha_j}{1-\alpha_j} \frac{p_{irt}^z}{z_{irt}^{k-1}} \beta k \frac{x_{irt}^k}{l_{x_{irt}}} = q_H \frac{\partial \dot{H}}{\partial l_H} \qquad (2\text{-}29)$$

其中，$H = H_{irt} + H' = H_{irt1} + H_{irt2} + H'$。

则结合式（2-17）、式（2-25）、式（2-28）、式（2-29）：

$$\begin{cases} \dot{H} = \delta l_H H \\ G + q_H \dot{H} = \tau_k rk_{irt} + \tau_P p_{irt} + \tau_T T \\ \dfrac{\alpha_j}{1-\alpha_j} \dfrac{p_{irt}^z}{z_{irt}^{k-1}} k\beta \dfrac{x_{irt}^k}{l_{x_{irt}}} = q_H \dfrac{\partial \dot{H}}{\partial l_H} = \omega \\ \dot{k}_{irt} = (1-\tau_k) rk_{irt} + \omega \bar{l}_{irt} + \pi_{irt} + G - C - \tau_T T \end{cases}$$

其中，$\bar{l}_{irt} = l_{x_{irt}} + l_H$。$l_{x_{irt}}$ 为用于中间产品的劳动力；l_H 为用于减排研发的劳动力。

因此，我们得到经济资源的约束条件：

$$\dot{k}_{irt} = p_{irt}^x x_{irt} - me_{irt} - C \qquad (2\text{-}30)$$

对平衡增长路径施加条件并且定义以下转换变量：$\phi = \dfrac{G}{k_{irt}}$。那么，平衡增长路径的宏观经济可以由以下方程组描述：

$$g^* = \frac{1}{\sigma} \left[(1-\tau_k) \frac{\alpha_j}{1-\alpha_j} \frac{p_{irt}^z}{z_{irt}^{*(k-1)}} \alpha k A^k (N^*) k_{irt}^{*(\alpha k-1)} p_{irt}^{*\varepsilon(1-\alpha)k} H_{irt1}^{*(1-\alpha)k} l_{x_{irt}}^{*\beta k} - \rho \right] \quad （2-31）$$

$$g^* = \delta \left(\bar{l} - l_{x_{irt}}^* \right) \quad （2-32）$$

$$\frac{\alpha_j}{1-\alpha_j} \frac{p_{irt}^z}{z_{irt}^{*(k-1)}} \varepsilon k (1-\alpha) A^k (N^*) k_{irt}^{*\alpha k} p_{irt}^{*\varepsilon(1-\alpha)k} H_{irt1}^{*(1-\alpha)k} l_{x_{irt}}^{*\beta k} = m\varepsilon H_{irt1}^* p_{irt}^{*\varepsilon} + \tau_P p_{irt}^*$$

$$（2-33）$$

$$\frac{\alpha_j}{1-\alpha_j} \frac{p_{irt}^z}{z_{irt}^{*(k-1)}} k\beta A^k (N^*) k_{irt}^{*\alpha k} p_{irt}^{*\varepsilon(1-\alpha)k} H_{irt1}^{*(1-\alpha)k} l_{x_{irt}}^{*\beta k} = \omega l_{x_{irt}}^* \quad （2-34）$$

$$C^* = p_{irt}^x A(N^*) k_{irt}^{*\alpha} p_{irt}^{*\varepsilon(1-\alpha)} H_{irt1}^{*(1-\alpha)} l_{x_{irt}}^{*\beta} - m p_{irt}^{*\varepsilon} H_{irt1}^* - g^* k_{irt}^* \quad （2-35）$$

$$p_{irt}^* = bN^* (1-N^*) \quad （2-36）$$

$$\varphi + \frac{q_H \dot{H}^*}{k_{irt}^*} = \tau_k r + \frac{\tau_P p_{irt}^*}{k_{irt}^*} + \frac{\tau_T T}{k_{irt}^*} \quad （2-37）$$

其中，上标"＊"表示稳态值。

由上述方程，我们确定了七个未知数：k_{irt}^*，g^*，z_{irt}^*，C^*，p_{irt}^*，$l_{x_{irt}}^*$，N^*。由于该系统是非线性的并且太过复杂，以至于无法得到封闭形式的解。我们可以通过数值分析得到解。

2.3.2　私人的绿色低碳行为

这一部分处理了 PG 和 PMG 两种情况。在这两种制度下，研发活动由私人进行。依据 Romer [29]和 Jones[30]，我们假设在这个经济中有三个垂直整合的部门。减排技术在上游研发部门开发和生产，雇佣劳动力从事创新活动，然后出售减排技术给中间中游部门。下游产品生产部门通过使用一组中间投入产生一个最终产出。由于所有生产商是相同的，如果有一个具有代表性的私人研发团体，该模型就可以得到解决。这个具有代表性的私人研发团体根据式（2-26）中的生产函数通过雇佣劳动力 l_H 去发展减排技术。私人研发团体研发的利润函数为

$$\pi_H = q_H \dot{H} - (1-a)\omega l_H \quad （2-38）$$

其中，a 表示政府给予的补贴率。

根据对研发为主的内生增长模型的研究，并依据 Grossman 和 Helpman[31]、Barro 和 Sala-i-Martin[32]、Chu 和 Lai[8]中提出的两个重要的假设。首先，因为可以自由进入研发团体，所以研发团体获得零利润。其次，研发团体拥有定价权，它可以在中间生产商对购买设计图漠不关心并且不去购买的情况下为它的设计图定

价。支付设计图费用的中间生产商有权永久使用该技术。但在下一阶段，它必须支付另一项费用来获得使用最新的生产技术的权利。也就是说，在每一个阶段，中间生产商都要为新技术支付费用（$\dot{H}$），并利用现有的全部技术存量（H）以减少污染。因此，在每一个时期，技术价格 q_H 必须被设置为在研发部门提取所有中间商的利润而产生的技术水平，这可以表示为

$$q_H \dot{H} = \pi_{irt} \qquad (2\text{-}39)$$

政府可以通过提高环境准入门槛，促进产业结构优化，该优化开发的地方，要制定政策开发，对于限制和禁止开发的地区，有些地方要实行严格的环境准入，做好环评和污染物排放总量控制。政府还可以通过加强环境保护的管理和执法，实行环境保护问责制，把环保的要求纳入生产、流通、分配、消费的全过程，制定和实施环境经济政策，创设有利于环境保护的激励机制等来进行绿色低碳行为。当然私人也可以通过更换出行方式，不再使用私家车而选择步行或者共享单车、公交车等出行方式来减少尾气排放造成的污染。当然，随着科技的进步，新能源不断开发与利用，私人还可以选择购买电动汽车来替换现在的私家车或者进行私人研发。当然，这需要一定的费用。这时候如果政府给予一定购买与研发补贴，那么将会有更多的个体愿意去购买与研发，如果政府不给予一定的补贴，那么购买与研发的个体将相对较少一些。

所以，在这一部分，我们考虑了两种情况，分别是有政府激励的私人的绿色低碳行为和无政府激励的私人的绿色低碳行为。

下面，我们将分别对这两种情况进行讨论。

1. 无政府激励的私人的绿色低碳行为

在这种情况下，私人进行绿色低碳行为，政府不对私人的绿色低碳行为（使用与研发新能源设备）给予一定的补贴以进行激励。因此，政府的预算约束为

$$G = \tau_k r k_{irt} + \tau_P p_{irt} + \tau_T T \qquad (2\text{-}40)$$

其中，G 为政府的转移支付；$\tau_k r k_{irt}$ 为资本税；$\tau_P p_{irt}$ 为污染税；$\tau_T T$ 为碳税。将式（2-13）、式（2-14）、式（2-15）

$$\frac{\alpha_j}{1-\alpha_j} \frac{p_{irt}^z}{z_{irt}^{k-1}} \alpha k \frac{x_{irt}^k}{k_{irt}} = r$$

$$\frac{\alpha_j}{1-\alpha_j} \frac{p_{irt}^z}{z_{irt}^{k-1}} k\varepsilon(1-\alpha) x_{irt}^k = m\varepsilon H_{irt1} p_{irt}^\varepsilon + \tau_P p_{irt}$$

$$\frac{\alpha_j}{1-\alpha_j} \frac{p_{irt}^z}{z_{irt}^{k-1}} \beta k \frac{x_{irt}^k}{l_{x_{irt}}} = \omega$$

代入式（2-10）

$$\pi_{irt} = p_{irt}^x x_{irt} - rk_{irt} - me_{irt} - \omega l_{x_{irt}} - \tau_P p_{irt}$$

得

$$\pi_{irt} = p_{irt}^x x_{irt} - \frac{\alpha_j}{1-\alpha_j} \frac{p_{irt}^z}{z_{irt}^{k-1}} x_{irt}^k \left[\alpha k + \varepsilon k(1-\alpha) + k\beta \right] - (1-\varepsilon) m H_{irt1} p_{irt}^\varepsilon \quad (2\text{-}41)$$

由
$$\begin{cases}
g = \dfrac{\dot{H}}{H} \\[2mm]
q_H \dot{H} = \pi_{irt} \\[2mm]
\dfrac{\alpha_j}{1-\alpha_j} \dfrac{p_{irt}^z}{z_{irt}^{k-1}} k\beta \dfrac{x_{irt}^k}{l_{x_{irt}}} = \omega \qquad 得\ g = \dfrac{\delta \pi_{irt}}{\omega} \\[3mm]
\dot{H} = \delta l_H H \\[2mm]
\dfrac{\alpha_j}{1-\alpha_j} \dfrac{p_{irt}^z}{z_{irt}^{k-1}} k\beta \dfrac{x_{irt}^k}{l_{x_{irt}}} = q_H \dfrac{\partial \dot{H}}{\partial l_H}
\end{cases} \qquad (2\text{-}42)$$

将式（2-41）代入式（2-42），得

$$g^* = \frac{\delta p_{irt}^x A(N^*) k_{irt}^{*\alpha} p_{irt}^{*\varepsilon(1-\alpha)} H_{irt1}^{*(1-\alpha)} l_{x_{irt}}^{*\beta}}{\omega} - \frac{\delta \left[\alpha k + \varepsilon k(1-\alpha) + k\beta \right] l_{x_{irt}}^*}{k\beta}$$

$$- \frac{\delta(1-\varepsilon) m H_{irt1}^* p_{irt}^{*\varepsilon}}{\omega} \qquad (2\text{-}43)$$

2. 有政府激励的私人的绿色低碳行为

在这种情况下，私人进行绿色低碳行为，政府对私人的绿色低碳行为（使用与研发新能源设备）给予一定的补贴以进行激励。因此，政府的预算约束为

$$G + a\omega l_H = \tau_k rk_{irt} + \tau_P p_{irt} + \tau_T T \qquad (2\text{-}44)$$

其中，G 为政府的转移支付；a 为政府对私人的绿色低碳行为的补贴率；$\tau_k rk_{irt}$ 为资本税；$\tau_P p_{irt}$ 为污染税；$\tau_T T$ 为碳税。

与无政府激励的私人的绿色低碳行为部分相同，我们可以得到

$$g^* = \frac{\delta p_{irt}^x A(N^*) k_{irt}^{*\alpha} p_{irt}^{*\varepsilon(1-\alpha)} H_{irt1}^{*(1-\alpha)} l_{x_{irt}}^{*\beta}}{(1-a)\omega} - \frac{\delta \left[\alpha k + \varepsilon k(1-\alpha) + k\beta \right] l_{x_{irt}}^*}{(1-a)k\beta}$$

$$- \frac{\delta(1-\varepsilon) m H_{irt1}^* p_{irt}^{*\varepsilon}}{(1-a)\omega} \qquad (2\text{-}45)$$

$$\varphi + \frac{a\omega^* l_H^*}{k_{irt}^*} = \tau_k r + \frac{\tau_P p_{irt}^*}{k_{irt}^*} + \frac{\tau_T T}{k_{irt}^*} \qquad (2\text{-}46)$$

平衡增长路径的经济可以由式（2-31）~式（2-37）及式（2-45）、式（2-46）描述，在这 9 个方程中需要求解九个未知数：k_{irt}^*，p_{irt}^*，N^*，H_{irt}^*，g^*，C^*，

a^*, $l_{x_{irt}}^*$, z_{irt}^*。

2.4　基于美国数据的定量的结果

　　本节的数值分析是用来分析政府的绿色低碳行为、有政府激励的私人的绿色低碳行为和无政府激励的私人的绿色低碳行为这三种制度下的增长率和福利水平的反映情况。因此，我们选择了一些在其他文献中使用的在合理范围内的基准参数值。表 2-1 就给出了基准参数值，并且下面我们将给出有关这些参数配置的一些解释。

表 2-1　基准参数（一）

参数	值	参数	值
α	0.24	ϕ	0.06
β	0.67	δ	0.01
σ	0.98	τ	28
ρ	0.05	m	1.8
ε	0.6	k	0.86
η	0.7	α_j	0.5
γ	0.77	$\bar{l}$	15
T	5.93	ω'	0.521 5
τ_k	0.16	τ_T	0.004 9
b	0.04		

　　首先，依据 Fullerton 和 Kim[27]、Chu 和 Lai[8]，我们得到 $A(N) = N^\gamma$。其次，依据 Chu 和 Lai[8]，我们在本章中设置了一些参数值：$\gamma = 0.77$，$\alpha = 0.24$，$\eta = 0.7$，$\bar{l} = 15$，$\delta = 0.01$，$m = 1.8$，$b = 0.04$，$\sigma = 0.98$，$\beta = 0.67$，$\rho = 0.05$，$\tau_k = 0.16$，$\phi = 0.06$，$\varepsilon = 0.6$。而后，由于相对资本存量 $\tau = \dfrac{\tau_P}{k_{irt}}$ 的值为 28，因此税收与产出的比率大约是 17%。最后，依据 Wang[33]、Ma 等[34]、Wang 和 Zhang[35]、Lucas[36]我们得到了这些参数值：$\tau_T = 0.004 9$，$T = 5.93$，$\omega' = 0.521 5$，$k = 0.86$，α_j 介于 0.3 与 0.81 之间。因此，我们选取 $\alpha_j = 0.5$ 作为参数值。

2.4.1　政府的绿色低碳行为、有政府激励的私人的绿色低碳行为和无政府激励的私人的绿色低碳行为这三种制度的比较

现在，我们要来比较一下三种制度下的福利水平。

依据式（2-16）和式（2-35），我们来计算平衡增长路径的福利，记为 W^*：

$$W^* = \frac{1}{1-\sigma}\left[\frac{-1}{(1-\sigma)g^* - \rho}C_0^{1-\sigma}N^{*\eta(1-\sigma)} - \frac{1}{\rho}\right] - \frac{T^{1+\omega'}}{1+\omega'}\frac{1}{\rho} \qquad （2-47）$$

其中，$C_0 = \left[A\left(N^*\right)k_{irt}^{*\alpha}p_{irt}^{*\varepsilon(1-\alpha)}H_{irt1}^{*(1-\alpha)}l_{y_{irt}}^{*\beta} - mp_{irt}^{*\varepsilon}H_{irt1}^* - g^*k_{irt}^*\right]k_{irt_0}$。

我们的目标是比较三种制度下的稳态增长率和福利水平，如表 2-2 所示。

表 2-2　三种制度的比较（一）

三种制度	N^*	P^*	g^*	W^*
GG	0.880 9	0.004 20	3.116%	−198.775 3
PG	0.900 7	0.003 58	−4.793%	−233.339 6
PMG	0.877 9	0.004 29	33.33%	−72.089 8

通过对三种制度下增长率和福利水平的比较，我们可以发现，三种制度下的福利水平按照如下顺序排名：有政府激励的私人的绿色低碳行为、政府的绿色低碳行为、无政府激励的私人的绿色低碳行为。政策含义是，给定基准参数值，如果私人进行绿色低碳行为没有政府干预，那么增长率和福利水平是最低的。然而，一旦政府对私人的绿色低碳行为进行激励，那么私人的绿色低碳行为的增长率和福利水平就可以达到最高水平。

2.4.2　政策效应

在这里，应当注意的是，关于增长速度和福利的数值结果仅在基准参数值下进行检查。一个有趣的问题是我们的数值结果如何与绿色低碳参数有关。为此，在下文中，我们提出了政策制定者需要考虑的三个绿色低碳参数：政府的转移支付、知识扩散的吸收能力、碳税与环境税，而后通过数值模拟得到三种制度下经济增长规律以及增长率和福利水平下三种制度的演化，最后得出综合效应：增长福利效应和知识扩散效应。本部分结构见图 2-4。

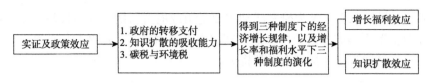

图 2-4　实证及政策效应

1. 政府支出类型

我们现在讨论政府支出类型变化后对三种制度的影响。Fullerton 和 Kim 表明政府转移支付的支出（ϕ）是一个对环境政策具有重要意义的非环境参数[27]。改变 ϕ 之后的影响如图 2-5 所示。结果表明，ϕ 增加时，在 GG 和 PMG 制度下，增长率和社会福利下降，但在 PG 制度下保持不变。这个结果是显而易见的，因为在 PG 制度下，所有税收返还给家庭，减排投资与使用新能源引起的经济增长只来自垄断租金。因此，ϕ 在经济活动中没有起到作用。然而，在 GG 和 PMG 制度下，由于政府利用税收刺激减排研发，经济增长与 ϕ 密切相关。ϕ 的正价值表明环境税收的一部分必须用于转移支付，更多的转移支付意味着更少的税收将用于减排研发，因此导致均衡增长率的减少。

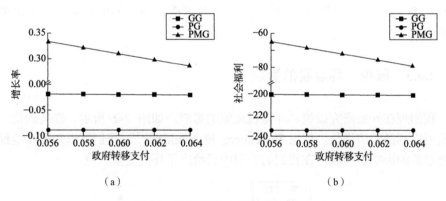

（a）　　　　　　　　　　　　　　（b）

图 2-5　政府转移支付的影响（一）

在这里，我们得到了增长福利效应，增长福利效应是指增加政府的转移支付，政府的绿色低碳行为与有政府激励的私人的绿色低碳行为下的增长率和福利水平下降，但无政府激励的私人的绿色低碳行为下的增长率和福利水平保持不变。

2. 知识扩散的吸收能力的影响

我们现在讨论知识扩散的吸收能力 α_j 的影响。改变 α_j 之后的影响如图 2-6 所示。结果表明，α_j 增加时，在 GG 和 PMG 制度下，增长率和社会福利上升，但在

PG 制度下保持不变。因为研发活动主要是由政府进行的，在研发活动中，我们需要充分借鉴别国的先进技术。借鉴别国先进技术越多，那么我们的经济增长将会越快，经济增长率与福利水平都将更高。

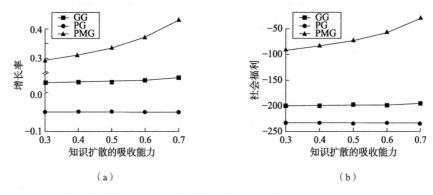

（a）　　　　　　　　　　　　　　　（b）

图 2-6　知识扩散的吸收能力的影响（一）

在这里我们得到了知识扩散效应，知识扩散效应是指增加知识扩散的吸收能力，政府的绿色低碳行为与有政府激励的私人的绿色低碳行为下的增长率和福利水平上升，但无政府激励的私人的绿色低碳行为下的增长率和福利水平保持不变。

2.4.3　碳税、环境税的影响

我们现在开始研究碳税、环境税政策的影响。如图 2-7 所示，提高碳税、环境税可以刺激经济增长。依据 Bovenberg 和 Smulders[24]，我们可以知道环境税对经济增长的影响不明确。在我们的模型中只给出了环境质量效应。

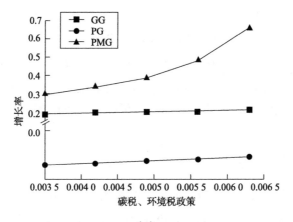

（a）

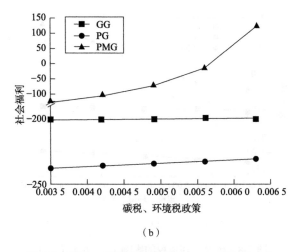

（b）

图 2-7　碳税、环境税的影响（ $\gamma = 0.77$ ）（一）

为了突出环境质量影响的重要性，我们考虑替代值 $\gamma = 0$ 去表明生产收益不能从更好的环境质量中获得额外的好处。数值结果如图 2-8 所示，我们可以看出，在没有环境外部性的情况下，提高碳税、环境税对经济增长率没有影响。与图 2-7 相比，图 2-8 使我们认识到，碳税、环境税政策是否影响经济增长的关键取决于环境正外部性的存在与否。

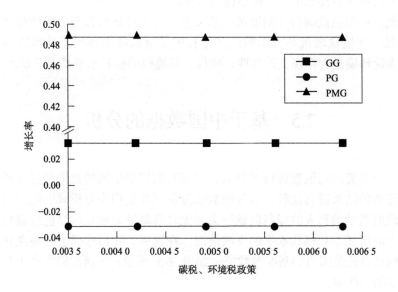

（a）

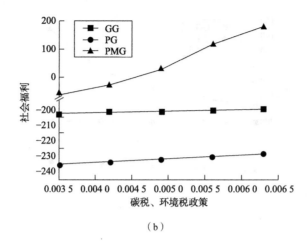

（b）

图 2-8　碳税、环境税的影响（$\gamma = 0$）（一）

现在我们分析福利水平。图 2-7 和图 2-8 表明，无论环境是否存在正外部性，碳税、环境税的福利水平都在增加。如前面所提到的，在 $\gamma = 0$ 的情况下，更严格的碳税、环境税政策不会影响增长率，但是它仍然可以影响福利水平。这是因为，随着增长速度不变，较高的碳税、环境税提高了环境质量，从而明显地提高了福利水平。如果具有代表性的家庭不关心环境质量（$\eta = 0$），碳税、环境税无论在增长率还是福利水平上都不能发挥作用。

因此，在绿色低碳行为制度选择意义上，存在经济增长与环境质量之间的权衡。碳税、环境税政策是否影响经济增长的关键取决于环境正外部性的存在与否，但无论环境是否存在正外部性，碳税、环境税的福利水平都在增加。

2.5　基于中国数据的分析

上一节对美国的数据进行了分析，下面我们将对中国的数据进行分析并与美国数据得到的结果进行比较。本节的数值分析同样是用来分析政府的绿色低碳行为、有政府激励的私人的绿色低碳行为和无政府激励的私人的绿色低碳行为这三种情况下的增长率和福利水平的反映情况。在这里，我们选择了一些在其他文献中使用的在合理范围内的基准参数值，如表 2-3 所示。下面我们将给出有关这些参数配置的一些解释。

表 2-3　基准参数（二）

参数	值	参数	值
α	0.5	ϕ	0.074
β	1	δ	0.01
σ	1.5	τ	30
ρ	0.05	m	1
ε	0.5	k	0.86
η	0.7	α_j	0.878
γ	1	$\overline{l}$	15
T	5.93	ω'	0.8
τ_k	0.1	τ_T	0.004 9
b	0.04		

首先，在李冬冬和杨晶玉的研究[37]中，我们采用了这样一种形式 $A(N)=N^\gamma$。并且我们依据孙树丽的研究[38]得到：$\omega'=0.8$，依据缪根红等的研究[39]得到 $\alpha_j=0.878$，依据李冬冬和杨晶玉的研究[37]得到 $\alpha=0.5$，$\beta=1$，$\delta=0.01$，$\overline{l}=15$，$m=1$，$\varepsilon=0.5$，$\gamma=1$，$\eta=0.7$，$\rho=0.05$，$\sigma=1.5$，$\tau_k=0.1$，$\tau=30$，$k=0.86$，$b=0.04$；依据刘凤良和吕志华[40]、廖朴和郑苏晋的研究[41]，得到 $\tau_T=0.004\,9$，$T=5.93$；依据《中国统计年鉴 2015》[42]和《关于 2015 年中央对地方税收返还和转移支付决算的说明》[43]，得到 $\phi=0.07$。

2.5.1　政府的绿色低碳行为、有政府激励的私人的绿色低碳行为和无政府激励的私人的绿色低碳行为这三种制度的比较

现在，我们需要比较一下三种情况下的福利水平。

依据方程式（2-31）~式（2-37）、式（2-43）、式（2-45）~式（2-47），我们对三种制度下稳态增长率和福利水平进行了比较，结果如表 2-4 所示。

表 2-4　三种制度的比较（二）

三种制度	N^*	P^*	g^*	W^*
GG	0.932 1	0.002 5	10.53%	−354.106 4
PG	0.950 1	0.001 9	−1.57%	−597.682 1
PMG	0.923 7	0.002 8	14.82%	−331.158 6

通过对三种制度下增长率和福利水平的比较，我们可以发现，三种制度下的福利水平按照如下顺序排名：有政府激励的私人的绿色低碳行为、政府的绿色低碳行为、无政府激励的私人的绿色低碳行为。中国数据下的增长率与福利水平的排名顺序与美国数据下的是一样的。但是将表 2-4 与表 2-2 进行比较后发现，在政府的绿色低碳行为制度下，中国的经济增长率是高于美国的，这也说明了中国政府更多强调政府的市场调控，起到了干预作用。

2.5.2　具有政策含义的参数

在这里我们同样讨论了上一节中所提出的政策制定者所需要考虑的三个绿色低碳参数。

1. 政府支出类型

我们现在讨论与政府行为有关的参数。改变 ϕ 之后的影响如图 2-9 所示。结果表明，ϕ 增加时，在 GG 和 PMG 制度下，增长率和福利水平下降，但在 PG 制度下保持不变。这与美国数据下的结果一样。同样地，这是因为在 PG 制度下，政府的转移支付在经济活动中并没有起到作用，而在 PMG 和 GG 制度下，由于政府利用税收刺激减排研发，所以经济增长与政府的转移支付密切相关。因此，我们同样可以得到上一节所说的增长福利效应。

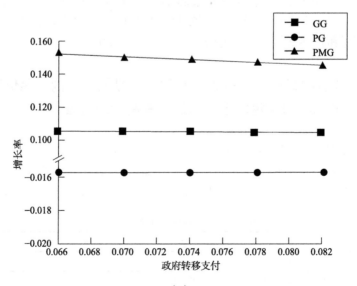

（a）

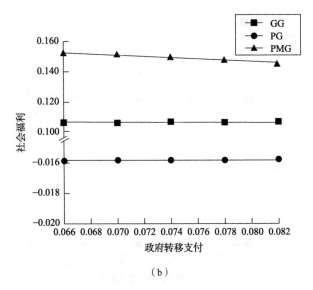

（b）

图 2-9　政府转移支付的影响（二）

2. 知识扩散的吸收能力的影响

我们现在讨论知识扩散的吸收能力 α_j 的影响，改变 α_j 之后的影响如图 2-10 所示。结果表明，α_j 增加时，在 GG 和 PMG 制度下，增长率和社会福利上升，但在 PG 制度下保持不变。这与美国数据的结果一致。同样地，这是因为吸收借鉴别国先进技术越多，我们的经济增长将会越快。因此，我们可以得到上文所说的知识扩散效应。

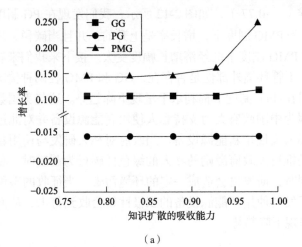

（a）

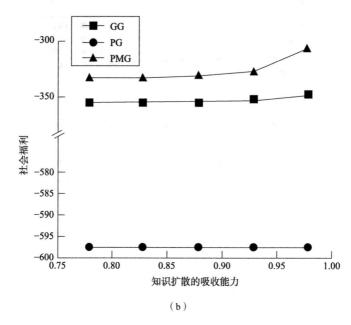

（b）

图 2-10　知识扩散的吸收能力的影响（二）

3. 碳税、环境税的影响

现在我们开始研究碳税、环境税政策的影响。与上一节一样，我们在这一节中讨论了两种情况：$\gamma=0$ 和 $\gamma=0.77$。$\gamma=0$ 说明此时没有环境外部性的影响，$\gamma=0.77$ 说明此时受到环境外部性的影响。$\gamma=0$ 的结果如图 2-11 所示，此时没有环境外部性的影响，提高碳税、环境税对经济增长没有影响，但是当存在环境外部性的影响的时候（$\gamma=0.77$），如图 2-12 所示，我们发现在 PG 制度下，增长率是下降的；在 GG 和 PMG 制度下，增长率是上升的，并且当碳税、环境税征收越多的时候，GG 和 PMG 制度下的经济增长幅度变大。接下来我们来看两种情况下福利水平的变化。不管环境外部性是否存在，GG 和 PMG 在两种情况下的福利水平都是上升的，但在 PG 制度下福利水平呈现下降趋势。这与美国数据的结果是有差异的。这是因为中国政府大力支持私人使用新能源设备并对此进行了补贴，这些补贴激励着私人去使用新能源设备。当政府对私人研发与使用新能源设备不再进行补贴也就是推行无政府激励的私人的绿色低碳行为制度时，私人的积极性就会降低。与此同时，研发也会造成一定的环境污染，当征收的碳税、环境税越多的时候，私人研发与使用新能源设备的积极性就会收到打击，从而使得经济增长率与福利水平呈现下降趋势。

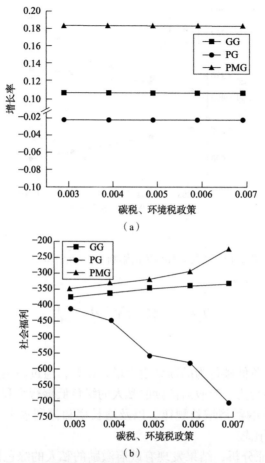

（a）

（b）

图 2-11 碳税、环境税的影响（$\gamma = 0$）（二）

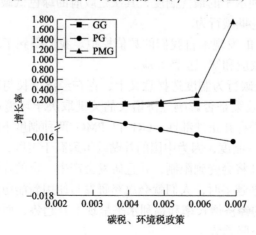

（a）

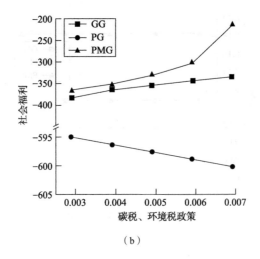

图 2-12　碳税、环境税的影响（ $\gamma = 0.77$ ）（二）

2.6　本章小结

　　本章给出了绿色低碳行为的新型内生增长模型，通过新模型研究了中国与美国政府的绿色低碳行为、有政府激励的私人的绿色低碳行为和无政府激励的私人的绿色低碳行为下的经济增长规律，以及增长率和福利水平下的三种制度的演化，并进行了分析比较。

　　（1）通过实证分析，结果发现有政府激励的私人的绿色低碳行为是一种达到最高增长率和福利水平的最优制度，其次是政府的绿色低碳行为，最后是无政府激励的私人的绿色低碳行为。

　　（2）一些主要的发现来自我们的数值模拟。我们得到了绿色低碳行为的综合效应：增长福利效应和知识扩散效应。

　　（3）在绿色低碳行为制度选择意义上，存在经济增长与环境质量之间的权衡。碳税、环境税政策是否影响经济增长的关键取决于环境正外部性的存在与否，但无论环境是否存在正外部性，GG 和 PMG 两种制度下的福利水平都在增加。但对于 PG 这一制度，因为中国的补贴政策远高于美国，所以当政府不再补贴时，人们的积极性将会受到限制，并且研发会产生一定的环境的污染，当征收的碳税、环境税越来越多时，人们就会放弃研发与使用新能源设备，所以造成在 PG 制度下，美国的经济增长率和福利水平呈现上升趋势，而中国的经济增长率和福利水平却呈现下降趋势。

参 考 文 献

[1] Bleaney M，Gemmell N，Kneller R. Testing the endogenous growth model：public expenditure，taxation，and growth over the long run. Canadian Journal of Economics，2001，34（1）：36-57.

[2] Mino K. Indeterminacy and endogenous growth with social constant returns. Journal of Economic Theory，2001，97（1）：203-222.

[3] Howitt P. Endogenous growth and cross-country income difference. American Economic Review，2001，90（4）：829-846.

[4] Futagami K，Iwaisako T. Dynamic analysis of patent policy in an endogenous growth model. Journal of Economic Theory，2007，132（1）：306-334.

[5] Ackerberg D A，Caves K，Frazer G. Identification properties of recent production function. Econometrica，2015，83（6）：2411-2451.

[6] Laeven L，Levine R，Michalopoulos S. Financial innovation and endogenous growth. Journal of Financial Intermediation，2015，24（1）：1-24.

[7] Bretschger L，Lechthaler F，Rausch S，et al. Knowledge diffusion，endogenous growth，and the costs of global climate policy. European Economic Review，2017，（93）：47-72.

[8] Chu H，Lai C C. Abatement R&D，market imperfections，and environmental policy in an endogenous growth model. Journal of Economic Dynamics & Control，2014，（41）：20-37.

[9] Franco A M，Filson D. Knowledge diffusion through employee mobility. Staff Report，2000，37（4）：841-860.

[10] Chen C M，Hicks D. Tracing knowledge diffusion. Scientometrics，2004，59（2）：199-211.

[11] Macgarvie M. The determinants of international knowledge diffusion as measured by patent citations. Economics Letters，2004，87（1）：121-126.

[12] Braunerhjelm P，Acs Z J，Audretsch D B，et al. The missing link：knowledge diffusion and entrepreneurship in endogenous growth. Small Business Economics，2010，34（2）：105-125.

[13] Autant-Bernard C，Fadairo M，Massard N. Knowledge diffusion and innovation policies with the European regions：challenges based on recent empirical evidence. Research Policy，2013，42（1）：196-210.

[14] Yang G Y，Hu Z L，Lin J G. Knowledge diffusion in the collaboration hypernetwork. Physica A Statistical Mechanics & Its Applications，2015，（419）：429-436.

[15] Todo Y, Matous P, Inoue H. The strength of long ties and the net weakness of strong ties: knowledge diffusion through supply chain network. Research Policy, 2016, 45 (9): 1890-1906.

[16] Luis A, Rivera-Batiz, Romer P M. Economic integration and endogenous growth. The Quarterly Journal of Economics, 1991, 106 (2): 531-555.

[17] Baldwin R, Braconier H, Forslid R. Multinationals, endogenous growth, and technological spillovers: theory and evidence. Review of International Economics, 2010, 13 (5): 945-963.

[18] Suphaphiphat N, Peretto P F, Valente S. Endogenous growth and property rights over renewable resources. European Economic Review, 2005, (76): 125-151.

[19] Donadelli M. Labor market dynamics, endogenous growth, and asset prices. Economics Letters, 2016, (143): 32-37.

[20] Epstein L G, Zin S E. Substitution, risk aversion, and the temporal behavior of consumption and asset returns: a theoretical framework. Econometrica, 1989, 57 (4): 937-969.

[21] Valente S. Endogenous growth, backshop technology adoption and optimal jumps. Macroeconomic Dynamics, 2017, 15 (3): 293-325.

[22] Peng S J, Bao Q. Dynamic mechanism of long-term economic growth under resource constraints: a study based on endogenous growth theory model. The Study of Finance and Economics, 2006, 32 (6): 110-119.

[23] Yan X X, Zhang J S. A model of endogenous economic growth under resource substitution, technological progress and environmental constraints. The Practice and Understanding of Mathematics, 2016, 46 (11): 59-68.

[24] Bovenberg A L, Smulders S. Environmental quality and pollution-augmenting technical change in a two-sector endogenous growth model. Journal of Public Economics, 1995, (57): 369-391.

[25] Dixit A K, Stiglitz J E. Monopolistic competition and optimum product diversity. American Economic Review, 1977, 67 (3): 297-308.

[26] Tahvonen O, Kuuluvainen J. Optimal growth with renewable resources and pollution. European Economic Review, 1991, (35): 650-661.

[27] Fullerton D, Kim S R. Environmental investment and policy with distortionary taxes, and endogenous growth. Journal of Environmental Economics and Management, 2008, 56 (2): 141-154.

[28] Chen Z L, Wang G H, Niu W Y. Economic growth model and empirical analysis under the constraints of energy and environment. The Practice and Understanding of Mathematics, 2013, 43 (18): 46-53.

[29] Romer P M. Endogenous technological change. Journal of Political Economy，1990，（98）：71-102.

[30] Jones C I. R&D-based models of economic growth. Journal of Political Economy，1995，103（4）：759-784.

[31] Grossman G M，Helpman E. Quality ladders in the theory of growth. Review of Economic Studies，1991，58（1）：43-61.

[32] Barro R J，Sala-i-Martin X. Economic Growth. 2nd ed. Cambridge：MIT Press，2004.

[33] Wang B H. American carbon tax process，practice and enlightenment to China. Journal of Social Science of Hunan Normal University，2012，41（2）：85-88.

[34] Ma C H，Ren Z Y，Zhao X G. Comparison of carbon emissions between developed and developing countries and its enlightenment to China. Resources and Environment in Arid Areas，2016，27（2）：1-5.

[35] Wang J J，Zhang N. Application of new spatial weight matrix in China's carbon emission analysis. Chinese Commercial Theory，2014，（31）：206-208.

[36] Lucas R E. Supply-side economics：an analytical review. Oxford Economic Papers，1990，42（2）：293-316.

[37] 李冬冬，杨晶玉. 基于增长框架的研发补贴与环境税组合研究. 科学学研究，2015，33（7）：1026-1034.

[38] 孙树丽. 中国双向 FDI 对碳排放量的影响. 合作经济与科技，2017，（16）：48-51.

[39] 缪根红，薛利，陈万明，等. 知识扩散路径与员工创新绩效关系的实证研究——考虑知识吸收能力与主动遗忘能力的调节作用. 研究与发展管理，2014，26（3）：12-21.

[40] 刘凤良，吕志华. 经济增长框架下的最优环境税及其配套政策研究——基于中国数据的模拟运算. 管理世界，2009，（6）：40-51.

[41] 廖朴，郑苏晋. 环境、寿命与经济发展：最优环境税研究——基于中国数据的模拟运算. 管理评论，2016，28（10）：39-49.

[42] 中华人民共和国国家统计局. 中国统计年鉴 2015. 北京：中国统计出版社，2015.

[43] 中华人民共和国财政部预算司. 关于 2015 年中央对地方税收返还和转移支付决算的说明. http://www.mof.gov.cn/gp/xxgkml/yss/201607/t20160713_2510845.htm，2016-07-13.

第3章　基于绿碳汲取水平增长的碳价值实现①

随着生态环境发展的需要，企业与居民主动、自觉、自律践行绿色低碳行为越发重要。本章基于企业与居民主动、自觉、自律践行绿色低碳行为视角，研究经济系统在绿色低碳行为驱动下的内生增长规律及其绿色低碳汲取水平的增长过程中的碳价值实现。在新的经济系统中考虑了生产和消费两个过程，在生产部门中进行生产过程，在家庭中进行消费过程。在生产部门中，将其分成了六个部分：绿色低碳产品、绿色低碳中间产品、资本积累、减排研发与技术创新、劳动力市场、技术方程。最后这一部分的技术方程是基于前五个部分得出的。对于绿色低碳产品，考虑了减少碳排放投入；对于绿色低碳中间产品，除了考虑了减排研发与技术创新部门研发绿色低碳中间产品所产生的创新知识存量，还考虑了企业与居民主动、自觉、自律践行绿色低碳行为产生的知识存量；对于减排研发与技术创新部分，考虑了自然环境的自我净化能力。在这里，将减少碳排放投入与自然环境的自我净化能力作为内生因素纳入增长的动力范围，并将其称为绿色低碳汲取水平，这里的减少碳排放投入是由企业与居民主动、自觉、自律要求进行绿色低碳行为的动机、资本、管理、政策等而产生的。在家庭中，构建了家庭效用函数，并在家庭效用函数中考虑了环境质量、消费和碳排放量，依据汉密尔顿函数求得增长率（欧拉方程）。而后依据绿色低碳汲取水平、生产部门得到的技术方程和家庭部分得到的欧拉方程，实现碳在生产与消费过程中的演变价值。考虑环境与绿色低碳排放约束下的效用函数，通过求最优化解，得出绿色低碳内生增长下的一般均衡解以及绿色低碳一般均衡增长率，并对技术方程进行分析发现产出增长率随着企业与居民主动、自觉、自律投入的资本的增加而增加。进一步通过数值模拟，得到了绿色低碳汲取水平内生效应与碳价值实现水平效应。绿色

———————————————
① 本章主要内容出处：Wan B Y, Tian L X, Zhou P, et al. Carbon value realization under endogenous growth based on green low-carbon level. Energy Economics，submitted.

低碳汲取水平内生效应是指，自然环境的自我净化能力越高，绿色低碳汲取水平越高；反之，绿色低碳汲取水平越低。碳价值实现水平效应是指，碳排放量的增长率随着自然环境自我净化能力的提高而下降，产出增长率随着自然环境自我净化能力的提高而上升，自然环境的自我净化能力在不同时期存在不同的临界值 c_1，当自然环境的自我净化能力大于 c_1 时，碳排放量的增长率为负，此时碳价值实现水平较高，当自然环境的自我净化能力小于 c_1 时，碳排放量的增长率为正，此时碳价值实现水平较低。最后，将绿色低碳汲取水平与碳价值实现水平进行比较发现：碳排放量的增长率随着绿色低碳汲取水平的提高而下降，产出增长率随着绿色低碳汲取水平的提高而增加，绿色低碳汲取水平在不同时期也存在不同的临界值 c_2，当绿色低碳汲取水平大于 c_2 时，碳排放量的增长率为负，此时碳价值实现水平较高，当绿色低碳汲取水平小于 c_2 时，碳排放量的增长率为正，此时碳价值实现水平较低。

3.1　国内外相关动态分析

本章基于企业与居民主动、自觉、自律践行绿色低碳行为视角，研究经济系统在绿色低碳行为驱动下的内生增长规律及其绿色低碳汲取水平下增长过程中的碳价值实现。在模型中引入了绿色低碳汲取水平：减少碳排放投入、自然环境的自我净化能力，并将其作为内生因素纳入增长的动力范围，旨在分析其对长期经济增长与企业产出的影响并得出绿色低碳汲取水平内生效应与碳价值实现水平效应。其中，这里的减少碳排放投入是由企业与居民主动自觉自律要求进行绿色低碳行为的动机、资本、管理、政策等而产生的。

本章在经济系统中考虑了生产和消费两个过程，在生产部门中进行生产过程，在家庭中进行消费过程。前人对经济系统也做了大量的研究，他们在生产部门中主要考虑了生产函数。Jones 和 Schneider 在产品的生产函数中考虑了产出、资本存量、并非实体的技术以及劳动需求[1]。Klump 等在生产函数中使用了 CES 函数将资本和劳动结合在了一起[2]。Lin 和 Xie 考虑了一种结构上的二次响应面模型中的传递对数生产函数，它可以用来分析生产函数中各因素之间的相互作用[3]。该函数既有线性项，又有二次项，具有使用两个以上因素投入的能力，可以用二阶泰勒级数逼近，作者选择资本存量、能源消耗和劳动力作为投入因素，建立我国运输业的传递对数生产函数。Chu 和 Lai 依据柯布-道格拉斯函数给出了绿色低碳产品关于中间产品的生产函数，而后在中间产品的生产函数中考虑了环境质量、污染投入、劳动、资本及技术水平[4]；Ssozi 和 Asongu 在生产函数中考虑了物质资本、全要素生产率及劳动力[5]。Bretschger 等把绿色低碳产品分成特定部门的中间产品和其他部门的中间产品，而后对于特定部门的中间产品依据 CES 函数考虑了劳动与能源两个要素[6]。Thompson 给出了绿色低碳产品关于创新部门中间产品和服务的生产函数，并额外考虑了劳动产出[7]。Pablo-Romero 等在转移对数生产函数中考虑了三个要素：物质资本存量、生产能源使用及总工时数，也就是我们所说的总的劳动时间，并且考虑全要素生产率总投入之和，采用二阶泰勒级数近似对 CES 生产函数进行了改进[8]。

对于本章，我们则在已有文献的基础之上，依据扩展的 D-S 生产函数，给出了绿色低碳产品关于绿色低碳中间产品的生产函数，在绿色低碳产品总量生产函数中考虑了环境质量、用于绿色低碳产品生产的劳动力、减少碳排放投入、减排研发与技术创新部门的数量这四个因素，在绿色低碳中间产品中，除了考虑减排研发与技术创新部门研发绿色低碳中间产品所产生的创新知识存量，还考虑了企业与居民主动、自觉、自律践行绿色低碳行为产生的知识存量，同时还在创新知识存量中考虑到了自然环境的自我净化能力，并以此作为内生因素纳入增长的动力范围。生产部门中生产函数的研究进展见表 3-1。

表 3-1 生产部门中生产函数的研究进展

文献	资本	技术水平	劳动	能源	环境质量	减少碳排放投入
Jones 和 Schneider[1]	Y	Y	Y	N	N	N
Klump 等[2]	Y	N	Y	N	N	N
Lin 和 Xie[3]	Y	N	Y	Y	N	N
Chu 和 Lai[4]	Y	N	Y	N	Y	Y
Ssozi 和 Asongu[5]	Y	Y	Y	N	N	N
Bretschger 等[6]	N	N	Y	Y	N	N
Thompson[7]	Y	Y	Y	N	N	N
Pablo-Romero 等[8]	Y	Y	Y	Y	N	N
本章	Y	Y	Y	N	Y	Y

注：Y 表示 Yes，即已经考虑在内的因素；N 表示 No，即并未考虑在内的因素

对于减排研发与技术创新这个因素，前人也做了大量的研究。Kortum 观察到，微观层面上，各个行业和企业的全要素生产率与 R&D 之间都存在显著的正相关关系，但在宏观上，长期内发达经济体内研究人员的增长并没有带来相应的专利数量及全要素生产率的增长[9]。为此，他构建了一个基于搜寻的创新与经济增长模型来解释这一现象。Andred 等构建了减排要求下的内生经济增长模型，强调减排技术的研发对经济可持续发展的作用，认为社会管理者应分别加收碳税和补贴研发解决市场失灵造成的温室效应和研发的溢出效应[10]。Luttmer[11]用另一

种方式整合 Kortum[9]和 Lucas[12]，具体地，他使用布朗运动作为随机技术冲击的来源，描绘技术的演化[11]。Chu 和 Lai 将经济系统分成了三个部分：生产部门、家庭和研发部门，并在研发部门中考虑了生产力参数和研发活动的劳动投入。而后将减排分成两个部分：公共减排和私人减排并分别对此进行讨论[4]。Buera 和 Oberfield 整合 Kortum[9]研发驱动与 Lucas[12]交流驱动的知识增长框架，在放松对初始分布和学习过程的假定下，仍然得到知识的渐进 Frechet 分布；此外，还利用该模型研究国际贸易对技术进步和扩散的影响，很好地拟合了历史现实[13]。Wu 等基于协同理论，构建由技术创新、节能效率、减排效率三个子系统组成的协同发展评价模型，并进行实证分析，发现企业通过技术创新手段进行减排促进了经济发展[14]。Thompson 在生产方面考虑了创新部门，讨论了创新对经济发展的影响，并发现平衡增长率正向的受创新折旧率的影响，较高的创新折旧率增加创新活动和产出，导致更快的经济增长[7]。

本章与已有文献不同的是我们在生产部门中的减排研发与技术创新部分所考虑的减排研发与技术创新的创新知识积累的运动方程受到社会资本的影响，并且我们还给出了企业与居民主动、自觉、自律进行绿色低碳行为所产生的创新知识积累的运动方程，并考虑了与此对应的社会资本。

同样地，对于资本，前人也做了大量的研究。Simon 通过实证考察美国 1940~1986 年大城市的就业率与人力资本变化，得出结论认为美国大城市的就业率显著受到本地人力资本水平的影响，他认为大城市往往具有较高的人力资本积累，从而实现较高的生产效率和资本回报率，而高工资又会吸引更多的人力资本并实现较高的就业率[15]。Forslid 通过引入人力资本及物质资本要素，对新经济地理学经典的 C-P 模型加以拓展，理论模型结论显示：引入人力资本要素流动条件时，制造业将集聚于贸易成本低的地区，而引入物质资本要素流动条件时，所得结论则相反[16]。此外，他的研究认为在当前生产要素全球范围内自有流动的情况下，小国或地区为避免沦落为外围而应当采取多种措施保证本地区人力资本要素积累的存量，而物质资本外流导致的对小国或地区的影响是短期的。Rotemberg 和 Saloner 通过建立一个多地区间贸易模型来探讨产业集聚如何强化本地区的人力资本要素积累，其研究认为厂商集聚生产所形成的规模经济可以为工人提供更高的工资，用以保证其为提升产业技术而不断增加人力资本积累投资，且集聚区域厂商之间的竞争对于本地人力资本积累也存在显著影响[17]。Berry 和 Glaeser 研究发现美国过去三十年间具有较高人力资本积累的地区越来越多地吸引了其他地区的高技能人才，他们构建了一个城市集聚模型，用以解释高技能人才集聚的原因，他们认为本地区的高技能人才会通过开设新公司来为更多高技能人才创造就业岗位，并吸引其向本地区集聚[18]。Palma 等研究了具有资产外部性的四部门内生经济增长问题，将人力资本用于环境保护和社会资本积累[19]。陈得文和苗建军实证考察了中国省域层面 1995~2009 年人力资本的集聚效应及其空间溢出效应，认为中国人力资本要素的集聚对于区域经济增长效果显著，且对经济增长的贡献率不断增大，中国东、中、西部地区的人力资本集聚效应依次降低[20]。Yan 和 Tang 在社会资本积累中考虑了人力资本和社会资本存量，发现在没有人力资本投入的情况下，现有的社会资本存量也能够强有力地推动社会资本的增长，从而推动经济发展；当存量社会资本阻碍经济增长时，就需要投入人力资本才可能增加社会资本的积累[21]。Alcacer 和 Chung 以美国制造业为样本的实证研究发现，高技术工人的区域集中通过提升集聚区域的知识溢出效应从而吸引更多新厂商集聚，这种良性循环的积累会强化集聚区域的要素竞争优势[22]。由于强化集聚效果的关键向心力便是集聚所实现的厂商之间的知识溢出，而知识溢出的载体便是人力资本这一生产要素，因此要素视野的集聚研究重点关注了作为一种特殊的生产要素的人力资本在集聚过程中的积累效应及其对集聚经济所带来的影响，即产业集聚的人力资本积累效应[22]。胡艳和张桅均从中国区域层面数据出发，实证检验了各省人力资本积累对地区经济增长具有显著的正向影响，针对不同区域的人力资本积累对于其经济增长的影响表现出明显的异质性特征[23]。随着异质性视角的研究逐渐被引入新经济地理学，从企业异质性、行业异质性、区域异质性等视角入手研究产业集聚这一命题的文献得以不断充实。

对于资本，我们在已有文献的基础上，不仅考虑了物质资本与劳动资本，还考虑了社会资本。生产绿色低碳产品需要劳动力，同样对于减排研发与技术创新部门生产绿色低碳中间产品也需要劳动力，因此我们将劳动资本分成两个部分：用于企业绿色低碳产品生产的劳动资本与用于减排研发与技术创新部门的绿色低碳中间产品生产的劳动资本；对于物质资本，我们则分成了三个部分，除了用于绿色低碳产品和用于减排研发与技术创新部门所生产的绿色低碳中间产品的物质资本，企业与居民在主动、自觉、自律的动机下也会进行绿色低碳行为，直接投入资本、管理与政策引导投入资本。对于社会资本，它既会对减排研发与技术创新部门的创新知识积累产生影响，也会对企业与居民主动、自觉、自律进行绿色低碳行为所产生的创新知识积累产生影响。因此，我们将社会资本分成了两类。生产部门中资本的研究进展见表 3-2。

表 3-2 生产部门中资本的研究进展

文献	人力资本	物质资本	社会资本
Simon[15]	Y	N	N
Forslid[16]	Y	Y	N
Rotemberg 和 Saloner[17]	Y	N	N
Berry 和 Glaeser[18]	Y	N	N
Palma 等[19]	Y	N	Y

续表

文献	人力资本	物质资本	社会资本
陈得文和苗建军[20]	Y	N	N
Yan 和 Tang[21]	Y	N	Y
Alcacer 和 Chung[22]	Y	N	N
胡艳和张桅[23]	Y	N	N
本章	Y	Y	Y

注: Y 表示 Yes, 即已经考虑在内的因素; N 表示 No, 即并未考虑在内的因素

在家庭部分, 我们给出了家庭效用函数和它的约束条件, 而后依据汉密尔顿函数得到增长率 (欧拉方程)。对于家庭效用函数, 前人也做了大量的研究。Luis 等在家庭效用函数中考虑了消费水平, 并且在均衡增长下, 消费增长率必须等于产出增长率[24]。Baldwin 等在家庭效用函数中考虑了产品的消费、工业制成品的 CES 复合以及纯时间偏好率[25]。Chu 和 Lai 在家庭效用函数中考虑了环境质量存量和消费水平, 并依据家庭效用函数得到了福利方程, 用于对三种减排研发制度下经济增长率和福利水平的比较[4]。Suphaphiphat 等在代表性家庭效用中考虑了消费水平和贴现率[26]。Donadelli 使用 Epstein 和 Zin[27]在代表性家庭效用中考虑了消费、相对风险规避系数、跨期替代弹性和贴现因子[28]。Valente 在代表性家庭效用中考虑了消费和消费跨期替代弹性的倒数[29]。

而在我们的家庭效用函数中, 我们在已有文献的基础上不仅讨论了消费和环境质量, 还添加了碳排放量。而后根据这样的一个家庭效用函数, 利用汉密尔顿函数求得了增长率 (欧拉方程)。将减少碳排放投入与自然环境的自我净化能力作为内生因素纳入增长的动力范围, 并称其为绿色低碳汲取水平, 而后依据绿色低碳汲取水平、生产部门得到的技术方程和家庭部分得到的欧拉方程, 实现碳在生产与消费过程中的演变价值。家庭中家庭效用函数的研究进展见表 3-3。

表 3-3　家庭中家庭效用函数的研究进展

文献	消费	环境质量	碳排放量
Luis 等[24]	Y	N	N
Baldwin 等[25]	Y	N	N
Chu 和 Lai[4]	Y	Y	N
Suphaphiphat 等[26]	Y	N	N
Donadelli[28]	Y	N	N
Valente[29]	Y	N	N
本章	Y	Y	Y

注: Y 表示 Yes, 即已经考虑在内的因素; N 表示 No, 即并未考虑在内的因素

对于对经济增长的分析方法, 前人也做了大量研究。李艳和徐伟依据柯布-道格拉斯生产函数, 在规模收益不变假设前提下将生产函数两边同时除以资本存

量，并对式子两边取自然对数，而后进行线性回归分析处理[30]。张海锋和张卓通过经济能力、环保能力和社会能力三个维度考察绿色技术竞争力，利用PSR-生产函数模型阐明三个能力之间的关系及对绿色技术竞争力的影响[31]。Pablo-Romero等[8]用面板数据法来估算企业水平转移对数生产函数。

我们则是在经济系统中考虑了生产和消费两个部分，在生产部分通过对数关于时间求导得到了技术方程，同样地，在消费部分，依据汉密尔顿函数，通过对数关于时间求导得到了欧拉方程，将减少碳排放投入与自然环境的自我净化能力作为内生因素纳入增长的动力范围，并作用于所得到的欧拉方程与技术方程，以此获得绿色低碳一般均衡增长率，进而实现碳价值，并得出绿色低碳汲取水平内生效应与碳价值实现水平效应。

基于企业与居民主动、自觉、自律践行绿色低碳行为视角，为了实现绿色低碳汲取水平下的碳价值，以下两个问题显得尤为重要，这同样也是本章所需要解决的关键问题。

第一，基于企业与居民主动、自觉、自律践行绿色低碳行为视角，如何构建新经济系统下的内生增长模型。

第二，在新经济系统中，在绿色低碳汲取水平演化下，如何实现碳价值，如何反映碳价值实现水平的高低。

本章的研究与以往研究的主要区别也即我们的主要创新点在于以下几个方面。

（1）本章的研究基于企业与居民主动、自觉、自律践行绿色低碳行为。对于生产过程，在已有文献的基础上，在绿色低碳产品部分，考虑了减少碳排放投入；在绿色低碳中间产品部分，除了考虑减排研发与技术创新部门研发绿色低碳中间产品所产生的创新知识存量，还考虑了企业与居民主动、自觉、自律践行绿色低碳行为产生的知识存量，同时还在创新知识存量中考虑了自然环境的自我净化能力；在资本积累部分，将资本分成人力资本与物质资本，并且认为减排研发与技术创新部门绿色低碳中间产品的投入、企业与居民主动、自觉、自律进行绿色低碳行为的投入以及消费都需要消耗一部分产出；在减排研发与技术创新部分，考虑了社会资本对减排研发与技术创新的创新知识积累的影响以及对企业与居民主动、自觉、自律进行绿色低碳行为所产生的创新知识积累的影响；综上所述，本章将企业与居民主动、自觉、自律践行绿色低碳的行为贯穿整个模型。

（2）将减少碳排放投入与自然环境的自我净化能力作为内生因素纳入增长的动力范围，并称之为绿色低碳汲取水平。用绿色低碳汲取水平来测量企业与居民主动、自觉、自律的绿色低碳行为。

（3）依据绿色低碳汲取水平、技术方程、欧拉方程，实现了碳价值，并得出了绿色低碳汲取水平内生效应与碳价值实现水平效应。

本章的其余部分叙述如下。第 3.2 节构建了考虑生产与家庭两个部门的内生增长模型，主要考虑了减少碳排放投入与自然环境的自我净化能力，并将其作为内生因素纳入增长的动力范围，称为绿色低碳汲取水平；第 3.3 节根据绿色低碳汲取水平、生产部门得到的技术方程和家庭部分得到的欧拉方程，实现碳在生产与消费过程中的演变价值，并得出了绿色低碳汲取水平内生效应与碳价值实现水平效应；第 3.4 节是总结。本章的框架图如图 3-1 所示。

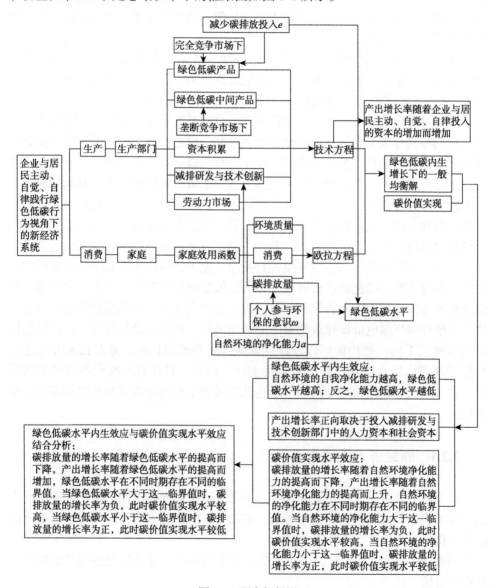

图 3-1　研究框架图

3.2　模　　型

假设 3-1：本章所讨论的经济系统是企业与居民主动、自觉、自律进行绿色低碳行为的经济系统，这一新的经济系统仅由生产和消费两个部分构成。生产部分生产出新的绿色低碳产品而后进入市场出售，消费部分则是由家庭购买所出售的绿色低碳中间产品。

在模型部分，我们基于企业与居民主动、自觉、自律践行绿色低碳行为视角，构建了一个非规模的、两部门的绿色低碳行为驱动下的减排研发的长期增长模型，研究经济系统在绿色低碳行为驱动下的内生增长规律及其绿色低碳汲取水平下增长过程中的碳价值实现。这两个部门分别是生产部门和家庭。在生产部门中，我们将其分成了六个部分：绿色低碳产品、绿色低碳中间产品、资本积累、减排研发与技术创新、劳动力市场、技术方程。最后这一部分的技术方程是基于前五个部分得出的。在绿色低碳产品部分考虑了减少碳排放投入，在减排研发与技术创新部分考虑了自然环境的自我净化能力。在家庭中，我们构建了家庭效用函数，并在家庭效用函数中考虑了环境质量、消费和碳排放量，而后依据汉密尔顿函数求得增长率（欧拉方程）。基于主动、自觉、自律的绿色低碳行为视角，本章将减少碳排放投入与自然环境的自我净化能力作为内生因素纳入增长的动力范围，并将其称为绿色低碳汲取水平，而后依据绿色低碳汲取水平、生产部门得到的技术方程和家庭部分得到的欧拉方程，实现碳在生产与消费过程中的演变价值。考虑环境与绿色低碳排放约束下的效用函数，通过求最优化解，得出绿色低碳内生增长下的一般均衡解以及绿色低碳一般均衡增长率，并对技术方程进行分析发现产出增长率随着企业与居民主动、自觉、自律投入的资本的增加而增加。进一步通过数值模拟，得到了绿色低碳汲取水平内生效应与碳价值实现水平效应。

3.2.1　新经济系统的生产部门

在生产部门中，我们将其分成了六个部分：绿色低碳产品、绿色低碳中间产品、资本积累、减排研发与技术创新、劳动力市场、技术方程。最后这一部分的技术方程是基于前五个部分得出的。

假设 3-2：绿色低碳产品是在完全竞争市场下的，绿色低碳中间产品是在垄断竞争市场下的。

1. 新经济系统的绿色低碳产品

在绿色低碳产品部分，因为中间生产商会为绿色低碳产品 $Y(t)$ 提供减排研发与技术创新部门所生产出的绿色低碳中间产品和相关服务，所以我们给出了绿色低碳产品关于绿色低碳中间产品的生产函数，并在总量生产函数中考虑了环境质量、用于绿色低碳产品生产的劳动力、减少碳排放投入、减排研发与技术创新这四个因素。因此，依据扩展的 D-S 函数，得到了总量生产函数：

$$Y(t) = A(N)L_Y(t)^\beta e(t)^{1-\alpha-\beta} \left[\int_0^{D(t)} x_i(t)^\gamma \, \mathrm{d}i \right]^\phi \qquad (3-1)$$

其中，A 为环境生产力函数；N 为环境质量；$L_Y(t)$ 为用于绿色低碳产品生产的劳动力；$e(t)$ 为减少碳排放投入；$D(t)$ 为减排研发与技术创新部门的数量；$x_i(t)$ 为减排研发与技术创新部门所研发出的绿色低碳中间产品；β 为用于绿色低碳产品生产的劳动力的产出份额；$1-\alpha-\beta$ 为减少碳排放投入量的产出份额。这里，由于每个减排研发与技术创新部门都是一个新技术的拥有者，体现在其中的知识资本的价值构成了企业的价值，在这个经济中是一种资本，因此资本与绿色低碳中间产品的关系如下：$K = \int_0^{D(t)} x_i(t)\mathrm{d}t$。

假设 3-3：生产技术是规模报酬不变的，那么生产函数的任何规模的不变收益都需要参数 $\phi\gamma=\alpha$ 的约束。此外，假设 $\phi > 1$。

式（3-1）表明：所有绿色低碳中间产品均为对称的，而且对绿色低碳中间产品的每一种要素的投入要求都是相同的。

2. 新经济系统的绿色低碳中间产品

在 Chu 和 Lai[4]的基础上，考虑到企业与居民主动、自觉、自律践行绿色低碳行为，所以在这一部分，除了考虑减排研发与技术创新部门研发绿色低碳中间产品所产生的创新知识存量，我们还考虑了企业与居民主动、自觉、自律践行绿色低碳行为所产生的知识存量。因此，在企业生产绿色低碳中间产品的过程中所减少的碳排放量为

$$p(t) = \left[\frac{e(t)}{H(t)+h(t)} \right]^{\frac{1}{\varepsilon}} \qquad (3-2)$$

其中，$e(t)$ 为减少碳排放投入；$H(t)$ 为减排研发与技术创新部门研发绿色低碳中间产品所产生的创新知识存量；$h(t)$ 为企业与居民主动、自觉、自律践行绿色低碳行为产生的知识存量；$\frac{1}{\varepsilon}(\varepsilon > 0)$ 为碳排放的弹性系数。在式（3-2）中，企业在

生产绿色低碳中间产品的过程中所减少的碳排放量 $p(t)$ 与减排研发与技术创新部门研发绿色低碳中间产品所产生的创新知识存量 $H(t)$ 和企业与居民主动、自觉、自律践行绿色低碳行为产生的知识存量 $h(t)$ 负相关，与减少碳排放投入 $e(t)$ 正相关。

根据式（3-2），我们可以得到

$$e(t) = p(t)^{\varepsilon}\left[H(t)+h(t)\right] \tag{3-3}$$

在这里，影响减排研发与技术创新部门研发绿色低碳中间产品所产生的创新知识存量变化的因素有很多。自然界中的环境具有自我净化能力，能够自动吸收空气中的碳，因此在这里我们考虑自然环境对碳的吸收这一因素。我们假设自然环境对碳的吸收率为 a，那么减排研发与技术创新部门研发绿色低碳中间产品所产生的创新知识存量和企业与居民主动、自觉、自律践行绿色低碳行为产生的知识存量的运动方程为

$$\dot{H}(t) = p(t) - aH(t) \tag{3-4}$$

$$\dot{h}(t) = d \tag{3-5}$$

其中，$a > 0$，表示自然环境的自我净化能力；d 为一个常数。

注 3-1：在这里，减排研发与技术创新部门会在使用新的技术生产绿色低碳中间产品的过程中减少一定的碳排放，企业与居民主动、自觉、自律践行绿色低碳行为也会减少碳排放，因此在这一部分，除了考虑减排研发与技术创新部门研发绿色低碳中间产品所产生的创新知识存量，我们还考虑了企业与居民主动、自觉、自律践行绿色低碳行为所产生的知识存量，而这里所考虑的企业与居民主动、自觉、自律践行绿色低碳行为所产生的知识存量也是以往的文献中所没有考虑过的。

因此，式（3-1）可以改写为

$$Y(t) = A(N)L_Y(t)^{\beta}\,p(t)^{\varepsilon(1-\alpha-\beta)}\left[H(t)+h(t)\right]^{1-\alpha-\beta}\left[\int_0^{D(t)} x_i(t)^{\gamma}\,\mathrm{d}i\right]^{\phi} \tag{3-6}$$

我们根据 Tahvonen 和 Kuuluvainen[32]、Bovenberg 和 Smulders[33]、Fullerton 和 Kim[34]，将自然环境视为一种可再生资源，因此，可以按照以下方式生长和消耗：

$$\dot{N} = bN(1-N) - p(t) \tag{3-7}$$

其中，点表示随时间的变化率；b 为一个捕获生态再生程度的参数；$bN(1-N)$ 反映了环境的再生能力，它一开始会以较大的 N 增加，但当 N 超过阈值时会最终下降。

在这里，平衡增长路径解决方案需要参数限制：

$$\xi = \frac{\phi}{1-\alpha} \tag{3-8}$$

绿色低碳产品的生产企业是绿色低碳中间产品市场的价格接受者。在完全竞争均衡中，每个投入的价格 $R_i(t)$ 等同于其边际生产力。$Y(t)$ 的价格标准化为 1。然后，每个中间生产企业所面临的逆需求函数为

$$\frac{\partial Y(t)}{\partial x_i(t)} = \alpha A(N) L_Y(t)^\beta\ p(t)^{\varepsilon(1-\alpha-\beta)} \left[H(t)+h(t)\right]^{1-\alpha-\beta} \left[\int_0^{D(t)} x_i(t)^\gamma\,\mathrm{d}i\right]^{\phi-1} x_i(t)^{\gamma-1} D(t)$$
$$= R_i(t)$$

$$（3-9）$$

中间生产企业一旦进入市场，均希望在每一个时间段内最大化其利润，因此中间生产企业不能仅依靠已有的技术知识存量与社会资本存量，还应该进行减排研发与技术创新以提高自己的研发能力，从而创造更大的经济利润与价值。依据 Evans 等[35]、Thompson[36]及 Romer[37]，产生新研发的绿色低碳中间产品投入的想法取决于净收入的贴现流和新研发的绿色低碳中间产品的初始投资成本之间的比较。由于减排研发与技术创新部门具有竞争性，研发出的绿色低碳中间产品的价格被抬高，直到等于垄断者可以获得的净收入的现值。在 t 时刻，为了进入市场，并且生产出第 i 个减排研发与技术创新部门的创新产品，中间生产商必须支付 $p_D(t)i(t)^\xi$ 的费用，这里 $p_D(t)$ 表示减排研发与技术创新部门新研发出的绿色低碳中间产品的初始投资成本，$i(t)^\xi$ 表示第 i 个减排研发与技术创新部门相对于前面的初始投资成本而言的附加成本。除此之外，企业与居民会在主动、自觉、自律的动机下进行绿色低碳行为，直接投入资本、管理与政策引导投入资本等，因此，在这里还需要考虑企业与居民主动、自觉、自律投入的资本 $p_h(t)$。而后，依据 Thompson[7]，我们可以得到中间生产企业的动态零利润条件：

$$p_D(t)\left[D(t)^\xi + p_h(t)\right] = \int_{\tau=t}^{\infty} e^{-r(\tau-t)} \pi_i(\tau)\mathrm{d}\tau \qquad （3-10）$$

其中，$p_h(t) = p_{h_0} t$。$p_h(t)$ 为企业与居民在 t 时刻主动、自觉、自律的动机下投入的资本，这个资本随着时间的增加而增加，在这里不妨设为线性的。其中，r 为资本利率。

注 3-2：为了使整个经济系统能够达到市场均衡，绿色低碳中间产品部门的利润必须用于购买减排研发与技术创新部门所研发的新技术成果。这样，绿色低碳中间产品生产的垄断利润抵消了研发新技术的投入成本，均衡时整个经济系统的利润为 0。在这里，减排研发与技术创新部门所研发的新技术成果不仅依赖于以往文献所考虑到的减排研发与技术创新部门的投入成本，还依赖于企业与居民主动、自觉、自律践行绿色低碳行为动机下投入的资本，这也是以往文献所没有考虑到的。

两边取对数再关于时间求导后，得

$$g_{P_D} + g_{\left(D^\xi + p_h\right)} = r - \frac{\pi}{p_D\left(D^\xi + p_h\right)} \qquad (3\text{-}11)$$

中间生产企业决定进入市场之后，均希望在每一时刻利润最大化。因此，在每一时刻，我们最大化中间生产企业的利润，给出了其产品的逆需求函数：

$$\max_{x_i(t)} \pi_i(t) = R_i(t)x_i(t) - rx_i(t) \qquad (3\text{-}12)$$

其中，$R_i(t)$ 为绿色低碳中间产品的价格。

利润最大化 $\dfrac{\mathrm{d}\pi_i(t)}{\mathrm{d}x_i(t)} = 0$，得

$$R_i(t) = \frac{r}{\gamma} \qquad (3\text{-}13)$$

模型的对称性意味着 $R_i(t) \equiv R(t)$，$x_i(t) \equiv x(t)$，$\pi_i(t) \equiv \pi(t)$。

在下文中，我们令 $R(t) = R$，$L_Y(t) = L_Y$，$p(t) = p$，$H(t) = H$，$x(t) = x$，$D(t) = D$，$h(t) = h$，$\pi(t) = \pi$。

然后式（3-13）被改写为

$$R = \frac{r}{\gamma} \qquad (3\text{-}14)$$

同样地，式（3-6）被改写为

$$Y = A(N)L_Y^{\beta} p^{\varepsilon(1-\alpha-\beta)}(H+h)^{1-\alpha-\beta} D^{\phi} x^{\alpha} \qquad (3\text{-}15)$$

式（3-9）被改写为

$$R = \alpha A(N)L_Y^{\beta} p^{\varepsilon(1-\alpha-\beta)}(H+h)^{1-\alpha-\beta} x^{\alpha-1} D^{\phi} \qquad (3\text{-}16)$$

此时，$x(t)$ 变成

$$x = \left(\frac{\alpha}{R}\right)^{\frac{1}{1-\alpha}} A(N)^{\frac{1}{1-\alpha}} L_Y^{\frac{\beta}{1-\alpha}} p^{\frac{\varepsilon(1-\alpha-\beta)}{1-\alpha}} (H+h)^{\frac{1-\alpha-\beta}{1-\alpha}} D^{\frac{\phi}{1-\alpha}} \qquad (3\text{-}17)$$

根据式（3-7）中的参数限制，式（3-17）可以改写为

$$x = \left(\frac{\alpha}{R}\right)^{\frac{1}{1-\alpha}} A(N)^{\frac{1}{1-\alpha}} L_Y^{\frac{\beta}{1-\alpha}} p^{\frac{\varepsilon(1-\alpha-\beta)}{1-\alpha}} (H+h)^{\frac{1-\alpha-\beta}{1-\alpha}} D^{\xi} \qquad (3\text{-}18)$$

依据式（3-12）~式（3-16），利润 $\pi(t) = R(t)x(t) - rx(t)$ 被改写为

$$\pi = (1-\gamma)\alpha A(N)L_Y^{\beta} p^{\varepsilon(1-\alpha-\beta)}(H+h)^{1-\alpha-\beta} D^{\phi} x^{\alpha} \qquad (3\text{-}19)$$

该模型的对称性还意味着方程 $K = \displaystyle\int_0^{D(t)} x_i(t)\mathrm{d}t$ 可以写为

$$K = Dx \qquad (3\text{-}20)$$

3. 新经济系统的资本积累

在传统的产业经济中，物质资本占据主导地位，但随着经济的发展，知识经济的到来，人力资本不论是在数量上还是收益上都远远超过了物质资本，从而取代了在经济发展中物质资本所一度占据的主导地位。如今，企业的组织形式取决于物质资本和人力资本的合作关系。随着市场规模不断扩大、专业化分工程度的深化、金融市场的效率不断提高，物质资本越来越容易被复制，而人力资本和创新的重要性越来越高。

考虑到企业与居民主动、自觉、自律践行绿色低碳行为，我们将资本分成了两个部分：人力资本和物质资本。对于人力资本部分，人力资源既可以用于生产减排研发与技术创新部门的绿色低碳中间产品，也可以用于生产最终产品部门的绿色低碳产品，因此我们将人力资本分成了上述两个部分。对于物质资本部分，物质资本既可以用于生产减排研发与技术创新部门的绿色低碳中间产品，也可以用于生产最终产品部门的绿色低碳产品。同样地，企业与居民在主动、自觉、自律的动机下也会进行绿色低碳行为，直接投入资本、管理与政策引导投入资本，因此我们将物质资本分成了上述三个部分。

因此，在我们的模型中，将企业的生产资本分成了物质资本和人力资本两个部分，且服从柯布-道格拉斯函数：

$$K = A k_1^{\chi} k_2^{1-\chi} \tag{3-21}$$

其中，k_1 为物质资本；k_2 为人力资本；χ 为物质资本的产出弹性；$1-\chi$ 为人力资本的产出弹性；A 为企业的技术水平。

若 nk_2 是投入企业的绿色低碳产品生产中的人力资本的数量，其中 $0 < n < 1$，根据式（3-18）、式（3-20）、式（3-21），得

$$nk_2 = n \frac{D^{\frac{\xi+1}{1-\chi}} \left(\frac{\alpha}{R}\right)^{\frac{1}{(1-\alpha)(1-\chi)}} A(N)^{\frac{1}{(1-\alpha)(1-\chi)}} L_Y^{\frac{\beta}{(1-\alpha)(1-\chi)}} p^{\frac{\varepsilon(1-\alpha-\beta)}{(1-\alpha)(1-\chi)}} (H+h)^{\frac{1-\alpha-\beta}{(1-\alpha)(1-\chi)}}}{A^{\frac{1}{1-\chi}} k_1^{\frac{\chi}{1-\chi}}} \tag{3-22}$$

式（3-22）说明：当减排研发与技术创新部门相对于初始投资成本而言的附加成本增加时，投入企业的绿色低碳产品生产中的人力资本就会增加，那么投入减排研发与技术创新部门的绿色低碳中间产品生产的人力资本就会减少。

资本及其积累在经济增长中具有非常重要的作用，资本积累促进分工细化和生产专业化，提升技术和知识水平，提高劳动使用频率，资本的积累能扩大社会生产力，提高社会产出水平。减排研发与技术创新部门对绿色低碳中间产品研发的投入，企业与居民主动、自觉、自律进行绿色低碳行为的投入和消费都需要消耗一部分产出。

假设 3-4：零资本折旧。

依据 Thompson[7]，资本积累是由下式给出：

$$\dot{K}(t) = Y(t) - C(t) - K_D(t) - K_F(t) \tag{3-23}$$

其中，$C(t)$ 表示消费；$K_D(t)$ 表示减排研发与技术创新部门对绿色低碳中间产品研发的投入；$K_F(t)$ 表示企业与居民主动、自觉、自律进行绿色低碳行为的投入。这里，对于物质资本部分，物质资本既可以用于减排研发与技术创新部门的绿色低碳中间产品，也可以用于最终产品部门的绿色低碳产品。同样地，企业与居民在主动、自觉、自律的动机下也会进行绿色低碳行为，直接投入资本、管理与政策引导投入资本，因此我们将物质资本分成了上述三个部分。为了简便分析，减排研发与技术创新部门对绿色低碳中间产品研发的投入和企业与居民主动、自觉、自律进行绿色低碳行为的投入与物质资本成比例 m，因此，$K_D(t) + K_F(t) = mk_1$。这样，式（3-23）可以写为

$$\dot{K} = Y - C - mk_1 \tag{3-24}$$

注 3-3：减排研发与技术创新部门对绿色低碳中间产品研发的投入，企业与居民主动、自觉、自律进行绿色低碳行为的投入和消费都需要消耗一部分产出，因此在资本积累方程中，我们将这三项都考虑在内。这里，企业与居民主动、自觉、自律进行绿色低碳行为的资本投入是以往的文献中所没有考虑在内的。

4. 新经济系统的减排研发与技术创新

碳排放的减排技术作为知识可以随着时间积累，知识的创造需要时间和努力。减排研发与技术创新部门使用一定数量的劳动力进行减排研发与技术创新，并且减排研发与技术创新部门的生产力取决于原有社会资本的存量，因此，依据 Smulders[38]，我们知道创新和发明是投资的行为。基于 Romer[37]、Jones[39]、Chu 和 Lai[4]，新的想法依赖于劳动投入和现有创新思想存量。假设现有创新思想存量越高，创造额外的创新就越困难。更具体地说，我们假设创新的增长率负依赖于减排研发与技术创新部门相对于初始投资成本而言的附加成本。

因此，减排研发与技术创新部门的创新知识积累的运动方程可以由下式给出：

$$\begin{aligned}
\dot{D}(t) &= \delta_1 (1-n) k_2 D(t)^{1-\xi} S(t) \\
&= \delta_1 D(t)^{1-\xi} L_D(t) S(t)
\end{aligned} \tag{3-25}$$

其中，δ_1 为减排研发与技术创新部门的创新生产力参数，并且 $\delta_1 > 0$；$L_D = (1-n)k_2$，表示用于减排研发与技术创新部门的劳动力；$S(t)$ 表示社会资本的存量。

同样地，企业与居民主动、自觉、自律进行绿色低碳行为所产生的创新知识

积累的运动方程如下：

$$\dot{F} = \delta_2 F L_F \pi \tag{3-26}$$

其中，δ_2 为企业与居民主动、自觉、自律进行绿色低碳行为的创新生产力参数，并且 $\delta_2 > 0$；F 为企业与居民主动、自觉、自律进行绿色低碳行为的创新知识；L_F 为主动、自觉、自律进行绿色低碳行为的企业与居民劳动力数量。

在上文中，我们提到了物质资本，这里的社会资本与物质资本既有区别又有联系。社会资本对经济发展具有重要的影响。在经济发展过程中，社会资本是对物质资本和人力资本的必要的补充。事实表明，缺乏社会资本的支撑，丰富的人力资本也很难发挥其最大的潜力。同样，社会资本的积累对中间生产商的利润也产生了积极的影响。因此，依据 Thompson[7]，社会资本积累方程由下式给出：

$$\dot{S}(t) = \psi_1 S(t) + \psi_2 \pi(t) \tag{3-27}$$

其中，ψ_1 表示减排研发与技术创新部门之间对信任建立的偏好；ψ_2 表示主动、自觉、自律的企业和居民之间对信任建立的偏好，并且 $\psi_1 > 0$，$\psi_2 > 0$；$S(t)$ 表示减排研发与技术创新部门的社会资本。

注 3-4：在社会资本这一部分，我们除了考虑减排研发与技术创新部门的社会资本，还考虑了企业与居民主动、自觉、自律进行绿色低碳行为的社会资本，这也是以往文献没有考虑到的。

5. 新经济系统的劳动力市场

假设总劳动力 L 是恒定的，在这里劳动力既可用于企业中的总量生产函数，又可用于减排研发与技术创新，因此，

$$L = L_Y + L_D \tag{3-28}$$

式（3-28）意味着：

$$g_{L_Y} = -\frac{L_D}{L_Y} g_{L_D} \tag{3-29}$$

绿色低碳产品生产企业的利润最大化条件 $\dfrac{\mathrm{d}\pi_Y}{\mathrm{d}L_Y} = 0$ 给出了用于绿色低碳产品生产的劳动力的工资：

$$\omega_Y = \beta A(N) L_Y^{\beta-1} p^{\varepsilon(1-\alpha-\beta)} (H+h)^{1-\alpha-\beta} D^{\phi} x^{\alpha} \tag{3-30}$$

减排研发与技术创新中的利润最大化条件 $\dfrac{\mathrm{d}\pi_D}{\mathrm{d}L_D} = 0$ 给出了用于减排研发与技术创新部门中绿色低碳中间产品生产的劳动力的工资：

$$\omega_D = p_D D \delta_1 S \tag{3-31}$$

由于劳动力市场是均衡的，所以有 $\omega_D = \omega_Y$。由此我们得到

$$p_D = \frac{\beta A(N) L_Y^{\beta-1} p^{\varepsilon(1-\alpha-\beta)} (H+h)^{1-\alpha-\beta} D^{\phi-1} x^{\alpha}}{\delta_1 S} \qquad (3\text{-}32)$$

6. 新经济系统的技术方程

技术方程将经济增长的恒定增长率和利率 (g,r) 结合在一起。在平衡增长路径中，利率是恒定的，因此 $R = \dfrac{r}{\gamma}$ 亦是如此。

对于式（3-18），两边取对数再关于时间求导后，得

$$g_x = \frac{1}{1-\alpha} g_{A(N)} + \frac{\beta}{1-\alpha} g_{L_Y} + \frac{\varepsilon(1-\alpha-\beta)}{1-\alpha} g_p + \frac{1-\alpha-\beta}{1-\alpha} g_{H+h} + \xi g_D \qquad (3\text{-}33)$$

根据式（3-18）和式（3-20），得到资本的增长率：

$$g_K = \frac{1}{1-\alpha} g_{A(N)} + \frac{\beta}{1-\alpha} g_{L_Y} + \frac{\varepsilon(1-\alpha-\beta)}{1-\alpha} g_p + \frac{1-\alpha-\beta}{1-\alpha} g_{H+h} + (\xi+1) g_D \qquad (3\text{-}34)$$

根据式（3-15），得到产出增长率

$$g_Y = g_{A(N)} + \beta g_{L_Y} + \varepsilon(1-\alpha-\beta) g_p + (1-\alpha-\beta) g_{H+h} + \phi g_D + \alpha g_x \qquad (3\text{-}35)$$

结合式（3-33）和式（3-35），得

$$g_Y = g_x \qquad (3\text{-}36)$$

根据式（3-25），减排研发与技术创新部门的创新知识积累的增长率为

$$g_D = \frac{\dot{D}}{D} = \delta_1 D^{-\xi} L_D S \qquad (3\text{-}37)$$

这意味着在平衡增长路径解决方案中：

$$g_S = \xi g_D - g_{L_D} \qquad (3\text{-}38)$$

根据式（3-26），企业与居民主动、自觉、自律进行绿色低碳行为所产生的创新知识积累的增长率为

$$g_F = \frac{\dot{F}}{F} = \delta_2 L_F \pi \qquad (3\text{-}39)$$

这意味着在平衡增长路径解决方案中：

$$g_\pi = -g_{L_F} \qquad (3\text{-}40)$$

根据式（3-27），社会资本的增长率为

$$g_S = \frac{\dot{S}}{S} = \psi_1 + \psi_2 \frac{\pi}{S} \qquad (3\text{-}41)$$

这意味着在平衡增长路径解决方案中，减排研发与技术创新部门的绿色低碳中间产品的利润和社会资本的增长速度相同：

$$g_\pi = g_S = \xi g_D - g_{L_D} = -g_{L_F} \tag{3-42}$$

根据式（3-32），得

$$g_{p_D} = g_{A(N)} + (\beta-1)g_{L_Y} + \varepsilon(1-\alpha-\beta)g_p + (1-\alpha-\beta)g_{H+h} + (\phi-1)g_D + \alpha g_x - g_S \tag{3-43}$$

结合式（3-33）、式（3-39）、式（3-42）、式（3-43）后，得

$$g_{p_D} = \frac{1}{1-\alpha}g_{A(N)} + \left(\beta-1+\frac{\alpha\beta}{1-\alpha}\right)g_{L_Y} + (1-\alpha-\beta)\frac{\varepsilon}{1-\alpha}g_p$$
$$+ (1-\alpha-\beta)\frac{1}{1-\alpha}g_{H+h} \tag{3-44}$$
$$+ \frac{1}{\xi}g_{L_F} + \frac{\xi-1}{\xi}g_{L_D}$$

根据式（3-11）、式（3-42）、式（3-44），得

$$g_{L_D} = 0 \tag{3-45}$$

由此，式（3-42）可以改写为

$$g_\pi = g_S = \xi g_D \tag{3-46}$$

根据式（3-11）、式（3-35）、式（3-36），得

$$g_Y = r - \frac{\pi}{p_D\left(D^\xi + p_h\right)} \tag{3-47}$$

而后，依据式（3-19）、式（3-32）、式（3-47），我们可以得到

$$g_Y = r - \frac{(1-\gamma)\alpha\delta_1 SL_Y D}{\beta\left(D^\xi + p_h\right)} \tag{3-48}$$

这也是我们最终的技术方程。

对技术方程进行分析，发现 $\frac{\partial g_Y}{\partial p_h} > 0$，说明产出增长率随着企业与居民主动、自觉、自律的绿色低碳投入的资本的增加而增加。

3.2.2　新经济系统的家庭

在这一部分，我们考虑了家庭效用函数，并在家庭效用函数中考虑了环境质量、消费和碳排放量。

在 Chu 和 Lai[4]与 Chen 等[40]的基础上，我们的家庭效用函数可由当前消费水平 $C(t)$、环境质量 N 和碳排放量 T 共同决定。因此，家庭效用函数表示为

$$U = \frac{\left(CN^{\eta}\right)^{1-\sigma}-1}{1-\sigma} - \theta \frac{T^{1+\omega}-1}{1+\omega} \tag{3-49}$$

其中，U 为家庭的瞬时效用；C 为消费；N 为环境质量；T 为碳排放量；ω 为企业与居民参与环保的意识；σ 表示相对风险厌恶系数；η 为与环境有关的效用的权重。$\sigma, \omega, \eta, \theta > 0$。

对于我们而言，关心的不仅仅是实现当期效用的最大化，更应是实现跨期效用的最大化，即

$$\max \int_0^{\infty} \left[\left(\frac{\left(CN^{\eta}\right)^{1-\sigma}-1}{1-\sigma} - \theta \frac{T^{1+\omega}-1}{1+\omega} \right) \exp(-\rho t) \right] \mathrm{d}t \tag{3-50}$$

其中，ρ 表示主观时间贴现率（对当期消费与未来消费之间选择的时间偏好率）。当 ρ 变小表示当期消费与未来消费之间的差异小，当 ρ 变大表示更加偏好当期消费。

3.3　新经济系统的碳价值实现

在这一部分，对于家庭效用函数，我们给出了绿色低碳与环境约束条件，而后依据汉密尔顿函数得到了增长率（欧拉方程），将减少碳排放投入与自然环境的自我净化能力作为内生因素纳入增长的动力范围，并将其称为绿色低碳汲取水平，而后依据绿色低碳汲取水平、生产部门得到的技术方程和家庭部分得到的欧拉方程，实现碳在生产与消费过程中的演变价值。考虑环境与绿色低碳排放约束下的效用函数，通过求最优化解，得出绿色低碳内生增长下的一般均衡解以及绿色低碳一般均衡增长率，并对技术方程进行分析发现产出增长率随着企业与居民主动、自觉、自律投入的资本的增加而增加。进一步通过数值模拟，得到绿色低碳汲取水平内生效应与碳价值实现水平效应。

3.3.1　绿色低碳内生增长下的一般均衡

1. 绿色低碳与环境约束下的一般均衡解

$$\max_C \int_0^{\infty} \left[\left(\frac{\left(CN^{\eta}\right)^{1-\sigma}-1}{1-\sigma} - \theta \frac{T^{1+\omega}-1}{1+\omega} \right) \exp(-\rho t) \right] \mathrm{d}t$$

$$\text{s.t.} \begin{cases} \dot{N} = bN(1-N) - p \\ \dot{H} = p - aH \\ \dot{h} = d \\ \dot{K} = Y - C - mk_1 = A(N)L_Y^{\beta} p^{\varepsilon(1-\alpha-\beta)} (H+h)^{1-\alpha-\beta} D^{\phi-\alpha} K^{\alpha} - C - mk_1 \\ \dot{D} = \delta_1 D^{1-\xi} L_D S \\ \dot{F} = \delta_2 FL_F \pi = \delta_2 FL_F (1-\gamma) \alpha A(N) L_Y^{\beta} p^{\varepsilon(1-\alpha-\beta)} (H+h)^{1-\alpha-\beta} D^{\phi-\alpha} K^{\alpha} \\ \dot{S} = \psi_1 S + \psi_2 \pi = \psi_1 S + \psi_2 (1-\gamma) \alpha A(N) L_Y^{\beta} p^{\varepsilon(1-\alpha-\beta)} (H+h)^{1-\alpha-\beta} D^{\phi-\alpha} K^{\alpha} \\ \dot{T} = T^{\vartheta} (H+h)^{-\varsigma} - aT \end{cases}$$

$$(3\text{-}51)$$

其中，T 为碳排放量；ϑ 为碳排放对污染的弹性；ς 为减排研发与技术创新部门研发绿色低碳中间产品所产生的创新知识存量和企业与居民主动、自觉、自律践行绿色低碳行为产生的知识存量对碳排放的弹性；a 为环境自治系数，也即自然环境的自我净化能力。

而后，依据汉密尔顿函数求得增长率（欧拉方程）：

$$g_C = \frac{\dot{C}}{C} = \frac{r-\rho}{\sigma} \qquad (3\text{-}52)$$

因此，利率 r 在平衡增长路径中是恒定的。

在我们的模型中，长期增长是可行的和可持续的，平衡增长路径在稳定状态的特点是 $\dfrac{\dot{C}}{C} = \dfrac{\dot{Y}}{Y}, \dot{N} = \dot{p} = 0$。即 $g_C = g_Y$。

平衡增长路径一般均衡解是通过求解式（3-48）和式（3-52）的两个未知数 r 和 g：

$$\begin{cases} g = \dfrac{r-\rho}{\sigma} \\ g = r - \dfrac{(1-\gamma)\alpha\delta_1 SL_Y D}{\beta(D^{\xi} + p_h)} \end{cases} \qquad (3\text{-}53)$$

添加约束条件 $r > g > 0$，可以使得我们的解具有正的利率和增长率。

命题 3-1： 平衡增长路径存在唯一的稳态解 $\sigma > 1$ 和 $\dfrac{(1-\gamma)\alpha\delta_1 SL_Y D}{\beta(D^{\xi} + p_h)} > \rho$。

命题 3-1 的证明：如图 3-2 所示，对于方程 $g = \dfrac{r-\rho}{\sigma}$，$\dfrac{\mathrm{d}r}{\mathrm{d}g} = \sigma$ 即斜率，当 $g = 0$ 时，$r = \rho$，当 $r = 0$ 时，$g = -\dfrac{\rho}{\sigma}$，为了确保 $r > g$，需要添加 $\sigma > 1$ 这一条

件，所以方程位于 45°线上方。对于方程 $g = r - \dfrac{(1-\gamma)\alpha\delta_1 SL_Y D}{\beta\left(D^\xi + p_h\right)}$ ，$\dfrac{\mathrm{d}r}{\mathrm{d}g} = 1$ 即斜率，当

$g = 0$ 时， $r = \dfrac{(1-\gamma)\alpha\delta_1 SL_Y D}{\beta\left(D^\xi + p_h\right)}$ 。然后，设若（ⅰ） $\sigma > 1$ 和（ⅱ）

$\dfrac{(1-\gamma)\alpha\delta_1 SL_Y D}{\beta\left(D^\xi + p_h\right)} > \rho$ ，欧拉方程和技术方程在 (r, g) 空间的第一象限中只有一个交

点，因此，平衡增长路径是唯一的。

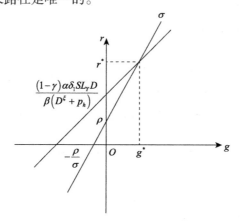

图 3-2　平衡增长路径一般均衡解

2. 绿色低碳一般均衡增长率

命题 3-2：绿色低碳一般均衡增长率为

$$g = \frac{\dfrac{(1-\gamma)\alpha\delta_1 SL_Y D}{\beta\left(D^\xi + p_h\right)} - \rho}{\sigma - 1} \qquad (3\text{-}54)$$

命题 3-2 的证明：通过求解式（3-53），即可求出 g 值，即绿色低碳一般均衡增长率。在图 3-2 中如黑色虚线所标注。

3.3.2　绿色低碳内生增长下的经济增长与产出增长

1. 绿色低碳与环境约束下的效用函数

$$\max_C \int_0^\infty \left[\left(\frac{\left(CN^\eta\right)^{1-\sigma} - 1}{1-\sigma} - \theta\frac{T^{1+\omega} - 1}{1+\omega}\right)\exp(-\rho t)\right]\mathrm{d}t$$

$$\text{s.t.}\begin{cases} \dot{N}=bN(1-N)-p \\ \dot{H}=p-aH \\ \dot{h}=d \\ \dot{K}=Y-C-mk_1=A(N)L_Y^{\beta}p^{\varepsilon(1-\alpha-\beta)}(H+h)^{1-\alpha-\beta}D^{\phi-\alpha}K^{\alpha}-C-mk_1 \\ \dot{D}=\delta_1 D^{1-\xi}L_D S \\ \dot{F}=\delta_2 FL_F\pi=\delta_2 FL_F(1-\gamma)\alpha A(N)L_Y^{\beta}p^{\varepsilon(1-\alpha-\beta)}(H+h)^{1-\alpha-\beta}D^{\phi-\alpha}K^{\alpha} \\ \dot{S}=\psi_1 S+\psi_2\pi=\psi_1 S+\psi_2(1-\gamma)\alpha A(N)L_Y^{\beta}p^{\varepsilon(1-\alpha-\beta)}(H+h)^{1-\alpha-\beta}D^{\phi-\alpha}K^{\alpha} \\ \dot{T}=T^{\vartheta}(H+h)^{-\varsigma}-aT \end{cases}$$

其中，控制变量为 C，状态变量为 N、H、h、K、D、F、S、T。

2. 汉密尔顿函数

构造汉密尔顿函数：

$$\begin{aligned} J=&\left[\frac{(CN^{\eta})^{1-\sigma}-1}{1-\sigma}-\theta\frac{T^{1+\omega}-1}{1+\omega}\right]+\lambda_1\left[bN(1-N)-p\right]+\lambda_2(p-aH) \\ &+\lambda_3 d+\lambda_4\left[A(N)L_Y^{\beta}p^{\varepsilon(1-\alpha-\beta)}(H+h)^{1-\alpha-\beta}D^{\phi-\alpha}K^{\alpha}-C-mk_1\right] \\ &+\lambda_5\left(\delta_1 L_D D^{1-\xi}S\right)+\lambda_6\delta_2 FL_F(1-\gamma)\alpha A(N)L_Y^{\beta}p^{\varepsilon(1-\alpha-\beta)}(H+h)^{1-\alpha-\beta}D^{\phi-\alpha}K^{\alpha} \\ &+\lambda_7\left[\psi_1 S+\psi_2(1-\gamma)\alpha A(N)L_Y^{\beta}p^{\varepsilon(1-\alpha-\beta)}(H+h)^{1-\alpha-\beta}D^{\phi-\alpha}K^{\alpha}\right] \\ &+\lambda_8\left[T^{\vartheta}(H+h)^{-\varsigma}-aT\right] \end{aligned}$$

$$(3-55)$$

其中，λ_1、λ_2、λ_3、λ_4、λ_5、λ_6、λ_7、λ_8 表示汉密尔顿乘子，分别对应变量的影子价格。

3. 控制变量

控制变量 C 的一阶方程：

$$\frac{\partial J}{\partial C}=N^{\eta(1-\sigma)}C^{-\sigma}-\lambda_4=0 \qquad (3-56)$$

4. 状态变量

状态变量 N、H、h、K、D、F、S、T 的欧拉方程如下。

N 的欧拉方程：

$$\dot{\lambda}_1 = \rho\lambda_1 - \frac{\partial J}{\partial N} = \lambda_1\left(\rho - b + 2bN\right) - \eta N^{\eta(1-\sigma)-1}C^{1-\sigma} \qquad (3\text{-}57)$$

H 的欧拉方程：

$$\dot{\lambda}_2 = \rho\lambda_2 - \frac{\partial J}{\partial H} = \lambda_2\left(\rho + a\right) + \lambda_8 T^\vartheta \varsigma\left(H + h\right)^{-\varsigma-1}$$

$$- \frac{\Delta}{H+h}(1 - \alpha - \beta)\left[\lambda_4 + \lambda_6\delta_2 FL_F\left(1-\gamma\right)\alpha + \lambda_7\psi_2\left(1-\gamma\right)\alpha\right] \qquad (3\text{-}58)$$

h 的欧拉方程：

$$\dot{\lambda}_3 = \rho\lambda_3 - \frac{\partial J}{\partial h} = \rho\lambda_3 + \lambda_8 T^\vartheta \varsigma\left(H + h\right)^{-\varsigma-1}$$

$$- \frac{\Delta}{H+h}(1 - \alpha - \beta)\left[\lambda_4 + \lambda_6\delta_2 FL_F\left(1-\gamma\right)\alpha + \lambda_7\psi_2\left(1-\gamma\right)\alpha\right] \qquad (3\text{-}59)$$

K 的欧拉方程：

$$\dot{\lambda}_4 = \rho\lambda_4 - \frac{\partial J}{\partial K} = \rho\lambda_4 - \frac{\Delta}{K}\alpha\left[\lambda_4 + \lambda_6\delta_2 FL_F\left(1-\gamma\right)\alpha + \lambda_7\psi_2\left(1-\gamma\right)\alpha\right] \quad (3\text{-}60)$$

D 的欧拉方程：

$$\dot{\lambda}_5 = \rho\lambda_5 - \frac{\partial J}{\partial D} = \rho\lambda_5 - \lambda_5\delta_1\left(1-\xi\right)D^{-\xi}L_D S$$

$$- \frac{\Delta}{D}(\phi - \alpha)\left[\lambda_4 + \lambda_6\delta_2 FL_F\left(1-\gamma\right)\alpha + \lambda_7\psi_2\left(1-\gamma\right)\alpha\right] \qquad (3\text{-}61)$$

F 的欧拉方程：

$$\dot{\lambda}_6 = \rho\lambda_6 - \frac{\partial J}{\partial F} = \rho\lambda_6 - \lambda_6\delta_2 L_F\left(1-\gamma\right)\Delta \qquad (3\text{-}62)$$

S 的欧拉方程：

$$\dot{\lambda}_7 = \rho\lambda_7 - \frac{\partial J}{\partial S} = \rho\lambda_7 - \lambda_5\delta_1 L_D D^{1-\xi} - \lambda_7\psi_1 \qquad (3\text{-}63)$$

T 的欧拉方程：

$$\dot{\lambda}_8 = \rho\lambda_8 - \frac{\partial J}{\partial T} = \rho\lambda_8 + \theta T^\omega - \lambda_8\left[\vartheta T^{\vartheta-1}\left(H + h\right)^{-\xi} - a\right] \qquad (3\text{-}64)$$

其中，$\Delta = A(N)L_Y^\beta p^{\varepsilon(1-\alpha-\beta)}\left(H + h\right)^{1-\alpha-\beta}D^{\phi-\alpha}K^\alpha$。

5. 计算求解

在平衡状态下，各变量的平衡增长率均为常数。假设任意变量 X 的增长率为 $g_X = \dfrac{\dot{X}}{X}$。

在我们的模型中，增长是可行的和可持续的，因此，在平衡状态下：$\dfrac{\dot{C}}{C} =$

$\dfrac{\dot{K}}{K}=\dfrac{\dot{Y}}{Y},\dot{N}=0$。即 $g_C=g_K=g_Y=$ 常数。

根据式（3-51）中的约束条件，得到 $g_D=\delta_1 L_D D^{-\xi}S$。

由于 g_D 为常数，所以 $g_S=\xi g_D-g_{L_D}=\xi g_D$，$g_H=\dfrac{p}{H}-a$。

由于 g_H 为常数，所以 a 为常数，$\dfrac{P}{H}$ 为常数，因此 $g_p=g_H$；$g_N=b(1-N)-$

$\dfrac{p}{N}$。

由于 g_N 为常数，所以 b 为常数，$\dfrac{p}{N}$ 为常数，因此 $g_p=g_N$；$g_S=\psi_1+$

$\psi_2 \dfrac{\pi}{S}$。

由于 g_S 为常数，所以 ψ_1、ψ_2 为常数，$\dfrac{\pi}{S}$ 为常数，因此 $g_\pi=g_S$；$g_F=$

$\delta_2 L_F \pi$。

由于 g_F 为常数，所以 δ_2 为常数，因此 $g_\pi=-g_{L_F}$；$g_T=\vartheta T^{\vartheta-1}(H+h)^{-\varsigma}-a$。

由于 g_T 为常数，所以 a 为常数，因此 $(\vartheta-1)g_T=\varsigma g_{H+h}$。

结合上述分析以及式（3-51）、式（3-56）~式（3-64），得到

$$g_{H+h}=\frac{\vartheta-1}{\varsigma}g_T=\frac{\vartheta-1}{\varsigma}\left[T^{\vartheta-1}(H+h)^{-\varsigma}-a\right] \tag{3-65}$$

根据式（3-35）和式（3-36），得

$$g_Y=\frac{1}{1-\alpha}g_{A(N)}+\frac{\beta}{1-\alpha}g_{L_Y}+\frac{\varepsilon(1-\alpha-\beta)}{1-\alpha}g_p+\frac{1-\alpha-\beta}{1-\alpha}g_{H+h}+\frac{\phi}{1-\alpha}g_D \tag{3-66}$$

根据式（3-4）、式（3-65）和式（3-66），得

$$\begin{aligned}g_Y=&\frac{1}{1-\alpha}g_{A(N)}+\frac{\beta}{1-\alpha}g_{L_Y}+\frac{\varepsilon(1-\alpha-\beta)}{1-\alpha}\left(\frac{p}{H}-a\right)\\&+\frac{1-\alpha-\beta}{1-\alpha}\frac{\vartheta-1}{\varsigma}\left[T^{\vartheta-1}(H+h)^{-\varsigma}-a\right]+\frac{\phi}{1-\alpha}\delta_1 L_D D^{-\xi}S\end{aligned} \tag{3-67}$$

结合式（3-68）与式（3-2），可以得到

$$\begin{aligned}g_Y=&\frac{1}{1-\alpha}g_{A(N)}+\frac{\beta}{1-\alpha}g_{L_Y}+\frac{\varepsilon(1-\alpha-\beta)}{1-\alpha}\left(\frac{e^{\frac{1}{\varepsilon}}}{(H+h)^{\frac{1}{\varepsilon}}H}-a\right)\\&+\frac{1-\alpha-\beta}{1-\alpha}\frac{\vartheta-1}{\varsigma}\left[T^{\vartheta-1}(H+h)^{-\varsigma}-a\right]+\frac{\phi}{1-\alpha}\delta_1 L_D D^{-\xi}S\end{aligned} \tag{3-68}$$

通过对式（3-68）进行分析，我们发现：

（1）$\dfrac{\partial g_Y}{\partial L_D} > 0$，这说明当投入减排研发与技术创新部门中的人力资本 L_D 越多，产出增长率 g_Y 越高。

（2）$\dfrac{\partial g_Y}{\partial S} > 0$，这说明当投入减排研发与技术创新部门中的社会资本 S 越多，产出增长率 g_Y 越高。

3.3.3 绿色低碳汲取水平内生效应与碳价值实现水平效应及其数值模拟

1. 技术方程中的产出增长率

根据式（3-48），并且依据 Chu 和 Lai[4]、Wan 等[41]、Gao 和 Tian[42]、Tian 等[43]，我们在本章中设置了一些参数值：$\alpha = \gamma\phi = 0.24$，$\beta = 0.67$，$\sigma = 1.5$，$\varepsilon = 0.6$，$\rho = 0.05$。$\phi > 1$，不妨设 $\phi = 2$，那么 $\gamma = 0.12$，$\xi = 2.6316$。根据赵青[44]，得到 $\delta_1 = 0.020\,2$。根据余梦晴和罗昌财[45]以及《中国统计年鉴 2018》[46]，得到 $r = 0.305\,7$。现在讨论技术方程中的产出增长率（g_Y）与企业与居民主动、自觉、自律投入的资本（p_h）之间的关系，如图 3-3 所示。在图 3-3 中固定 D、L_Y 与 S，发现产出增长率随着企业与居民主动、自觉、自律投入的资本的增加而增加。

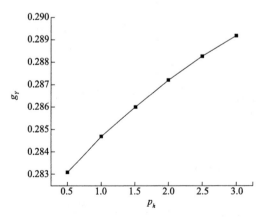

图 3-3　企业和居民主动、自觉、自律投入的资本与产出增长率之间的关系

2. 绿色低碳汲取水平内生效应及其数值模拟

定义 3-1：随着生态环境发展的需要，企业与居民主动、自觉、自律践行绿

色低碳行为，伴随着生产、消费过程中碳排放的演变，经济系统实现增长，这个过程称为碳价值实现。

定义 3-2：基于企业与居民主动、自觉、自律践行绿色低碳行为，将减少碳排放投入与自然环境的自我净化能力作为内生因素纳入增长的动力范围，并称之为绿色低碳汲取水平，用于度量碳价值。其中，这里的减少碳排放投入是由企业与居民主动、自觉、自律要求进行绿色低碳行为的动机、资本、管理、政策等而产生的。

在这里我们将对绿色低碳汲取水平进行一个详细的讨论。

在绿色低碳汲取水平 Γ 中，我们考虑了减少碳排放投入 e 和自然环境的自我净化能力 a，因此可以用下式表示：

$$\Gamma = \vartheta_1 a + \vartheta_2 e \tag{3-69}$$

其中，$\vartheta_1 + \vartheta_2 = 1$。

为方便计算，令 $\vartheta_1 = \vartheta_2 = \dfrac{1}{2}$，在我们所采用的数据下结合式（3-4）和式（3-68），可以得到

$$\Gamma = 0.5a + 2.302\,5a^{0.6} \tag{3-70}$$

式（3-70）给出了绿色低碳汲取水平与自然环境的自我净化能力之间的关系。发现：当自然环境的自我净化能力 a 越高，绿色低碳汲取水平越高；反之，绿色低碳汲取水平越低。

下面给出自然环境的自我净化能力与绿色低碳汲取水平之间的关系图如图 3-4 所示，发现绿色低碳汲取水平 Γ 随着自然环境的自我净化能力 a 的增加而增加。这也就是我们所说的绿色低碳汲取水平内生效应。

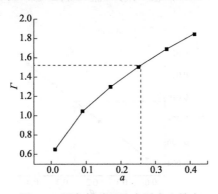

图 3-4　绿色低碳汲取水平内生效应

因此，绿色低碳汲取水平内生效应，即当自然环境的自我净化能力越高，绿色低碳汲取水平越高；反之，绿色低碳汲取水平越低。

3. 碳价值实现水平效应及其数值模拟

将绿色低碳汲取水平作用于生产部门得出的技术方程与家庭部分得出的欧拉方程，最终可以得出碳价值实现水平效应。对此，我们进行数值模拟。

依据何永贵和于江浩[47]，得到：$\vartheta = 0.7476$；依据曹军新和姚斌[48]与国际货币基金组织的研究，得到 $\varsigma = 0.6$。在这里我们令 $h = 0.5$。接下来，我们主要探讨自然环境的自我净化能力与碳排放量增长率、自然环境的自我净化能力与产出增长率之间的关系，如图 3-5 所示。图 3-5 中的虚线就是一个临界状态即 $a = c_1$ 时的状态。图 3-5（a）描述了自然环境的自我净化能力与碳排放量增长率之间的关系，发现随着自然环境的自我净化能力的提高，碳排放量的增长率在下降，当 $a > c_1$ 时，碳排放量的增长率为负，此时碳价值实现水平较高，当 $a < c_1$ 时，碳排放量的增长率为正，此时碳价值实现水平较低，这也就是我们所说的碳价值实现水平效应。图 3-5（b）描述了自然环境的自我净化能力与产出增长率之间的关系，发现随着自然环境的自我净化能力的提高，产出增长率在上升。根据我们所采用的数据，在这一时刻，$c_1 = 0.2574$。

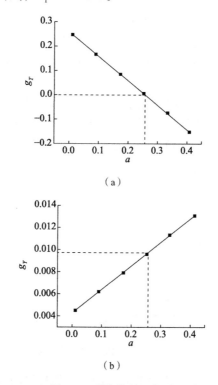

（a）

（b）

图 3-5　碳价值实现水平

因此，碳价值实现水平效应，即碳排放量的增长率随着自然环境自我净化能力的提高而下降，产出增长率随着自然环境自我净化能力的提高而上升，自然环境的自我净化能力在不同时期存在不同的临界值 c_1，当自然环境的自我净化能力大于 c_1 时，碳排放量的增长率为负，此时碳价值实现水平较高；当自然环境的自我净化能力小于 c_1 时，碳排放量的增长率为正，此时碳价值实现水平较低。

4. 绿色低碳汲取水平与碳价值实现水平之间的关系

结合上述绿色低碳汲取水平内生效应与碳价值实现水平效应以及图 3-4 和图 3-5，我们可以得到图 3-6。图 3-6 中的虚线就是一个临界状态即 $\Gamma=c_2$ 时的状态。图 3-6（a）描述了绿色低碳汲取水平与碳排放量增长率之间的关系，可以发现碳排放量的增长率随着绿色低碳汲取水平的提高而下降，当 $\Gamma>c_2$ 时，碳排放量的增长率为负，此时碳价值实现水平较高；当 $\Gamma<c_2$ 时，碳排放量的增长率为正，此时碳价值实现水平较低。图 3-6（b）描述了绿色低碳汲取水平与产出增长率之间的关系，可以发现产出增长率随着绿色低碳汲取水平的提高而增加。根据我们所采用的数据，在这一时刻，$c_2=1.52$。

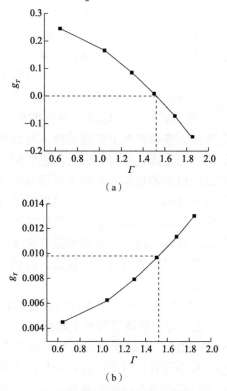

（a）

（b）

图 3-6　绿色低碳汲取水平与碳价值实现水平

因此，结合绿色低碳汲取水平内生效应与碳价值实现水平效应，我们可以得出：碳排放量的增长率随着绿色低碳汲取水平的提高而下降，产出增长率随着绿色低碳汲取水平的提高而增加，绿色低碳汲取水平在不同时期存在不同的临界值 c_2，当绿色低碳汲取水平大于 c_2 时，碳排放量的增长率为负，此时碳价值实现水平较高；当绿色低碳汲取水平小于 c_2 时，碳排放量的增长率为正，此时碳价值实现水平较低。

3.4 本章小结

本章基于企业与居民主动、自觉、自律践行绿色低碳行为视角，构建了一个非规模的、包含生产部门与家庭这两个部门的绿色低碳行为驱动的减排研发的长期增长模型，研究经济系统在绿色低碳行为驱动下的内生增长规律及其绿色低碳汲取水平下增长过程中的碳价值实现。在生产部门中，我们将其分成了六个部分：绿色低碳产品、绿色低碳中间产品、资本积累、减排研发与技术创新、劳动力市场、技术方程。最后这一部分的技术方程是基于前五个部分而得出的。这里，绿色低碳产品是在完全竞争市场下的，绿色低碳中间产品是在垄断竞争市场下的。在家庭中，我们构建了家庭效用函数，并在家庭效用函数中考虑了环境质量、消费和碳排放量，而后依据汉密尔顿函数求得增长率（欧拉方程）。本章将企业与居民主动、自觉、自律进行绿色低碳行为贯彻整个模型。基于主动、自觉、自律绿色低碳行为视角，本章将减少碳排放投入与自然环境的自我净化能力作为内生因素纳入增长的动力范围，并将其称为绿色低碳汲取水平，而后依据绿色低碳汲取水平、生产部门得到的技术方程和家庭部分得到的欧拉方程，实现碳在生产与消费过程中的演变价值。考虑环境与绿色低碳排放约束下的效用函数，通过求最优化解，得出绿色低碳内生增长下的一般均衡解以及绿色低碳一般均衡增长率，并对技术方程进行分析发现产出增长率随着企业与居民主动、自觉、自律投入的资本的增加而增加。进一步通过数值模拟，得到了绿色低碳汲取水平内生效应与碳价值实现水平效应。

（1）绿色低碳汲取水平内生效应，即当自然环境的自我净化能力越高，绿色低碳汲取水平越高；反之，绿色低碳汲取水平越低。

（2）碳价值实现水平效应，即碳排放量的增长率随着自然环境自我净化能力的提高而下降，产出增长率随着自然环境自我净化能力的提高而上升，自然环境的自我净化能力在不同时期存在不同的临界值 c_1，当自然环境的自我净化能力大于 c_1 时，碳排放量的增长率为负，此时碳价值实现水平较高；当自然环境的自我净化能力小于c_1时，碳排放量的增长率为正，此时碳价值实现水平较低。

（3）产出增长率随着企业与居民主动、自觉、自律投入的资本的增加而增加；产出增长率正向取决于投入减排研发与技术创新部门中的人力资本和社会资本。

将绿色低碳内生水平效应与碳价值实现水平效应结合起来，发现：碳排放量的增长率随着绿色低碳汲取水平的提高而下降，产出增长率随着绿色低碳汲取水平的提高而增加，绿色低碳汲取水平在不同时期存在不同的临界值c_2，当绿色低碳汲取水平大于c_2时，碳排放量的增长率为负，此时碳价值实现水平较高；当绿色低碳汲取水平小于c_2时，碳排放量的增长率为正，此时碳价值实现水平较低。

参 考 文 献

[1] Jones G, Schneider W J. IQ in the production function: evidence from immigrant earnings. Journal of Economic Inquiry, 2010, 48（3）: 743-755.

[2] Klump K, Mcadam P, Willman A. The normalized CES production function: theory and empirics. Journal of Economics Surveys, 2012, 26（5）: 769-799.

[3] Lin B Q, Xie C P. Energy substitution effect on transport industry of China-based on trans-log production function. Energy, 2014, 67（1）: 213-222.

[4] Chu H, Lai C C. Abatement R&D, market imperfections, and environmental policy in an endogenous growth model. Journal of Economic Dynamics & Control, 2014,（41）: 20-37.

[5] Ssozi J, Asongu S A. The effects of remittances on output per worker in sub‐saharan Africa: a production function approach. South African Journal of Economics, 2016, 84（3）: 400-421.

[6] Bretschger L, Lechthaler F, Rausch S, et al. Knowledge diffusion, endogenous growth, and the costs of global climate policy. European Economic Review, 2017,（93）: 47-72.

[7] Thompson M. Social capital, innovation and economic growth. Journal of Behavioral and Experimental Economics, 2018,（73）: 46-52.

[8] Pablo-Romero M D P, Sanchez-Braza A, Exposito A. Industry level production functions and energy use in 12 EU countries. Journal of Cleaner Production, 2019, 212（1）: 880-892.

[9] Kortum S S. Research, patenting, and technological change. Econometrics: Journal of the Econometric Society, 1997, 65（6）: 1389-1420.

[10] Andred G, Gilles L, Bertrand M. Climate change mitigation options and directed technical change: a decentralized equilibrium analysis. Resource and Energy Economics,

2011, 33（4）: 938-962.

[11] Luttmer E G J. Technology diffusion and growth. Journal of Economic Theory, 2012, 147（2）: 602-622.

[12] Lucas R E. Ideas and growth. Economica, 2009, 76（301）: 1-19.

[13] Buera F J, Oberfield E. The global diffusion of ideas. National Bureau of Economic Research, 2016.

[14] Wu W H, Wang J Y, Zhang A M, et al. A comparative research on technology innovation, energy saving and emission reduction efficiency's synergistic development six energy-intensive industries. Soft Science, 2017, 1（31）: 29-33.

[15] Simon J. Human capital and metropolitan employment growth. Journal of Urban Economics, 1998, 43（2）: 223-243.

[16] Forslid R. Agglomeration with human and physical capital: an analytically solvable case. London: Centre for Economic Policy Research, 1999.

[17] Rotemberg J, Saloner G. Competition and human capital accumulation: a theory of interregional specialization and trade. Regional Science and Urban Economics, 1990, 30（4）: 373-404.

[18] Berry R, Glaeser L. The divergence of human capital levels across cities. Papers in Regional Science, 2005, 84（3）: 407-444.

[19] Palma C R, Alexandra F L, Neves S T. Externalities in an endogenous growth model with social and natural capital. Ecological Economics, 2010, 69（3）: 603-612.

[20] 陈得文, 苗建军. 人力资本集聚、空间溢出与区域经济增长——基于空间过滤模型分析. 产业经济研究, 2012,（4）: 54-62, 88.

[21] Yan Y Q, Tang X F. Social capital, capital substitution and endogenous growth model. Operations Research and Management Science, 2013, 23（4）: 182-189.

[22] Alcacer J, Chung W. Location strategies for agglomeration economies. Strategic Management Journal, 2013, 35（10）: 1749-1761.

[23] 胡艳, 张桅. 人力资本对经济增长贡献度实证研究——基于安徽省和江苏省比较分析. 经济经纬, 2018,（5）: 1-7.

[24] Luis A, Rivera-Batiz, Romer P M. Economic integration and endogenous growth. The Quarterly Journal of Economics, 1991, 106（2）: 531-555.

[25] Baldwin R, Braconier H, Forslid R. Multinationals, endogenous growth, and technological spillovers: theory and evidence. Review of International Economics, 2010, 13（5）: 945-963.

[26] Suphaphiphat N, Peretto P F, Valente S. Endogenous growth and property rights over renewable resources. European Economic Review, 2015,（76）: 125-151.

[27] Epstein L G, Zin S E. Substitution, risk aversion, and the temporal behavior of consumption

and asset returns: a theoretical framework. Econometrica, 1989, 57（4）: 937-969.

[28] Donadelli M. Labor market dynamics, endogenous growth, and asset prices. Economics Letters, 2016,（143）: 32-37.

[29] Valente S. Endogenous growth, backshop technology adoption and optimal jumps. Macroeconomic Dynamics, 2017, 15（3）: 293-325.

[30] 李艳, 徐伟. 基于柯布-道格拉斯函数的肇庆市经济增长研究. 区域经济, 2019,（1）: 208-209.

[31] 张海锋, 张卓. 基于 PSR-生产函数模型的绿色技术竞争力研究. 生态经济, 2019, 35（1）: 55-58, 96.

[32] Tahvonen O, Kuuluvainen J. Optimal growth with renewable resources and pollution. European Economic Review, 1991,（35）: 650-661.

[33] Bovenberg A L, Smulders S. Environmental quality and pollution-augmenting technical change in a two-sector endogenous growth model. Journal of Public Economics, 1995, 57（3）: 369-391.

[34] Fullerton D, Kim S R. Environmental investment and policy with distortionary taxes, and endogenous growth. Journal of Environmental Economics and Management, 2008, 56（2）: 141-154.

[35] Evans G, Honkapohja S, Romer P. Growth cycles. America Economic Review, 1998, 88（3）: 495-515.

[36] Thompson M. Complementarities and costly investment in a growth model. Journal of Economic, 2008, 94（3）: 231-240.

[37] Romer P M. Endogenous technological change. Nber Working Papers, 1990, 98（5）: 71-102.

[38] Smulders S. Entropy, environment and endogenous economic growth. International Tax and Public Finance, 1995, 2（2）: 319-340.

[39] Jones C I. R&D-based models of economic growth. Journal of Political Economy, 1995, 103（4）: 759-784.

[40] Chen Z L, Wang G H, Niu W Y. Economic growth model and empirical analysis under the constraints of energy and environment. The Practice and Understanding of Mathematics, 2013, 43（18）: 46-53.

[41] Wan B Y, Tian L X, Zhu N P, et al. A new endogenous growth model for green low-carbon behavior and its comprehensive effects. Applied Energy, 2018,（230）: 1332-1346.

[42] Gao X Y, Tian L X. Effects of awareness and policy on green behavior spreading in multiplex networks. Physica A: Statistical Mechanics and Its Applications, 2019,（514）: 226-234.

[43] Tian L X, Ye Q, Zhen Z L. A new assessment model of social cost of carbon and its situation

analysis in China. Journal of Cleaner Production，2019，（211）：1434-1443.

[44] 赵青. 技术创新与经济增长动态关系研究. 广东财经大学，2017.

[45] 余梦晴，罗昌财. 论后"营改增"时期消费税的改革方向. 长江大学学报（社会科学版），2016，39（3）：49-52.

[46] 中华人民共和国国家统计局. 中国统计年鉴 2018. 北京：中国统计出版社，2018.

[47] 何永贵，于江浩. 基于 STIRPAT 模型的我国碳排放和产业结构优化研究. 环境工程，2018，36（7）：174-178，184.

[48] 曹军新，姚斌. 碳减排与金融稳定：基于银行信贷视角的分析. 中国工业经济，2014，（9）：97-108.

第4章　问题导向的创新知识体系消纳作用驱动的新型内生增长模型及创新-濡化效应

　　本章主要研究基于问题导向的基础研究、应用成果与转化技术，在相关联的创新知识体系下，政府干预基础研究投资，所缴纳的消费税、环境税和碳税以及创新因子的消纳作用对企业与居民主动、自觉、自律践行绿色低碳行为的新型内生增长模型及其经济影响。本章从生产、消费、政府干预这三个方面对经济系统进行分析，假设政府会对减排研发与技术创新部门研发减排新技术进行补贴。在生产部分主要考虑了基础研究部门、应用研究部门、减排研发与技术创新部门，在这三个部门中，我们分别提出了各部门创新因子，将基础研究、应用成果、转化技术这三个阶段联系在一起，并考虑了消费税、环境税和碳税的消纳作用对经济增长的影响；在消费部分，给出了家庭效用函数，主要考虑了环境质量、碳排放量和消费；在政府干预部分，政府对减排研发与技术创新中减排新技术的出现给予了一定的补贴，对资金进行了调控，因此给出了政府干预的预算约束。对模型进行求解并进行数值模拟，考察政府干预基础研究支出比例、创新因子、政府征收的消费税以及碳税、环境税的消纳作用对经济增长的影响，得出了创新效应和濡化效应，创新效应即在政府干预基础研究支出比例的消纳作用下，提高政府基础研究投资将提高经济增长率；在消费税的消纳作用下，当消费税为负时，经济增长率是负的；当消费税为正时，经济增长率是正的；在创新因子的消纳作用下，三个部门创新因子的增加也会提高经济增长率，并且在相同增长率下，减排研发与技术创新部门的创新因子最高，其次是基础研究部门的创新因子，最后是应用研究部门的创新因子。濡化效应即在碳税和环境税的消纳作用下，汲取主动、自觉、自律的绿色低碳行为，通过消纳作用，加速行为的濡化发展而促使经济系统的正增长，形成蜕变；对于不主动、不自觉、不自律的绿色低碳行为的消纳作用，加速了行为的濡化发展，使经济系统出现负增长，形成蜕变。

4.1　国内外研究动态分析

　　本章研究企业与居民主动、自觉、自律践行绿色低碳行为下的新型内生增长模型，主动、自觉、自律的绿色低碳行为是一个不断汲取、濡化、监管、吸纳、整合、再配置、统领（强制）的过程，而消纳作用就是吸纳、整合、再配置的过程，因此本章在基础研究部门吸纳现有的科学知识，突破技术瓶颈的基础研究，走向应用，应用研究部门吸纳现有的科学知识，得到基础成果的应用开发；减排研发与技术创新部门吸纳现有科学知识，使得技术开发走向市场，而这就构成了本章所研究的问题导向下的创新知识体系；提出该创新知识体系的创新因子：基础研究部门的创新因子、应用研究部门的创新因子、减排研发与技术创新部门的创新因子，将三个创新因子整合为创新知识体系的创新因子；实现新的创新因子、环境质量、消费、碳排放量、政府干预基础研究投资、所缴纳的碳税、环境税及消费税等驱动的联合发展的全过程，这就是本章的绿色低碳行为的消纳作用。本章分析了政府干预基础研究投资、创新因子、所缴纳的消费税、环境税和碳税的消纳作用对经济增长的影响，相关研究建立在问题导向的基础研究、应用成果、转化技术的创新知识体系下。

　　前人对政府基础研究投资与应用研究做了大量的研究。Salter 和 Martin 对公共资助基础研究的经济效益文献进行了批判性评述，发现从基础研究中获得经济效益的简单模型是不可能的；重新考虑了政府资助基础研究的理由，认为需要扩展传统的"市场失灵"理由，以考虑基础研究的这些不同形式的利益[1]。杨立岩和潘慧峰将基础研究纳入经济增长框架，描述基础研究影响经济增长的机制，讨论基础研究对长期增长的影响：应用技术的增长受基础科学知识的制约，如果没有基础科学知识的增长，经济也不会有长期增长[2]。Zellner 认为公共资助的基础研究对社会产生更广泛的经济效益与科学家向创新体系商业部门的迁移有关。研究结果表明，科学家们并没有应用最新的理论见解，而是主要转移基础研究中复杂问题解决策略的基础知识要素[3]。Belenzon 从企业自主创新的角度刻画了基础研究与应用研究的互补关系及其对创新增长的效应[4]。Czarnitzki 和 Thorwarth 指出研发活动通常是在基础研究、应用研究和开发方面进行的，基础研究为后续的应用研究和开发提供了基础，特别是在高科技领域，基础研究能力是企业成功的重要组成部分；应用生产函数方法，表明与应用研究和开发相比，基础研究对公司的产出具有溢价[5]。Gersbach 和 Schneider 构建了两国家的熊彼特增长模型，这里，开放经济体的基础研究投资是在两个国家的框架下进行的，每个国家都面临着以下权衡：通过基础研究投资，国内产出增加，此外，国外的国内企业也可以产生利润。一国的基础研究投资随人力资本平均水平的增加而增加，随外国人力资本的减少而减少。此外，在其他条件相同的情况下，一个小国家比一个大国家更有动力投资基础研究，因为利润流入和利润流出之间的关系更大[6]。Battistoni 等提供了实证证据，对现有的研究基础设施评估知识与理论建构进行了改善[7]。Higón 指出基础研究分为外部基础研究与内部基础研究，并探讨了与外部基础研究相比，内部基础研究在多大程度上鼓励企业将新产品带到竞争对手之前的市场，并有助于创新绩效[8]。Prettner 和 Werner 分析了政府基础研究投资在具有内生性的研发型增长模型中的增长和福利效应，通过模型及实证分析发现提高基础研究投资将导致中长期的人均 GDP 水平提高和社会福利提高，同时也会带来大量的短期成本[9]。孙早和许薛璐指出面对不同的前沿差距水平，客观上存在一个最优技术差距水平，当前沿差距小于最优技术差距时，应用研究投入持续维持在一个过高水平上将会对创新增长产生抑制作用；持续加大基础研究投入则可通过增强本国企业自主创新能力，缩小最优技术差距，扭转应用研究对创新增长边际递减的负面效应[10]。Cassiman 等指出为了从所得到的基础研究知识中成功地创造出更多有价值的技术，企业需要将机构和个人层面的桥梁结合到积极从事基础研究的大学和研究机构[11]。Fukuda 构建了一个具有企业异质性的贸易增长模型，并进行了基础研究和应用研究，用 CES 效用函数或二元消费选择的基础和应用研究来检验贸易自由化对增长和福利的短期和长期影响[12]。Gersbach 等开发了一个融合现代经济增长显著特征的模型，将横向创新的扩大品种增长模式与基础研究和应用研究的层次结构相结合，通过研究发现如果应用研究在知识前沿开展，那么增长可能完全由基础研究的投资决定；长期增长可以由基础研究和应用研究共同决定，研究补贴可以进一步刺激增长[13]。杨虹和毕研涛指出，目前我国技术创新源头不足，一个重要原因是面向国家战略导向和产业共性技术的应用基础研究瓶颈的制约。基础研究是创新的基石，是技术创新的上游，是提高自主创新能力的重要源泉。基础研究中既有聚焦探索未知科学问题的自由探索类基础研究，也有紧密结合经济社会发展需求的目标导向类基础研究（应用基础研究）。应用基础研究要解决社会发展和生产实践中凝练的科学问题，将纯学术基础研究成果转化到服务国计民生的实践中，使基础研究与相关企业更有针对性、更具多元化地对接，从而提高基础研究在科技成果产业化过程中的利用效率，促进创新链、产业链、资金链、价值链、人才链统筹融合[14]。蔡勇峰等丰富了现有基础研究和技术创新关系理论[15]。张小筠等指出中国经济增长正由投资驱动向创新驱动转变，创新的源头是基础研究，而基础研究的投资主体是政府。为考察政府基础研究对经济增长的影响，作者将研发部门扩展为基础研究部门和减排研发与技术创新，将政府公共支出细分为基础研究支出、减排研发与技术创新补贴和消费性公共支出，进而构建模型。对模型求解一般均衡发现：提高政府基础研究支出比例会推动经济增长；政府补贴对私人部门研发支出具有挤出效应，减少补贴不会抑制经济增长；政府消费性公共支出会抑制政府基础研究对经济增长的推动作用[16]。

前人对消费税、环境税与碳税这类税收也做了大量的研究。Chiroleu-Assouline 和 Fodha 分析了不同家庭环境税收政策的分配后果，其目的是评估当污染税的收入被劳动税财产的改变所回收时，环境税改革是否可以被帕累托改进。研究表明，无论环境税的回归程度如何，都有可能设计一种循环机制，同时降低工资税和提高其累进性，使税制改革更具帕累托效率[17]。Carbonnier 将有关消费税发生率的经济文献概括为依赖于价格的消费税总清单。从方法上讲，引入税收函数弹性作为一个新的参数，使不完全竞争的不同模型下的一般消费税则的价格弹性能够得到一个可处理的方法。从理论上讲，从价税发生率与单位消费税之间的差异的现有结果被概括为非线性消费税：税收函数的弹性越大，消费者承担的消费税份额越小。从应用公共经济学的角度，可以看出监管机构如何通过增加消费税对生产者价格目标范围的弹性来降低非常缺乏竞争力的市场中的价格[18]。Eichner 和 Pethig 研究了以消费为基础的碳税的绩效，它是一种在两个时期、两个国家的一般均衡模型中，利用有限的化石燃料存量来减轻单方面气候损害的工具[19]。Zhao 等研究了消费税调整方式的合理性，发现在一定程度上，税收调整可以引导消费者走向节能，从而达到控制消费和提高能源利用率的目的[20]。Niu 等建立了包括家庭、能源、政府、最终产品和环境五个部门的能源环境经济动态随机一般均衡（DSGE）模型。该模型用于评估中国碳排放对环境税冲击的反应，发现环境税收冲击可以推动中国碳排放的减少。然而，环境税冲击的缓解效应可能会被其他一些外生冲击削弱，中国的碳排放量可能会在很长一段时间内增长。此外，环境税收冲击可以通过促进引进清洁能源来改善能源结构，从而减少碳排放[21]。Yu 等表明环境税收政策的实施，加上消费者对环境问题的关注，不仅可以激励企业进行可持续经营，而且还可以减少碳足迹总量[22]。Hu 等以环境 CGE 模型为基础，分析了环境税收不同比例退还给消费税对我国经济的影响，发现环境税不一定损害经济，可以有效抑制高污染行业的污染物排放，刺激天然气等清洁能源需求，提升能源结构[23]。Li 和 Masui 的模拟结果表明，环境税有助于减少大部分污染物的排放，但对 GDP 有负面影响[24]。Andreoni 研究了环境税收入的决定因素，结果发现，在作者所考虑的 25 个国家中，只有 5 个国家的收入增长受到了更严格的环境税率和法规的影响[25]。Ren 等在基于生产或消费的排放税下，得出了制造商对其销售价格、生产数量和减排投资的最优决策[26]。

前人对基础研究、应用研究及技术创新做了一定的研究，将基础研究与应用研究结合起来，通过一定的补贴提高技术创新水平，并对碳税、环境税、消费税分别做研究，探讨其对经济增长的影响，但在上述研究中，有关消纳作用对经济增长的影响的研究较少，因此，以下两个问题显得至关重要。

问题 1：如何构建问题导向的创新知识体系消纳作用驱动的内生增长模型，将基础研究、技术成果、成果转化这三个阶段紧密联系。

问题 2：在生产、消费、政府干预过程中存在各类税收，如何体现各类税收的消纳作用对经济增长的影响。

针对上述问题，本章在问题导向下的创新知识体系下从生产、消费、政府干预这三个方面对经济系统进行分析。在生产部分，考虑了绿色低碳产品、绿色低碳中间产品以及上游的基础研究部门、中游的应用研究部门和下游的减排研发与技术创新部门，在生产部分主要考虑了环境质量、减少碳排放的投入，对于生产商产出的绿色低碳产品的销售端，相对应于消费端，需要缴纳消费税，针对消费税，我们提出了负税的概念，我们发现在不征收消费税，但仍主动、自觉、自律践行绿色低碳行为，生产具有减排研发与技术创新的绿色低碳产品时，就相当于征收了消费负税，并以负投入形式用于生产或者减排研发与技术创新的绿色低碳产品，本章将得到此时经济增长率是负的，这一负税用于体现绿色低碳行为的负载；当消费税为正时，政府将征收的消费税用于生产或者减排研发与技术创新的绿色低碳产品，经济增长率是正的。对生产过程中所造成的环境污染、碳排放污染，就需要缴纳碳税和环境税，针对碳税和环境税，我们提出了行为增长跳变的概念，行为增长跳变也就是行为诱导经济增长的跳变。举个例子来说，绿色低碳行为有两种方式，一种是主动、自觉、自律的绿色低碳行为，另一种是不主动、不自觉、不自律的，强制、被迫、受到约束的绿色低碳行为，前者促进经济社会的发展，后者则抑制阻碍经济社会的发展。因此在本章中还考虑了消费税、环境税和碳税的消纳作用对经济增长的影响；在减排研发与技术创新部门、基础研究部门及应用研究部门中，我们分别提出了创新因子，将基础研究、应用成果、转化技术这三个阶段联系在了一起；在消费部分，给出了家庭效用函数，主要考虑了环境质量、碳排放量和消费；在政府干预部分，政府对减排研发与技术创新中减排新技术的出现给予了一定的补贴，对资金进行了调控，因此给出了政府的预算约束。对模型进行求解并进行数值模拟，考察政府干预基础研究支出比例、创新因子、政府征收的消费税以及碳税、环境税的消纳作用对经济增长的影响，最终得出了创新效应和濡化效应，其流程图如图 4-1 所示。

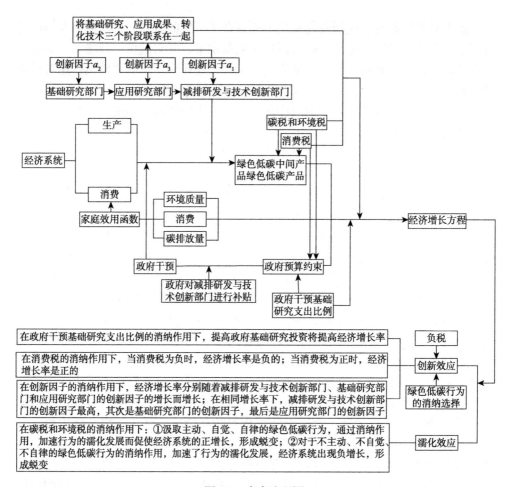

图 4-1 本章流程图

本章的研究与以往研究的主要区别也即我们的主要创新点在于以下几个方面：①在张小筠等仅研究政府基础研究对经济增长的影响[16]以及 Czarnitzki 和 Thorwarth 仅研究基础研究对经济增长和福利影响[5]的基础上，研究了减排研发与技术创新部门、基础研究部门、应用研究部门这三个部门对经济增长的影响，提出了减排研发与技术创新部门、基础研究部门、应用研究部门的创新因子，将基础研究、技术成果、成果转化这三个阶段联系在一起；②基于问题导向下的基础研究、应用成果与转化技术，在相关联的创新知识体系下，研究了政府干预基础研究投资、所缴纳的消费税、环境税和碳税以及创新因子的消纳作用对企业与居民主动、自觉、自律践行绿色低碳行为的新型内生增长模型及其经济影响，并由此得出了创新效应和濡化效应；③提出了负税的概念，用于体现绿色低碳行为的负载；④提出行为增长跳变的概念。

本章的主要研究基于问题导向下的基础研究、应用成果与转化技术的创新知识体系的发展。本章的基础研究部门主要在问题导向下从事科学知识的发现与探索，解决技术瓶颈背后的核心科学问题，促使基础研究成果走向应用；应用研究部门雇佣一定数量的科研人员开发新的蓝图、研发新的技术，获得新的专利，实现基础成果的应用开发；技术创新与减排研发部门从事绿色低碳中间产品的开发，使得技术开发走向市场，本章称这个过程为问题导向下的创新知识体系。其框架图如图 4-2 所示。

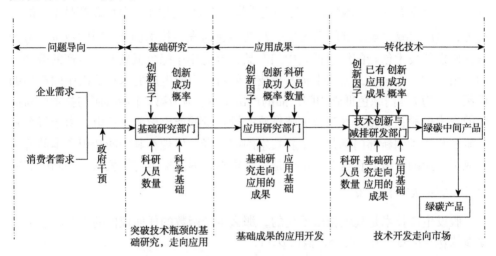

图 4-2　问题导向下创新知识体系框架图

本章的其余部分叙述如下。第 4.2 节构建了包含生产、消费、政府干预三个部分的新型绿色低碳内生增长模型，主要考虑了政府基础研究投资、所缴纳的消费税、环境税和碳税的绿碳行为的消纳作用；第 4.3 节是模型计算求解；第 4.4 节是数值模拟，用于分析政府干预基础研究投资、创新因子、所缴纳的消费税、环境税和碳税的消纳作用对经济增长的影响；第 4.5 节是总结。

4.2　绿碳增长机理模型

4.2.1　生产

1. 绿色低碳产品

在绿色低碳产品部分，因为中间生产商会为绿色低碳产品 $Y(t)$ 提供减排研发与技术创新部门所生产出的绿色低碳中间产品和相关服务，所以我们给出了绿色低碳产品关于绿色低碳中间产品的生产函数，并在总量生产函数中考虑了环境质量、用于绿色低碳产品生产的劳动力、减少碳排放的投入、减排研发与技术创新的绿色低碳中间产品这四个因素。因此，依据扩展的 D-S 函数，得到了总量生产函数：

$$Y = A(N) L_Y^{\beta} e^{1-\alpha-\beta} \left[\int_0^{D_1} x_i^{\gamma} di \right]^{\phi} \tag{4-1}$$

其中，A 为环境生产力函数；N 为环境质量；$L_Y(t)$ 为用于绿色低碳产品生产的劳动力；$e(t)$ 为减少碳排放的投入量；D_1 为减排研发与技术创新部门的数量；x_i 为减排研发与技术创新的绿色低碳中间产品；β 为用于绿色低碳产品生产的劳动力的产出份额；$\alpha = \phi\gamma$，为减排研发与技术创新部门所生产的绿色低碳中间产品的份额；γ 为 i 部门绿色低碳中间产品的产出份额；ϕ 为第 i 个减排研与技术创新部门的产出份额；$1-\alpha-\beta$ 为减少碳排放的投入量的产出份额。这里，由于每个减排研发与技术创新部门都是一个新技术的拥有者，体现在其中的知识资本的价值构成了企业的价值，在这个经济中是一种资本，因此资本与绿色低碳中间产品的关系如下：$K = \int_0^{D_1} x_i di$。

假设生产技术是规模报酬不变的，那么生产函数的任何规模的不变收益都需要参数 $\phi\gamma = \alpha$ 的约束。此外，假设 $\phi > 1$。

设绿色低碳产品部门支付给工人的工资为 w_Y，则 $w_Y L_Y$ 为劳动力投入成本。设绿色低碳中间产品的价格为 p_i，则 $\int_0^{D_1} p_i x_i di$ 为绿色低碳中间产品投入成本。

设绿色低碳产品单价为 1，但绿色低碳产品生产出来需要缴纳消费税 τ 和碳税与环境税 τ_T，因此，绿色低碳产品生产商的收益为

$$(1-\tau)(1-\tau_T)Y = (1-\tau)(1-\tau_T)A(N)L_Y^{\beta}e^{1-\alpha-\beta}\left[\int_0^{D_1} x_i^{\gamma} di\right]^{\phi} \tag{4-2}$$

因此，绿色低碳产品生产商的利润为

$$(1-\tau)(1-\tau_T)A(N)L_Y^{\beta}e^{1-\alpha-\beta}\left[\int_0^{D_1} x_i^{\gamma} di\right]^{\phi} - w_Y L_Y - \int_0^{D_1} p_i x_i di \tag{4-3}$$

利润最大化，得到

$$\max_{L_Y, x_i}\left\{(1-\tau)(1-\tau_T)A(N)L_Y^{\beta}e^{1-\alpha-\beta}\left[\int_0^{D_1} x_i^{\gamma} di\right]^{\phi} - w_Y L_Y - \int_0^{D_1} p_i x_i di\right\} \tag{4-4}$$

而后，对 L_Y 和 x_i 求一阶偏导后等于 0，得一阶条件为

$$w_Y = (1-\tau)(1-\tau_T)A(N)\beta L_Y^{\beta-1}e^{1-\alpha-\beta}\left[\int_0^{D_1}x_i^\gamma \,\mathrm{d}i\right]^\phi \tag{4-5}$$

$$p_i = (1-\tau)(1-\tau_T)A(N)L_Y^\beta e^{1-\alpha-\beta}D_1^{\phi-1}\alpha x_i^{\alpha-1} \tag{4-6}$$

2. 绿色低碳中间产品

假设减排研发与技术创新部门由很多生产商构成，并且每个生产商只生产一种特定的产品，这是因为每个生产商都会从应用研究部门购买已经研发出的技术成果作为固定投入，并根据这些技术成果生产出一种特定的产品，从而成为该产品的垄断生产商，因此绿色低碳中间产品在垄断竞争下。

中间生产部门的利润为

$$p_i x_i - r x_i \tag{4-7}$$

其中，p_i 为绿色低碳中间产品的价格；$p_i x_i$ 为绿色低碳中间产品收益。生产 1 单位的减排研发与技术创新部门的绿色低碳中间产品需要投入 1 单位的资本，这里，r 为资本利息；rx_i 为绿色低碳中间产品成本。

因此，绿色低碳中间产品生产部门利润最大化为

$$\pi = \max_{x_i}\left\{p_i x_i - r x_i\right\} \tag{4-8}$$

将方程（4-6）代入方程（4-8），得

$$\pi = \max\left\{(1-\tau)(1-\tau_T)A(N)L_Y^\beta e^{1-\alpha-\beta}D_1^{\phi-1}\alpha x_i^\alpha - r x_i\right\} \tag{4-9}$$

而后，对 x_i 求一阶偏导后等于 0，得一阶条件为

$$r = (1-\tau)(1-\tau_T)A(N)L_Y^\beta e^{1-\alpha-\beta}D_1^{\phi-1}\alpha^2 x_i^{\alpha-1} \tag{4-10}$$

将方程（4-10）代入方程（4-9），得

$$\pi = (1-\tau)(1-\tau_T)A(N)L_Y^\beta e^{1-\alpha-\beta}D_1^{\phi-1}\left(\alpha - \alpha^2\right)x_i^\alpha \tag{4-11}$$

3. 减排研发与技术创新

减排研发与技术创新部门主要从事新技术的研发。新技术的研发成功与否主要取决于减排研发与技术创新部门的已有技术成果、基础研究部门的科学知识、应用研究部门的科学知识，同时，进行此类研发还需要一定的科研人员。因此，减排研发与技术创新部门的生产函数为

$$\dot{D}_1 = \delta_1 H_1^{\lambda_1} D_1^{\varphi_1} D_2^{\theta_1} D_3^{\psi_1} a_1 \tag{4-12}$$

其中，a_1 为减排研发与技术创新部门的创新因子；D_1 为减排研发与技术创新部门的已有技术成果；$\delta_1 > 0$，表示减排研发与技术创新技术研发成功的概率；H_1 为减排研发与技术创新科研人员的数量；D_2 为基础研究部门的科学知识；D_3 为应用研究部门的科学知识；$0 < \lambda_1 < 1$，表示减排研发与技术创新人力资本弹性系

数；$0 < \varphi_1 < 1$，表示减排研发与技术创新部门已有技术成果对减排研发与技术创新部门新技术研发的贡献率；$0 < \theta_1 < 1$，表示基础研究部门的科学知识对减排研发与技术创新部门新技术研发的贡献率；$0 < \psi_1 < 1$，表示应用研究部门的科学知识对减排研发与技术创新部门新技术研发的贡献率。

我们用 $p_{D_1} \dot{D}_1$ 表示科研人员的工资，那么减排研发与技术创新的科研人员的工资报酬可以表示为 $w_H H_1$。我们用 p_{D_1} 表示新研发出的技术的价格，那么从事减排研发与技术创新新技术的研发活动的收益可以表示为 $p_{D_1} \dot{D}_1$。因此，减排研发与技术创新的利润为

$$p_{D_1} \dot{D}_1 - w_H H_1 \qquad (4\text{-}13)$$

政府对减排研发与技术创新部门的新技术的研发活动进行支持，对新技术的销售给予一定程度的补贴，这里补贴率为 s，那么在政府的支持下减排研发与技术创新的利润为

$$(1+s) p_{D_1} \dot{D}_1 - w_H H_1 \qquad (4\text{-}14)$$

当市场均衡时，上述利润为 0，则

$$(1+s) p_{D_1} \dot{D}_1 = w_H H_1 \qquad (4\text{-}15)$$

为了使整个经济能够达到市场均衡，绿色低碳中间产品部门的垄断利润必须用于购买减排研发与技术创新的新技术。这样，绿色低碳中间产品生产部门的垄断利润抵消了减排研发与技术创新的投入成本。

依据 Evans 等[27]和 Thompson[28]，产生新研发的绿色低碳中间产品投入的想法取决于净收入的贴现流和新研发的绿色低碳中间产品的初始投资成本之间的比较。由于减排研发与技术创新部门具有竞争性，研发出的绿色低碳中间产品的价格被抬高，直到等于垄断者可以获得的净收入的现值。在 t 时刻，为了进入市场并且生产出第 i 个减排研发与技术创新部门的创新产品，中间生产商必须支付 $p_{D_1}(t) D_1(t)^\xi$ 的费用，其中 $p_{D_1}(t)$ 表示减排研发与技术创新部门新研发出的绿色低碳中间产品的初始投资成本；$D_1(t)^\xi$ 表示减排研发与技术创新部门相对于前面所说的初始投资成本而言的附加成本，除此之外，企业与居民会在主动、自觉、自律的动机下进行绿色低碳行为，直接投入资本、管理与政策引导投入资本等。因此，依据 Thompson[29]，我们可以得到中间生产商的动态零利润条件为

$$p_{D_1}(t) \left[D_1(t)^\xi + p_h(t) \right] = \int_{\upsilon=t}^{+\infty} e^{-(\upsilon-t)r} \pi(\upsilon) \mathrm{d}\upsilon \qquad (4\text{-}16)$$

求导后可得

$$r = \frac{\pi}{p_{D_1}\left(D_1^{\xi}+p_h\right)} + \frac{\dot{p}_{D_1}}{p_{D_1}} + \frac{\dot{D_1^{\xi}}+p_h}{D_1^{\xi}+p_h} \qquad (4\text{-}17)$$

其中，$p_h(t)=p_{h_0}t$。$p_h(t)$为企业与居民在t时刻主动、自觉、自律的动机下投入的资本，这个资本随着时间的增加而增加，在这里不妨设为线性的。其中，r为资本利率。

4. 基础研究部门

基础研究部门主要从事基础科学知识的发现与探索。基础研究部门雇佣一定数量的科研人员，基于基础研究部门已有的科学知识进行基础科学知识的发现与探索。因此，基础研究部门的生产函数为

$$\dot{D}_2 = \delta_2 H_2^{\lambda_2} D_2^{\theta_2} a_2 \qquad (4\text{-}18)$$

其中，a_2为基础研究部门的创新因子；$\delta_2>0$，表示基础研究部门技术研发成功的概率；H_2为基础研究部门科研人员的数量；D_2为基础研究部门的科学知识；$0<\lambda_2<1$，表示基础研究部门人力资本弹性系数；$0<\theta_2<1$，表示基础研究部门的已有科学知识对基础研究部门新的技术研发的贡献率。

5. 应用研究部门

应用研究部门雇佣一定数量的科研人员开发新的蓝图、研发新的技术，获得新的专利，并出售给减排研发与技术创新部门。知识外溢可以在应用研究部门跨期发生，也可以在基础研究部门和应用研究部门之间交叉发生。因此，应用研究部门技术研发成功与否主要取决于应用研究部门科研人员的数量、基础研究部门的科学知识和应用研究部门的科学知识。因此，应用研究部门的生产函数为

$$\dot{D}_3 = \delta_3 H_3^{\lambda_3} D_2^{\theta_3} D_3^{\psi_3} a_3 \qquad (4\text{-}19)$$

其中，a_3为应用研究部门的创新因子；$\delta_3>0$，表示应用研究部门技术研发成功的概率；H_3为应用研究部门科研人员的数量；D_2为基础研究部门的科学知识；D_3为应用研究部门的科学知识；$0<\lambda_3<1$，表示应用研究部门人力资本弹性系数；$0<\theta_3<1$，表示基础研究部门的科学知识对应用研究部门新的技术研发的贡献率；$0<\psi_3<1$，表示应用研究部门的已有科学知识对应用研究部门新的技术研发的贡献率。

4.2.2　家庭

在这一部分，我们考虑了家庭效用函数，并在家庭效用函数中考虑了环境质

量、消费和碳排放量的消纳作用。

在 Chu 和 Lai[30]与 Chen 等[31]的基础上，我们的家庭效用函数可由当前消费水平 C、环境质量 N 和碳排放量 T 共同决定。因此，家庭效用函数表示为

$$U = \frac{\left(CN^{\eta}\right)^{1-\sigma}-1}{1-\sigma} - \theta\frac{T^{1+\omega}-1}{1+\omega} \qquad (4\text{-}20)$$

其中，U 为家庭的瞬时效用；C 为消费；N 为环境质量；T 为碳排放量；ω 为企业在研发新技术时主动、自觉、自律践行绿色低碳行为的意识参数；σ 表示相对风险厌恶系数；η 为与环境有关的效用的权重。$\sigma, \omega, \eta, \theta > 0$。

对于我们而言，关心的不仅仅是实现当期效用的最大化，更应是实现跨期效用的最大化，即

$$\max \int_0^{\infty}\left[\left(\frac{\left(CN^{\eta}\right)^{1-\sigma}-1}{1-\sigma} - \theta\frac{T^{1+\omega}-1}{1+\omega}\right)\exp\left(-\rho t\right)\right]\mathrm{d}t \qquad (4\text{-}21)$$

其中，ρ 表示主管时间贴现率（对当期消费与未来消费之间选择的时间偏好率）。当 ρ 变小表示当期消费与未来消费之间的差异小，当 ρ 变大表示更加偏好当期消费。

家庭预算约束方程为

$$\dot{K} = \tau_k rK + w_Y L_Y + w_{D_1} L_{D_1} - C - \tau Y - \tau_T T \qquad (4\text{-}22)$$

其中，τ_k 表示资本税率；r 为资本利息；K 为总资本；w_{D_1} 为用于减排研发与技术创新的劳动力的工资率；L_{D_1} 为用于减排研发与技术创新的劳动力；w_Y 为用于绿色低碳产品生产的劳动力的工资率；L_Y 为用于绿色低碳产品生产的劳动力；C 为消费；τ 为消费税；τ_T 为碳税、环境税；T 为碳排放量。家庭通过向厂商提供劳动和资本获得收入，然后用于消费、环境税和碳税以及消费税。

通过求解消费者最优问题，得

$$\frac{\dot{C}}{C} = \frac{r-\rho}{\sigma} \qquad (4\text{-}23)$$

4.2.3　政府

政府对减排研发与技术创新中新技术的出现给予了一定的补贴。政府对资金进行了调控，因此政府的预算约束如下：

$$\tau_k rK + \tau Y + \tau_T T = sp_{D_1}\dot{D}_1 + w_H\left(H_2 + H_3\right) + G \qquad (4\text{-}24)$$

其中，$\tau_k rK$ 为政府征收的资本税；τY 为政府征收的消费税；$\tau_T T$ 为政府征收的

碳税与环境税；τ_k 为资本税税率；τ 为消费税税率；τ_T 为碳税与环境税税率；s 为政府给予补贴的补贴率；G 为政府的转移支付。式（4-24）表明：政府通过向生产商征收资本税、消费税、碳税与环境税，用于对减排研发与技术创新中新技术进行补贴、支付基础研究部门和应用研究部门科研人员的工资以及政府的转移支付。

假设政府的转移支付是总收入的一个既定的比例 ϑ，那么

$$G = \vartheta Y \tag{4-25}$$

结合式（4-24）与式（4-25），得到

$$\tau_k rK + (\tau - \vartheta)Y + \tau_T T = s p_{D_1} \dot{D_1} + w_H H_2 + w_H H_3 \tag{4-26}$$

假设 $0 < \varepsilon_1 < 1$ 的份额用于基础研究，$0 < \varepsilon_2 < 1$ 的份额用于应用研究，$0 < \varepsilon_3 < 1$ 的份额用于补贴减排研发与技术创新，那么

$$\varepsilon_1 \left[\tau_k rK + (\tau - \vartheta)Y + \tau_T T \right] = w_H H_2 \tag{4-27}$$

$$\varepsilon_2 \left[\tau_k rK + (\tau - \vartheta)Y + \tau_T T \right] = w_H H_3 \tag{4-28}$$

$$\varepsilon_3 \left[\tau_k rK + (\tau - \vartheta)Y + \tau_T T \right] = s p_{D_1} \dot{D_1} \tag{4-29}$$

其中，$\varepsilon_3 = 1 - \varepsilon_1 - \varepsilon_2$。

4.3　模　型　求　解

根据式（4-1）中 $K = \int_0^{D_1} x_i \mathrm{d}i$，并依据对称性：$x_i = x, i \in [0, D_1]$，那么

$$K = D_1 x \tag{4-30}$$

将式（4-30）代入式（4-1），得

$$Y = A(N) L_Y^\beta e^{1-\alpha-\beta} K^\phi x^{\alpha-\phi} \tag{4-31}$$

将式（4-30）、式（4-31）代入式（4-5），得

$$w_Y = \beta (1 - \tau_T)(1 - \tau) \frac{Y}{L_Y} \tag{4-32}$$

将式（4-30）、式（4-31）代入式（4-6），得

$$p = \alpha (1 - \tau_T)(1 - \tau) \frac{Y}{K} \tag{4-33}$$

将式（4-30）、式（4-31）代入式（4-10），得

$$r = \alpha^2 (1 - \tau_T)(1 - \tau) \frac{Y}{K} \tag{4-34}$$

将式（4-30）、式（4-31）代入式（4-11），得

$$\pi = \frac{\left(\alpha - \alpha^2\right)\left(1 - \tau_T\right)\left(1 - \tau\right)Yx}{K} \qquad (4\text{-}35)$$

此外，可以证明，在平衡增长路径上，消费、产出、资本和技术创新以相同的速度增长：

$$\frac{\dot{C}}{C} = \frac{\dot{K}}{K} = \frac{\dot{D_1}}{D_1} = \frac{\dot{Y}}{Y} = g$$

由式（4-15）可以得到

$$(1+s)\, p_{D_1} D_1 \frac{\dot{D_1}}{D_1} = w_H H_1 \qquad (4\text{-}36)$$

由式（4-17）和平衡增长路径的定义可以得到

$$r = \frac{\pi}{p_{D_1}\left(D_1^{\xi} + p_h\right)} \qquad (4\text{-}37)$$

因此，

$$p_{D_1} = \frac{\pi}{r\left(D_1^{\xi} + p_h\right)} \qquad (4\text{-}38)$$

将式（4-38）代入式（4-36），得

$$(1+s)\frac{\pi D_1}{r\left(D_1^{\xi} + p_h\right)} g = w_H H_1 \qquad (4\text{-}39)$$

结合式（4-35）和式（4-39），得

$$\frac{(1+s)\left(\alpha - \alpha^2\right)\left(1 - \tau_T\right)\left(1 - \tau\right)Yg}{r\left(D_1^{\xi} + p_h\right)} = w_H H_1 \qquad (4\text{-}40)$$

结合式（4-27）、式（4-28）、式（4-40），得

$$\frac{(1+s)\left(\alpha - \alpha^2\right)\left(1 - \tau_T\right)\left(1 - \tau\right)Yg}{r\varepsilon_1\left[\tau_k rK + \tau_T T + (\tau - \vartheta)Y\right]\left(D_1^{\xi} + p_h\right)} = \frac{H_1}{H_2} \qquad (4\text{-}41)$$

$$\frac{(1+s)\left(\alpha - \alpha^2\right)\left(1 - \tau_T\right)\left(1 - \tau\right)Yg}{r\varepsilon_2\left[\tau_k rK + \tau_T T + (\tau - \vartheta)Y\right]\left(D_1^{\xi} + p_h\right)} = \frac{H_1}{H_3} \qquad (4\text{-}42)$$

$$\frac{\varepsilon_1}{\varepsilon_2} = \frac{H_2}{H_3} \qquad (4\text{-}43)$$

根据式（4-12），可以得到

每单位投入减排研发与技术创新的人力资本的边际生产率为

$$\frac{\partial \dot{D_1}}{\partial H_1} = \frac{\lambda_1 \dot{D_1}}{H_1} \qquad (4\text{-}44)$$

每单位投入基础研究部门的基础科学知识的边际生产率为

$$\frac{\partial \dot{D}_1}{\partial D_2} = \frac{\theta_1 \dot{D}_1}{D_2} \qquad (4\text{-}45)$$

每单位投入应用研究部门的应用科学知识的边际生产率为

$$\frac{\partial \dot{D}_1}{\partial D_3} = \frac{\psi_1 \dot{D}_1}{D_3} \qquad (4\text{-}46)$$

根据式（4-18），可以得到

每单位投入基础研究部门的人力资本的边际生产率为

$$\frac{\partial \dot{D}_2}{\partial H_2} = \frac{\lambda_2 \dot{D}_2}{H_2} \qquad (4\text{-}47)$$

根据式（4-19），可以得到

每单位投入应用研究部门的人力资本的边际生产率为

$$\frac{\partial \dot{D}_3}{\partial H_3} = \frac{\lambda_3 \dot{D}_3}{H_3} \qquad (4\text{-}48)$$

每单位投入应用研究部门的基础科学知识的边际生产率为

$$\frac{\partial \dot{D}_3}{\partial H_3} = \frac{\lambda_3 \dot{D}_3}{H_3} \qquad (4\text{-}49)$$

市场均衡时，基础研究部门、应用研究部门、减排研发与技术创新的边际生产率应该相等。结合式（4-44）~式（4-49），可以得到

$$\frac{\lambda_1}{H_1} = \frac{\theta_1 \lambda_2}{H_2} \frac{\dot{D}_2}{D_2} = \frac{\lambda_3 \psi_1}{H_3} \frac{\dot{D}_3}{D_3} \qquad (4\text{-}50)$$

根据式（4-12），等式两边同时除以 D_1，而后等式两边取对数，并且结合平衡增长路径的定义，可以得到

$$(1-\varphi_1)\ln D_1 = \theta_1 \ln D_2 + \psi_1 \ln D_3 \qquad (4\text{-}51)$$

式（4-51）两边对时间求导，得到

$$(1-\varphi_1)\frac{\dot{D}_1}{D_1} = \theta_1 \frac{\dot{D}_2}{D_2} + \psi_1 \frac{\dot{D}_3}{D_3} \qquad (4\text{-}52)$$

根据式（4-19），等式两边同时除以 D_3，而后等式两边取对数，并且结合平衡增长路径的定义，可以得到

$$(1-\psi_3)\ln D_3 = \theta_3 \ln D_2 \qquad (4\text{-}53)$$

式（4-53）两边对时间求导，得到

$$(1-\psi_3)\frac{\dot{D}_3}{D_3} = \theta_3 \frac{\dot{D}_2}{D_2} \qquad (4\text{-}54)$$

结合式（4-53）、式（4-54）与 $\dfrac{\dot{D_1}}{D_1}=g$，可以得到

$$\frac{\dot{D_2}}{D_2}=\frac{(1-\psi_3)(1-\psi_1)g}{\theta_1(1-\psi_3)+\theta_3\psi_1} \tag{4-55}$$

$$\frac{\dot{D_3}}{D_3}=\frac{(1-\psi_1)\theta_3 g}{\theta_1(1-\psi_3)+\theta_3\psi_1} \tag{4-56}$$

根据式（4-50）、式（4-55）和式（4-56），可以得到

$$\frac{H_2}{H_1}=\frac{\theta_1\lambda_2}{\lambda_1}\frac{(1-\psi_3)(1-\psi_1)g}{\theta_1(1-\psi_3)+\theta_3\psi_1} \tag{4-57}$$

$$\frac{H_3}{H_1}=\frac{\lambda_3\psi_1}{\lambda_1}\frac{(1-\psi_1)\theta_3 g}{\theta_1(1-\psi_3)+\theta_3\psi_1} \tag{4-58}$$

$$\frac{H_2}{H_3}=\frac{(1-\psi_3)\theta_1\lambda_2}{\theta_1\theta_3(1-\psi_3)+\theta_3^{\,2}\psi_1}\frac{\theta_1(1-\psi_3)+\theta_3\psi_1}{\lambda_3\psi_1} \tag{4-59}$$

将式（4-57）代入式（4-41），得

$$\frac{(1+s)(\alpha-\alpha^2)(1-\tau_T)(1-\tau)Yg}{r\varepsilon_1\left[\tau_k rK+\tau_T T+(\tau-\vartheta)Y\right](D_1^{\,\xi}+p_h)}=\frac{\lambda_1\left[\theta_1(1-\psi_3)+\theta_3\psi_1\right]}{\theta_1\lambda_2(1-\psi_3)(1-\psi_1)g} \tag{4-60}$$

将式（4-58）代入式（4-42），得

$$\frac{(1+s)(\alpha-\alpha^2)(1-\tau_T)(1-\tau)Yg}{r\varepsilon_2\left[\tau_k rK+\tau_T T+(\tau-\vartheta)Y\right](D_1^{\,\xi}+p_h)}=\frac{\lambda_1\left[\theta_1(1-\psi_3)+\theta_3\psi_1\right]}{\lambda_3\psi_1(1-\psi_1)\theta_3 g} \tag{4-61}$$

将式（4-59）代入式（4-43），得

$$\frac{(1-\psi_3)\theta_1\lambda_2\left[\theta_1(1-\psi_3)+\theta_3\psi_1\right]}{\left[\theta_1\theta_3(1-\psi_3)+\theta_3^{\,2}\psi_1\right]\lambda_3\psi_1}=\frac{\varepsilon_1}{\varepsilon_2} \tag{4-62}$$

结合式（4-17）、式（4-29）和式（4-35），得到

$$\varepsilon_3\left[\tau_k rK+(\tau-\vartheta)Y+\tau_T T\right]=\frac{sg(\alpha-\alpha^2)(1-\tau_T)(1-\tau)Y}{(r-g)(D_1^{\,\xi}+p_h)} \tag{4-63}$$

因此，

$$s=\varepsilon_3\left[\tau_k rK+(\tau-\vartheta)Y+\tau_T T\right]\frac{r(D_1^{\,\xi}+p_h)}{g(\alpha-\alpha^2)(1-\tau_T)(1-\tau)Y} \tag{4-64}$$

由式（4-23），可以得到

$$g=\frac{r-\rho}{\sigma} \tag{4-65}$$

因此，

$$r = \sigma g + \rho \tag{4-66}$$

将式（4-30）、式（4-34）、式（4-64）、式（4-66）代入式（4-60）、式（4-61），得到

$$
\frac{\lambda_1 \left[\theta_1 (1-\psi_3) + \theta_3 \psi_1 \right]}{\theta_1 \lambda_2 (1-\psi_3)(1-\psi_1) g}
$$

$$
= \frac{(1-\varepsilon_1-\varepsilon_2)(\sigma g + \rho - g)}{\left(D_1^{\xi} + p_h \right)(\sigma g + \rho)\varepsilon_1}
$$

$$
+ \frac{Kg(1-\alpha)(\sigma g + \rho)\alpha(1-\tau_T)(1-\tau)}{\left\{ \left[\tau_k (\sigma g + \rho) K + \tau_T T \right] \alpha^2 (1-\tau_T)(1-\tau) + (\tau - \vartheta)(\sigma g + \rho) K \right\}(\sigma g + \rho)\varepsilon_1 \left(D_1^{\xi} + p_h \right)}
$$

$$\tag{4-67}$$

$$
\frac{\lambda_1 \left[\theta_1 (1-\psi_3) + \theta_3 \psi_1 \right]}{\lambda_3 \psi_1 (1-\psi_1) \theta_3 g}
$$

$$
= \frac{(1-\varepsilon_1-\varepsilon_2)(\sigma g + \rho - g)}{\left(D_1^{\xi} + p_h \right)(\sigma g + \rho)\varepsilon_2}
$$

$$
+ \frac{Kg(1-\alpha)(\sigma g + \rho)\alpha(1-\tau_T)(1-\tau)}{\left\{ \left[\tau_k (\sigma g + \rho) K + \tau_T T \right] \alpha^2 (1-\tau_T)(1-\tau) + (\tau - \vartheta)(\sigma g + \rho) K \right\}(\sigma g + \rho)\varepsilon_2 \left(D_1^{\xi} + p_h \right)}
$$

$$\tag{4-68}$$

根据式（4-62）、式（4-67）和式（4-68），我们可以考察政府基础研究支出比例对经济增长的影响、政府征收的消费税以及碳税、环境税的消纳作用对经济增长的影响。下文将通过数值模拟解决上述问题。

根据方程（4-50）、方程（4-52）、方程（4-54）和 $\dfrac{\dot{D_1}}{D_1} = g$ 可以得到

$$\delta_2 H_2^{\lambda_2} D_2^{\theta_2 - 1} a_2 = \frac{H_2 \lambda_1}{H_1 \lambda_2 \theta_1} \tag{4-69}$$

$$\delta_3 H_3^{\lambda_3} D_2^{\theta_3} D_3^{\psi_3 - 1} a_3 = \frac{H_3 \lambda_1}{H_1 \lambda_3 \psi_1} \tag{4-70}$$

$$a_1 = \frac{g}{\delta_1 H_1^{\lambda_1} D_1^{\varphi_1 - 1} D_2^{\theta_1} D_3^{\psi_1}} \tag{4-71}$$

根据方程（4-71），我们发现：减排研发与技术创新部门的创新因子 a_1 越高，经济增长率 g 越高。

用方程（4-69）除以方程（4-70），可以得到

$$\frac{a_2}{a_3}\frac{\delta_2 H_2^{\lambda_2} D_2^{\theta_2-1}}{\delta_3 H_3^{\lambda_3} D_2^{\theta_3} D_3^{\psi_3-1}}=\frac{\lambda_3 H_2 \psi_1}{\lambda_2 H_3 \theta_1} \tag{4-72}$$

根据方程（4-55）可以得到

$$a_2=\frac{(1-\psi_3)(1-\psi_1)g}{\left[\theta_1(1-\psi_3)+\theta_3\psi_1\right]\delta_2 H_2^{\lambda_2} D_2^{\theta_2-1}} \tag{4-73}$$

根据方程（4-73），我们发现：基础研究部门的创新因子 a_2 越高，经济增长率 g 越高。

根据方程（4-56）可以得到

$$a_3=\frac{(1-\psi_1)\theta_3 g}{\left[\theta_1(1-\psi_3)+\theta_3\psi_1\right]\delta_3 H_3^{\lambda_3} D_2^{\theta_3} D_3^{\psi_3-1}} \tag{4-74}$$

根据方程（4-74），我们发现：应用研究部门的创新因子 a_3 越高，经济增长率 g 越高。

4.4　数　值　模　拟

结合式（4-62）、式（4-67）和式（4-68），并且依据张小筠等[16]、Prettner 和 Werner[32]，得到 $\varphi_1=0.2$；依据 Chu 和 Lai[30]、Wan 等[33]，得到 $\sigma=1.5$，$\rho=0.05$，$\alpha=\gamma\phi=0.24$，$\beta=0.67$，$\tau_T=0.0049$，$T=5.93$，$K=1.0018$，因为 $\phi>1$，在这里不妨设 $\phi=2$，则 $\gamma=0.12$；根据张小筠等[16]和 Jones[34]，得到 $\lambda_1=0.3333$，$\lambda_2=0.3333$，$\lambda_3=0.3333$；根据 Prettner 和 Werner[35]，得到 $\psi_3=0.3$，$\theta_3=0.25$，$\theta_2=0.3$，那么 $\theta_1=0.45$，$\psi_1=0.7$；根据《中国科技统计年鉴 2017》[36]，可以得到 $s=0.4081$；根据《中国统计年鉴 2017》[37]，可以得到 $D_1=0.0470$，$\tau_K=0.3054$，$\tau=0.0708$；根据《2017 中国产业创新指数研究报告》[38]，可以得到 $\xi=0.94$。

接下来，我们将从四个方面对经济增长进行分析，分别是政府干预基础研究支出比例、消费税、碳税和环境税、创新因子的消纳作用。

4.4.1　政府干预基础研究支出比例的消纳作用对经济增长的影响

首先我们研究政府干预基础研究支出比例的消纳作用对经济增长的影响。因为此时转移支付占总收入的既定比例 ϑ 未知，所以不妨在 $\vartheta=\frac{1}{2}\tau$、$\vartheta=\frac{2}{3}\tau$、

$\vartheta=\dfrac{3}{4}\tau$ 的情况下分别进行讨论。

结合方程（4-62）、方程（4-67）和方程（4-68）以及前面所提到的相关数据，我们可以得到经济增长率与政府干预基础研究支出比例之间的关系表达式：

（1）在 $\vartheta=\dfrac{1}{2}\tau$ 的情况下：

$$\frac{5.1852}{g}=\frac{(1-1.5556\varepsilon_1)(0.5g+0.05)}{(2.1867g+0.0729)\varepsilon_1}+\frac{0.169g}{(0.1133g+0.0061)\varepsilon_1}$$

（2）在 $\vartheta=\dfrac{2}{3}\tau$ 的情况下：

$$\frac{5.1852}{g}=\frac{(1-1.5556\varepsilon_1)(0.5g+0.05)}{(2.1867g+0.0729)\varepsilon_1}+\frac{0.169g}{(0.0875g+0.0052)\varepsilon_1}$$

（3）在 $\vartheta=\dfrac{3}{4}\tau$ 的情况下：

$$\frac{5.1852}{g}=\frac{(1-1.5556\varepsilon_1)(0.5g+0.05)}{(2.1867g+0.0729)\varepsilon_1}+\frac{0.169g}{(0.0744g+0.0048)\varepsilon_1}$$

上述三种情况如图 4-3 所示，图 4-3 中线条 a 表示 $\vartheta=\dfrac{1}{2}\tau$ 情况下政府干预基础研究支出比例对经济增长的影响，线条 b 表示 $\vartheta=\dfrac{2}{3}\tau$ 情况下政府干预基础研究支出比例对经济增长的影响，线条 c 表示 $\vartheta=\dfrac{3}{4}\tau$ 情况下政府干预基础研究支出比例对经济增长的影响。因为政府干预基础研究支出比例非负，所以在这里我们只考虑 $0<\varepsilon_1<1$ 的部分，并将线条 a、b、c 放在同一幅图中比较，发现：在 $\vartheta=\dfrac{1}{2}\tau$、$\vartheta=\dfrac{2}{3}\tau$、$\vartheta=\dfrac{3}{4}\tau$ 这三种情况下，随着政府干预基础研究支出比例的增加，经济增长越来越快，也就是说提高基础研究投资将提高经济增长率。这是因为，首先，政府干预基础研究支出比例增加时，政府会投入更多的资金给基础研究部门，那么基础研究部门就可以雇佣更多的科研人员进行基础研究，从而提高基础研究部门的生产率，在基础研究部门将会有更多的新知识、新发现；其次，应用研究部门开发新的蓝图、研发新的技术依赖于基础研究，基础研究部门的新知识、新发现增多将有助于提高应用研究部门的生产率，使得新技术研发的新成果增多；最后，减排研发与技术创新部门主要从事新技术的研发，进而生产出绿色低碳中间产品以及绿色低碳产品，他的新技术研发取决于基础研究部门的科学知识和应用研究部门的科学知识，基础研究部门和应用研究部门的新的科学知识增多，将提高减排研发与技术创新部门的生产率，从而生产出更多的绿色低碳中

间产品及绿色低碳产品，从而提高经济增长率。从图 4-3 中我们还可以发现：$\vartheta = \frac{1}{2}\tau$ 情况下经济增长较快，$\vartheta = \frac{3}{4}\tau$ 情况下经济增长较慢；在同一支出比例下，$\vartheta = \frac{1}{2}\tau$ 情况下的经济增长率最高，其次是 $\vartheta = \frac{2}{3}\tau$ 的情况，最后是 $\vartheta = \frac{3}{4}\tau$。

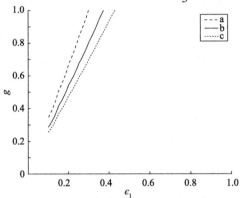

图 4-3 政府基础研究支出比例对经济增长的影响

4.4.2 消费税的消纳作用对经济增长的影响

接下来我们研究消费税的消纳作用对经济增长的影响。与政府干预基础研究支出比例对经济增长的影响的分析一样，我们分成三种情况：$\vartheta = \frac{1}{2}\tau$、$\vartheta = \frac{2}{3}\tau$、$\vartheta = \frac{3}{4}\tau$。

结合方程（4-62）、方程（4-67）和方程（4-68）以及前面所提到的相关数据，我们可以得到经济增长率与消费税税率之间的关系表达式：

（1）在 $\vartheta = \frac{1}{2}\tau$ 的情况下：

$$\frac{5.185\,2}{g} = \frac{0.344\,5g + 0.034\,4}{0.437\,3g + 0.014\,6} + \frac{0.181\,8g(1-\tau)}{(0.007\,6g + 0.000\,7)(1-\tau) + (0.219\,1g + 0.007\,3)\tau}$$

（2）在 $\vartheta = \frac{2}{3}\tau$ 的情况下：

$$\frac{5.185\,2}{g} = \frac{0.344\,5g + 0.034\,4}{0.437\,3g + 0.014\,6} + \frac{0.181\,8g(1-\tau)}{(0.007\,6g + 0.000\,7)(1-\tau) + (0.146g + 0.004\,9)\tau}$$

（3）在 $\vartheta = \frac{3}{4}\tau$ 的情况下：

$$\frac{5.185\,2}{g} = \frac{0.344\,5g + 0.034\,4}{0.437\,3g + 0.014\,6} + \frac{0.181\,8g(1-\tau)}{(0.007\,6g + 0.000\,7)(1-\tau) + (0.109\,5g + 0.003\,7)\tau}$$

上述三种情况如图 4-4 所示，图 4-4 中线条 a 表示 $\vartheta = \frac{1}{2}\tau$ 情况下消费税对经济增长的影响，线条 b 表示 $\vartheta = \frac{2}{3}\tau$ 情况下消费税对经济增长的影响，线条 c 表示 $\vartheta = \frac{3}{4}\tau$ 情况下消费税对经济增长的影响。

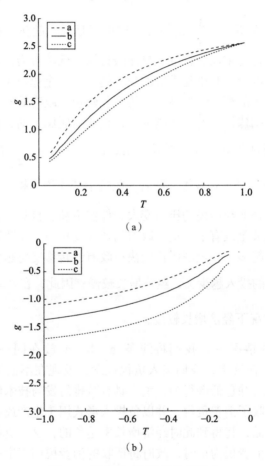

（a）

（b）

图 4-4　消费税对经济增长的影响

在 $0 < \tau < 1$ 的情况下，我们将线条 a、b、c 放在同一幅图中比较，如图 4-4（a）所示，我们发现：在 $\vartheta = \frac{1}{2}\tau$、$\vartheta = \frac{2}{3}\tau$、$\vartheta = \frac{3}{4}\tau$ 这三种情况下，随着消费税的增加，经济增长越来越快，也就是说增加消费税将提高经济增长率。这是因为从长

期来看，政府增加消费税的征收，可以支持政府对养老、医疗、基础建设等的加大投入，从而有利于经济增长。从图 4-4 中我们还发现：起初，$\vartheta = \frac{1}{2}\tau$ 情况下经济增长较快，$\vartheta = \frac{3}{4}\tau$ 情况下经济增长较慢，随着所征收的消费税税率的增加，在 $\vartheta = \frac{3}{4}\tau$ 情况下经济增长较快，$\vartheta = \frac{1}{2}\tau$ 情况下经济增长较慢，最后三条曲线相交于一点；在同一消费税税率下，$\vartheta = \frac{1}{2}\tau$ 情况下的经济增长率最高，其次是 $\vartheta = \frac{2}{3}\tau$ 的情况，最后是 $\vartheta = \frac{3}{4}\tau$ 的情况。这也就是说，起初，政府征收的消费税较少，企业与居民愿意主动、自觉、自律践行绿色低碳行为，政府的转移支付越少（政府对养老、医疗、基础建设等的投入越少），企业与居民主动、自觉、自律践行绿色低碳行为的积极性越高，经济增长较快；政府的转移支付越多（政府对养老、医疗、基础建设等的投入越多），企业与居民主动、自觉、自律践行绿色低碳行为的积极性越低，经济增长较慢；因此，在 $\vartheta = \frac{1}{2}\tau$ 情况下经济增长较快，$\vartheta = \frac{3}{4}\tau$ 情况下经济增长较慢。随着征收的消费税税率越来越高，政府征收的消费税越来越多，企业与居民的压力变大，他们主动、自觉、自律践行绿色低碳行为的积极性降低甚至没有了，这时政府的转移支付越多（政府对养老、医疗、基础建设等的投入越多），经济增长较快；政府的转移支付越少（政府对养老、医疗、基础建设等的投入越少），经济增长较慢；因此，在 $\vartheta = \frac{3}{4}\tau$ 情况下经济增长较快，$\vartheta = \frac{1}{2}\tau$ 情况下经济增长较慢。

在 $-1 < \tau < 0$ 的情况下，我们将线条 a、b、c 放在同一幅图中比较，如图 4-4（b）所示。在这里，我们引入负税概念，发现在不征收消费税，但仍主动、自觉、自律践行绿色低碳行为，生产具有减排研发与技术创新的绿色低碳产品时，就相当于征收了消费负税，并以负投入形式用于生产或者减排研发与技术创新的绿色低碳产品，将得到此时经济增长率是负的，这一负税用于体现绿色低碳行为的负载；当消费税为正时，政府将征收的消费税用于生产或者减排研发与技术创新的绿色低碳产品，则经济增长率是正的。我们发现 $\vartheta = \frac{1}{2}\tau$ 情况下的经济增长较快，$\vartheta = \frac{3}{4}\tau$ 情况下的经济增长较慢。这是因为当政府征收越多的负税，并将征收的负税以负投入形式用于生产或者减排研发与技术创新的绿色低碳产品时，经济增长越缓慢。

4.4.3　碳税、环境税的消纳作用对经济增长的影响

随后，我们研究碳税、环境税的消纳作用对经济增长的影响。与政府干预基础研究支出比例的消纳作用和消费税的消纳作用对经济增长的影响的分析一样，分成三种情况：$\vartheta = \dfrac{1}{2}\tau$、$\vartheta = \dfrac{2}{3}\tau$、$\vartheta = \dfrac{3}{4}\tau$。

结合方程（4-62）、方程（4-67）和方程（4-68）以及前面所提到的相关数据，可以得到经济增长率与消费税税率之间的关系表达式：

（1）在 $\vartheta = \dfrac{1}{2}\tau$ 的情况下：

$$\frac{5.185\,2}{g} = \frac{0.344\,5g + 0.034\,4}{0.437\,3g + 0.014\,6}$$
$$+ \frac{0.169\,8g\left(1 - \tau_T\right)}{\left(0.007\,1g + 0.000\,2 + 0.092\,5\tau_T\right)\left(1 - \tau_T\right) + \left(0.015\,5g + 0.000\,5\right)}$$

（2）在 $\vartheta = \dfrac{2}{3}\tau$ 的情况下：

$$\frac{5.185\,2}{g} = \frac{0.344\,5g + 0.034\,4}{0.437\,3g + 0.014\,6}$$
$$+ \frac{0.169\,8g\left(1 - \tau_T\right)}{\left(0.007\,1g + 0.000\,2 + 0.092\,5\tau_T\right)\left(1 - \tau_T\right) + \left(0.010\,3g + 0.000\,3\right)}$$

（3）在 $\vartheta = \dfrac{3}{4}\tau$ 的情况下：

$$\frac{5.185\,2}{g} = \frac{0.344\,5g + 0.034\,4}{0.437\,3g + 0.014\,6}$$
$$+ \frac{0.169\,8g\left(1 - \tau_T\right)}{\left(0.007\,1g + 0.000\,2 + 0.092\,5\tau_T\right)\left(1 - \tau_T\right) + \left(0.007\,8g + 0.000\,25\right)}$$

上述三种情况如图 4-5 所示，图 4-5 中线条 a 表示 $\vartheta = \dfrac{1}{2}\tau$ 情况下碳税、环境税对经济增长的影响，线条 b 表示 $\vartheta = \dfrac{2}{3}\tau$ 情况下碳税、环境税对经济增长的影响，线条 c 表示 $\vartheta = \dfrac{3}{4}\tau$ 情况下碳税、环境税对经济增长的影响。因为所需缴纳的碳税和环境税税率非负，所以在这里我们只考虑 $\tau_T > 0$ 的部分，并将线条 a、b、c 放在同一幅图中比较，发现三种情况是类似的。在这里，我们引入行为增长跳变的概念，行为增长跳变也就是行为诱导经济增长的跳变。绿色低碳行为有两种方

式，一种是主动、自觉、自律的绿色低碳行为，这时的绿色低碳行为的消纳作用是正向的；另一种是不主动、不自觉、不自律的，强制、被迫、受到约束的绿色低碳行为，这时的绿色低碳行为的消纳作用是负向的。本章发现前者的经济增长率是正的，即前者促进经济社会的发展，后者的经济增长率是负的，即后者抑制阻碍经济社会的发展。在图 4-5 中，在 $\vartheta = \frac{1}{2}\tau$、$\vartheta = \frac{2}{3}\tau$、$\vartheta = \frac{3}{4}\tau$ 这三种情况下，会出现一个分岔，在分岔处，一部分经济增长率大于 0，一部分经济增长率小于 0，这取决于企业与居民主动、自觉、自律践行绿色低碳行为的消纳态度选择，如果这种消纳态度选择是正面的，即企业与居民主动、自觉、自律践行绿色低碳行为，此时绿色低碳行为是正向消纳作用，那么企业与居民主动、自觉、自律的绿色低碳行为将会促进生态文明以及转型发展，增加碳税和环境税的征收，有利于激励企业和居民对清洁技术和新能源开发等技术创新进行投资，提高能源利用率，推进产业结构的优化，从而促进经济发展，提高经济增长率，经济增长率的变化大于 0；如果这种消纳态度选择是负面的，即企业与居民不是主动、自觉、自律践行绿色低碳行为，此时绿色低碳行为是负向消纳作用，那么企业与居民主动、自觉、自律的绿色低碳行为将不能促进生态文明及转型发展，此时经济增长率的变化小于 0。

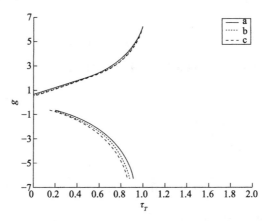

图 4-5　碳税、环境税对经济增长的影响

　　根据这一部分的讨论，我们可以得到，消纳作用的濡化发展形成系统蜕变，这种蜕变表现为经济系统的增长与衰退，形成绿色低碳行为的濡化效应，即

　　（1）汲取主动、自觉、自律的绿色低碳行为，通过消纳作用，加速行为的濡化发展而促使经济系统的正增长，形成蜕变。

　　（2）对于不主动、不自觉、不自律的绿色低碳行为的消纳作用，加速了行为的濡化发展，经济系统出现负增长，形成蜕变。

4.4.4　创新因子的消纳作用对经济增长的影响

最后，我们研究减排研发与技术创新部门的创新因子、基础研究部门的创新因子以及应用研究部门的创新因子的消纳作用对经济增长的影响，如图 4-6 所示。

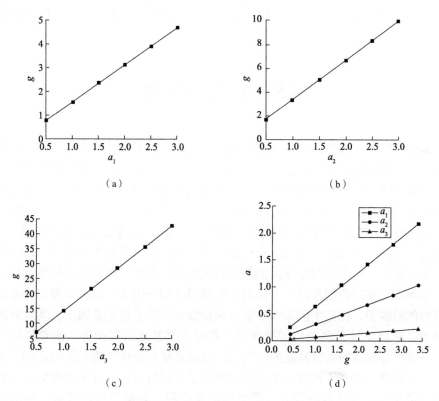

图 4-6　创新因子对经济增长的影响

图 4-6（a）表示的是减排研发与技术创新部门的创新因子对经济增长的影响，我们发现经济增长率 g 随着减排研发与技术创新部门的创新因子 a_1 的增长而增长；图 4-6（b）表示的是基础研究部门的创新因子对经济增长的影响，我们发现经济增长率 g 随着基础研究部门的创新因子 a_2 的增长而增长；图 4-6（c）表示的是应用研究部门的创新因子对经济增长的影响，我们发现经济增长率 g 随着应用研究部门的创新因子 a_3 的增长而增长。所以，综上所述：经济增长率分别随着减排研发与技术创新部门、基础研究部门和应用研究部门的创新因子的增长而增长。图 4-6（d）是在相同经济增长率下对三个部门的创新因子进行比较，我们可

以发现在相同增长率下，减排研发与技术创新部门的创新因子最高，其次是基础研究部门的创新因子，最后是应用研究部门的创新因子。通过比较，我们还可以发现：随着经济增长率的提高，减排研发与技术创新部门创新因子的增长速度较快，其次是基础研究部门的创新因子，而应用研究部门的创新因子增长较慢。

在这里，基础研究部门体现的是我们的基础研究阶段，应用研究部门体现的是我们的技术成果阶段，减排研发与技术创新部门体现的是我们的成果转化阶段，各部门的创新因子将基础研究、技术成果和成果转化这三个阶段联系在了一起。

4.5　本章小结

本章在问题导向的创新知识体系下，分析了政府干预基础研究投资、所缴纳的消费税、环境税和碳税、创新因子的消纳作用对绿色低碳行为的新型内生增长模型及其经济影响，相关研究建立在问题导向的基础研究、应用成果、转化技术的创新知识体系下。基础研究部门吸纳现有的科学知识，突破技术瓶颈的基础研究，走向应用，应用研究部门吸纳现有的科学知识，得到基础成果的应用开发，减排研发与技术创新部门吸纳现有科学知识，使得技术开发走向市场，而这就构成了本章所研究对应的问题导向的创新知识体系；提出该创新知识体系的创新因子：基础研究部门的创新因子、应用研究部门的创新因子、减排研发与技术创新部门的创新因子，将三个创新因子整合为创新知识体系的创新因子；实现新的创新因子、环境质量、消费、碳排放量、政府干预基础研究投资、消费税以及碳税、环境税等驱动的联合发展的全过程，这就是绿色低碳行为的消纳作用。本章从生产、消费、政府干预这三个方面对经济系统进行分析。在生产部分，主要考虑了环境质量、碳排放的投入、消费税以及碳税、环境税这些因素；在消费部分，给出了家庭效用函数，主要考虑了环境质量、碳排放投入和消费这三个因素；在政府干预部分，政府对减排研发与技术创新中减排新技术的出现给予了一定的补贴，对资金进行了调控，因此给出了政府的预算约束。为了将基础研究、应用成果、转化技术紧密联系，本章分别提出了基础研究部门、应用研究部门、减排研发与技术创新部门的创新因子。对模型进行求解并进行数值模拟，考察政府干预基础研究支出比例、创新因子、消费税以及碳税、环境税的消纳作用对经济增长的影响，我们得到了创新效应和濡化效应。

创新效应，即：①在政府干预基础研究支出比例的消纳作用下，提高政府基础研究投资将提高经济增长率。②在消费税的消纳作用下，引入负税概念，发现在不征收消费税，但仍主动、自觉、自律践行绿色低碳行为，生产具有减排研发与技术创新的绿色低碳产品时，就相当于征收了消费负税，并以负投入形式用于生产或者减排研发与技术创新的绿色低碳产品，本章将得到此时经济增长率是负的，这一负税用于体现绿色低碳行为的负载；当消费税为正时，政府将征收的消费税用于生产或者减排研发与技术创新的绿色低碳产品，则经济增长率是正的。③在创新因子的消纳作用下，经济增长率分别随着减排研发与技术创新部门、基础研究部门和应用研究部门的创新因子的增长而增长；在相同增长率下，减排研发与技术创新部门的创新因子最高，其次是基础研究部门的创新因子，最后是应用研究部门的创新因子。

濡化效应，即在碳税和环境税的消纳作用下，引入行为增长跳变的概念，行为增长跳变也就是行为诱导经济增长的跳变。绿色低碳行为有两种方式，一种是主动、自觉、自律的绿色低碳行为，这时的绿色低碳行为的消纳作用是正向的；另一种是不主动、不自觉、不自律的，强制、被迫、受到约束的绿色低碳行为，这时的绿色低碳行为的消纳作用是负向的。此时，汲取主动、自觉、自律的绿色低碳行为，通过消纳作用，加速行为的濡化发展而促使经济系统的正增长，形成蜕变；对于不主动、不自觉、不自律的绿色低碳行为的消纳作用，加速了行为的濡化发展，经济系统出现负增长，形成蜕变。

本章仅对问题驱动的创新知识体系进行分析。

参 考 文 献

[1] Salter A J, Martin B R. The economic benefits of publicly funded basic research: a critical review. Research Policy, 2001, （30）: 509-532.

[2] 杨立岩，潘慧峰. 论基础研究影响经济增长的机制. 经济评论, 2003, （2）: 13-18.

[3] Zellner C. The economic effects of basic research: evidence for embodied knowledge transfer via scientists' migration. Research Policy, 2003, 32（10）: 1881-1895.

[4] Belenzon S. Basic Research and Sequential Innovation. CEP Discussion Papers, 2006.

[5] Czarnitzki D, Thorwarth S. Productivity effects of basic research in low-tech and high-tech industries. Research Policy, 2012, 41（9）: 1555-1564.

[6] Gersbach H, Schneider M T. On the global supply of basic research. Journal of Monetary Economics, 2015, （75）: 123-137.

[7] Battistoni G, Genco M, Marsilio M, et al. Cost–benefit analysis of applied research infrastructure. Evidence from health care. Technological Forecasting & Social Change, 2016,

（112）：79-91.

[8] Higón D A. In-house versus external basic research and first-to-market innovations. Research Policy, 2016, 45（4）：816-829.

[9] Prettner K, Werner K. Why it pays off to pay us well: the impact of basic research on economic growth and welfare. Research Policy, 2016, 45（5）：1075-1090.

[10] 孙早, 许薛璐. 前沿技术差距与科学研究的创新效应——基础研究与应用研究谁扮演了更重要的角色. 中国工业经济, 2017,（3）：5-23.

[11] Cassiman B, Veugelers R, Arts S. Mind the gap: capturing value from basic research through combining mobile inventors and partnerships. Research Policy, 2018, 47（9）：1811-1824.

[12] Fukuda K. Effects of trade liberalization on growth and welfare through basic and applied researches. Journal of Macroeconomics, 2018, 62（C）.

[13] Gersbach H, Sorger G, et al. Hierarchical growth: basic and applied research. Journal of Economic Dynamics & Control, 2018,（90）：434-459.

[14] 杨虹, 毕研涛. 对加强企业应用基础研究的思考. 中国石油报, 2019,（6）：1-2.

[15] 蔡勇峰, 李显君, 孟东晖. 基础研究对技术创新的作用机理——来自动力电池的实证. 科研管理, 2019, 40（6）：65-76.

[16] 张小筠, 刘戒骄, 谢攀. 政府基础研究是否有助于经济增长——基于内生增长理论模型的一个扩展. 经济问题探索, 2019,（1）：1-10.

[17] Chiroleu-Assouline M, Fodha M. From regressive pollution taxes to progressive environmental tax reforms. European Economic Review, 2014,（69）：126-142.

[18] Carbonnier C. The incidence of non-linear price-dependent consumption taxes. Journal of Public Economics, 2014,（118）：111-119.

[19] Eichner T, Pethig R. Unilateral consumption-based carbon taxes and negative leakage. Resource and Energy Economics, 2015,（40）：127-142.

[20] Zhao L T, He L Y, et al. The effect of gasoline consumption tax on consumption and carbon emissions during a period of low oil prices. Journal of Cleaner Production, 2018, 171（10）：1429-1436.

[21] Niu T, Yao X L, Shao S, et al. Environmental tax shocks and carbon emissions: an estimated DSGE model. Structural Change and Economic Dynamics, 2018,（47）：9-17.

[22] Yu M, Cruz J M, Li D M. The sustainable supply chain network competition with environmental tax policies. International Journal of Production Economics, 2018,（217）：218-231.

[23] Hu X H, Liu Y, Yang L Y, et al. SO_2 emission reduction decomposition of environmental tax based on different consumption tax refunds. Journal of Cleaner Production, 2018, 186（10）：997-1010.

[24] Li G, Masui T. Assessing the impacts of China's environmental tax using a dynamic computable general equilibrium model. Journal of Cleaner Production, 2019, （208）: 316-324.

[25] Andreoni V. Environmental taxes: drivers behind the revenue collected. Journal of Cleaner Production, 2019, （221）: 17-26.

[26] Ren J, Chen X, Hu J. The effect of production- versus consumption-based emission tax under demand uncertainty. International Journal of Production Economics, 2020, （219）: 82-98.

[27] Evans G, Honkapohja S, Romer P. Growth cycles. America Economic Review, 1998, 88（3）: 495-515.

[28] Thompson M. Complementarities and costly investment in a growth model. Journal of Economic, 2008, 94（3）: 231-240.

[29] Thompson M. Social capital, innovation and economic growth. Journal of Behavioral and Experimental Economics, 2018, （73）: 46-52.

[30] Chu H, Lai C. Abatement R&D, market imperfections, and environmental policy in an endogenous growth model. Journal of Economic Dynamics & Control, 2014, （41）: 20-37.

[31] Chen Z L, Wang G H, Niu W Y. Economic growth model and empirical analysis under the constraints of energy and environment. The Practice and Understanding of Mathematics, 2013, 43（18）: 46-53.

[32] Prettner K, Werner K. Human capital, basic research, and applied research: three dimensions of human knowledge and their differential growth effects. SSRN Electronic Journal, 2014.

[33] Wan B Y, Tian L X, Zhu N P, et al. A new endogenous growth model for green low-carbon behavior and its comprehensive effects. Applied Energy, 2018, （230）: 1332-1346.

[34] Jones C. R&D-based models of economic growth. Journal of Political Economy, 1995, 103（4）: 759-784.

[35] Prettner K, Werner K. Why it pays off to pay us well: the impact of basic research on economic growth and welfare. Research Policy, 2016, 45（5）: 1075-1090.

[36] 国家统计局社会科技和文化产业统计司, 科学技术部创新发展司. 中国科技统计年鉴 2017. 北京: 中国统计出版社, 2017.

[37] 中华人民共和国国家统计局. 中国统计年鉴 2017. 北京: 中国统计出版社, 2017.

[38] 亿欧智库. 2017 中国产业创新指数研究报告. www.iyiou.com/intelligence, 2017-12.

第5章 人工智能效益提升的内生增长模型及智能效应

本章建立人工智能技术驱动下的内生增长模型，对该模型做优化分析。同时，比较了在政府主导的人工智能研发（GA）、无政府补贴的私人企业的人工智能研发（PA）及有政府补贴的私人企业的人工智能研发（PAG）这三种不同投资模式下经济的表现，并进行实证研究，获得人工智能效应。在 5.2 节，我们基于现有内生增长模型考虑了人工智能技术的影响及作用，建立了一个新型内生增长模型。该模型将人工智能影响下的经济系统分成生产部门、家庭及研发部门进行讨论。在生产部门中，我们考虑了人工智能效益函数及人工智能服务。人工智能效益函数表明，应用人工智能技术将大大提高生产效率。人工智能服务则可以替代一部分传统生产方式，两种人工智能的体现形式均表明了人工智能技术对产品生产的积极作用。在家庭部门中，我们考虑了消费以及在人工智能技术影响下的碳排放量，通过汉密尔顿函数得到代表性家庭的消费和物质资本的最优条件。在研发部门中，我们考虑了减排研发和人工智能技术的研发，同时给出了人工智能服务与人工智能技术之间的关系。在 5.3 节，我们提出了人工智能研发的三种投资模式，通过政府预算约束和平衡增长路径下新模型的七个优化解，比较了三种投资模式，结果表明有政府补贴的私人企业的人工智能研发是达到最高增长率水平的投资模式。在实证及政策效应部分，我们提出政策制定者需要考虑的两个人工智能参数并进行数值模拟，同时对结果进行了比较，得到了智能效应。

5.1 人工智能的国内外动态分析

人工智能从 1956 年达特茅斯会议上被首次提出，到如今成为引领现代科技发展的新技术，对世界经济变革起到了至关重要的作用，同时极大地改变了人类的生产及生活方式。

最近，随着大数据的高速发展、硬件和算法的进步，人工智能迎来了发展的新高潮，也吸引了学术界的广泛关注，其中也包括经济学界。在国外，Hanson 利用新古典经济增长模型对机器智能影响下的经济进行估计，其研究表明，批量使用机器智能可以将经济增长率提高一个数量级或更多[1]。同时，Acemoglu 等、Berg 等、Gregory 等同样发现，人工智能将提高社会生产力，促进经济增长[2-4]。与此同时，经济学家们也表现出了对人工智能或者自动化可能带来的收入不平等加剧的担忧。Hémous 和 Olsen 通过自动化和横向创新构建了直接技术变革的内生增长模型，他们证实，虽然在自动化程度不断提高的时期，低技能工资会下降，但渐进增长率是弱正的，尽管低于经济水平[5]。Acemoglu 和 Restrepo 在模型中同时引入低技能的自动化和高技能的自动化，研究发现自动化替代低技能工人总是增加工资不平等，而自动化替代高技能工人会降低工资不平等[6]。Aghion 等对人工智能可能对经济增长产生的影响进行了全面的分析。他们发现，人工智能的应用会在导致生产率提升的同时促进自动化进程的加速。这将会导致生产过程中人力使用的减少，让经济中的资本回报份额增加[7]。

在国内，同样有关于经济与人工智能的研究。曹静和周亚林[8]分析了人工智能对经济增长、生产率与技术创新、就业、收入分配与不平等、市场结构与产业组织等诸多方面的影响；陈彦斌等[9]的研究发现人工智能能够应对老龄化对经济增长产生不利影响；郭凯明[10]的研究发现人工智能发展会对产业结构转型升级与劳动收入份额变动产生影响。

实证部分，大部分研究者倾向于人工智能对经济增长具有正向促进作用。Aral 等通过分析美国 698 家大型公司在 1998~2005 年的数据，发现能够成功利用IT 技术的公司将获得更大的边际收益，而这对经济长期增长是有利的[11]。Kromann 等通过分析 EUKLEMS 和 IFR 9 个不同国家 10 个制造业的面板数据，发现使用工业机器人能够将全要素生产率提高 5%[12]。而 Graetz 和 Michaels 对1993~2007 年 17 个国家的行业数据进行分析后，也发现工业机器人使用量的增加将使经济增长率平均提高大约 0.37%[13]。

种种研究表明，人工智能对经济社会发展的影响巨大，但是到目前为止，还没有研究是从经济系统内部来分析人工智能的影响。因此，本章将通过构建人工智能技术驱动下的内生增长模型，研究人工智能技术对经济发展所产生的影响。

本章主要分为三个部分：人工智能驱动的内生增长模型、人工智能研发的三种投资模式、实证及政策效应。在人工智能驱动的内生增长模型部分，我们将人工智能驱动下的经济系统分成了三个部分：生产、家庭、研发部门。

在三种人工智能研发的投资模式部分，我们在 Wan 等将绿色低碳行为分为政府的绿色低碳行为、有政府激励的私人的绿色低碳行为、无政府激励的私人的绿色低碳行为[14]的基础上，将人工智能的投资模式分为政府主导的人工智能研发、无政府补贴的私人企业的人工智能研发及有政府补贴的私人企业的人工智能研发，并对三种人工智能的投资模式进行了讨论。通过政府预算约束和平衡增长路径下新模型的七个优化解比较了三种投资模式，结果表明有政府补贴的私人企业的人工智能研发是能够达到最高增长率水平的最佳模式。

在实证及政策效应这一部分中，我们提出政策制定者需要考虑的两个人工智能参数并通过数值模拟对结果进行了比较，得到了人工智能研发模式的智能效应。

本章的研究与以往研究的主要区别也即我们的主要创新点在于以下几个方面：①在模型部分，我们在原有内生增长模型的基础上考虑了人工智能的驱动作用。本章中人工智能技术体现在以下方面：从人工智能效率和人工智能服务体现生产部门中的人工智能技术的影响；从对碳排放的影响体现家庭部门中的人工智能影响；把人工智能技术的研发和对人工智能服务的影响作为研发投入中的人工智能技术影响。以此体现本章所研究的经济系统中的人工智能技术。这种考虑人工智能技术对经济增长模型的驱动的研究是不同于以往的。②我们提出了三种人工智能研发模式：政府主导的人工智能研发、无政府补贴的私人企业的人工智能研发及有政府补贴的私人企业的人工智能研发，并对三种人工智能研发投资模式进行了讨论。③在本章中，我们通过数值模拟对结果进行比较，得到了人工智能研发的智能效应。智能效应是指增加政府转移支付，政府主导的人工智能研发、有政府补贴的私人企业的人工智能研发下的增长率水平呈下降趋势，而无政府补贴的私人企业的人工智能研发的增长率水平则保持不变；减少人工智能服务的影响力，政府主导的人工智能研发、有政府补贴的私人企业的人工智能研发以及无政府补贴的私人企业的人工智能研发下增长率水平呈上升趋势。

本章的叙述如下。第 5.2 节给出人工智能驱动下的内生增长模型并做优化分析。第 5.3 节给出人工智能研发的三种投资模式，并做优化分析。第 5.4 节和第 5.5 节做数值分析及实证研究并比较三种投资模式下的经济增长规律，以及增长率水平下三种模式的演化，获得智能效应。第 5.6 节是本章小结。

5.2　人工智能驱动的内生增长模型

我们考虑的人工智能技术及服务驱动的经济由三部分组成：生产部门、家庭部门及研发部门。生产部门下的最终产品是完全竞争市场下的，特定部门的中间产品是垄断竞争市场下的，在这一部分，我们考虑了人工智能的两个效应：替代效应、互补效应。在家庭部门中，我们考虑了消费和在人工智能技术影响下的碳排放量对代表性家庭效用的影响，并根据汉密尔顿函数得到代表性家庭的消费和物质资本的最佳条件。在研发部门中，我们考虑了减排研发和人工智能技术的研发。这里我们假设人工智能技术决定着人工智能服务的数量。在下文中，我们将做进一步的说明。

5.2.1　生产部门

在这一部分，我们给出了最终产品关于中间产品和人工智能效率的生产函数。人工智能效率与人工智能技术相关，较高人工智能效率将会大大提升最终产品的生产。中间产品包括特定部门的中间产品和其他部门的中间产品，同样，人工智能效率依旧会对其产品生产有影响，而后两者依据 CES 函数组合，并对中间产品进行静态利润最大化；对于特定部门的中间产品，我们考虑了人工智能的替代效应及互补效应。人工智能服务与增加值投入之间存在一个替代性，而人工智能效率对增加值产出效率的提升则体现了其互补性。我们根据 CES 函数将 j 公司 i 部门下的增加值投入与人工智能服务组合，进行动态利润最大化，这里的增加值投入由资本、劳动及能源投入等生产要素成。最后我们依据中间生产商的利润函数得到其一阶条件。

设定最终产品部门的生产函数为

$$Y_{rt} = \int_0^1 F^{\theta}(i) y_{irt}^{1-\theta} \mathrm{d}i , \quad \theta \in [0,1] \tag{5-1}$$

其中，Y_{rt} 表示 t 时刻 r 区域的最终产品数量；y_{irt} 表示 t 时刻 r 区域 i 部门的中间产品，且该中间产品 y_{irt} 连续。这里 $F(i)$ 表示人工智能在 i 部门间的总效率；θ 表示人工智能对最终产品产出的影响程度。

在 t 时刻 r 区域 i 部门中，中间产品 y_{irt} 由特定部门的中间产品 Q_{irt} 和其他部门的中间产品 B_{irt} 给出：

$$y_{irt} = \left[\alpha_{ir} F_Q(i) Q_{irt}^{\frac{\beta_{ir}-1}{\beta_{ir}}} + (1-\alpha_{ir}) F_B(i) B_{irt}^{\frac{\beta_{ir}-1}{\beta_{ir}}} \right]^{\frac{\beta_{ir}}{\beta_{ir}-1}} \tag{5-2}$$

其中，α_{ir} 表示市场占有率参数；$\beta_{ir} > 0$，表示投入的替代弹性。$F_Q(i)$、$F_B(i)$ 分别表示人工智能在特定部门和其他部门的总效率。同时，我们假设：

$$\begin{cases} F(i) = \mu_1 F_Q(i) + \mu_2 F_B(i) \\ F_Q(i) = \int_0^1 f_Q(i_j) \, \mathrm{d}j \\ F_B(i) = \int_0^1 f_B(i_j) \, \mathrm{d}j \end{cases}$$

其中，$f_Q(i_j) = vm_{irt}^{\eta} + 1$。$m_{irt}$ 表示人工智能服务的数量，常数 $v > 0$；通常有 $0 < \eta < 1$。

在 t 时刻，r 区域 i 部门下的中间产品的静态利润最大化：

$$\max_{Q_{irt}, B_{irt}} \pi_{Y_{rt}} = p_{rt}^Y Y_{rt} - \int_0^1 p_{irt}^Q Q_{irt} \mathrm{d}i - \int_0^1 p_{irt}^B B_{irt} \mathrm{d}i \tag{5-3}$$

结合式（5-2）、式（5-3），分别求 Q_{irt} 和 B_{irt} 的一阶条件，得到最佳相对投入需求：

$$\frac{Q_{irt}}{B_{irt}} = \left(\frac{p_{irt}^Q}{p_{irt}^B}\right)^{-\beta_{ir}} \left[\frac{\alpha_{ir} F_Q(i)}{(1 - \alpha_{ir}) F_B(i)}\right]^{\beta_{ir}} \tag{5-4}$$

由此可知，在其他条件不变的条件下，若特定部门的产出价格 p_{irt}^Q 下降，则其投入使用量 Q_{irt} 将会提高，同时，也将提高最终产品部门产出 Y_{rt}，从而提高经济产出。

特定部门的中间产品 Q_{irt} 由 j 公司在 i 部门下的增加值投入 x_{jirt} 和人工智能服务 m_{jirt} 组成：

$$Q_{irt} = \left[\int_{j=0}^{J_{irt}} \alpha_j m_{jirt}^{\varepsilon} \mathrm{d}j + \int_{j=0}^{J_{irt}} (1 - \alpha_j) f_Q(i_j) x_{jirt}^{\varepsilon} \mathrm{d}j\right]^{\frac{1}{\varepsilon}} \tag{5-5}$$

其中，$\alpha_j \in [0,1]$ 表示人工智能服务对中间产出的影响程度；J_{irt} 表示在 t 时刻内 i 部门 r 区域下的中间产品的数量；$f_Q(i_j)$ 表示在特定部门中 i 部门 j 公司的人工智能的效率。$\varepsilon \in (0,1)$ 度量了来源于多样化的收益。

将特定部门中间产品生产商的利润最大化：

$$\max_{x_{jirt}, m_{jirt}} \pi_{Q_{irt}} = p_{irt}^Q Q_{irt} - \int_{j=0}^{J_{irt}} p_{jirt}^x x_{jirt} \mathrm{d}j - \int_{j=0}^{J_{irt}} p_{jirt}^m m_{jirt} \mathrm{d}j \tag{5-6}$$

根据式（5-5）、式（5-6），分别求 x_{jirt} 和 m_{jirt} 的一阶条件，可以得到

$$\frac{x_{jirt}}{m_{jirt}} = \left(\frac{1 - \alpha_j}{\alpha_j}\right)^{\frac{1}{1-\varepsilon}} \left(\frac{p_{jirt}^x f_Q^{-1}(i_j)}{p_{jirt}^m}\right)^{\frac{1}{1-\varepsilon}} \tag{5-7}$$

由此可知，当其他条件不变时，增加人工智能服务的价格 p_{jirt}^m，将会减少使

用人工智能服务的数量 m_{jirt}。

假设中间产品是对称的，则有 $x_{jirt} = x_{irt}$，$m_{jirt} = m_{irt}$，$p_{jirt}^x = p_{irt}^x$，$p_{jirt}^m = p_{irt}^m$，故式（5-7）可以表示为

$$\frac{x_{irt}}{m_{irt}} = \left(\frac{1-\alpha_j}{\alpha_j}\right)^{\frac{1}{1-\varepsilon}} \left(\frac{p_{irt}^x f_Q^{-1}(i_j)}{p_{irt}^m}\right)^{\frac{1}{1-\varepsilon}} \tag{5-8}$$

j 公司在 i 部门下的增加值投入 x_{irt} 的生产函数为

$$x_{irt} = \left(A_{irt}^k k_{irt}\right)^{\alpha} \left(A_{irt}^l l_{x_{irt}}\right)^{\beta} e_{irt}^{1-\alpha} \tag{5-9}$$

其中，k_{irt}，$l_{x_{irt}}$，e_{irt} 分别表示 t 时刻 i 部门 r 区域下的特定中间产品生产的资本、劳动和能源消费量。A_{irt}^k 和 A_{irt}^l 分别表示资本扩展型技术和劳动资本扩展型技术。t 时刻 i 部门 r 区域下的特定中间生产商的利润函数为

$$\pi_{irt} = p_{irt}^x x_{irt} - \hat{r} k_{irt} - \omega l_{x_{irt}} - p_{irt}^e e_{irt} \tag{5-10}$$

其中，$\hat{r}$ 为资本的租赁率；ω 为劳动力的价格；p_{irt}^e 为 t 时刻 i 部门 r 区域下能源资源的价格。

t 时刻 i 部门 r 区域下特定中间产品的中间生产商的一阶条件为

$$\frac{1-\alpha_j}{\alpha_j} \frac{p_{irt}^m f_Q(i_j)}{m_{irt}^{\varepsilon-1}} \alpha\varepsilon \frac{x_{irt}^{\varepsilon}}{k_{irt}} = \hat{r} \tag{5-11}$$

$$\frac{1-\alpha_j}{\alpha_j} \frac{p_{irt}^m f_Q(i_j)}{m_{irt}^{\varepsilon-1}} \beta\varepsilon \frac{x_{irt}^{\varepsilon}}{l_{x_{irt}}} = \omega \tag{5-12}$$

$$\frac{1-\alpha_j}{\alpha_j} \frac{p_{irt}^m f_Q(i_j)}{m_{irt}^{\varepsilon-1}} (1-\alpha)\varepsilon \frac{x_{irt}^{\varepsilon}}{e_{irt}} = p_{irt}^e \tag{5-13}$$

式（5-11）~式（5-13）表明，企业将资本、劳动、能源的边际收益等同于各自的边际成本。

5.2.2　家庭部门

在这一部分，我们考虑了消费和在人工智能技术影响下的碳排放量对代表性家庭效用的影响，并根据汉密尔顿函数得到代表性家庭的消费和物质资本的最佳条件。同时根据该代表性家庭效用函数得到了福利水平函数。

在 Chu 和 Lai[15]与 Wan 等[14]的基础上，我们考虑代表性家庭的效用由当前消费水平 C 与碳排放量 T 共同决定。即

$$W = \int_0^\infty \left(\frac{C^{1-\sigma}-1}{1-\sigma} - \frac{T^{1+\psi}-1}{1+\psi} \right) \exp(-\rho t) \, dt \qquad (5\text{-}14)$$

其中，W 表示代表性家庭的已贴现的终身效用；ρ 为主观时间偏好率；σ 为跨期替代弹性；ψ 为环境意识参数，表示人们对碳排放的警惕意识程度，其值越大表示警惕意识越强，对碳排放越敏感。每个家庭都有固定数量的劳动力 $\bar{l}_{irt}$，分配给中间产品的生产（$l_{x_{irt}}$）和技术研发（l_H）。我们假设劳动力是同质的，并且可以完全跨部门流动。代表性家庭通过向厂商提供劳动和资本获得收入，并获得利润 π_{irt}（以股息的形式）和政府的转移支付 G，用于租金税、碳税和消费。则代表性家庭面临的预算约束为

$$\dot{k}_{irt} = (1-\tau_k)\hat{r}k_{irt} + \omega\bar{l}_{irt} + \pi_{irt} + G - C - \tau_T T \qquad (5\text{-}15)$$

$$\dot{T} = \upsilon T^\varsigma H_{irt1}^{-\vartheta} - dT \qquad (5\text{-}16)$$

其中，T 表示碳排放量；d 表示环境对碳排放的吸收率；ς 表示碳排放对污染的弹性；H_{irt1} 表示减排技术研发；ϑ 表示减排技术对碳排放的弹性；υ 表示人工智能技术与服务对碳排放的影响。

由式（5-14）~式（5-16）可知，汉密尔顿函数为

$$H = \frac{C^{1-\sigma}-1}{1-\sigma} - \frac{T^{1+\psi}-1}{1+\psi} + \lambda_1 \left[(1-\tau_k)\hat{r}k_{irt} + \omega\bar{l}_{irt} + \pi_{irt} + G - C - \tau_T T \right]$$
$$+ \lambda_2 \left(\upsilon T^\varsigma H_{irt1}^{-\vartheta} - dT \right) \qquad (5\text{-}17)$$

求解家庭效用最大化，得到代表性家庭的消费和物质资本的最佳条件：

$$C^{-\sigma} = \lambda_1 \qquad (5\text{-}18)$$

$$\frac{\dot{\lambda}_1}{\lambda_1} = \rho - (1-\tau_k)\hat{r} \qquad (5\text{-}19)$$

$$\frac{\dot{\lambda}_2}{\lambda_2} = \rho - \varsigma\upsilon T^{\varsigma-1} H_{irt1}^{-\vartheta} + d + \frac{T^\psi}{\lambda_2} + \frac{\lambda_1 \tau_T}{\lambda_2} \qquad (5\text{-}20)$$

5.2.3　研发部门

这里的研发包括减排技术 H_{irt1} 的研发和人工智能技术 H_{irt2} 的研发。假设研发主要由政府进行，则有

$$\dot{H}_{irt1} = \delta_1 l_{H_1} H_{irt1} \qquad (5\text{-}21)$$

$$\dot{H}_{irt2} = \delta_2 l_{H_2} H_{irt2} \qquad (5\text{-}22)$$

其中，$\delta_i \in \{1,2\}$ 表示生产力参数；H_{irt1} 表示减排技术的研发；l_{H_1} 表示减排研发

活动的劳动投入；H_{irt2} 表示人工智能技术的研发；l_{H_2} 表示人工智能技术研发的劳动投入。同时，我们假设人工智能服务与人工智能技术相关，二者满足：

$$m_{irt} = Bq_{H_2}\dot{H}_{irt2} \qquad\qquad （5\text{-}23）$$

其中，$B \in (0,\infty)$，表示人工智能研发转化人工智能服务的效率；q_{H_2} 表示人工智能研发相对于最终产品的价格。

在我们的模型中，长期增长是可行的和可持续的，平衡增长路径在稳定状态的特点是

$$\frac{\dot{Y}_{rt}}{Y_{rt}} = \frac{\dot{C}}{C} = \frac{\dot{k}_{irt}}{k_{irt}} = \frac{\dot{H}_{irt1}}{H_{irt1}} = \frac{\dot{H}_{irt2}}{H_{irt2}} = g \qquad\qquad （5\text{-}24）$$

同时，所有其他经济变量以恒定的内生增长率 g 增长。

5.3　人工智能研发的三种投资模式

在这一部分中，我们在 Wan 等将绿色低碳行为分成政府的绿色低碳行为、有政府激励的私人的绿色低碳行为和无政府激励的私人的绿色低碳行为[14]的基础上，提出了三种人工智能研发的投资模式：政府主导的人工智能研发（GA）、无政府补贴的私人企业的人工智能研发（PA）、有政府补贴的私人企业的人工智能研发（PAG），并对三种人工智能的研发模式进行了讨论。通过政府预算约束和平衡增长路径下新模型的七个优化解比较了三种投资模式，得出最优模式。

这里，我们考虑人工智能研发与政府预算约束的关系。人工智能研发可以由政府来投资，也可以由私人企业进行。在私人企业研发的模式下，政府可以选择对研发进行补贴与否。因此，我们可以将人工智能研发模式分为以上三种。由于政府的预算约束会随着上述三种情况的变化而变化，平衡增长路径可以显示出这三种模式进行对比后的结果。因此，我们将在下文中依次讨论这三种研发模式。

5.3.1　政府主导的人工智能研发

在这种情况下，人工智能研发由政府主导。同时，我们假设减排研发是私人研发活动。则政府的平衡预算约束为

$$G + q_{H_2}\dot{H}_{irt2} = \tau_k \hat{r} k_{irt} + \tau_T T \qquad\qquad （5\text{-}25）$$

其中，G 为政府的转移支付；q_{H_1}、q_{H_2} 分别表示减排研发及人工智能研发相对于最终产品的价格；$\tau_k \hat{r} k_{irt}$ 为资本税；$\tau_T T$ 为碳排放税。

与 Fullerton 和 Kim[16]一致，假设减排知识和人工智能技术均被视为公共产品，可以被私人自由使用，则劳动力是完全流动的。因此：

$$\frac{1-\alpha_j}{\alpha_j}\frac{p_{irt}^m f_Q(i_j)}{m_{irt}^{\varepsilon-1}}\beta\varepsilon\frac{x_{irt}^\varepsilon}{l_{x_{irt}}}=q_{H_2}\frac{\partial \dot{H}_{irt2}}{\partial l_{H_2}} \quad (5\text{-}26)$$

则结合式（5-15）、式（5-22）、式（5-25）、式（5-26），有

$$\begin{cases}\dot{H}_{irt2}=\delta_2 l_{H_2}H_{irt2}\\ G+q_{H_2}\dot{H}_{irt2}=\tau_k\hat{r}k_{irt}+\tau_T T\\ \dfrac{1-\alpha_j}{\alpha_j}\dfrac{p_{irt}^m f_Q(i_j)}{m_{irt}^{\varepsilon-1}}\beta\varepsilon\dfrac{x_{irt}^\varepsilon}{l_{x_{irt}}}=q_{H_2}\dfrac{\partial \dot{H}_{irt2}}{\partial l_{H_2}}=\omega\\ \dot{k}_{irt}=(1-\tau_k)\hat{r}k_{irt}+\omega\overline{l}_{irt}+\pi_{irt}+G-C-\tau_T T\end{cases}$$

其中，$\overline{l}_{irt}=l_{x_{irt}}+l_{H_1}+l_{H_2}$。$l_{x_{irt}}$ 表示用于中间产品的劳动力；l_{H_1} 表示用于减排研发的劳动力；l_{H_2} 表示用于人工智能技术研发的劳动力。

因此，我们得到经济资源的约束条件：

$$\dot{k}_{irt}=p_{irt}^x x_{irt}+\omega l_{H_1}-p_{irt}^e e_{irt}-C \quad (5\text{-}27)$$

强化平衡增长路径的条件并定义以下变换变量：$\varpi=\dfrac{G}{k_{irt}}$，然后可以通过以下等式描述沿平衡增长路径的宏观经济：

$$g^*=\frac{1}{\sigma}\left[(1-\tau_k)\frac{1-\alpha_j}{\alpha_j}\frac{p_{irt}^m f_Q^*(i_j)}{m_{irt}^{*(\varepsilon-1)}}\alpha\varepsilon\left(A_{irt}^k\right)^{\alpha\varepsilon}k_{irt}^{*(\alpha\varepsilon-1)}\left(A_{irt}^l l_{x_{irt}}^*\right)^{\beta\varepsilon}e_{irt}^{*(1-\alpha)\varepsilon}-\rho\right] \quad (5\text{-}28)$$

$$g^*=\frac{\delta_1\delta_2}{\delta_1+\delta_2}\left(\overline{l}-l_{x_{irt}}^*\right) \quad (5\text{-}29)$$

$$\frac{1-\alpha_j}{\alpha_j}\frac{p_{irt}^m f_Q^*(i_j)}{m_{irt}^{*(\varepsilon-1)}}(1-\alpha)\varepsilon\left(A_{irt}^k k_{irt}^*\right)^{\alpha\varepsilon}\left(A_{irt}^l l_{x_{irt}}^*\right)^{\beta\varepsilon}e_{irt}^{*(1-\alpha)\varepsilon}=p_{irt}^e e_{irt}^* \quad (5\text{-}30)$$

$$\frac{1-\alpha_j}{\alpha_j}\frac{p_{irt}^m f_Q^*(i_j)}{m_{irt}^{*(\varepsilon-1)}}\beta\varepsilon\left(A_{irt}^k k_{irt}^*\right)^{\alpha\varepsilon}\left(A_{irt}^l l_{x_{irt}}^*\right)^{\beta\varepsilon}e_{irt}^{*(1-\alpha)\varepsilon}=\omega^* l_{x_{irt}}^* \quad (5\text{-}31)$$

$$m_{irt}^*=Bq_{H_2}\dot{H}_{irt2}^* \quad (5\text{-}32)$$

$$C^*=p_{irt}^x\left(A_{irt}^k k_{irt}^*\right)^\alpha\left(A_{irt}^l l_{x_{irt}}^*\right)^\beta e_{irt}^{*(1-\alpha)}+(1-s)\omega l_{H_1}^*-p_{irt}^e e_{irt}^*-g^* k_{irt}^* \quad (5\text{-}33)$$

$$\varpi+\frac{\omega^* l_{H_2}^*}{k_{irt}^*}=\tau_k\hat{r}+\frac{\tau_T T}{k_{irt}^*} \quad (5\text{-}34)$$

其中，上标"*"表示稳态值。

由上述方程，我们确定了七个未知数：k_{irt}^*，g^*，m_{irt}^*，C^*，e_{irt}^*，$l_{x_{irt}}^*$，ω^*。由于该系统是非线性的并且太过复杂，以至于无法得到封闭形式的解。因此我们将通过数值分析得到解。

5.3.2 私人企业的人工智能研发

本节考虑了 PA 和 PAG 两种情况。在这两种模式下，研发活动由私人进行。依据 Romer[17]和 Jones[18]，我们假设该经济体有三个垂直整合的部门。人工智能技术在上游研发部门开发和生产，雇佣劳动力从事创新活动，然后出售该技术给中间部门生产商。下游产品生产部门通过使用一组中间投入产生一个最终产出。在研发领域有许多相同的公司，但在每个时刻，这些公司中只有一家实现了技术突破，从而实现了最新的发展。该公司是唯一能够出售使用人工智能技术权利的公司。我们假设该公司为具有代表性的私人研发团体，它根据式（5-22）中的生产函数通过雇佣劳动力 l_{H_2} 去进行人工智能研发。则其利润函数为

$$\pi_H = q_{H_2}\dot{H}_{irt2} - (1-a)\omega l_{H_2} \tag{5-35}$$

其中，a 表示政府的补贴率。

根据对研发为主的内生增长模型的研究，并依据 Grossman 和 Helpman[19]、Barro 和 Sala-i-Martin[20]以及 Chu 和 Lai[15]提出了两个重要假设。其一，研发部门可以自由进入，所以研发团体获得的利润为零；其二，研发部门有定价权，每一阶段，支付新技术费用的中间生产商将获得该技术的永久使用权。也就是说，在每一个阶段，中间生产商都要为新技术支付费用（$\dot{H}_{irt2}$），并利用现有的全部技术存量（H_{irt2}）以提升生产水平。因此，在每一个时期，技术价格 q_{H_2} 必须被设定为在研发部门提取所有中间商的利润而产生的技术水平，即有

$$q_{H_2}\dot{H}_{irt2} = \pi_{irt} \tag{5-36}$$

由式（5-36）可知，新的人工智能技术费用必须等于垄断公司可以获得的净利润。

在 PA 模式下，政府不对研发活动进行补贴，则式（5-35）中的 $a = 0$。在 PAG 模式下，式（5-35）中的 $a > 0$。下面我们将具体分析这两种情况。

1. 无政府补贴的私人企业的人工智能研发

这里假设人工智能研发由私人企业主导，政府不对研发给予任何补贴。因此，政府的预算约束为

$$G = \tau_k \hat{r} k_{irt} + \tau_T T \tag{5-37}$$

其中，G 为政府的转移支付；$\tau_k \hat{r} k_{irt}$ 为资本税；$\tau_T T$ 为碳税。

将式（5-11）~式（5-13）代入 $\pi_{irt} = p_{irt}^x x_{irt} - \hat{r} k_{irt} - \omega l_{x_{irt}} - p_{irt}^e e_{irt}$，得到

$$\pi_{irt} = p_{irt}^x x_{irt} - \frac{1-\alpha_j}{\alpha_j} \frac{p_{irt}^m f_Q(i_j)}{m_{irt}^{\varepsilon-1}} x_{irt}^\varepsilon \varepsilon(\beta+1) \qquad （5-38）$$

由

$$\begin{cases} g = \dfrac{\dot{H}_{irt2}}{H_{irt2}} \\[2mm] q_{H_2} \dot{H}_{irt2} = \pi_{irt} \\[2mm] \dot{H}_{irt2} = \delta_2 l_{H_2} H_{irt2} \\[2mm] \dfrac{1-\alpha_j}{\alpha_j} \dfrac{p_{irt}^m f_Q(i_j)}{m_{irt}^{\varepsilon-1}} \beta\varepsilon \dfrac{x_{irt}^\varepsilon}{l_{x_{irt}}} = q_{H_2} \dfrac{\partial \dot{H}_{irt2}}{\partial l_{H_2}} \end{cases}$$

可得

$$g = \frac{\delta_2 \pi_{irt}}{\omega} \qquad （5-39）$$

将式（5-38）代入式（5-39），即有

$$g^* = \frac{\delta_2 p_{irt}^x \left(A_{irt}^k k_{irt}^*\right)^\alpha \left(A_{irt}^l l_{x_{irt}}^*\right)^\beta e_{irt}^{*(1-\alpha)}}{\omega^*} - \frac{\delta_2(\beta+1)}{\beta} l_{x_{irt}}^* \qquad （5-40）$$

2. 有政府补贴的私人企业的人工智能研发

这种情况下，政府将会对研发给予一定的补贴。此时，政府的预算约束为

$$G + a q_{H_2} \dot{H}_{irt2} = \tau_k \hat{r} k_{irt} + \tau_T T \qquad （5-41）$$

其中，G 为政府的转移支付；a 为政府给予的人工智能研发的补贴率；$\tau_k \hat{r} k_{irt}$ 为资本税；$\tau_T T$ 为碳税。

与无政府补贴的私人企业的人工智能研发相似，我们可以得到

$$g^* = \frac{\delta_2 p_{irt}^x \left(A_{irt}^k k_{irt}^*\right)^\alpha \left(A_{irt}^l l_{x_{irt}}^*\right)^\beta e_{irt}^{*(1-\alpha)}}{\omega^*(1-a^*)} - \frac{\delta_2(\beta+1)}{\beta(1-a^*)} l_{x_{irt}}^* \qquad （5-42）$$

$$\varpi + \frac{a^* \omega^* l_{H_2}^*}{k_{irt}^*} = \tau_k \hat{r} + \frac{\tau_T T}{k_{irt}^*} \qquad （5-43）$$

平衡增长路径的经济可以由式（5-28）~式（5-33）及式（5-42）、式（5-43）描述，在这八个方程中需要求解八个未知数：k_{irt}^*，ω^*，e_{irt}^*，g^*，C^*，a^*，$l_{x_{irt}}^*$，m_{irt}^*。

5.4　基于中国数据的定量结果

本节的数值分析是用来探究政府主导的人工智能研发、有政府补贴的私人企业的人工智能研发和无政府补贴的私人企业的人工智能研发这三种模式下的增长率水平。为了使例子具有说明性，我们选择了一些在其他文献中使用的在合理范围内的基准参数值，如表 5-1 所示。依据孙树丽[21]得到 $\psi = 0.8$ ，依据李冬冬和杨晶玉[22]得到 $\alpha = 0.5$ ， $\beta = 1$ ， $\delta_1 = 0.01$ ， $p_{irt}^e = 1$ ， $\rho = 0.05$ ， $\sigma = 1.5$ ， $\tau_k = 0.1$ ， $\varepsilon = 0.86$ ；依据刘凤良和吕志华[23]及廖朴和郑苏晋[24]，得到 $\tau_T = 0.0049$ ， $T = 5.93$ ；依据 2015 年《中国统计年鉴》[25]和《关于 2015 年中央对地方税收返还和转移支付决算的说明》，得到 $\varpi = 0.074$ ；依据郭凯明[10]，得到 $B = 100$ ；最后，$(\bar{l}, \delta_2, v, \eta)$ 的值经过标准化，以反映模型的合理性。

表 5-1　基准参数（一）

参数	值	参数	值
α	0.5	ϖ	0.074
β	1	δ_1	0.01
σ	1.5	δ_2	0.01
ρ	0.05	p_{irt}^e	1
ψ	0.8	ε	0.86
B	100	α_j	0.22
T	5.93	$\bar{l}$	19
τ_k	0.1	τ_T	0.0049
η	0.21	v	0.09

5.4.1　三种投资模式的比较

根据表 5-1 的数据，以及 5.3 节中所求得的三种投资模式下的解，我们现在将对三种模式下的稳态增长率水平进行比较。

表 5-2 列出了三种投资模式下的关键内生变量。我们的目标是比较三种投资模式下的稳态增长率水平。

表 5-2　三种模式的比较（一）

三种模式	m_{irt}^{*}	$l_{x_{irt}}^{*}$	g^{*}
GA	0.746 5	0.377 0	9.307 7%
PA	0.000 1	0.962 0	9.019 0%
PAG	2.875 6	0.047 7	9.476 2%

通过对三种模式下增长率水平的比较，我们发现，三种模式下的增长率水平按照如下顺序排名：有政府补贴的私人企业的人工智能研发、政府主导的人工智能研发、无政府补贴的私人企业的人工智能研发。表明给定基准参数值，如果私人企业进行人工智能研发而没有政府进行补贴，则其增长率水平将是最低的。然而，一旦政府对私人企业的人工智能研发进行激励，那么私人企业的人工智能研发的增长率水平就可以达到较高水平。但是，由于人工智能研发难度较大，耗费人力财力极其庞大，使得三种模式下增长率水平差别并不是很大。

5.4.2　具有政策含义的参数

需要注意的是，该增长率的数值结果仅是在基准参数值下求得的，而具体我们的数值结果与人工智能研发参数有什么关系，还需进一步研究。为此，在下文中，我们提出了决策者需要考虑的两个人工智能研发参数：政府的转移支付、人工智能服务的影响力参数。通过数值模拟得到三种研发模式下经济增长规律以及增长率水平下三种投资模式的演化。

1. 政府的转移支付

政府支出包括转移支付及其他支出，如投资公共基础设施建设、用于研发补贴等。现在我们来讨论与政府行为有关的参数（ϖ）对三种投资模式下增长率水平的影响。如图 5-1 所示，ϖ 增加时，在 GA 和 PAG 模式下，增长率将会下降，但是在 PA 模式下，增长率则会保持不变。分析其原因，我们可以发现，政府转移支付增加将会导致投资于人工智能研发的资金减少，这不但会减少人工智能服务的产出，而且会影响人工智能的效率。因而依赖于政府投资与补贴的 GA 和 PAG 模式将会出现增长率下降的趋势。而在 PA 模式下，人工智能研发由私人企业进行，政府转移支付对其经济活动不产生任何影响。

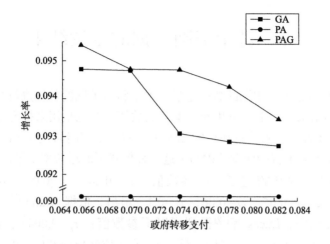

图 5-1　政府转移支付的影响（一）

2. 人工智能服务的影响力参数

现在来探究人工智能服务的影响力 α_j，改变 α_j 之后的影响如图 5-2 所示。结果表明，结果表明，α_j 减少时，在 GA、PA 及 PAG 模式下，增长率将出现上升趋势，这表明虽然人工智能服务份额在生产活动中所占比例呈下降趋势，但是因为人工智能效益的提升，经济水平也将得到提升。

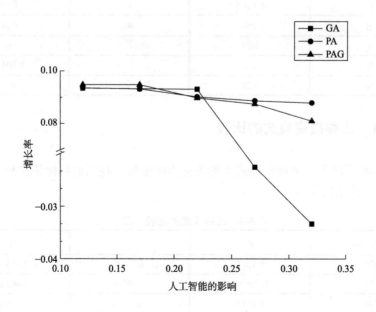

图 5-2　人工智能服务的影响力参数（一）

5.5　基于美国数据的定量结果

在第 5.4 节分析了中国的数据之后，本节将对美国的数据进行分析。同时比较两国数据的结果。与上一节相同，本节的数值分析也是用来探究政府主导的人工智能研发（GA）、无政府补贴的私人企业的人工智能研发（PA）和有政府补贴的私人企业的人工智能研发（PAG）这三种模式下的增长率水平。依据 Chu 和 Lai[15]，我们在本文中设置了一些参数值：α=0.24，δ_1=0.01，p_{irt}^e=1.8，σ=0.98，β=0.67，ρ=0.05，ϖ=0.06，τ_k=0.1。最后，依据 Wang[26]、Ma 等[27]、Wang 和 Zhang[28]、Lucas 等[29]得到了以下参数值：τ_T=0.004 9，T=5.93，ψ=0.521 5，ε=0.86，见表 5-3。同样，$\left(\overline{l}, \delta_2, v, \eta\right)$ 的值经过标准化，以反映模型的合理性。

表 5-3　基准参数（二）

参数	值	参数	值
α	0.24	ϖ	0.06
β	0.67	δ_1	0.01
σ	0.98	δ_2	0.01
ρ	0.05	p_{irt}^e	1.8
ψ	0.521 5	ε	0.86
B	100	α_j	0.24
T	5.93	$\overline{l}$	6
τ_k	0.1	τ_T	0.004 9
η	0.29	v	0.1

5.5.1　三种投资模式的比较

表 5-4 列出了三种投资模式下的关键内生变量。我们的目标是比较三种投资模式下的稳态增长率。

表 5-4　三种模式的比较（二）

三种模式	m_{irt}^*	$l_{x_{irt}}^*$	g^*
GA	0.414 7	0.277 8	2.818 0%
PA	0.000 04	1.075 4	2.462 3%
PAG	1.934 8	−0.220 0	3.096 2%

通过对三种模式下增长率水平的比较，我们发现，三种模式下的增长率水平按照如下顺序排名：有政府补贴的私人企业的人工智能研发、政府主导的人工智能研发、无政府补贴的私人企业的人工智能研发。表明给定基准参数值，如果私人企业进行人工智能研发而没有政府进行补贴，则其增长率水平将是最低的。然而，一旦政府对私人企业的人工智能研发进行激励，那么私人企业的人工智能研发的增长率水平就可以达到较高水平。与中国数据相同，有政府补贴的私人企业的人工智能研发是达到最高增长率的研发模式。

5.5.2　具有政策含义的参数

与第 5.4 节类似，在下文中，我们对两个人工智能研发参数政府的转移支付、人工智能服务的影响力参数进行数值模拟，得到三种研发模式下经济增长规律以及增长率水平下三种投资模式的演化，最后得出智能效应。

1. 政府的转移支付

分析图 5-3，我们发现，当 ϖ 增加时，在 GA 和 PAG 模式下，增长率将会下降，但是在 PA 模式下，增长率则会保持不变。分析其原因，我们可以发现，政府转移支付增加将会导致投资于人工智能研发的资金减少，这不但会减少人工智能服务的产出，而且会影响人工智能的效率。因而依赖于政府投资与补贴的 GA 和 PAG 模式将会出现增长率下降的趋势。在 PA 模式下，人工智能研发由私人企业进行，政府转移支付对其经济活动不产生任何影响。值得注意的是，在 GA 模式下，当 $\varpi = 0.062$ 时，其增长率出现了一个突变。究其原因，如图 5-4 所示，此时由于人工智能服务的数量最低，因而人工智能效率也处于最低水平。由此可见，人工智能技术对经济活动有着极其重要的影响，在经济活动中占据着非常重要的地位。

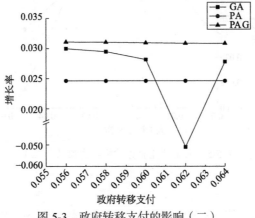

图 5-3　政府转移支付的影响（二）

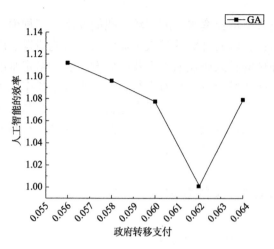

图 5-4　政府转移支付对人工智能效率的影响

2. 人工智能服务的影响力参数

同样，改变 α_j 之后的影响如图 5-5 所示。结果表明，α_j 减少时，在 GA、PA 及 PAG 模式下，增长率将出现上升趋势，这一结果也与中国的数据基本吻合。表明人工智能效益对经济水平有着极大的影响力。特别地，当 α_j=0.028 时，PAG 模式下，增长率出现了一个突变。其原因是此时人工智能服务的数量最低，因而其人工效率也是最低的。

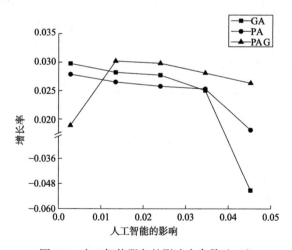

图 5-5　人工智能服务的影响力参数（二）

3. 智能效应

通过对第 5.4 节、第 5.5 节中两个人工智能参数下经济增长规律的分析，我们得到了智能效应。智能效应是指增加政府转移支付，政府主导的人工智能研发、有政府补贴的私人企业的人工智能研发下的增长率水平呈下降趋势，而无政府补贴的私人企业的人工智能研发的增长率水平则保持不变；减少人工智能服务的影响力，政府主导的人工智能研发、有政府补贴的私人企业的人工智能研发及无政府补贴的私人企业的人工智能研发的增长率水平呈上升趋势。

5.6　本章小结

本文建立了人工智能技术驱动下的内生增长模型，通过该模型研究了政府主导的人工智能研发、有政府补贴的私人企业的人工智能研发及无政府补贴的私人企业的人工智能研发下的经济增长规律，以及增长率水平下的三种模式的演化，并进行了分析比较。

（1）由实证分析可知，有政府补贴的私人企业的人工智能研发是能够达到最高增长率水平的最优模式，无政府补贴的私人企业的人工智能研发则是相对来说增长率水平较低的研发模式。

（2）智能效应。智能效应是指增加政府转移支付，政府主导的人工智能研发、有政府补贴的私人企业的人工智能研发的增长率水平呈下降趋势，而无政府补贴的私人企业的人工智能研发的增长率水平则保持不变；减少人工智能服务的影响力，政府主导的人工智能研发、有政府补贴的私人企业的人工智能研发及无政府补贴的私人企业的人工智能研发的增长率水平呈上升趋势。

参 考 文 献

[1]　Hanson R. Economic growth given machine intelligence. Technical Report, University of California, Berkeley, 2001.

[2]　Acemoglu D, Dorn D, Hanson G H, et al. Return of the solow paradox? IT, productivity, and employment in US manufacturing. American Economic Review, 2014, 104（5）: 394-399.

[3]　Berg A, Buffie E F, Zanna L F. Should we fear the robot revolution?（The correct answer is yes）. Journal of Monetary Economics, 2018, 97（1）: 117-148.

[4]　Gregory T, Salomons A, Zierahn U. Racing with or against the machine? Evidence from Europe. ZEW-Centre for European Economic Research Discussion Paper, 2016.

[5] Hémous D，Olsen M. The rise of the machines：automation，horizontal innovation and income inequality. Social Science Electronic Publishing，2014，28（5）：4-18.

[6] Acemoglu D，Restrepo P. The race between man and machine：implications of technology for growth，factor shares，and employment. American Economic Review，2018，108（6）：1488-1542.

[7] Aghion P，Jones B，Jones C. Artificial intelligence and economic growth. NBER Working Paper，2017.

[8] 曹静，周亚林. 人工智能对经济的影响研究进展. 经济学动态，2018，（1）：103-115.

[9] 陈彦斌，林晨，陈小亮. 人工智能、老龄化与经济增长. 经济研究，2019，54（7）：47-63.

[10] 郭凯明. 人工智能发展、产业结构转型升级与劳动收入份额变动. 管理世界，2019，35（7）：60-77，202-203.

[11] Aral S，Brynjolfsson E，Wu D J. Which came first，it or productivity? The virtuous cycle of investment and use in enterprise systems. International Conference on Information System，DBLP，2006.

[12] Kromann L，Skaksen J R，Sorensen A. Automation，labor productivity and employment——a cross country comparison. CEBR，Copenhagen Business School Working Paper，2011.

[13] Graetz G，Michaels G. Robots at work：the impact on productivity and jobs. Centre for Economic Performance，LSE，2015.

[14] Wan B Y，Tian L X，Zhu N P，et al. A new endogenous growth model for green low-carbon behavior and its comprehensive effects. Applied Energy，2018，（230）：1332-1346.

[15] Chu H，Lai C C. Abatement R&D，market imperfections，and environmental policy in an endogenous growth model. Journal of Economic Dynamics & Control，2014，（41）：20-37.

[16] Fullerton D，Kim S R. Environmental investment and policy with distortionary taxes，and endogenous growth. Journal of Environmental Economics and Management，2008，56（2）：141-154.

[17] Romer P M. Endogenous technological change. Journal of Political Economy，1990，（98）：71-102.

[18] Jones C I. R&D-based models of economic growth. Journal of Political Economy，1995，（102）：759-784.

[19] Grossman G M，Helpman E. Quality ladders in the theory of growth. Review of Economic Studies，1991，58（1）：43-61.

[20] Barro R J，Sala-i-Martin X. Economic Growth. 2nd ed. Cambridge：MIT Press，2004.

[21] 孙树丽. 中国双向 FDI 对碳排放量的影响. 合作经济与科技，2017，（16）：48-51.

[22] 李冬冬，杨晶玉. 基于增长框架的研发补贴与环境税组合研究. 科学学研究，2015，33（7）：

1026-1034.

[23] 刘凤良，吕志华. 经济增长框架下的最优环境税及其配套政策研究——基于中国数据的模拟运算. 管理世界，2009，（6）：40-51.

[24] 廖朴，郑苏晋. 环境、寿命与经济发展：最优环境税研究——基于中国数据的模拟运算. 管理评论，2016，28（10）：39-49.

[25] 中华人民共和国国家统计局. 中国统计年鉴 2015. 北京：中国统计出版社，2015.

[26] Wang B H. American carbon tax process, practice and enlightenment to China. Journal of Social Science of Hunan Normal University，2012，41（2）：85-88.

[27] Ma C H, Ren Z Y, Zhao X G, Comparison of carbon emissions between developed and developing countries and its enlightenment to China. Resources and Environment in Arid Areas，2016，27（2）：1-5.

[28] Wang J J, Zhang N. Application of new spatial weight matrix in China's carbon emission analysis. Chinese Commercial Theory，2014，（31）：206-208.

[29] Lucas B, Filippo L, Sebastian R, et al. Knowledge diffusion, endogenous growth, and the costs of global climate policy. European Economic Review，2017，（93）：47-72.

第6章　可再生能源驱生氢能的再生效应

6.1　国内外研究进展

近年来,全球能源供应压力不断加剧,且面临较大的温室气体减排压力,能源转型迫在眉睫。Olli 和 Seppo 研究了不同经济发展阶段不可再生能源和可再生能源之间的转变[1]。Javed 研究了可再生和不可再生能源消耗影响五个新兴市场经济体的经济增长和二氧化碳排放[2]。Acemoglu 等研究了不可再生和可再生投入之间可替代性在指导内生技术变革中的重要性[3]。Victor 等指出不可再生能源向可再生能源的转型可能会对经济增长产生负面影响的情况[4]。Saad 等指出马来西亚作为发展中国家和东南亚国家联盟(东盟)的成员,正在研究取之不尽、用之不竭的替代能源,如太阳能、风能、微型水力发电和生物质能[5]。随着社会发展,可再生能源在能源使用中所占比例越来越高。然而,在可再生能源的开发与利用过程中,很多时候成本并没有降低,并且效益不高。于是我们考虑将部分可再生能源转换成更丰富、更绿色低碳的氢能。鲁昭亚重点对氢能在可持续发展战略中的应用前景做了展望[6]。2019 年 6 月,"中国氢能产业与能源转型发展论坛"在北京召开,氢能的发展也迎来新的风口。氢能在我国能源转型过程中起到了桥梁的作用,是从化石能源向可再生能源过渡的中间介质。刘坚和钟财富从我国氢能生产与消费现状出发,分析了未来氢能在我国能源工业中的应用潜力,并重点对氢能生命周期环境影响和技术经济性水平进行了量化分析[7]。Mostafa 等研究了利用阿富汗的风能生产氢气的经济方面[8]。将可再生能源转换成氢能,不仅能够降低成本,也符合环保上的要求,多能递进,能效提升,进而影响能源发展的可持续性。

当前,绿色低碳已经成为热潮。Wan 等建立绿色低碳行为驱动的新型内生增长模型，对模型做优化分析并对有绿色低碳行为的三种制度做优化选择，做三种政策下的实证研究，获取综合效应[9]。Cai 和 Ma 将内生增长理论与低碳资源的可持续性相结合，并采用 R&D 内生增长模型在低碳资源的约束下给出了一个模型，得出一个相关的结论[10]。Liu 等研究了中国高新技术产业绿色技术创新效率的区域差异及其影响因素[11]。Zhang 等研究了公共自行车共享系统中绿色出行行为的时空特征[12]。

构建氢能社会渐行渐近。国际氢能委员会提出，到 2050 年，全球氢能将占能源比重的 18%。有关可再生能源转化为氢能近年来逐渐成为经济学家讨论的热点，可再生能源电力制氢已经被很多业内人士视为实现脱碳的重要路径之一。郭烈锦和赵亮指出高效、低成本地实现可再生能源制氢是建立可持续发展氢能动力系统的基础与关键[13]。斯里尼瓦桑等分析了欧洲发展氢能的现状和前景，并给出中国发展氢能的建议[14]。金雪等介绍了氢储能技术现状及其应用前景，分析了氢储能系统的潜在机会和风险，评估了利用氢储能技术解决中国西部地区弃风弃光问题的可行性[15]。目前主要的制氢手段是利用光、风、水等可再生能源产生的电力制氢，这个过程也称为 PtG/P2G。Glenk 和 Reichelstein 从一个潜在的企业投资者的角度分析了 PtG 工艺将可再生资源转化为氢能的经济前景，认为可再生氢在工业规模的供应方面具有竞争力[16]。

本章在现代内生增长理论的背景下，研究了可再生能源中弃风弃光弃水转化为氢能的可能性，并将这一部分氢能称为可再生能源驱生氢能，简称可再生氢能。本章还通过数值模拟进行均衡研究，最终得到可再生能源驱生氢能的生产效率效应和存取效应，统称为可再生能源驱生氢能的再生效应。本章分为三个部分：可再生能源转换为可再生氢能的内生增长模型、两种不同制度下模型的均衡结果和两种结果的比较。

6.2　可再生能源转换为可再生氢能的内生增长模型

这一部分给出了我们的模型，我们所考虑的氢能经济体系由生产函数、制造业中的现有企业、制造业中的进入者、家庭行为这几部分组成。

6.2.1　生产函数

我们的生产函数主要建立在 AK 模型基础上[17]。由于 AK 模型并没有明确区分技术进步与资本积累，于是我们对其进行了修改，得到了新的生产函数：

$$Y = AK^{\alpha} R^{\beta} Q^{\gamma} L_1^{\theta_1} L_2^{\theta_2} \quad\quad\quad （6\text{-}1）$$

其中，Y 为总产出；A 为生产技术，包括可再生能源生产技术 A_1 和可再生氢能生产技术 A_2；K 为资本存量；R 为生产中使用的可再生能源；Q 为可再生能源转换成的氢能；L_1、L_2 为可再生能源和转换氢能所需劳动力，假设 $L_Y = L_1 + L_2$ 是劳动总量。α、β、γ 分别为资本、可再生能源、氢能的产出弹性，θ_1、θ_2 为劳动力指数，且满足 $\alpha > 0$，$\beta > 0$，$\gamma > 0$，$\theta_1 > 0$，$\theta_2 > 0$，$\alpha + \beta + \gamma = 1$，$\theta_1 + \theta_2 = 1$，则劳动力的需求计划为

$$L_1 = \theta_1 \frac{P_Y \times Y}{W_1}, \quad L_2 = \theta_2 \frac{P_Y \times Y}{W_2} \quad\quad\quad （6\text{-}2）$$

其中，P_Y 为最终产出的价格；W_1、W_2 为工资率。

由于可再生能源并不能被完全利用，我们考虑将弃风弃光弃水再利用，将废弃的可再生能源部分再利用，转换成清洁能源氢能，从而提高可再生能源的利用率。这部分可再生能源和氢能满足：

$$\begin{cases} X_1 = \left(\dfrac{\beta A K^{\alpha} Q^{\gamma} L_1^{\theta_1} L_2^{\theta_2}}{P_{X_1}} \right)^{\frac{1}{1-\beta}} \\[4mm] X_2 = \left(\dfrac{\gamma A K^{\alpha} R^{\beta} L_1^{\theta_1} L_2^{\theta_2}}{P_{X_2}} \right)^{\frac{1}{1-\gamma}} \end{cases} \quad\quad\quad （6\text{-}3）$$

其中，X_1、X_2 为可再生能源和氢能；P_{X_1}、P_{X_2} 为可再生能源和可再生氢能的价格。在这个设置中，总劳动量为 1，所以人均变量和总变量是相等的，在竞争均衡中，每个厂商都会忽视知识积累对自己投资的影响，这表明他们没有考虑到知识资本的演变。

6.2.2　制造业中的现有企业

制造业由在垄断竞争下提供差异化产品的单一产品公司组成，我们主要研究可再生能源转换为氢能的制造业。典型公司的可再生能源和可再生氢能与技术相关的生产为

$$\begin{cases} X_1 = A_1^{\omega_1} (L_1 - \phi) \\ X_2 = A_2^{\omega_2} (L_2 - \phi) \end{cases} \quad\quad\quad （6\text{-}4）$$

其中，A_1、A_2 为可再生能源和可再生氢能的生产技术，我们把它等价为特定的知识水平；ω_1、ω_2 为相关弹性系数，且 $0 < \omega_1 < 1$，$0 < \omega_2 < 1$；$\phi > 0$ 为固定的劳动成本。在技术方面，由于内部研发，公司的生产力会随着时间的推移而增

加。具体来说，公司的知识水平会逐渐增长：

$$\begin{cases} \dot{A}_1 = \kappa_1 \times T_1(t) \times L_{A_1} \\ \dot{A}_2 = \kappa_2 \times T_2(t) \times L_{A_2} \end{cases} \tag{6-5}$$

其中，κ_1、κ_2 为外生参数，且 $\kappa_1 > 0$，$\kappa_2 > 0$；L_{A_1}、L_{A_2} 为研发中的劳动力；T_1、T_2 为公共知识储备。我们将公共知识储备看作制造业的平均知识水平：

$$\begin{cases} T_1 = \dfrac{1}{n_1} \displaystyle\int_0^{n_1} A_{1j} \mathrm{d}j \\ T_2 = \dfrac{1}{n_2} \displaystyle\int_0^{n_2} A_{2j} \mathrm{d}j \end{cases} \tag{6-6}$$

其中，n_1、n_2 分别为可再生能源和可再生氢能的公司数量。考虑知识存量，由式（6-5）和式（6-6）可得对称下的公共知识水平均衡增长率：

$$\begin{cases} \dfrac{\dot{T}_1}{T_1} = \dfrac{\dot{A}_1}{A_1} = \kappa_1 \times L_{A_1} \\ \dfrac{\dot{T}_2}{T_2} = \dfrac{\dot{A}_2}{A_2} = \kappa_2 \times L_{A_2} \end{cases} \tag{6-7}$$

在生产过程中，公司利润最大化问题是

$$V = \mu_1 V_1 + V_2 \tag{6-8}$$

其中，$V_2 = \mu_2(1-\mu_1)V_1$，V_1、V_2 分别为可再生能源和可再生氢能的利润；μ_1 为可再生能源的有效率；μ_2 为可再生能源转化为可再生氢能的效率，并且有

$$\begin{cases} \dfrac{\dot{T}_1}{T_1} = \dfrac{\dot{A}_1}{A_1} = \kappa_1 \times L_{A_1} \\ \dfrac{\dot{T}_2}{T_2} = \dfrac{\dot{A}_2}{A_2} = \kappa_2 \times L_{A_2} \end{cases} \tag{6-9}$$

其中，

$$\begin{cases} \Pi_{X_1} = P_{X_1} X_1 - WL_1 - WL_{A_1} \\ \Pi_{X_2} = P_{X_2} X_2 - WL_2 - WL_{A_2} \end{cases} \tag{6-10}$$

为瞬时利润，r_1、r_2 分别为可再生能源和可再生氢能的效率，δ_1、δ_2 为可再生能源和可再生氢能的损耗率，$\rho_1 = r_1 + \delta_1$，$\rho_2 = r_2 + \delta_2$；W 为工资，并假设所有环节工资相等。

将式（6-3）、式（6-4）代入式（6-10），得

$$\begin{cases} \Pi_1 = \left(\dfrac{\beta A K^\alpha Q^\gamma L_1^{\theta_1} L_2^{\theta_2}}{P_{X_1}} \right)^{\frac{1}{1-\beta}} \left(P_{X_1} - W A_1^{-\omega_1} \right) - W\phi - W L_{A_1} \\[4mm] \Pi_2 = \left(\dfrac{\gamma A K^\alpha R^\beta L_1^{\theta_1} L_2^{\theta_2}}{P_{X_2}} \right)^{\frac{1}{1-\gamma}} \left(P_{X_2} - W A_2^{-\omega_2} \right) - W\phi - W L_{A_2} \end{cases} \quad (6\text{-}11)$$

使用 P_{X_1}、P_{X_2} 和 L_{A_1}、L_{A_2} 作为控制变量，将公司特定知识水平 A_1、A_2 作为状态变量，将公共知识水平 T_1、T_2 作为给定值，现值汉密尔顿函数为

$$H_1 = \left(\frac{\beta A K^\alpha Q^\gamma L_1^{\theta_1} L_2^{\theta_2}}{P_{X_1}} \right)^{\frac{1}{1-\beta}} \left(P_{X_1} - W A_1^{-\omega_1} \right)$$

$$+ \left(\frac{\gamma A K^\alpha R^\beta L_1^{\theta_1} L_2^{\theta_2}}{P_{X_2}} \right)^{\frac{1}{1-\gamma}} \left(P_{X_2} - W A_2^{-\omega_2} \right) \quad (6\text{-}12)$$

$$- 2W\phi - W L_{A_1} - W L_{A_2} + \lambda_1 \times \kappa_1 \times T_1 \times L_{A_1} + \lambda_2 \times \kappa_2 \times T_2 \times L_{A_2}$$

其中，λ_1、λ_2 为现值拉格朗日乘子，可以解释为可再生能源和可再生氢能知识水平的影子价格。

最大化必要条件满足：

$$\begin{cases} \dfrac{\partial H_1}{\partial P_{X_1}} = \left(\beta A K^\alpha R^\beta L_1^{\theta_1} L_2^{\theta_2} \right)^{\frac{1}{1-\beta}} \times P_{X_1}^{\frac{1}{1-\beta}} \left[1 - \dfrac{1}{1-\beta} \left(\dfrac{P_{X_1} - W A_1^{-\omega_1}}{P_{X_1}} \right) \right] \\[4mm] \dfrac{\partial H_1}{\partial P_{X_2}} = \left(\gamma A K^\alpha R^\beta L_1^{\theta_1} L_2^{\theta_2} \right)^{\frac{1}{1-\gamma}} \times P_{X_2}^{\frac{1}{1-\gamma}} \left[1 - \dfrac{1}{1-\gamma} \left(\dfrac{P_{X_2} - W A_2^{-\omega_2}}{P_{X_2}} \right) \right] \end{cases} \quad (6\text{-}13)$$

$$\begin{cases} \dfrac{\partial H_1}{\partial L_{A_1}} = \lambda_1 \times \kappa_1 \times T_1 - W \\[4mm] \dfrac{\partial H_1}{\partial L_{A_2}} = \lambda_2 \times \kappa_2 \times T_2 - W \end{cases} \quad (6\text{-}14)$$

$$\begin{cases} \dot{\lambda}_1 = \rho_1 \lambda_1 - \dfrac{\partial H_1}{\partial A_1} = \rho_1 \lambda_1 - \omega_1 X_1 W A_1^{-\omega_1-1} - \dfrac{1}{1-\beta} X_1 A_1^\beta \left(P_{X_1} - W A_1^{-\omega_1} \right) \\[4mm] \dot{\lambda}_2 = \rho_2 \lambda_2 - \dfrac{\partial H_1}{\partial A_2} = \rho_2 \lambda_2 - \omega_2 X_2 W A_2^{-\omega_2-1} - \dfrac{1}{1-\gamma} X_2 A_2^\gamma \left(P_{X_2} - W A_2^{-\omega_2} \right) \end{cases} \quad (6\text{-}15)$$

于是可得

$$\begin{cases} \dfrac{1}{1-\beta}\left(\dfrac{P_{X_1}-WA_1^{-\omega_1}}{P_{X_1}}\right)=1 \\[4mm] \dfrac{1}{1-\gamma}\left(\dfrac{P_{X_2}-WA_1^{-\omega_2}}{P_{X_2}}\right)=1 \end{cases} \quad (6\text{-}16)$$

$$\begin{cases} \lambda_1\times\kappa_1\times T_1-W\leqslant 0 \\ \lambda_2\times\kappa_2\times T_2-W\leqslant 0 \end{cases} \quad (6\text{-}17)$$

其中，当 $L_{A_1}=0$ 时<0，当 $L_{A_1}>0$ 时=0；当 $L_{A_2}=0$ 时<0，当 $L_{A_2}>0$ 时=0，

$$\begin{cases} \dfrac{\dot{\lambda}_1}{\lambda_1}=\rho_1-\dfrac{\omega_1}{\lambda_1}X_1WA_1^{-\omega_1-1}-\dfrac{1}{(1-\beta)\lambda_1}X_1A_1^{\beta}\left(P_{X_1}-WA_1^{-\omega_1}\right) \\[4mm] \dfrac{\dot{\lambda}_2}{\lambda_2}=\rho_2-\dfrac{\omega_2}{\lambda_2}X_2WA_2^{-\omega_2-1}-\dfrac{1}{(1-\gamma)\lambda_2}X_2A_2^{\gamma}\left(P_{X_2}-WA_2^{-\omega_2}\right) \end{cases} \quad (6\text{-}18)$$

由式（6-16）可以得到标准计价规则：

$$\begin{cases} P_{X_1}=\dfrac{1}{\beta}\times WA_1^{-\omega_1} \\[4mm] P_{X_2}=\dfrac{1}{\gamma}\times WA_2^{-\omega_2} \end{cases} \quad (6\text{-}19)$$

式（6-13）是研发过程中的库恩塔克条件：在内部解中，研发过程中雇佣劳动的边际成本 (W) 等于知识积累的边际收益 $(\lambda\kappa T)$。式（6-18）是知识的成本方程，与式（6-17）严格相等，将 $\lambda_1=\dfrac{W}{\kappa_1 T_1}$、$\lambda_2=\dfrac{W}{\kappa_2 T_2}$ 和式（6-19）代入式（6-18），得

$$\begin{cases} \rho_1=r_1+\delta_1=\dfrac{X_1P_{X_1}\kappa_1T_1}{W}\left(\dfrac{\beta\omega_1}{A_1}-A_1^{\beta}\right)+\dfrac{\dot{W}}{W}-\dfrac{\dot{T}_1}{T_1} \\[4mm] \rho_2=r_2+\delta_2=\dfrac{X_2P_{X_2}\kappa_2T_2}{W}\left(\dfrac{\gamma\omega_2}{A_2}-A_2^{\gamma}\right)+\dfrac{\dot{W}}{W}-\dfrac{\dot{T}_2}{T_2} \end{cases} \quad (6\text{-}20)$$

Pietro 和 Michelle 详细阐述了均衡的对称性[18, 19]。将相同的证明应用于当前模型，计价规则式（6-19）是不变的，并且价格 P_{X_1}、P_{X_2} 不变。因此，我们可以将式（6-16）和式（6-19）结合起来写出每个公司的市场份额：

$$\begin{cases} P_{X_1}X_1=\dfrac{1}{n_1}\times\beta P_{Y_1}Y_1 \\[4mm] P_{X_2}X_2=\dfrac{1}{n_2}\times\gamma P_{Y_2}Y_2 \end{cases} \quad (6\text{-}21)$$

其中，n_1、n_2 分别为制造业中生产可再生能源和可再生氢能的公司数量，$\beta P_{Y_1} Y_1$、$\gamma P_{Y_2} Y_2$ 分别为最终生产商在可再生能源和可再生氢能上的支出。

6.2.3　制造业中的进入者

企业家开发与氢能相关的新产品，成立新公司来服务市场。随着时间的推移，这个创新的过程增加了公司的数量，而公司数量 n_1、n_2 的增长率取决于初创企业在运营中雇佣了多少劳动力。不失一般性，劳动力需求会转化为沉没成本，且与生产商品的价值成正比。进入成本为

$$\begin{cases} WL_{N_1} = \psi_1 P_{X_1} X_1 \\ WL_{N_2} = \psi_2 P_{X_2} X_2 \end{cases} \tag{6-22}$$

其中，L_{N_1}、L_{N_2} 为初创企业使用的劳动力；$P_{X_1} X_1$、$P_{X_2} X_2$ 为新获得的可再生能源和可再生氢能进入市场时的生产价值；ψ_1、ψ_2 为代表技术机会的参数，且 $\psi_1 > 0$，$\psi_2 > 0$。这一式子表明，投入越多，预期的产量越大。无条件进入均衡，要求新公司的利润等于进入成本，即

$$\begin{cases} \mu_1 V_1 = \psi_1 P_{X_1} X_1 \\ V_2 = \psi_2 P_{X_2} X_2 \end{cases} \tag{6-23}$$

在对称均衡中，企业数量增长如下：

$$\begin{cases} \dfrac{\dot{n}_1}{n_1} = \dfrac{1}{\psi_1 \beta} \times \dfrac{WL_{N_1}}{P_{Y_1} Y_1} - \delta_1 \\[3mm] \dfrac{\dot{n}_2}{n_2} = \dfrac{1}{\psi_2 \gamma} \times \dfrac{WL_{N_2}}{P_{Y_2} Y_2} - \delta_2 \end{cases} \tag{6-24}$$

其中，L_{N_1}、L_{N_2} 为新进入企业的总就业人数。

假设企业的损耗率 δ_1、δ_2 不变，可再生能源和可再生氢能每个时刻的进入者数量等于公司数量的总变化量分别为 $\dot{n}_1 + \delta_1 n_1$ 和 $\dot{n}_2 + \delta_2 n_2$，这表明新进入企业中对于可再生能源和可再生氢能使用的总劳动力分别为

$$\begin{cases} WL_{N_1} = \left(\dot{n}_1 + \delta_1 n_1 \right) \psi_1 P_{X_1} X_1 \\ WL_{N_2} = \left(\dot{n}_2 + \delta_2 n_2 \right) \psi_2 P_{X_2} X_2 \end{cases} \tag{6-25}$$

将式（6-19）代入式（6-22），整理可得

$$\begin{cases} \dfrac{\dot{n}_1}{n_1} = \dfrac{WL_{N1}}{\psi_1 n_1 P_{X_1} X_1} - \delta_1 \\[3mm] \dfrac{\dot{n}_2}{n_2} = \dfrac{WL_{N_2}}{\psi_2 n_2 P_{X_2} X_2} - \delta_2 \end{cases} \tag{6-26}$$

随着新进入的企业越来越多，市场会逐渐趋近饱和，最终导致进入成本越来越高。

6.2.4　家庭行为

假设代表性家庭的目标是使消费的跨时效用达到最大化，在此假设条件下，采用具有不变跨时替代弹性的 CIES 类型的效用函数，代表性家庭的效用为

$$U\big(C(t)\big) = \frac{C^{1-\varepsilon}}{1-\varepsilon} \tag{6-27}$$

其中，$U(\cdot)$ 为即时效用函数，它的边际效用递减且大于 0；$C(t)$ 为消费的时间路径；ε 为跨时替代弹性系数，且 $0 < \varepsilon < 1$。社会计划者的目标就是在 $0 \to T$ 时期内，使得跨时效用最大化

$$\max \int_0^T U(C) e^{-\sigma t} \mathrm{d}t \tag{6-28}$$

其中，σ 为时间贴现率，$\sigma = \sigma_1 + \sigma_2$，且 $\sigma > 0$。

代表性家庭面临的预算约束为

$$\dot{B}(t) = \tau(t)B(t) + WL + \Pi_S - P_{Y_1}(t)C_1(t) - P_{Y_2}(t)C_2(t) \tag{6-29}$$

其中，B 为财富，包括对公司的所有权要求；τ 为产生的回报率；L 为劳动力总和；$\Pi_S = \Pi_{S_R} + \Pi_{S_Q}$，为资源租金流，且满足：

$$\begin{cases} \Pi_{S_R} = P_{H_1} H_1 - WL_{H_1} \\ \Pi_{S_Q} = P_{H_2} H_2 - WL_{H_2} \end{cases} \tag{6-30}$$

其中，P_{H_1}、P_{H_2} 分别为可再生能源和可再生氢能的收获成本；L_{H_1}、L_{H_2} 为可再生能源和可再生氢能在租金中使用的劳动力；H_1、H_2 为可再生能源和可再生氢能的收获量，满足：

$$\begin{cases} H_1 = D_1 L_{H_1} \times S_R \\ H_2 = D_2 L_{H_2} \times S_Q \end{cases} \tag{6-31}$$

其中，D_1、D_2 为可再生能源和可再生氢能的生产力参数。

可再生能源和可再生氢能的资源存量运动方程分别为

$$\begin{cases} \dot{S_R} = \xi S_R \left(1 - \dfrac{S_R}{M}\right) - H_1 \\ \dot{S_Q} = \eta S_Q + \varsigma S_R - H_2 \end{cases} \tag{6-32}$$

其中，ξ、η 为可再生能源、可再生氢能指数增长率；M 为环境承载能力；ς 为可再生能源对可再生氢能的转换率，即自然环境所维持的资源存量的最高水平。

在开放获取条件下，家庭对总资源存量没有控制，因此约束式（6-32）不出现在家庭问题中，所以汉密尔顿函数为

$$H_2 = U(C) + \lambda_3 \dot{B}(t) \tag{6-33}$$

其中，λ_3 为拉格朗日乘子，可以解释为财富的影子价格。

在完全产权下，式（6-32）为优化问题中的显式约束，S_R、S_Q 为附加的状态变量。因此，现值汉密尔顿函数为

$$H_3 = U(C) + \lambda_3 \dot{B}(t) + \lambda_4 \left[\xi S_R \left(1 - \dfrac{S_R}{M}\right) - R \right] \\ + \lambda_5 \left(\eta S_Q + \varsigma S_R - Q\right) \tag{6-34}$$

其中，λ_4、λ_5 为拉格朗日乘子，可以解释为可再生能源、可再生氢能的影子价格。

6.3　一　般　均　衡

开放存取和完全产权会产生不同的生产计划，这些计划在均衡时会引起不同的消费动态和创新带动的增长。在详细分析这两种制度之前，我们先描述经济中的一般均衡关系。

6.3.1　均衡的主要特征

付才辉探索性地给出了新结构一般均衡的定义和特征[20]，但由于严格的证明还有待后续研究，因此我们参考 Nujin 等[21]给出的均衡特征，加以修改。

经济在四个活动中分配劳动力：最终产出 L_Y，制造业研发过程 L_{A_1}、L_{A_2}，制造业新进入过程 L_{N_1}、L_{N_2}，资源租金 L_{H_1}、L_{H_2}。由于我们将租金收获的决定分配给了家庭，于是家庭劳动力供给为 $L - L_{H_1} - L_{H_2}$。因此，劳动力市场清算条件为

$$L - L_{H_1} - L_{H_2} = L_Y + L_{A_1} + L_{A_2} + L_{N_1} + L_{N_2} \quad （6-35）$$

我们将劳动看作计价单位并令 $W(t) = 1$。我们还用 $y_1 \equiv P_{Y_1} Y_1$ 和 $y_2 \equiv P_{Y_2} Y_2$ 表示生产支出，且 $y = y_1 + y_2$。当产出等于消费时，市场出清，此时 $Y(t) = C(t)$。在两种获取制度中，即在汉密尔顿函数式（6-33）、式（6-34）中，家庭问题产生了必要的条件：

$$\begin{cases} \dfrac{1}{C_1} = \lambda_3 P_{Y_1} \\ \dfrac{1}{C_2} = \lambda_3 P_{Y_2} \end{cases} \quad （6-36）$$

$$\begin{aligned} \dot{\lambda}_3 &= \sigma \lambda_3 - \frac{\partial H_2}{\partial B} \\ &= \lambda_3 (\sigma - \tau) \end{aligned} \quad （6-37）$$

从中我们获得了标准的凯恩斯-拉姆齐规则，即家庭问题中产生的消费增长的欧拉方程：

$$\begin{aligned} \frac{\dot{y}(t)}{y(t)} &= \frac{\dot{P}_{Y_1}(t)}{P_{Y_1}(t)} + \frac{\dot{P}_{Y_2}(t)}{P_{Y_2}(t)} + \frac{\dot{C}_1(t)}{C_1(t)} + \frac{\dot{C}_2(t)}{C_2(t)} \\ &= \tau(t) - \sigma \end{aligned} \quad （6-38）$$

由式（6-9），金融资产回报收益率为

$$\begin{cases} r_1(t) = \dfrac{\Pi_{X_1}(t)}{V_1(t)} + \dfrac{\dot{V}_1(t)}{V_1(t)} - \delta_1 \\ r_2(t) = \dfrac{\Pi_{X_2}(t)}{V_2(t)} + \dfrac{\dot{V}_2(t)}{V_2(t)} - \delta_2 \end{cases} \quad （6-39）$$

结合式（6-21）和式（6-23），自由进入条件产生的结果是，金融财富即企业的总价值是最终产出价值的常数部分：

$$B(t) = n_1(t) \mu_1 V_1(t) + n_2(t) V_2(t) = \psi_1 \beta \times y_1(t) + \psi_2 \gamma \times y_2(t) \quad （6-40）$$

金融市场的均衡要求所有回报率相等。将式（6-8）代入式（6-20），可得企业特定知识增长率为

$$\begin{cases} \dfrac{\dot{A}_1}{A_1} = \dfrac{\dot{W}}{W} + \kappa_1 \omega_1 \beta^2 \dfrac{P_{Y_1} Y_1}{W n_1} - (r_1 + \delta_1) \\ \dfrac{\dot{A}_2}{A_2} = \dfrac{\dot{W}}{W} + \kappa_2 \omega_2 \gamma^2 \dfrac{P_{Y_2} Y_2}{W n_2} - (r_2 + \delta_2) \end{cases} \quad （6-41）$$

令 $W=1$，可得

$$\begin{cases} \dfrac{\dot{A_1}}{A_1} = \kappa_1 \omega_1 \beta \left(\beta \dfrac{y_1}{n_1} \right) - \left(r_1 + \delta_1 \right) \\[4mm] \dfrac{\dot{A_2}}{A_2} = \kappa_2 \omega_2 \gamma \left(\gamma \dfrac{y_2}{n_2} \right) - \left(r_2 + \delta_2 \right) \end{cases} \tag{6-42}$$

对式（6-40）时间微分，得

$$\begin{cases} \dfrac{\dot{V_1}}{V_1} = \dfrac{\dot{P_{Y_1}}}{P_{Y_1}} + \dfrac{\dot{Y_1}}{Y_1} - \dfrac{\dot{n_1}}{n_1} \\[4mm] \dfrac{\dot{V_2}}{V_2} = \dfrac{\dot{P_{Y_2}}}{P_{Y_2}} + \dfrac{\dot{Y_2}}{Y_2} - \dfrac{\dot{n_2}}{n_2} \end{cases} \tag{6-43}$$

将其代入式（6-39），得

$$\begin{cases} r_2 + \delta_1 + \dfrac{\dot{n_1}}{n_1} = \dfrac{\dot{P_{Y_1}}}{P_{Y_1}} + \dfrac{\dot{Y_1}}{Y_1} + \dfrac{\Pi_{X_1}}{V_1} \\[4mm] r_2 + \delta_2 + \dfrac{\dot{n_2}}{n_2} = \dfrac{\dot{P_{Y_2}}}{P_{Y_2}} + \dfrac{\dot{Y_2}}{Y_2} + \dfrac{\Pi_{X_2}}{V_2} \end{cases} \tag{6-44}$$

因为 $Y(t) = C(t)$，我们可以使用凯恩斯-拉姆齐规则式（6-38）得到

$$\begin{cases} \dfrac{\dot{n_1}}{n_1} = \dfrac{\Pi_{X_1}}{V_1} - \rho_1 - \delta_1 \\[4mm] \dfrac{\dot{n_2}}{n_2} = \dfrac{\Pi_{X_2}}{V_2} - \rho_2 - \delta_2 \end{cases} \tag{6-45}$$

将式（6-19）代入利润式（6-10）中，得

$$\begin{cases} \Pi_{X_1} = \beta(1-\beta)\dfrac{P_{Y_1} Y_1}{n_1} - W\phi - W\dfrac{1}{\kappa_1}\dfrac{\dot{A_1}}{A_1} \\[4mm] \Pi_{X_2} = \gamma(1-\gamma)\dfrac{P_{Y_2} Y_2}{n_2} - W\phi - W\dfrac{1}{\kappa_2}\dfrac{\dot{A_2}}{A_2} \end{cases} \tag{6-46}$$

将式（6-46）代入式（6-45），并用式（6-40）约束利润 V，可以得到

$$\begin{cases} \dfrac{\dot{n_1}}{n_2} = \dfrac{1-\beta}{\psi_1} - W\dfrac{n_1}{\psi_1 \beta P_{Y_1} Y_1}\left[\phi + \dfrac{1}{\kappa_1}\dfrac{\dot{A_1}}{A_1}\right] - \rho_1 - \delta_1 \\[4mm] \dfrac{\dot{n_2}}{n_2} = \dfrac{1-\gamma}{\psi_2} - W\dfrac{n_2}{\psi_2 \gamma P_{Y_2} Y_2}\left[\phi + \dfrac{1}{\kappa_2}\dfrac{\dot{A_2}}{A_2}\right] - \rho_2 - \delta_2 \end{cases} \tag{6-47}$$

令 $W=1$ 并整理，得到

$$\begin{cases} \dfrac{\dot{n_1}}{n_1} + \delta_1 = \dfrac{1-\beta-\psi_1\rho_1}{\psi_1} - \dfrac{n_1}{\beta y_1}\times\dfrac{1}{\psi_1}\left[\phi + \dfrac{1}{\kappa_1}\dfrac{\dot{A_1}}{A_1}\right] \\[4mm] \dfrac{\dot{n_2}}{n_2} + \delta_2 = \dfrac{1-\gamma-\psi_2\rho_2}{\psi_2} - \dfrac{n_2}{\gamma y_2}\times\dfrac{1}{\psi_2}\left[\phi + \dfrac{1}{\kappa_2}\dfrac{\dot{A_2}}{A_2}\right] \end{cases} \tag{6-48}$$

此式强调了公司特定的知识积累降低了产品种类的扩张速度。

获取权通过其对能源使用及其产生的收入影响来影响经济的均衡。式（6-40）意味着支出是劳动力和资源收入的一个固定比例。将式（6-40）和 $Y(t)=C(t)$ 代入式（6-29），得到

$$\begin{cases} \dfrac{\dot{P_{Y_1}}}{P_{Y_1}} + \dfrac{\dot{Y_1}}{Y_1} = r_1 + \dfrac{L-y_1}{\psi_1\beta y_1} + \dfrac{\Pi_{S_R}}{\psi_1\beta y_1} \\[4mm] \dfrac{\dot{P_{Y_2}}}{P_{Y_2}} + \dfrac{\dot{Y_2}}{Y_2} = r_2 + \dfrac{L-y_2}{\psi_2\gamma y_2} + \dfrac{\Pi_{S_Q}}{\psi_2\gamma y_2} \end{cases} \tag{6-49}$$

凯恩斯-拉姆齐规则式（6-38）于是变为

$$\begin{cases} y_1\left(1-\psi_1\beta\rho_1\right) = L + \Pi_{S_R} \\[3mm] y_2\left(1-\psi_2\gamma\rho_2\right) = L + \Pi_{S_Q} \end{cases} \tag{6-50}$$

即

$$\begin{cases} y_1 = \dfrac{1}{1-\psi_1\beta\rho_1}\left(L + \Pi_{S_R}\right) \\[4mm] y_2 = \dfrac{1}{1-\psi_2\gamma\rho_2}\left(L + \Pi_{S_Q}\right) \end{cases} \tag{6-51}$$

其中，y_1、y_2 为可再生能源和可再生氢能支出的均衡状态。不同的能源获取权制度产生不同的能源租金流，因而也产生了消费支出，这种机制对增长和福利具有重要意义，下一节会进行具体分析。

6.3.2　开放存取条件下的均衡

在开放存取条件下，家庭选择就业是为了最大化当前租金，而竞争迫使收获商品的价格降低到边际收获成本，于是能源租金为 0。标准化工资 $W \equiv 1$，$\Pi_{S_R} = P_{H_1} H_1 - W L_{H_1} = \left(P_{H_1} D_1 S_R - W \right) L_{H_1}$，$\Pi_{S_Q} = P_{H_2} H_2 - W L_{H_2} = \left(P_{H_2} D_2 S_Q - W \right) L_{H_2}$，重写式（6-29）并代入汉密尔顿函数式（6-33），我们可以得到

$$H_2 = U(C)$$
$$+ \lambda_3 \left[\tau(t) B(t) + L + \left(P_{H_1} D_1 S_R - 1 \right) L_{H_1} \left(P_{H_2} D_2 S_Q - 1 \right) L_{H_2} - P_{Y_1}(t) C_1(t) - P_{Y_2}(t) C_2(t) \right]$$
$$(6\text{-}52)$$

其中，C_1、C_2、L_{H_1}、L_{H_2} 为控制变量，B 为状态变量。最大化必要条件满足：

$$\begin{cases} \dfrac{\partial H_2}{\partial C_1} = U'(C_1) - \lambda_3 P_{Y_1} \\[2mm] \dfrac{\partial H_2}{\partial C_2} = U'(C_2) - \lambda_3 P_{Y_2} \end{cases} \qquad (6\text{-}53)$$

$$\begin{cases} \dfrac{\partial H_2}{\partial L_{H_1}} = \lambda_3 \left(P_{H_1} D_1 S_R - 1 \right) \\[2mm] \dfrac{\partial H_2}{\partial L_{H_2}} = \lambda_3 \left(P_{H_2} D_2 S_Q - 1 \right) \end{cases} \qquad (6\text{-}54)$$

$$\dot{\lambda}_3 = \sigma \lambda_3 - \dfrac{\partial H_2}{\partial B} = \sigma \lambda_3 - \lambda_3 \tau \qquad (6\text{-}55)$$

由此可得

$$\begin{cases} \dfrac{1}{C_1} = \lambda_3 P_{Y_1} \\[2mm] \dfrac{1}{C_2} = \lambda_3 P_{Y_2} \end{cases} \qquad (6\text{-}56)$$

$$\begin{cases} \lambda_3 \left(P_{H_1} D_1 S_R - 1 \right) = 0 \Rightarrow \Pi_{S_R} = 0 \\[2mm] \lambda_3 \left(P_{H_2} D_2 S_Q - 1 \right) = 0 \Rightarrow \Pi_{S_Q} = 0 \end{cases} \qquad (6\text{-}57)$$

$$\dfrac{\dot{\lambda}_3}{\lambda_3} = \sigma - \tau \qquad (6\text{-}58)$$

将 $\Pi_{S_R} = 0$ 和 $\Pi_{S_Q} = 0$ 代入式（6-51），得

$$\begin{cases} y_1^* = P_{Y_1} Y_1 = \dfrac{1}{1-\psi_1\beta\rho_1} \times L \\[3mm] y_2^* = P_{Y_2} Y_2 = \dfrac{1}{1-\psi_2\gamma\rho_2} \times L \end{cases} \tag{6-59}$$

其中，y_1^*、y_2^* 为开放存取条件下的支出均衡。代入凯恩斯-拉姆齐规则式（6-38），可得

$$\tau = \sigma \tag{6-60}$$

这一结果对生产和创新具有重要的意义。

命题 6-1：（开放存取条件下的资源动态）收获量与现有资源存量成比例：

$$\begin{cases} \dfrac{H_1}{S_R} = D_1 y_1^* = \dfrac{D_1 L}{1-\psi_1\beta\rho_1} \\[3mm] \dfrac{H_2}{S_Q} = D_2 y_2^* = \dfrac{D_2 L}{1-\psi_2\gamma\rho_2} \end{cases} \tag{6-61}$$

于是式（6-32）变为

$$\begin{cases} \dot{S}_R = \left(\xi - \dfrac{D_1 L}{1-\psi_1\beta\rho_1} \right) S_R - \dfrac{\xi}{M}(S_R)^2 \\[3mm] \dot{S}_Q = \left(\eta - \dfrac{D_2 L}{1-\psi_2\gamma\rho_2} \right) S_Q + \varsigma S_R \end{cases} \tag{6-62}$$

得到

$$\lim_{t\to\infty} S_R = \begin{cases} \dfrac{M}{\xi}\left(\xi - \dfrac{D_1 L}{1-\psi_1\beta\rho_1} \right) & \xi > \underline{\xi} = \dfrac{D_1 L}{1-\psi_1\beta\rho_1} \\[3mm] 0 & \xi < \underline{\xi} \end{cases}$$

$$\lim_{t\to\infty} S_Q = \begin{cases} \left(\eta - \dfrac{D_2 L}{1-\psi_2\gamma\rho_2} \right) + \xi S_R & \eta > \overline{\eta} = \dfrac{D_2 L}{1-\psi_2\gamma\rho_2} \\[3mm] 0 & \eta < \overline{\eta} \end{cases} \tag{6-63}$$

在确定经济是否经历能源枯竭或其是否达到具有正存量的稳定状态的参数方面存在条件。从长期来看，$\xi > \underline{\xi}$ 和 $\eta > \overline{\eta}$ 两式表明能源的增长率必须足够高，以弥补消费者不耐烦带来的不利影响，能源依赖于生产、收获率和人口规模。对于 $\xi < \underline{\xi}$ 和 $\eta < \overline{\eta}$，开放存取条件下有如下结论：租金最大化的收获规则是不可持续的，资源存量最终会消失。

命题 6-2：（开放存取条件下的创新动态）公司特定知识的累计率为

$$\begin{cases} \dfrac{\dot{A_1}}{A_1} = \kappa_1 \omega_1 \beta \left(\beta \dfrac{y_1}{n_1} \right) - \left(r_1 + \delta_1 \right) \\[4mm] \dfrac{\dot{A_2}}{A_2} = \kappa_2 \omega_2 \gamma \left(\gamma \dfrac{y_2}{n_2} \right) - \left(r_2 + \delta_2 \right) \end{cases} \qquad (6\text{-}64)$$

将式（6-64）代入式（6-48），得到公司的数量变化是带有常系数的过程：

$$\begin{cases} \dfrac{\dot{n_1}}{n_1} = \nu_1 \times \left(1 - \dfrac{n_1}{\tilde{n}_1} \right), \quad \nu_1 = \dfrac{1 - \beta - \omega_1 \beta - \psi_1 \left(\rho_1 + \delta_1 \right)}{\psi_1} \\[4mm] \dfrac{\dot{n_2}}{n_2} = \nu_2 \times \left(1 - \dfrac{n_2}{\tilde{n}_2} \right), \quad \nu_2 = \dfrac{1 - \gamma - \omega_2 \gamma - \psi_2 \left(\rho_2 + \delta_2 \right)}{\psi_2} \end{cases} \qquad (6\text{-}65)$$

其中，ν_1、ν_2 为内生增长率，且

$$\begin{cases} \tilde{n}_1 \equiv \beta y_1 \times \dfrac{1 - \beta - \omega_1 \beta - \psi_1 \left(\rho_1 + \delta_1 \right)}{\phi - \left(\rho_1 + \delta_1 \right) \kappa_1^{-1}} \\[4mm] \tilde{n}_2 \equiv \gamma y_2 \times \dfrac{1 - \gamma - \omega_2 \gamma - \psi_2 \left(\rho_2 + \delta_2 \right)}{\phi - \left(\rho_2 + \delta_2 \right) \kappa_2^{-1}} \end{cases} \qquad (6\text{-}66)$$

为承载能力。从长远来看，公司数量会收敛到承载力水平：

$$\begin{cases} n_1^{*} = \lim_{t \to \infty} n_1 = \tilde{n}_1 \\[3mm] n_2^{*} = \lim_{t \to \infty} n_2 = \tilde{n}_2 \end{cases} \qquad (6\text{-}67)$$

命题 6-2 的一个含义是，从长远来看，公司增长的动力是特定公司的知识积累。新进入企业导致了公司数量的动态变化，但是，由于固定的运营成本 ϕ，它并不能自我维持。因此，在稳定状态下，进入率恰好补偿了消亡率 δ_1、δ_2。另外，长期的公司数量 n_1^{*}、n_2^{*} 决定了长期的公司规模 $\dfrac{\beta y_1}{n_1}$、$\dfrac{\gamma y_2}{n_2}$，进而决定了长期增长。解释是，在任何时间点，要素市场的均衡和家庭的消费、储蓄决定影响了制造业市场的规模 βy_1、γy_2。在本章内生增长模型的具体应用中，有限数量的劳动力和自然资源通过固定成本包含的挤出效应来限制企业或产品的扩散。

6.3.3　完全产权条件下的均衡

在完全产权条件下，垄断者不会在每个时间都最大化当前租金，而是以前瞻性方式最大化所有租金的现值折现。因此，产出满足霍特林定律 Hotelling[22]：边际净租金必须随时间以资源产生的边际效益的净利率增长。在完全产权下，标准化 $W \equiv 1$，重写式（6-29）并代入汉密尔顿函数式（6-34），得

$$H_3 = U(C)$$
$$+ \lambda_3 \left[\tau(t) B(t) + L + \left(P_{H_1} D_1 S_R - 1 \right) L_{H_1} + \left(P_{H_2} D_2 S_Q - 1 \right) L_{H_2} - P_{Y_1}(t) C_1(t) - P_{Y_2}(t) C_2(t) \right]$$
$$+ \lambda_4 \left[\xi S_R \left(1 - \frac{S_R}{M} \right) - R \right]$$
$$+ \lambda_5 \left(\eta S_Q + \varsigma S_R - Q \right)$$

$$\text{（6-68）}$$

其中，C_1、C_2、L_{H_1}、L_{H_2} 为控制变量；B、S_R、S_Q 为状态变量。

最大化条件满足：

$$\begin{cases} \dfrac{\partial H_3}{\partial C_1} = U'(C_1) - \lambda_3 P_{Y_1} \\[3mm] \dfrac{\partial H_3}{\partial C_2} = U'(C_2) - \lambda_3 P_{Y_2} \end{cases} \quad \text{（6-69）}$$

$$\begin{cases} \dfrac{\partial H_3}{\partial L_{H_1}} = \lambda_3 \left(P_{H_1} D_1 S_R - 1 \right) \\[3mm] \dfrac{\partial H_3}{\partial L_{H_2}} = \lambda_3 \left(P_{H_2} D_2 S_Q - 1 \right) \end{cases} \quad \text{（6-70）}$$

$$\begin{cases} \dot{\lambda_3} = \sigma \lambda_3 - \dfrac{\partial H_3}{\partial B} = \sigma \lambda_3 - \lambda_3 \tau \\[3mm] \dot{\lambda_4} = \sigma \lambda_4 - \dfrac{\partial H_3}{\partial S_R} = \sigma \lambda_4 - \lambda_3 P_{H_1} D_1 L_{H_1} - \lambda_4 \xi + \dfrac{2 \lambda_4 \xi}{M} S_R - \lambda_5 \varsigma \\[3mm] \dot{\lambda_5} = \sigma \lambda_5 - \dfrac{\partial H_3}{\partial S_Q} = \sigma \lambda_5 - \lambda_3 P_{H_2} D_2 L_{H_2} - \lambda_5 \eta \end{cases} \quad \text{（6-71）}$$

由此可得

$$\begin{cases} \dfrac{1}{C_1} = \lambda_3 P_{Y_1} \\[3mm] \dfrac{1}{C_2} = \lambda_3 P_{Y_2} \end{cases} \quad \text{（6-72）}$$

$$\begin{cases} \lambda_3 \left(P_{H_1} D_1 S_R - 1 \right) = 0 \Rightarrow \Pi_{S_R} = 0 \\[3mm] \lambda_3 \left(P_{H_2} D_2 S_Q - 1 \right) = 0 \Rightarrow \Pi_{S_Q} = 0 \end{cases} \quad \text{（6-73）}$$

$$\begin{cases} \dfrac{\dot{\lambda_3}}{\lambda_3} = \sigma - \tau \\[4mm] \dfrac{\dot{\lambda_4}}{\lambda_4} = \sigma - \dfrac{\lambda_3}{\lambda_4} P_{H_1} D_1 L_{H_1} - \xi + \dfrac{2\xi}{M} S_R - \dfrac{\lambda_5}{\lambda_4} \varsigma \\[4mm] \dfrac{\dot{\lambda_5}}{\lambda_5} = \sigma - \eta - \dfrac{\lambda_3}{\lambda_5} P_{H_2} D_2 L_{H_2} \end{cases} \qquad (6\text{-}74)$$

由式（6-30）和式（6-32），经过运算，可以得到

$$\begin{cases} \dfrac{\partial \Pi_{S_R}}{\partial L_{H_1}} = \dfrac{\lambda_4}{\lambda_3} \dfrac{\partial H_3}{\partial L_{H_1}} \\[4mm] \dfrac{\partial \Pi_{S_Q}}{\partial L_{H_2}} = \dfrac{\lambda_5}{\lambda_3} \dfrac{\partial H_3}{\partial L_{H_2}} \end{cases} \qquad (6\text{-}75)$$

在这里，我们关注家庭收获计划的各个组成部分，这些内容直接影响了经济结果。式（6-75）可以改写为

$$\begin{cases} \lambda_3 \left(P_{H_1} D_1 S_R - 1 \right) = \lambda_4 D_1 S_R \\[3mm] \lambda_3 \left(P_{H_1} D_1 S_Q - 1 \right) = \lambda_5 D_2 S_Q \end{cases} \qquad (6\text{-}76)$$

由式（6-72）可得 $\lambda_3 = \dfrac{1}{P_{Y_1} Y_1} = \dfrac{1}{P_{Y_2} Y_2}$，代入式（6-76），两边同乘 L_{H_1} 和 L_{H_2}，可得

$$\begin{cases} \left(P_{H_1} D_1 S_R - 1 \right) L_{H_1} = \lambda_4 D_1 S_R \times L_{H_1} \times y_1 \\[3mm] \left(P_{H_2} D_2 S_Q - 1 \right) L_{H_2} = \lambda_5 D_2 S_Q \times L_{H_2} \times y_2 \end{cases} \qquad (6\text{-}77)$$

于是得到资源价格：

$$\begin{cases} P_{H_1} = \dfrac{1}{S_R} + y_1 \times \lambda_4 \\[3mm] P_{H_2} = \dfrac{1}{S_Q} + y_2 \times \lambda_5 \end{cases} \qquad (6\text{-}78)$$

式（6-77）左边为当前收获的净租金 Π_{S_R} 和 Π_{S_Q}，因此，将式（6-30）代入式（6-77），可以得到

$$\begin{cases} \Pi_{S_R} = y_1 \times \lambda_4 \times H_1 \\[3mm] \Pi_{S_Q} = y_2 \times \lambda_5 \times H_2 \end{cases} \qquad (6\text{-}79)$$

即收获的利润与资源存量的边际影子价值相等。然后，由式（6-51）和式（6-79）

可得

$$
\begin{cases}
y_1^{**} = \dfrac{L}{1 - \psi_1\beta\rho_1 - \lambda_4 H_1} \\[3mm]
y_2^{**} = \dfrac{L}{1 - \psi_2\gamma\rho_2 - \lambda_5 H_2}
\end{cases}
\tag{6-80}
$$

y_1^{**}、y_2^{**} 为开放存取条件下可再生能源和可再生氢能的支出均衡。根据这些表达式，资源租金不是消费支出的一个固定比例，因为收获的动机依赖于资源存量的边际影子价值。因此，支出和利率随时间变化视为完全产权会产生一个均衡情况。原因在于，与自由存取制度不同，完全产权下的收获水平与每个时刻的资源存量不成比例。

我们可以通过构建一个 2×2 系统来研究经济的均衡路径，该系统控制了资源存量影子价值 $m_1(t) = \lambda_4 \times S_R$、$m_2(t) = \lambda_5 \times S_Q$ 和物质资源存量 S_R、S_Q 的联合动态。

命题 6-3：（完全产权条件下的自然资源动态）收获是关于资源存量影子价值的单调递减函数：

$$
\begin{cases}
\dfrac{H_1}{S_R} = \Lambda_1(m) = \dfrac{2D_1 L}{1 - \psi_1\beta\rho_1 + D_1 L m_1 + \sqrt{(1 - \psi_1\beta\rho_1 + D_1 L m_1)^2 - 4D_1 L m_1}} \\[5mm]
\dfrac{H_2}{S_Q} = \Lambda_2(m) = \dfrac{2D_2 L}{1 - \psi_2\gamma\rho_2 + D_2 L m_2 + \sqrt{(1 - \psi_2\gamma\rho_2 + D_2 L m_2)^2 - 4D_2 L m_2}}
\end{cases}
\tag{6-81}
$$

由汉密尔顿函数式（6-34）和方程式（6-32）组成的相关动力系统由收获规则式（6-81）衡量：

$$
\begin{cases}
\dfrac{\dot{m}_1(t)}{m_1(t)} = \rho_1 + \dfrac{\xi}{M} S_R - \dfrac{1}{m_1(t)} \\[4mm]
\dfrac{\dot{m}_2(t)}{m_2(t)} = \rho_2 - \dfrac{1}{m_2(t)}
\end{cases}
\tag{6-82}
$$

$$
\begin{cases}
\dfrac{\dot{S}_R}{S_R} = \xi - \dfrac{\xi}{M} S_R - \Lambda(m_1(t)) \\[4mm]
\dfrac{\dot{S}_Q}{S_Q} = \eta + \dfrac{\varsigma S_R}{S_Q} - \Lambda(m_2(t))
\end{cases}
\tag{6-83}
$$

该系统路径稳定，且收敛于：

$$\lim_{t\to\infty} m_1 = \begin{cases} \dfrac{1}{\rho_1 + (\xi / M) S_R} & \xi > \underline{\xi} \equiv \Lambda(m_1) \\[2mm] \dfrac{1}{\rho_1} & \xi \leqslant \underline{\xi} \end{cases}$$

$$\lim_{t\to\infty} m_1 = \frac{1}{\rho_2} \qquad\qquad\qquad (6\text{-}84)$$

$$\lim_{t\to\infty} S_R = \begin{cases} \dfrac{M}{\xi} \times \left[\xi - \Lambda(m_1) \right] & \xi > \underline{\xi} \equiv \Lambda(m_1) \\[2mm] 0 & \xi \leqslant \underline{\xi} \end{cases}$$

$$\lim_{t\to\infty} S_Q = \begin{cases} \left[\eta - \Lambda(m_2) \right] + \varsigma S_R & \eta > \overline{\eta} \equiv \Lambda(m_1) \\[2mm] 0 & \eta \leqslant \overline{\eta} \end{cases} \qquad (6\text{-}85)$$

长期能源保存的条件在概念上类似于开放存取下的条件：如果内在再生率，即增长率过低，则发生能源耗尽。然而，在完全产区下引起能源耗尽的内生增长率与开放存取下的内生增长率不同。

命题 6-4：（完全产权条件下的创新动态）公司特定知识的累计率为

$$\begin{cases} \dfrac{\dot{A}_1}{A_1} = \kappa_1 \omega_1 \beta \left(\beta \dfrac{y_1}{n_1} \right) - (r_1 + \delta_1) \\[4mm] \dfrac{\dot{A}_2}{A_2} = \kappa_2 \omega_2 \gamma \left(\gamma \dfrac{y_2}{n_2} \right) - (r_2 + \delta_2) \end{cases} \qquad (6\text{-}86)$$

公司的数量变化是带有常系数的过程：

$$\begin{cases} \dfrac{\dot{n}_1}{n_1} = \nu_1 \times \left(1 - \dfrac{n_1}{\tilde{n}_1} \right), \quad \nu_1 = \dfrac{1 - \beta - \omega_1 \beta - \psi_1 (\rho_1 + \delta_1)}{\psi_1} \\[4mm] \dfrac{\dot{n}_2}{n_2} = \nu_2 \times \left(1 - \dfrac{n_2}{\tilde{n}_2} \right), \quad \nu_2 = \dfrac{1 - \gamma - \omega_2 \gamma - \psi_2 (\rho_2 + \delta_2)}{\psi_2} \end{cases} \qquad (6\text{-}87)$$

其中，ν_1、ν_2 为内生增长率，且

$$\begin{cases} \tilde{n}_1 \equiv \beta y_1 \times \dfrac{1 - \beta - \omega_1 \beta - \psi_1 (\rho_1 + \delta_1)}{\phi - (\rho_1 + \delta_1) \kappa_1^{-1}} \\[4mm] \tilde{n}_2 \equiv \gamma y_2 \times \dfrac{1 - \gamma - \omega_2 \gamma - \psi_2 (\rho_2 + \delta_2)}{\phi - (\rho_2 + \delta_2) \kappa_2^{-1}} \end{cases} \qquad (6\text{-}88)$$

为承载能力。从长远来看，由于 $y_1 \to y_1^{**}$，$y_2 \to y_2^{**}$，于是我们有

$$\begin{cases} n_1^* = \lim_{t \to \infty} n_1 = \tilde{n}_1 = \beta y_1^{**} \times \dfrac{1 - \beta - \omega_1 \beta - \psi_1 (\rho_1 + \delta_1)}{\phi - (\rho_1 + \delta_1) \kappa_1^{-1}} \\[4mm] n_2^* = \lim_{t \to \infty} n_2 = \tilde{n}_2 = \gamma y_2^{**} \times \dfrac{1 - \gamma - \omega_2 \gamma - \psi_2 (\rho_2 + \delta_2)}{\phi - (\rho_2 + \delta_2) \kappa_2^{-1}} \end{cases} \quad (6\text{-}89)$$

命题 6-4 可以用类似命题 6-2 的方式解释：公司数量趋向于一个稳定的承载力水平 n_1^*、n_2^*。正如我们上面提到的，有限的劳动力和自然资源限制了企业或产品的扩散，否则将以指数增长。与开放存取制度不同，由于代理商内在化了自然资源存量的动态，企业的承载能力会发生改变。更一般地说，人类活动，即收获，通过改变增长的环境来影响资源存量。从长远来看，生产率是由创新驱动的，而创新依赖于公司规模。

开放存取和完全产权制度之间的关键区别在于，在开放存取中缺乏一种稀缺的价格信号，这种价格信号可以促使资源开发者对变化的环境做出适应性反应。这就是为什么在开放存取条件下自然资源的再生率比在完全产权条件下大。

6.4 制 度 比 较

在本节中，我们将从三个方面对两种制度进行比较：能源价格、消费、数值模拟。

6.4.1 能源价格

能源价格的均衡价值受产权制度的影响有两种方式。一种是某一瞬间的能源价格反映了当前的稀缺性，即当前的资源存量水平，以及不同的制度需要不同程度的能源保护。另一种是在完全产权下，通过租金效应，资源价格也受到收入动态的影响——也就是说，具有完全所有权的前瞻性开发商通过收取比开放存取条件下相同能源库存更高的价格来实现正利润。

一般而言，完全产权会通过租金效应产生正压力，通过稀缺效应产生负压力。当资源存量给定，我们在时间 $t = 0$ 时比较两种制度，能源价格必然在完全产权下更高，因为此时租金效应完全有效且没有受稀缺效应影响。然而，随着两个经济体趋于各自的稳定状态，完全产权意味着更强烈的资源保护，由此产生的稀缺效应可能会导致价格比开放存取下更低。这种稀缺效应和租金效应之间的紧张关系对消费和福利带来的影响可能是巨大的。

6.4.2　消费

不同的开采制度决定了能源价格、收入、消费的不同路径。一方面，完全产权相对于开放存取产生更高的支出：由式（6-51），积极的资源租金使得在每个时期 t，都有 $y_1^* > y_2^*$。另一方面，完全产权在 $t=0$ 时能确定更高的能源价格，并且从长远来看，完全产权并不一定会增加每个时间点的消费。相反，开放存取可以在短期内产生更高的消费。

6.4.3　数值模拟

1. 开放存取

为了简化模型，我们将劳动总量单位化为 1，即 $L=1$。于是可再生能源和可再生氢能的支出均衡为

$$\begin{cases} y_1^* = \dfrac{1}{1-\psi_1\beta\rho_1} \times L = \dfrac{1}{1-\psi_1\beta(r_1+\delta_1)} \\[3mm] y_2^* = \dfrac{1}{1-\psi_2\gamma\rho_2} \times L = \dfrac{1}{1-\psi_2\gamma(r_2+\delta_2)} \end{cases} \quad （6\text{-}90）$$

Nujin 等[21]给出了可再生能源的产出弹性 $\beta=0.35$，以及代表可再生能源技术机会的参数 $\psi_1=2.5$，刘岩等[23]给出的可再生能源产出弹性为 $\beta=0.19$，由于本章只考虑了可再生能源和可再生氢能之间的关系，故我们取相对较大的产出弹性 $\beta=0.35$。根据郭烈锦和赵亮[13]及孙杰等[24]的研究，可再生能源制氢的转换率约为 50%，故我们将可再生氢能的产出弹性设为 $\gamma=0.15$，将生产过程中可再生氢能的损耗率设为 $\delta_2=0.5$。由于可再生氢能的技术水平相对低于可再生能源，故我们将代表可再生氢能技术机会的参数设为 $\psi_2=1.5$。中国国家电网公司总经理辛保安在 2019 年夏季达沃斯论坛的一场分论坛上表示，按照政府规定，国家电网 2019 年"弃风弃光"率能控制在 5%以内。于是我们将生产过程中可再生能源的损耗率设为 $\delta_1=0.05$。表 6-1 为参数取值。图 6-1、图 6-2 为开放存取下的数值模拟结果。

表 6-1　开放存取条件下的参数取值

参数	β	γ	ψ_1	ψ_2	δ_1	δ_2
取值	0.35	0.15	2.5	1.5	0.05	0.5

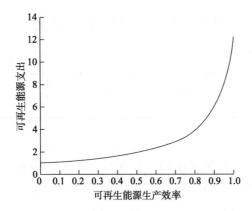

图 6-1　开放存取条件下可再生能源支出 y_1^* 与生产效率 r_1 的关系

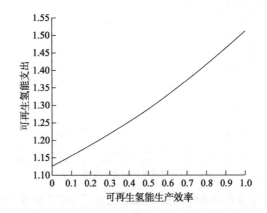

图 6-2　开放存取条件下可再生氢能支出 y_2^* 与生产效率 r_2 的关系

2. 完全产权

完全产权下可再生能源和可再生氢能的支出均衡为

$$
\begin{cases}
y_1^{**} = \dfrac{L}{1-\psi_1\beta\rho_1-\lambda_4 H_1} = \dfrac{1}{1-\psi_1\beta(r_1+\delta_1)-\lambda_4\left(D_1 L_{H_1} S_R\right)} \\[4mm]
y_2^{**} = \dfrac{L}{1-\psi_2\gamma\rho_2-\lambda_5 H_2} = \dfrac{1}{1-\psi_2\gamma(r_2+\delta_2)-\lambda_5\left(D_2 L_{H_2} S_Q\right)}
\end{cases}
\tag{6-91}
$$

我们沿用开放存取中部分参数的取值。根据 Nujin 等[21]的研究，可再生能源生产力参数为 $D_1 = 0.15$，可再生氢能生产力参数略低于可再生能源，故我们设为 $D_2 = 0.1$。经济在四个活动中分配劳动力，且在租金中使用的劳动力占比最少，故我们将租金中使用的劳动力设为 $L_{H_1} = L_{H_2} = 0.1$。资源存量假定为 1。表 6-2 为参数取值。

表 6-2 完全产权条件下的参数取值

参数	β	γ	ψ_1	ψ_2	δ_1
取值	0.35	0.15	2.5	1.5	0.05
参数	δ_2	D_1	D_2	L_{H_1}	L_{H_2}
取值	0.5	0.15	0.1	0.1	0.1

此时生产效率 r_1、r_2 和影子价格 λ_4、λ_5 未知，在 0~1 范围内随机取 r_1、r_2，可以在可再生能源和可再生氢能的生产效率分别为 $r_1 = 0.6$、$r_2 = 0.4$ 时得到影子价格 λ_4、λ_5 的最优值。数值模拟结果如图 6-3、图 6-4 所示。

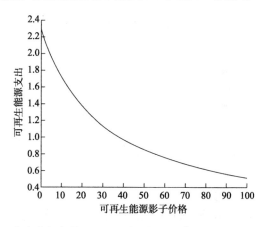

图 6-3 完全产权条件下可再生能源支出 y_1^{**} 与影子价格 λ_4 的关系

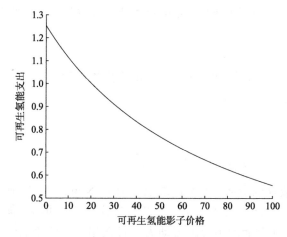

图 6-4 完全产权条件下可再生氢能支出 y_2^{**} 与影子价格 λ_5 的关系

根据数据模拟，我们将可再生能源的影子价格设为 $\lambda_4 = 50$，可再生氢能影子

价格 $\lambda_5 = 20$ ，进而得到支出与生产效率的关系，见图 6-5、图 6-6。

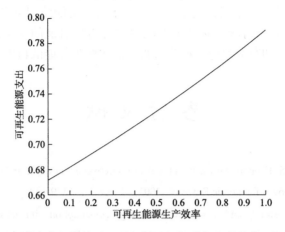

图 6-5　完全产权条件下可再生能源支出 y_1^{**} 与生产效率 r_1 的关系

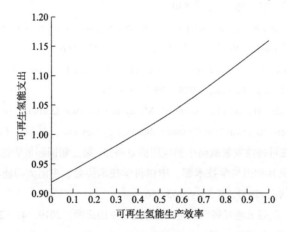

图 6-6　完全产权条件下可再生氢能支出 y_2^{**} 与生产效率 r_2 的关系

6.5　本章小结

　　本章给出了绿色低碳行为下的可再生能源转换为氢能的内生增长模型，并对比了开放存取和完全产权两种制度下的能源价格和消费。通过数值模拟比较研究了开放存取和完全产权两种不同条件下可再生能源和可再生氢能的生产支出，并得到如下结论：第一，在理论上计算出可再生能源和可再生氢能在开放存取、完全产权两种条件下的均衡结果，得到影响支出的参数。第二，在开放存取和完全产权两种条件下，可再生能源和可再生氢能的支出都与各自的生产效率正相关，称之为生产效率效应。第三，完全产权条件下可再生能源和可再生氢能的支出高于开放存取条件下相同情况的可再生能源和可再生氢能的支出，称之为存取效应。生产效率效应和存取效应统称为可再生能源驱生氢能的再生效应。

参 考 文 献

[1] Olli T，Seppo S. Economic growth and transitions between renewable and nonrenewable energy resources. European Economic Review，2001，45（8）：1379-1398.

[2] Javed A B. Renewable and non-renewable energy consumption—impact on economic growth and CO_2 emissions in five emerging market economies. Environmental Science and Pollution Research，2018，25（35）：515-530.

[3] Acemoglu D，Aghion P，Bursztyn L，et al. The environment and directed technical change. The American Economic Review，2012，102（1）：131-166.

[4] Victor C，Pierre A J，Frédéric L. Long-term endogenous economic growth and energy transitions. The Energy Journal，2018，39（1）：29-57.

[5] Saad M，Meghdad B，Azadeh S，et al. Malaysia's renewable energy policies and programs with green aspects. Renewable and Sustainable Energy Reviews，2014，（40）：497-504.

[6] 鲁昭亚. 氢能在可持续发展战略中的应用前景展望. 第二届国际氢能论坛青年氢能论坛论文集. 中华人民共和国科学技术部、中国科学技术协会、中国太阳能学会氢能专业委员会、国际氢能协会. 2003，（2）：265-266.

[7] 刘坚，钟财富. 我国氢能发展现状与前景展望. 中国能源，2019，41（2）：32-36.

[8] Mostafa R，Nafiseh N K，Niloofar J. Wind energy utilization for hydrogen production in an underdeveloped country：an economic investigation. Renewable Energy，2020，（147）：1044-1057.

[9] Wan B Y，Tian L X，Zhu N P，et al. A new endogenous growth model for low-carbon behavior and its comprehensive effects. Applied Energy，2018，（230）：1332-1346.

[10] Cai D F，Ma W D. Constraint to the satisfactory conditions for R&D endogenous growth model. Proceedings of the 2018 5th International Conference on Education，Management，Arts，Economics and Social Science（ICEMAESS 2018），2018：443-447.

[11] Liu C Y，Gao X Y，Ma W，et al. Research on regional differences and influencing factors of green technology innovation efficiency of China's high-tech industry. Journal of Computational and Applied Mathematics，2019，369（1）：377-427.

[12] Zhang W B, Tian Z H, Zhang G Y, et al. Spatial-temporal characteristics of green travel behavior based on vector perspective. Journal of Cleaner Production, 2019, （234）: 549-558.

[13] 郭烈锦，赵亮. 可再生能源制氢与氢能动力系统研究. 中国科学基金，2002，（4）: 20-22.

[14] 珊克瑞·斯里尼瓦桑，周希舟，张东杰. 欧洲氢能发展现状前景及对中国的启示. 国际石油经济，2019，27（4）: 18-23.

[15] 金雪，庄雨轩，王辉，等. 氢储能解决弃风弃光问题的可行性分析研究. 电工电气，2019，（4）: 63-68.

[16] Glenk G, Reichelstein S. Economics of converting renewable power to hydrogen. Nature Energy, 2019, 4（3）: 216-222.

[17] 王聪，杨选良，刘延松，等. AK 模型内生增长理论西方研究综述. 情报杂志，2010，29（2）: 188-192.

[18] Pietro F P. Technological change, market rivalry, and the evolution of the capitalist engine of growth. Journal of Economic Growth, 1998, 3（1）: 53-80.

[19] Pietro F P, Michelle C. The Manhattan Metaphor. Journal of Economic Growth, 2007, 12（4）: 329-350.

[20] 付才辉. 新结构经济学一般均衡理论初探. 武汉大学学报（哲学社会科学版），2018，71（6）: 129-138.

[21] Nujin S, Pietro F P, Simone V. Endogenous growth and property rights over renewable resources. European Economic Review, 2015, （76）: 125-151.

[22] Hotelling H. The economics of exhaustible resources. Journal of Political Economy, 1931, （39）: 137-175.

[23] 刘岩，于渤，洪富艳. 基于可持续发展的可再生能源替代动态增长模型研究. 中国软科学，2011，（S1）: 240-246.

[24] 孙杰，董中朝，于姗姗，等. 可再生能和氢能的完美结合——生物质乙醇氢燃料. 合成化学，2007，（S1）: 232-234.

第二篇
濡化协同发展理论

引　言

2018 年 10 月，联合国政府间气候变化专门委员会（IPCC）发布《IPCC 全球升温 1.5℃特别报告》。同年，卡托维兹气候变化大会指出，目前的模式下，"双重标准"和"多样模式"使得全球减排只能在与一个个国家沟通解决方案的过程中低效进行，如果能在低碳生产机理层面先达成一致，由此开始协调，不仅沟通成本会明显降低，而且低碳生产制度的建立，将有助于绿色综合集成低碳体系的形成，以及全球减排目标的最终达成。

随着控温在 1.5℃内和"零净排放"共识的确立，低碳发展越来越受到关注，探索和实施低碳经济的新发展模式势在必行。在此背景下，面对日趋强化的资源与环境约束，政府、企业、公众作为碳排放的重要多元相关主体，其协同演化的绿色增长机制将是未来实现温控和"零净排放"的重要理论基础，对实际绿色低碳发展具有重要的指导意义。

提高能源效率作为应对环境污染和能源匮乏等问题的一种方法，其目的在于通过绿色协同增长机制，实现对能源消费品种和能源消费量的控制，而能源新品种的开发和能源消费量的变化在不断地改变供求关系和破坏能源市场的平衡。能源价格作为判断能源市场稳定状态的"浮标"之一，它的波动导致能源市场的平衡状态被破坏，使能源市场处于不稳定状态。如今我国能源对经济增长的影响力不断扩大，经济增长对能源具有较强的依赖性。随着能源市场管制的放松，活跃的能源市场始终处于变化之中。因此，能源效率、能源价格和经济增长之间的协同演化关系，是实现能源效率提升的重要途径。实现经济效益、环境效益和社会效益的"共赢"等问题一直是研究的热点。

近年来，关于低碳内生增长机制的研究，从不同的角度在能源价格、能源效率和经济增长之间展开，得到了很多具有实际意义的结论。但由于综合考虑的要素较少，不能全面地反映要素间的相互促进和制约关系，得出的结论就存在差异。另外，各要素变化对绿色低碳行为变化的影响也未进行详细的研究。因此，怎样建立系统以便有效地反映协同增长机理，探讨绿色低碳行为变化的实质问题，利用什么方法可以将更多的要素纳入研究体系中，如何定量描述中国产业系统以及能源市场行为变化中能源效率、能源价格和经济增长之间的变化特征等，都将是本部分重点研究的方向。

另外，目前通过建立非线性动力系统进行能源经济领域的研究非常普遍，如建立三维节能减排系统和碳税约束下的节能减排四维系统，提出了控制碳排放和能源强度的方法；建立电力市场的价格-供给-经济增长的三维系统，研究了电力市场的稳定性，给出几种推动电力市场稳定的调控策略；建立能源价格-能源供给-经济增长三维系统并进行实证分析，对促进能源市场的稳定进行研究。这些研究均是先通过明确各变量之间的传导机制和因果关系，进行建模；然后对所构建的系统模型进行数值仿真，分析系统的稳定性；最后基于实际的统计数据进行实证分析，给出符合实际情况的政策建议。可见，借助非线性动力学理论，进行能源市场的研究，已得到普遍的认可。本部分也将重点对非线性动力学理论在产业系统以及绿色低碳行为协同演化增长机制中的相关应用进行研究。

本篇主要研究绿色低碳行为濡化的协同增长理论，共分六章。第 7 章研究了多区域工业碳生产力，首先对碳生产力的内涵进行了重新定义，在生产理论框架下，使用了生产理论分解分析（production-theoretical decomposition analysis，PDA）模型描述一般生产技术，检验投入/产出技术效率对区域碳生产率差异的影响。然后，基于中国 30 个省（自治区、直辖市）的实际工业数据，比较了 2016 年省际工业碳生产率，研究生产相关因素对区域差异的影响。结果发现，中国 29 个省份和基准区之间的差异决定因素是不同的。在两个省（市）中，北京和广东在潜在碳因素和要素间替代效应上表现最好，而上海在技术效率方面表现较好。

第 8 章研究了产业系统绿色竞争优势。基于碳生产力的内涵，对碳生产力函数进行重构，构建了绿色低碳生产效用函数，以碳生产力增长率为约束方程，建立了产业系统绿色低碳生产的动态汉密尔顿系统，通过西尔维斯特准则和庞德里亚金准则论证了动态系统最优解存在的充要条件。通过求解动态系统，得到了碳排放强度根据碳生产力以及技术进步变动的动态轨迹。根据中国产业部门 2001~2017 年的相关数据，得到如下实证结论：碳生产力量化时，熵指数的形式，能够表述系统性特征和波动性特征，更加符合实际情况；通过对碳生产力函数的实证可知，技术进步对碳生产力的影响，间接效应大于直接效应，且正外部性不如负外部性的效应大；随着 R&D 投入的持续扩大，技术进步对碳生产力的影响也将持续扩大，目前大多数文献中，仅用 R&D 代表技术进步不合理，忽略了技术进步的"偷生意效应"。

第 9 章从能源市场角度，研究了效率提升的协同增长机理。根据能源效率、能源价格和经济增长之间的因果关系，构建了作为主体的相互传导的网络结构，并建立了一个新的依托主体的非线性动力系统模型。利用数值仿真的方法，分析了参数对系统和子系统运动状态的影响。然后借助 BP 神经网络识别出系统的参数，得到了一个新的具有实际意义的反映中国实际情况的动力系统模型。根据实际的演化状态，分析政策对系统状态的调控效果，发现 4 种策略均能使不稳定的系统趋于稳定。通过对比分析单一调控政策和组合调控政策的调控效果，发现组合调控政策达到稳态所需的时间较短且更有利于能源价格的降低。然而，单一调控政策对提高能源效率和经济增长水平的效果较好。

第 10 章探讨了非线性动力学理论在绿色最优经济增长路径中的应用。在基于新能源的节能减排演化系统的基础上，借助非线性动力学方法，将能源结构调整、经济增速、新能源技术进步等约束变量引入基于新能源的节能减排系统。利用李雅普诺夫指数和分岔图分析了系统的动力学行为，并得到了多变量约束下的新能源吸引子。基于中国统计数据，借助基于遗传算法的 BP 神经网络，辨识出实际系统的参数。以能源强度和经济增长的演化趋势为衡量指标，详细讨论了引入能源结构调整、新能源技术进步和其他变量后对节能减排系统的影响。探索了不同经济增长率下的节能减排系统演化行为，并揭示了系统演变深层次的原因。

第 11 章进一步将政府与市场相结合，研究了碳税与经济发展的优化路径。提出了改进的两个时期的代际交叠模型，改进的新模型研究了环境污染、居民的健康状态对经济活动的影响。通过建模，将健康福利引入公众的终身福利函数以及将时间分配比例引入健康函数和消费预算，探究和分析了使经济稳态平衡点的人均产出和居民社会福利同时达到最大的最优碳税收入分配比例。此外，还分析了本章中每个参数对最优碳税收入分配比例的影响，进行了定性结论的稳定性分析，且提出了相应的政策。最后，在稳态均衡的状态下将本章中的健康函数与以往研究中的健康函数进行了比较。

第 12 章将多主体融合，建立了具有多个主体、复杂度较高的绿色低碳行为-碳价格-碳排放系统，分析了绿色低碳行为驱动的中国碳排放市场演化。通过对绿色低碳发展系统中包含的多主体之间相互影响和制约的因果传导关系及数量关系的分析，建立了一个新的绿色低碳行为驱动下的碳排放市场模型，并研究了不同策略下多主体绿色低碳行为及不同调控力度对碳排放市场的动态演化特征。研究发现：4 种策略均能使不稳定的碳排放市场趋于稳定；组合调控策略在提高碳价格水平并使其达到稳态的时间上要优于单一调控策略；单一调控策略下碳排放的稳定水平低于组合策略调控，但组合调控策略下绿色低碳行为综合力度较小，即为此付出的绿色低碳成本较低；碳排放市场对绿色低碳行动的开展具有滞后性，并且滞后期间碳市场变化幅度较大；相同策略的不同调控力度对碳排放的稳态水平呈现同向变化趋势。此外，在当前碳排放权交易市场不成熟阶段通过碳市场实现碳减排的导向作用具有一定的范围性（即尚不能充分挖掘出绿色低碳发展的潜力），而通过政府行为和社会行为开展绿色低碳行动则具有较为显著的效果。

第 7 章　多区域工业碳生产力分析

7.1　工业碳生产力

推进绿色发展，必须"加快建立绿色生产和消费的法律制度和政策导向，建立健全绿色低碳循环发展的经济体系"。绿色低碳发展要求保持经济增长的同时，又需将温室气体排放控制在容许范围内，而由 Kaya 和 Yokobori[1]提出的碳生产率恰能将这两大要求融为一体。碳生产率遵循在一定的技术水平条件下，以最少的碳资源投入获得最大的产出，碳排放成为社会经济发展的一种投入要素和约束性指标。未来的竞争不是劳动生产率的竞争，也不是石油效率的竞争，而是碳生产率的竞争[2]。碳生产力是在碳生产率的基础上进一步深化演变而来。

从现有的文献来看，众多学者将碳生产力作为衡量低碳经济发展的重要指标之一，并着重分析了碳生产率驱动因素、收敛机制及区域差异，其中区域间碳生产率的比较分析有助于政策制定者了解区域间碳生产力差异，优化生产资源配置，实现既定的减排目标，以促进目标区域的绿色发展。在碳生产力概念方面，Kaya 和 Yokobori 定义碳生产率为各单位 GDP 数量与同期二氧化碳排放量之比，为单位 GDP 二氧化碳排放强度的倒数，这也为众多学者所认可和应用；另有学者认为碳生产力应有广义和狭义之分，其中狭义定义与 Kaya 和 Yokobori 提出的相同，广义则需将福利绩效考虑在内，其测算为狭义碳生产率与服务效率的乘积项，由于本章并非基于福利视角，且研究过程中不涉及福利绩效，故本章采用前者的定义。基于 Kaya 和 Yokobori 定义的碳生产力，有关跨区域、产业部门、时段碳生产力的变化趋势、差异性及影响因素分析引起了众多学者的关注。例如，张永军、Meng 和 Niu、Lu 等、Hu 和 Liu 利用不同的指数分解分析（index decomposition analysis，IDA）、对数平均因子指数（logarithmic mean divisia index，LMDI）分解法及 Laspeyres 分解法，从宏观层面上对中国跨时段区域碳生产力及澳大利亚部分行业进行了碳生产率影响因素的分解[3-6]；张成等使用随机前沿分析模型识别出经济中的随机因素，将碳生产率增长率进行了七重因素分解[7]。另有学者运用泰尔指数和脱钩指数等分析方法进行碳生产力区域差异性研究，如潘家华和张立峰、张成等基于泰尔指数和脱钩指数对中国碳生产率的变化趋势及东中西内部和组间的差距进行了分析，研究发现多数省份碳生产率呈逐年上升趋势，东、中、西部碳生产率呈现递减格局，但增长速度并未与之一致，中部增长最快，西部最慢，并将其影响因素分解为技术进步、国际竞争程度、产业结构和能源结构[2, 8]。在碳生产力衡量指标方面，赵国浩和高文静基于方向性距离函数的 DEA 方法，提出广义碳生产力指数，并对其进行分解[9]；Yu 等以中国燃煤电厂为研究对象，结合生产技术、定向技术距离函数和 Luenberger 生产力指数构建 SMLPI 模型以分析企业生产技术创新、技术差距对碳生产力的影响[10]。另外一些研究则多利用空间计量方法从经济活动的空间集聚、对外开放程度、经济发展水平、工业能源消费结构方面分析对碳生产力的影响[11-13]。

在生产活动中，经济主体通过投入要素组合（如产品、能源、服务等）获得期望产出和非期望产出（废水、二氧化碳排放量等），由生产技术所决定的技术效率承载于投入和产出品中，由此影响生产绩效，不少学者基于这个视角探讨不同层面区域的能源和碳排放效率，并分析了生产技术和技术效率的影响效应[14-16]，尤其是能源和非能源投入之间的替代效应直接影响投入组合的有效性，进而影响生产活动和排放绩效[17]，张成等重点探讨资本、劳动和能源三要素之间的替代效应对碳生产率波动的影响[8]；李荣杰等将能源和人力资本引入 C-D 生产函数推导碳生产率决定方程，使用省级面板数据检验清洁能源使用与要素配置结构的碳生产率效应[18]。以上研究皆体现了生产技术及其相关因素在评估区域排放绩效中的重要性。

PDA 是实现空间分解的技术之一，另外两种方法是指 IDA 和结构分解分析（structural decomposition analysis，SDA）。与 IDA 相比，SDA 方法则更加完善，主要基于投入产出表对经济体之间碳排放量进行直接或间接比较分解分析，其分析过程需要较多数据[19]，而 PDA 基于生产理论从生产系统视角主要应用于绩效变化和技术效率变化驱动因素的分析以及减排水平的评估。目前不少学者热衷于使用 IDA 和 SDA，从宏观层面对能源强度及二氧化碳排放绩效相关变量进行分解分析，如 Lee 和 Oh、Bataille 等使用 IDA 分别评估了 APEC 国家和 G7 国家二氧化碳排放绩效[20, 21]；Wang 和 Ang 利用 IDA 着重探讨全球国际贸易对碳排放的影响[22]；Su 和 Ang 对 SDA 和 IDA 进行比较分析，对 SDA 方法进行了完善，为学者汇总出方法选择指南，并基于投入产出表采用 SDA 对中国区域间碳强度进行了比较分析[23]。PDA 最初由 Zhou 和 Ang 提出，此种方法主要结合了数据包络技术和距离函数[24]。由于中国是二氧化碳排放大国，众多学者将 PDA 方法应用于研究国家、工业、省际和城市层面二氧化碳排放驱动因素[25-28]。例如，Zhang 等利用 PDA 分解方法将二氧化碳排放量的变化分解为 7 个因素[29]；

Wang 和 Zhou 基于生产理论视角，通过构建最佳前沿结合距离函数揭示生产效率和技术对碳排放的影响[30]。然而，由于总排放量、能源总消耗等数量指标仅能体现区域（国家、省际、城市等）能源使用和排放的绝对水平，用于区域间二氧化碳排放绩效的比较分析则难免有失公平，而强度指标并不依赖于经济规模，并且体现效率水平，因此，众多学者使用分解分析聚焦于对区域间能源强度、碳强度、碳生产力等强度指标进行差异性分析[25-28]，其中 PDA 建立在生产理论的基础上，通过构建最佳实践前沿接合距离函数可以更贴切地模拟生产过程，以揭示能源或碳排放中的生产效率的驱动因素，因此，此方法在理论基础和数据要求方面更具有优势[29]。

总结以往学者对碳生产率研究的累累硕果，其影响因素可总结为三大类，技术进步、经济发展、能源结构及要素配置结构，其中技术进步主要通过技术效率、技术溢出、能源效率、技术创新、管理效率、清洁能源替代等变量反映其对碳生产率的影响；经济发展主要体现在经济空间集聚、经济发展阶段、经济产业结构等方面；能源结构主要包括能源结构清洁化和能源利用率，要素配置结构主要指资本、劳动、能源三种基本要素的配置结构调整。此外，以往碳生产力的区域差异比较研究主要涉及区域（OECD 国家之间、中国各省区市之间、中国工业部门之间、中国产业部门之间）和跨时段或两者兼有的分析，而忽略了全要素生产率、投入要素之间的替代效应，并且鲜有涉及生产过程相关因素对区域碳生产力差异的影响，尽管张成等[8]和李荣杰等[18]将生产相关因素考虑在内，但并未分析这些因素对区域碳生产力区域差异的影响，并且研究层面仅停留在省级层面，未涉及各省产业部门的分析。此外，到目前为止，仅有 Meng 和 Niu[31]将 PDA 用于研究中国区域间碳排放强度的比较分析及驱动因素间替代效应，进行了多区域比较，需要总指标以评估区域绩效。在能源和碳排放的研究制定中，总指标大体可归结为数量指标，如能源消耗、总排放量等，强度指标，如碳排放强度、能源强度等，由于强度指标不依赖于经济规模并且具有效率内涵，因此使用强度指标进行比较更为公平准确。虽然碳生产率与单位 GDP 碳排放强度在数量上是倒数关系，但两者存在本质区别。碳生产率是从经济学的角度将碳作为一种隐含在能源和物质产品中的要素投入，衡量一个经济体消耗单位碳资源所带来的相应产出，可与传统的劳动或资本生产率相比较，而碳排放强度是从环境的角度考虑问题，强调碳排放作为产出的附属物及对环境造成的影响[5]。

鉴于此，本章将借鉴 Wang[32]对于碳排放强度的研究思路，运用空间 PDA 分解技术，通过两阶段分解，试图从生产系统视角探讨我国区域层面碳生产率的区域差异性，并深入分析各省内部产业中生产要素的替代效用，帮助政策制定者明晰碳生产力差异性的驱动因素，这有助于决策者确定生产过程中有待提升的方面，实现有效开展管理工作并提升管理绩效。

本章其余部分安排如下，7.2 节工业碳生产力模型构建，7.3 节为多区域工业碳生产力实证分析，7.4 节为本章小结。

7.2 工业碳生产力模型构建

7.2.1 绿色碳生产技术及距离函数

在经济生产活动过程中，投入一定的生产要素后，获得期望产出的同时伴随着非期望产出，如废气、废水、固体废弃物等（坏的）产出。假定将对 N 个区域 $(R_1, R_2, \cdots, R_N)$ 进行比较研究，每个区域包括 M 个经济部门 $(i = 1, \cdots, M)$。比较中的参照区域为 R_u，为被评估的所有区域取均值得到，因此分解过程中一共涉及 $N+1$（$j = 1, \cdots, N, N+1$，其中第 $N+1$ 表示参照区域）区域。本章参照 Färe 等[33] 的研究，将第 i 部门的环境生产技术函数定义如下：

$$T = \{K, L, E, Y, C : \text{投入}（K, L, E）\text{产出}（Y, C）\} \tag{7-1}$$

其中，K 表示资本投入；L 表示劳动力投入；E 表示能源投入；Y 表示期望产出；C 表示非期望产出，包括 SO_2、CO_2、NO_x 等，本章重点研究二氧化碳，故此处 C 表示二氧化碳排放量。根据现实中生产过程及 Färe 和 Grosskopf 对环境生产技术的描述，以上函数满足以下两个条件：

（1）"零结合"，若要实现 $C=0$，只有停止一切生产活动方能实现，此时 $Y=0$，即若（Y, C）$\in T$ 且 $C=0$，那么 $Y=0$；

（2）弱可处置性，表明二氧化碳排放的减少必须以牺牲期望产出为代价，两者的同比例减少是可能的，即若（K_i, L_i, E_i, Y_i, C_i）$\in T_i$ 并且存在 $0 \leqslant \theta \leqslant 1$ 使得 $(K_i, L_i, E_i, \theta Y_i, \theta C_i) \in T_i$。

上述环境生产技术函数已将生产要素投入、期望产出及非期望产出进行有效结合，为能将次函数运用到后期的计算和实证研究中，可使用 DEA 方法将上述概念模型化，本章采用非参数前言方法[34]，规模报酬不变的情况下，第 i 部门的投入、期望产出和非期望产出向量为（K_i, L_i, E_i, Y_i, C_i），j 地区第 i 部门的为（$K_{ij}, L_{ij}, E_{ij}, Y_{ij}, C_{ij}$），则环境生产过程可由式（7-2）的线性规划模型描述如下：

$$T = \{K, L, E, Y, C :$$

$$\sum_j \lambda_j K_{ij} \leqslant K_i; \sum_j \lambda_j L_{ij} \leqslant L_i; \sum_j \lambda_j E_{ij} \leqslant E_i; \sum_j \lambda_j Y_{ij} \leqslant Y_i; \sum_j \lambda_j C_{ij} \leqslant C_i; \lambda_j \geqslant 0 \tag{7-2}$$

$$j = 1, \cdots, N, N+1\}$$

其中，λ_j 表示强度变量（观测值的权重、决策）。

根据上述的环境生产函数，可进一步确定距离函数，以往研究中常用的距离函数形式有 Shephard 距离函数（SDF）、径向和非径向距离函数（radial and non-radial directional distance functions，DDFs）。Färe 和 Grosskopf[35]提出 DDFs 具有附加结构，因此将其应用到 PDA 模型中会使后续研究更为复杂，固本章将运用 Shephard 距离函数，包括投入导向和产出导向两种。其中，投入导向的距离函数寻求在不减少产出要素的前提下实现投入的最大收缩比例，产出导向的距离函数寻求在不增加投入要素的前提下实现产出的最大扩张比例。本章将二氧化碳纳入生产过程，借鉴 Wang 和 Ang[22]比较分析碳排放强度的思路，定义二氧化碳排放导向的 Shephard 距离函数，以体现生产技术效率，如式（7-3）所示。

$$D_{iO}^C \left(K_i, L_i, E_i, Y_i, C_i \right)^{-1} = \min \beta_{iO} \qquad (7\text{-}3)$$

$$\text{s.t.} \begin{cases} \sum_j \lambda_j K_{ij} \leqslant K_{io} \\ \sum_j \lambda_j L_{ij} \leqslant L_{io} \\ \sum_j \lambda_j E_{ij} \leqslant E_{io} \\ \sum_j \lambda_j Y_{ij} \geqslant Y_{io} \\ \sum_j \lambda_j C_{ij} = \beta_{io} C_{io} \\ \lambda_j \geqslant 0, j = 1, N, \cdots, N+1 \end{cases}$$

Shephard 期望产出距离函数如式（7-4）所示。

$$D_{iO}^Y \left(K_i, L_i, E_i, Y_i, C_i \right)^{-1} = \max \theta_{iO} \qquad (7\text{-}4)$$

$$\text{s.t.} \begin{cases} \sum_j \lambda_j K_{ij} \leqslant K_{io} \\ \sum_j \lambda_j L_{ij} \leqslant L_{io} \\ \sum_j \lambda_j E_{ij} \leqslant E_{io} \\ \sum_j \lambda_j Y_{ij} \geqslant \theta_{io} Y_{io} \\ \sum_j \lambda_j C_{ij} = C_{io} \\ \lambda_j \geqslant 0, j = 1, N, \cdots, N+1 \end{cases}$$

其中，O 代表待评估区域；λ 为（两位数行业）观测值的权重。式（7-3）和式（7-4）目标在于通过确定 β、θ 值分别来寻求二氧化碳排放的最大收缩比例以及期望产出的最大扩张比例，产出和投入变量的不等式约束表示产出与投入可自由处置，由定义可知，式（7-3）不小于 1，式（7-4）不大于 1，若距离函数等

于 1 意味着最佳生产状态，则以此可判断待评估地区的二氧化碳绩效。函数
（7-3）中，C_{iO}/β_{iO}^* 表示最少排放水平；式（7-4）中 Y_{iO}/θ_{iO}^* 表示最大期望产出
水平，其中*表示最佳生产决策，以上距离函数主要评估的是实际观测到的生产
状态与最理想潜在生产状态之间的距离。

7.2.2　工业碳生产力 PDA 模型

1. 第一阶段分解

依据 Kaya 和 Yokobori 对碳生产力的定义，可将 j 地区的碳生产力表示为
式（7-5）：

$$P_j = \frac{Y_j}{C_j} = \sum_{i=1}^{M} \frac{Y_{ij}}{E_{ij}} \times \frac{E_{ij}}{C_{ij}} \times \frac{C_{ij}}{C_j} = \sum_{i=1}^{M} \frac{Y_{ij}}{E_{ij}} \times \frac{E_{ij}}{C_{ij}} \times S_{ij}^C \qquad (7\text{-}5)$$

其中，P_j 表示 j 地区的碳生产率；Y_{ij}/E_{ij} 表示 j 地区 i 产业部门的能源利用效率；
E_{ij}/C_{ij} 表示 j 地区 i 产业部门单位碳排放空间资源的能源消费，其命名为能源排放
比率，其倒数为能源的碳转化率。Xu 等研究表明在各类能源的碳排放系数保持不
变的前提下，能源碳转化率仅受能源结构的影响[36]，根据 IPCC 假定，各类能源
碳排放系数一般取常量，因而能源排放比率的变化反映了能源结构的变动；S_{ij}^C
表示 j 地区 i 产业部门的碳排放空间资源消耗占总排放空间消耗的比重，将其命名
为碳结构，反映了产业结构。将式（7-3）和式（7-4）代入式（7-5），得到
式（7-6）：

$$\begin{aligned}
P_j &= \sum_{i=1}^{M} \frac{Y_{ij}}{E_{ij}} \times \frac{E_{ij}}{C_{ij}} \times S_{ij}^C \\
&= \sum_{i=1}^{M} \frac{Y_{ij}/D_{ij}^Y(K_i,L_i,E_i,Y_i,C_i)}{E_{ij}} \times \frac{E_{ij}}{C_{ij}/D_{ij}^C(K_i,L_i,E_i,Y_i,C_i)} \\
&\quad \times \frac{D_{ij}^Y(K_i,L_i,E_i,Y_i,C_i)}{D_{ij}^C(K_i,L_i,E_i,Y_i,C_i)} \times S_{ij}^C
\end{aligned} \qquad (7\text{-}6)$$

将上式中等式右边第一项命名为 MIX。

借鉴 Wang 等[37]的研究思路，由于可将 $\left[Y_{ij}/D_{ij}^Y(K_i,L_i,E_i,Y_i,C_i)\right]/E_{ij}$ 转变为
$D_{ij}^Y(k_{ij},l_{ij},1,1,c_{ij})^{-1}$，其中 $k_{ij}=K_{ij}/E_{ij}$，表示资金-能源比率；$l_{ij}=L_{ij}/E_{ij}$，表示
劳动力-能源比率；$c_{ij}=C_{ij}/E_{ij}$，表示碳因子。根据 Zhang[27]的研究，
$\left[C_{ij}/D_{ij}^C(K_i,L_i,E_i,Y_i,C_i)\right]/E_{ij}$ 中，碳排放量可根据距离函数进行收缩，因此将

其解释为潜碳因子（potential carbon factor, PCF），反映了产业部门排放技术绩效提升至最佳状态时碳因子的潜在水平，借此，本章将 $E_{ij}/\left[C_{ij}/D_{ij}^C\left[K_i,L_i,E_i,Y_i,C_i\right]\right]$ 表示为 PCF^{-1}；式（7-6）中的一项可表示为式（7-7）：

$$\mathrm{CPI}_{ij}=\frac{D_{ij}^Y\left(K_i,L_i,E_i,Y_i,C_i\right)}{D_{ij}^C\left(K_i,L_i,E_i,Y_i,C_i\right)}=\frac{Y_{ij}/Y_{ij}^*}{C_{ij}/C_{ij}^*}=\frac{Y_{ij}/C_{ij}}{Y_{ij}^*/C_{ij}^*}\tag{7-7}$$

式（7-7）表示 j 地区 i 产业部门实际碳排放生产率与潜在排放率的比值，其比值介于 0 至 1 之间，比值越大说明该产业部门的碳排绩效越好，因此可将其定义为碳绩效指数。j 地区的碳生产率可表示为式（7-8）：

$$P_j=\sum_{i=1}^M D_{ij}^Y\left(k_{ij},l_{ij},1,1,c_{ij}\right)^{-1}\times\mathrm{PCF}_{ij}^{-1}\times\mathrm{CPI}_{ij}\times S_{ij}^C\tag{7-8}$$

区域之间碳生产率的比较分析可通过两区域碳生产率之间的加法分解或乘积分解形式进行，本章将采用乘积形式，即两区域碳排放率的比值，则 j 区域与参照区域 R_u 比值模型如式（7-9）所示：

$$\frac{P_j}{P_u}=\frac{\displaystyle\sum_{i=1}^M D_{ij}^Y\left(k_{ij},l_{ij},1,1,c_{ij}\right)^{-1}\times\mathrm{PCF}_{ij}^{-1}\times\mathrm{CPI}_{ij}\times S_{ij}^C}{\displaystyle\sum_{i=1}^M D_{iu}^Y\left(k_{iu},l_{iu},1,1,c_{iu}\right)^{-1}\times\mathrm{PCF}_{iu}^{-1}\times\mathrm{CPI}_{iu}\times S_{iu}^C}=A_{\mathrm{mix}}^{j,u}\times A_{\mathrm{PCF}}^{j,u}\times A_{\mathrm{CPI}}^{j,u}\times A_{\mathrm{str}\text{-}C}^{j,u}\tag{7-9}$$

其中，A 表示乘积效应；下标 mix 表示混合效应，涉及两区域的资本-能源比差异、劳动力-能源比差异即碳因子差异；str-C 表示碳结构效应。由此，j 区域与参照区域 u 之间的差异可以通过四种效应来解释。

2. 第二阶段分解

由于式（7-9）中仍存在可分解的子集，如产业部门中的区域碳生产率，因此本章采用 LMDI-1 应用于式（7-9）进一步分解，即第二阶段的分解，旨在分析影响因素间的替代效应，通过 PDA 模型中的距离函数可以量化因素间的替代效应，类似于 Zhang 等[38]研究非能源投入与能源投入之间的替代效应。

如式（7-10）~式（7-13）：

$$A_{\mathrm{mix}}^{j,u}=\exp\left(\sum_{i=1}^M w_i^{j,u}\ln\frac{D_{iu}^Y\left(k_{iu},l_{iu},1,1,c_{iu}\right)}{D_{ij}^Y\left(k_{ij},l_{ij},1,1,c_{ij}\right)}\right)\tag{7-10}$$

$$A_{\mathrm{PCF}}^{j,u}=\exp\left(\sum_{i=1}^M w_i^{j,u}\ln\frac{\mathrm{PCF}_{iu}}{\mathrm{PCF}_{ij}}\right)\tag{7-11}$$

$$A_{\text{CPI}}^{j,u} = \exp\left(\sum_{i=1}^{M} w_i^{j,u} \ln \frac{\text{CPI}_{ij}}{\text{CPI}_{iu}}\right) \tag{7-12}$$

$$A_{\text{str-}C}^{j,u} = \exp\left(\sum_{i=1}^{M} w_i^{j,u} \ln \frac{S_{ij}^C}{S_{iu}^C}\right) \tag{7-13}$$

其中，$w_i^{j,u} = \dfrac{L\left(Y_{ij}/C_j, Y_{iu}/C_u\right)}{L\left(P_j, P_u\right)}$ 表示权函数；对数平均函数 $L(\bullet,\bullet)$ 表示为式（7-14）：

$$L(a,b) = \begin{cases} \dfrac{a-b}{\ln a - \ln b}, & a \neq b \\ a, & a = b \end{cases} \tag{7-14}$$

式（7-10）中混合效应表示的是资金-能源比率、劳动力-能源比率及碳因子的综合效应，为了将三个效应进行分离，以对 j 地区和参照地区 u 进行比较分析，需要对式（7-10）进行进一步的分解，由于距离函数不能以指数形式进行计算，因此不适宜用传统的分解方式。Wang 等分析认为 Laspeyres-linked 的主要思想是每次从 0~T 年时间段内仅改变一个因素的值同时确定其他因素的值，以此分析每个因素的贡献水平[37]，可以称为"每次一因子"（one-factor-each-time）原则，本章利用这一思路，将 k, l, c 逐一按照不同次序放入 $D_{iu}^Y(k_{iu}, l_{iu}, 1, 1, c_{iu}) / D_{ij}^Y(k_{ij}, l_{ij}, 1, 1, c_{ij})$，一共有六种分解形式，本章采用 6 个分解的几何平均值并将其进行排列组合，得到三个乘积项，如式（7-15）所示：

$$\frac{D_{iu}^Y(k_{iu}, l_{iu}, 1, 1, c_{iu})}{D_{ij}^Y(k_{ij}, l_{ij}, 1, 1, c_{ij})}$$

$$= \left\{\left[\frac{D_{iu}^Y(k_{iu}, l_{iu}, 1, 1, c_{iu})}{D_{ij}^Y(k_{ij}, l_{iu}, 1, 1, c_{iu})}\right]^2 \times \left[\frac{D_i^Y(k_{iu}, l_{ij}, 1, 1, c_{ij})}{D_{ij}^Y(k_{ij}, l_{ij}, 1, 1, c_{ij})}\right]^2 \times \left[\frac{D_i^Y(k_{iu}, l_{ij}, 1, 1, c_{iu})}{D_i^Y(k_{ij}, l_{ij}, 1, 1, c_{iu})}\right] \times \left[\frac{D_i^Y(k_{iu}, l_{iu}, 1, 1, c_{ij})}{D_i^Y(k_{ij}, l_{iu}, 1, 1, c_{ij})}\right]\right\}^{\frac{1}{6}} \times$$

$$\left\{\left[\frac{D_{iu}^Y(k_{iu}, l_{iu}, 1, 1, c_{iu})}{D_{iu}^Y(k_{iu}, l_{ij}, 1, 1, c_{iu})}\right]^2 \times \left[\frac{D_i^Y(k_{ij}, l_{iu}, 1, 1, c_{ij})}{D_{ij}^Y(k_{ij}, l_{ij}, 1, 1, c_{ij})}\right]^2 \times \left[\frac{D_i^Y(k_{ij}, l_{iu}, 1, 1, c_{iu})}{D_i^Y(k_{ij}, l_{ij}, 1, 1, c_{iu})}\right] \times \left[\frac{D_i^Y(k_{iu}, l_{iu}, 1, 1, c_{ij})}{D_i^Y(k_{iu}, l_{ij}, 1, 1, c_{ij})}\right]\right\}^{\frac{1}{6}} \times$$

$$\left\{\left[\frac{D_{iu}^Y(k_{iu}, l_{iu}, 1, 1, c_{iu})}{D_i^Y(k_{iu}, l_{iu}, 1, 1, c_{ij})}\right]^2 \times \left[\frac{D_i^Y(k_{ij}, l_{ij}, 1, 1, c_{iu})}{D_{ij}^Y(k_{ij}, l_{ij}, 1, 1, c_{ij})}\right]^2 \times \left[\frac{D_i^Y(k_{ij}, l_{iu}, 1, 1, c_{iu})}{D_i^Y(k_{ij}, l_{iu}, 1, 1, c_{ij})}\right] \times \left[\frac{D_i^Y(k_{iu}, l_{ij}, 1, 1, c_{iu})}{D_i^Y(k_{iu}, l_{ij}, 1, 1, c_{ij})}\right]\right\}^{\frac{1}{6}}$$

$$= \text{KE}_i^{j,u} \times \text{LE}_i^{j,u} \times \text{CF}_i^{j,u} \tag{7-15}$$

将式（7-15）代入式（7-10），得

$$A_{\text{mix}}^{j,u} = \exp\left[\sum_{i=1}^{M} w_i^{j,u} \ln\left(\text{KE}_i^{j,u} \times \text{LE}_i^{j,u} \times \text{CF}_i^{j,u}\right)\right]$$

$$= \exp\left(\sum_{i=1}^{M} w_i^{j,u} \ln \text{KE}_i^{j,u}\right) \times \exp\left(\sum_{i=1}^{M} w_i^{j,u} \ln \text{LE}_i^{j,u}\right) \qquad (7\text{-}16)$$

$$\times \exp\left(\sum_{i=1}^{M} w_i^{j,u} \ln \text{CF}_i^{j,u}\right)$$

$$= A_{\text{KE}}^{j,u} \times A_{\text{LE}}^{j,u} \times A_{\text{CF}}^{j,u}$$

由以上可推导出，j 地区和参考区域 u 的碳生产力的比值分解如式（7-17）所示：

$$\frac{P_j}{P_u} = A_{\text{KE}}^{j,u} \times A_{\text{LE}}^{j,u} \times A_{\text{CF}}^{j,u} \times A_{\text{PCF}}^{j,u} \times A_{\text{CPI}}^{j,u} \times A_{\text{str-}C}^{j,u} \qquad (7\text{-}17)$$

对于以上分解结果，若大于1，表示等式右边的相关因子增大了 j 区域与参照区域 u 之间碳生产力的差距，反之则相反。通过所有区域与参考区域 u 的比较分析，可以得出任意两个地区之间的间接比较，如式（7-18）所示：

$$\frac{P_{j_1}}{P_{j_2}} = \frac{P_{j_1}}{P_u} \bigg/ \frac{P_{j_2}}{P_u}$$

$$= \frac{A_{\text{KE}}^{j_1,u} \times A_{\text{LE}}^{j_1,u} \times A_{\text{CF}}^{j_1,u} \times A_{\text{PCF}}^{j_1,u} \times A_{\text{CPI}}^{j_1,u} \times A_{\text{str-}C}^{j_1,u}}{A_{\text{KE}}^{j_2,u} \times A_{\text{LE}}^{j_2,u} \times A_{\text{CF}}^{j_2,u} \times A_{\text{PCF}}^{j_2,u} \times A_{\text{CPI}}^{j_2,u} \times A_{\text{str-}C}^{j_2,u}} \qquad (7\text{-}18)$$

$$= \tilde{A}_{\text{KE}}^{j_1,j_2} \times \tilde{A}_{\text{LE}}^{j_1,j_2} \times \tilde{A}_{\text{CF}}^{j_1,j_2} \times \tilde{A}_{\text{PCF}}^{j_1,j_2} \times \tilde{A}_{\text{CPI}}^{j_1,j_2} \times \tilde{A}_{\text{str-}C}^{j_1,j_2}$$

其中，j_1 和 j_2 表示任意两个被比较分析的区域，～表示间接比较分解，公式右边给出的六个间接效应可用来衡量任意两个地区碳生产力的差异。由于使用任何的分解方法，都会扭曲间接比较的效果，因此本章将任意地区与参照区域直接比较，再转换该比较效果得到间接比较效应，如式（7-18）所示。

上述 PDA 模型从效率和技术层面评估区域间碳生产力的差异以及导致这种差异的决定性因素，式（7-17）和式（7-18）将区域间碳生产力差异分解成六部分，尤其是评估了投入的替代性和二氧化碳绩效指数区域差异的影响。通过对此分解结果的运用，可以有效帮助碳生产力较低的区域发掘提升其排放水平的方法，如优化投入资源分配，提升环境效率或转变经济结构。同时，此模型利用了 M-R 空间比较策略的优势，以体现行业间的异质性。

另外，此模型中跨区域的线性规划问题与跨时段线性规划问题类似，但第二阶段分解中输入与输出组合值有可能导致线性规划无解，在此情况下，本章预将具有不可解的组合值作为此线性规划问题的最佳前沿面。

7.3　多区域工业碳生产力实证分析

7.3.1　数据来源与说明

本章应用 PDA 模型比较中国各省份的二氧化碳生产力,其中不包括港澳台地区,海南和西藏因数据缺失过多也不包括在内。基于数据的可获得性和实证研究的需要,本章以我国 29 个省份,每个省份分为 43 个产业部门作为样本数据,分别为农林牧渔业、38 个工业部门、交通运输仓储和邮政、批发零售住宿和餐饮及其他服务业投入产出数据为样本。其中,能源消耗数据来自 2016 年《中国能源统计年鉴》,能源投入以各地区消耗的各类能源为基础数据,按照各种能源标准煤系数统一换算为标准煤,进而换算为热值,单位为 TJ。以固定资产投资数据表示地区的资本投入量,由于资本存量无法直接从统计年鉴获得,本章对 2017 年的数据以 1952 年不变价格换算进行补充计算,单位为亿元。劳动力的投入以各省份年末和年初就业人数的平均值来计算,单位为万人。各地区的期望产出以 GDP 计算,为与资本存量价格保持一致,也以 1952 年不变价格换算,单位为亿元。二氧化碳数据同样无法从统计年鉴获得,本章估算各省及省际产业部门的碳排放量,单位为万吨。以上数据除了二氧化碳排放量主要来源于各省际统计年鉴、《中国统计年鉴》、《中国能源统计年鉴》、《中国工业统计年鉴》及《中国人口和就业统计年鉴》或经整理而得。相关数据的统计性描述如表 7-1 所示。

表 7-1　相关指标的统计性描述

指标	资本存量/亿元	劳动力/万人	能源消费/TJ	增加值/亿元	二氧化碳排放/万吨
最大值	26 442.714	2 277.928	867.787	32 650.890	73 658.159
最小值	709.812	45.100	51.268	901.675	3 902.349
均值	7 820.719	570.830	308.403	9 814.060	27 688.330
标准差	6 507.213	527.165	189.497	8 193.999	18 010.398

依据 M-R 模型,以 29 个省份投入产出数据取均值得到参照区域 R_u 的数据,则参照区域产业部门的能源消费、二氧化碳排放、期望产出和碳生产力的数据如附表 7-B 所示。根据计算所得的各省份碳生产率的数据,绘制 29 个省份和参照区域的碳生产力。结果表明,排名前三的依次是北京、广州和上海,同时新疆和宁夏是排名最低的两个区。本章将通过 29 个省份与参照区域进行比较分析以量化其

潜在的影响因素。

7.3.2　多区域工业碳生产力实证分析结果

1. 多区域工业碳生产力实证分析总体结果

表 7-2 总结了与参考区域比较的省级乘法分解结果。研究发现，29 个省份中 20 个省会能源替代效应（KE）有助于扩大区域差距，碳排放效率（CF）增加了这 29 个省份的区域差异。结果表明，固定资产投资结构和能源消费结构是解释区域碳生产率差异的两个重要组成部分，特别是对北京和广州。在碳排放结构（str-C）方面，内蒙古、贵州和宁夏被发现是排放密集型经济体，其特征是重工业，如采矿、金属和建筑相关部门。与参考区域相比，这一事实提高了它们的碳生产能力。相反，上海和吉林的经济结构与其他地区相比是最绿色的。资本能源替代效应（KE）和劳动力能源替代效应（LE）在地区间存在差异，如图 7-1 所示。根据这两个替代效应来解释一个经济体的表现，图 7-1 分为四个象限，即象限 I（右上部分）、象限 II（左上部分）、象限 III（左下部分）和象限 IV（右下部分），以点（1，1）为原点。

表 7-2　参考区域相对比的分解结果

区域	PCF	KE	LE	CF	CPI	str-C	总计
北京	0.910	0.896	1.024	1.073	3.31	0.982	2.91
天津	0.899	1.029	0.923	1.131	1.62	0.983	1.54
河北	0.986	1.095	1.053	1.105	0.48	0.945	0.57
上海	0.801	0.926	1.017	1.135	1.96	1.091	1.83
江苏	0.918	1.067	0.921	1.121	1.33	0.979	1.31
浙江	0.936	0.986	1.032	1.115	1.61	1.007	1.72
福建	0.901	1.064	0.997	1.145	1.51	1.006	1.67
山东	0.998	1.051	0.937	1.098	0.99	0.988	1.06
广东	0.934	0.890	1.009	1.040	2.73	1.014	2.41
辽宁	0.861	0.959	1.113	1.035	0.52	0.960	0.48
吉林	0.995	1.061	0.804	1.048	1.09	1.065	1.04
黑龙江	1.020	0.992	0.964	1.024	0.53	0.986	0.52
山西	1.078	1.019	0.886	1.018	0.33	0.902	0.30
安徽	0.858	1.196	1.181	1.179	0.68	0.918	0.89

续表

区域	PCF	KE	LE	CF	CPI	str-C	总计
江西	0.989	1.112	1.044	1.064	0.91	0.941	1.04
河南	0.988	1.094	1.034	1.113	0.89	0.974	1.08
湖北	0.942	1.107	0.981	1.101	1.42	1.012	1.62
湖南	0.919	1.118	1.091	1.089	1.38	0.945	1.59
广西	0.948	1.106	0.916	1.058	1.16	0.966	1.14
贵州	0.987	1.031	1.003	1.013	0.68	0.890	0.62
四川	1.006	0.999	0.940	1.124	1.06	1.055	1.19
重庆	0.935	1.107	0.965	1.126	1.24	0.995	1.38
云南	1.020	0.979	1.015	1.049	0.85	0.957	0.86
陕西	0.871	1.120	1.029	1.134	0.81	0.937	0.87
甘肃	1.055	1.010	0.938	1.095	0.36	0.919	0.36
青海	0.996	1.022	0.783	1.112	0.63	1.004	0.56
宁夏	1.005	1.008	0.787	1.111	0.28	0.899	0.22
新疆	1.082	0.968	0.805	1.097	0.25	0.942	0.22
内蒙古	0.944	1.060	0.828	1.040	0.55	0.840	0.40

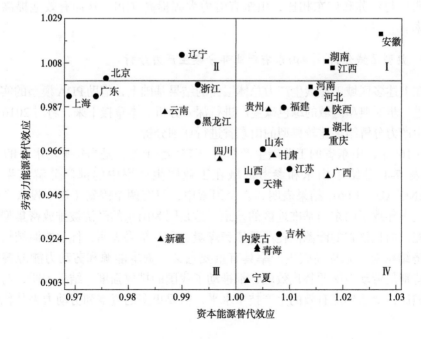

图 7-1　资本能源和劳动力能源替代影响（影响以比率表示）

如果一个省位于象限Ⅰ，则意味着资本能源替代效应和劳动力能源替代效应比参考区域增加了全省的碳生产率。类似的解释适用于落在其他象限的区域。结果表明，安徽、湖南、江西位于象限Ⅰ。结果表明，这三个省的资本构成和劳动力能源比超过了平均节能生产技术水平，导致与其他地区相比，碳生产率更高。湖北、山西、宁夏、青海、甘肃、广西、贵州、重庆、天津、江苏、山东、吉林和内蒙古等十三个省份表现出较大的替代效应。由于十三个省份都位于象限Ⅳ，这意味着增加资本配方可以有效地提高其碳生产率。

在碳绩效影响方面，北京、广东和上海在生产中表现出最有效的排放绩效，这使得它们的碳生产率高于参考区域。相比之下，新疆、宁夏和甘肃的CPI表现最差。表7-2中的结果是通过比较每个省份与参考区域的直接分解结果得到的，这可以告知决策者相对于平均水平的区域的相对性能。根据式（7-18）和直接分解结果可得出间接结果。表7-3展示了CPI效应的比较矩阵，并且其他效应的矩阵可以类似地构造。表7-3中的每个单元指示对应行中的区域与相应列中的区域的比较。例如，位于矩阵的第一行和第二列中的数字，即2.04，意味着与天津相比，北京的CPI使得城市的碳生产率比天津高104%。该矩阵可以直接告知决策者，由于CPI的差异，一个经济体与其他经济体之间存在差异。例如，山东的碳排放量导致碳生产率低于江苏和广东，分别为25%和64%。结果表明，与江苏和广东相比，山东有潜力大幅提高CPI，从而有效地提高其碳生产率。

2. 典型区域分析——山东省产业部分碳生产力分析

在上述多区域工业碳生产力总体层面的结果基础上，借助PDA模型的实证结果，进一步对典型区域的绿色碳生产进行深入分析。本章接下来，将对2016年中国碳生产力分解结果比较典型的山东省进行详细分析。

2016年，山东省的工业碳生产率为3.75元/千克，是当年平均水平的1.06倍。表7-4总结了山东和参考区域在工业碳生产率中的部门分解结果，即AsHANG/AU = 1.06。结果表明，六个因素中，只有两个因素（资本投入和碳因素效应）导致了山东与基准地区的差距。这是因为山东的经济被排放密集型工业所支配，而且该省的能源消耗严重依赖煤炭。研究结果表明，优化能源结构和绿化经济结构对山东提高碳生产率具有重要意义。资本能源和劳动力能源替代效应，特别是劳动力能源替代效应，都推动了我国的排放强度。结果表明，与平均水平相比，要达到最有效的生产技术水平，需要更多的资本和劳动力来替代能源投入。

表 7-3 2016 年 29 个省（区、市）的两两碳比率系数

系数	R1	R2	R3	R4	R5	R6	R7	R8	R9	R10	R11	R12	R13	R14	R15	R16	R17	R18	R19	R20	R21	R22	R23	R24	R25	R26	R27	R28	R29
R1	1.00	2.04	6.86	1.69	2.50	2.06	2.19	3.34	1.21	6.34	3.03	6.22	9.91	4.89	3.65	3.72	2.33	2.40	2.85	4.88	3.11	2.68	3.92	4.07	9.26	5.28	11.93	13.21	6.02
R2	0.49	1.00	3.36	0.83	1.23	1.01	1.07	1.64	0.60	3.11	1.48	3.05	4.86	2.40	1.79	1.83	1.14	1.18	1.40	2.39	1.53	1.32	1.92	2.00	4.54	2.59	5.85	6.48	2.95
R3	0.15	0.30	1.00	0.25	0.36	0.30	0.32	0.49	0.18	0.92	0.44	0.91	1.44	0.71	0.53	0.54	0.34	0.35	0.42	0.71	0.45	0.39	0.57	0.59	1.35	0.77	1.74	1.93	0.88
R4	0.59	1.20	4.05	1.00	1.47	1.21	1.29	1.97	0.72	3.74	1.79	3.67	5.85	2.89	2.16	2.20	1.38	1.42	1.68	2.88	1.84	1.58	2.31	2.40	5.47	3.12	7.04	7.80	3.55
R5	0.40	0.82	2.75	0.68	1.00	0.82	0.88	1.34	0.49	2.54	1.21	2.49	3.97	1.96	1.46	1.49	0.93	0.96	1.14	1.95	1.25	1.07	1.57	1.63	3.71	2.12	4.78	5.29	2.41
R6	0.49	0.99	3.34	0.82	1.22	1.00	1.06	1.63	0.59	3.09	1.47	3.03	4.82	2.38	1.78	1.81	1.13	1.17	1.39	2.37	1.51	1.30	1.91	1.98	4.50	2.57	5.81	6.43	2.93
R7	0.46	0.93	3.13	0.77	1.14	0.94	1.00	1.53	0.56	2.90	1.38	2.84	4.53	2.24	1.67	1.70	1.06	1.10	1.30	2.23	1.42	1.22	1.79	1.86	4.23	2.41	5.45	6.04	2.75
R8	0.30	0.61	2.05	0.51	0.75	0.62	0.65	1.00	0.36	1.90	0.91	1.86	2.97	1.46	1.09	1.11	0.70	0.72	0.85	1.46	0.93	0.80	1.17	1.22	2.77	1.58	3.57	3.95	1.80
R9	0.82	1.68	5.65	1.39	2.06	1.69	1.80	2.75	1.00	5.22	2.49	5.12	8.16	4.03	3.01	3.06	1.92	1.98	2.35	4.02	2.56	2.21	3.22	3.35	7.62	4.35	9.82	10.88	4.95
R10	0.16	0.32	1.08	0.27	0.39	0.32	0.35	0.53	0.19	1.00	0.48	0.98	1.56	0.77	0.58	0.59	0.37	0.38	0.45	0.77	0.49	0.42	0.62	0.64	1.46	0.83	1.88	2.08	0.95
R11	0.33	0.67	2.27	0.56	0.83	0.68	0.72	1.10	0.40	2.09	1.00	2.05	3.27	1.62	1.21	1.23	0.77	0.79	0.94	1.61	1.03	0.89	1.29	1.35	3.06	1.75	3.94	4.37	0.99
R12	0.16	0.33	1.10	0.27	0.40	0.33	0.35	0.54	0.20	1.02	0.49	1.00	1.59	0.79	0.59	0.60	0.37	0.39	0.46	0.78	0.50	0.43	0.63	0.65	1.49	0.85	1.92	2.12	0.97
R13	0.10	0.21	0.69	0.17	0.25	0.21	0.22	0.34	0.12	0.64	0.31	0.63	1.00	0.49	0.37	0.38	0.24	0.24	0.29	0.49	0.31	0.27	0.40	0.41	0.93	0.53	1.20	1.33	0.61
R14	0.20	0.42	1.40	0.35	0.51	0.42	0.45	0.68	0.25	1.30	0.62	1.27	2.03	1.00	0.75	0.76	0.48	0.49	0.58	1.00	0.64	0.55	0.80	0.83	1.89	1.08	2.44	2.70	1.23
R15	0.27	0.56	1.88	0.46	0.68	0.56	0.60	0.91	0.33	1.74	0.83	1.70	2.71	1.34	1.00	1.02	0.64	0.66	0.78	1.34	0.85	0.73	1.07	1.11	2.53	1.45	3.27	3.62	1.65
R16	0.27	0.55	1.84	0.46	0.67	0.55	0.59	0.90	0.33	1.70	0.81	1.67	2.66	1.31	0.98	1.00	0.63	0.65	0.77	1.31	0.84	0.72	1.05	1.09	2.49	1.42	3.21	3.55	1.62
R17	0.43	0.87	2.94	0.73	1.07	0.88	0.94	1.43	0.52	2.72	1.30	2.67	4.25	2.10	1.57	1.60	1.00	1.03	1.22	2.09	1.33	1.15	1.68	1.75	3.97	2.27	5.12	5.67	2.58

续表

系数	R₁	R₂	R₃	R₄	R₅	R₆	R₇	R₈	R₉	R₁₀	R₁₁	R₁₂	R₁₃	R₁₄	R₁₅	R₁₆	R₁₇	R₁₈	R₁₉	R₂₀	R₂₁	R₂₂	R₂₃	R₂₄	R₂₅	R₂₆	R₂₇	R₂₈	R₂₉
R₁₈	0.42	0.85	2.86	0.71	1.04	0.86	0.91	1.39	0.51	2.64	1.26	2.59	4.13	2.04	1.52	1.55	0.97	1.00	1.19	2.03	1.30	1.12	1.63	1.70	3.85	2.20	4.97	5.50	2.51
R₁₉	0.35	0.71	2.40	0.59	0.88	0.72	0.77	1.17	0.43	2.22	1.06	2.18	3.47	1.72	1.28	1.30	0.82	0.84	1.00	1.71	1.09	0.94	1.37	1.43	3.25	1.85	4.18	4.63	2.11
R₂₀	0.20	0.42	1.41	0.35	0.51	0.42	0.45	0.68	0.25	1.30	0.62	1.27	2.03	1.00	0.75	0.76	0.48	0.49	0.58	1.00	0.64	0.55	0.80	0.83	1.90	1.08	2.45	2.71	1.25
R₂₁	0.32	0.66	2.20	0.54	0.80	0.66	0.70	1.07	0.39	2.04	0.97	2.00	3.19	1.57	1.17	1.20	0.75	0.77	0.92	1.57	1.00	0.86	1.26	1.31	2.98	1.70	3.84	4.25	1.93
R₂₂	0.37	0.76	2.56	0.63	0.93	0.77	0.82	1.25	0.45	2.36	1.13	2.32	3.70	1.82	1.36	1.39	0.87	0.90	1.06	1.82	1.16	1.00	1.46	1.52	3.45	1.97	4.45	4.93	2.24
R₂₃	0.26	0.52	1.75	0.43	0.64	0.52	0.56	0.85	0.31	1.62	0.77	1.59	2.53	1.25	0.93	0.95	0.60	0.61	0.75	1.25	0.79	0.68	1.00	1.04	2.36	1.35	3.05	3.37	1.54
R₂₄	0.25	0.50	1.68	0.42	0.61	0.50	0.54	0.82	0.30	1.56	0.74	1.53	2.43	1.20	0.90	0.91	0.57	0.59	0.70	1.20	0.76	0.66	0.96	1.00	2.27	1.30	2.93	3.24	1.48
R₂₅	0.11	0.22	0.74	0.18	0.27	0.22	0.24	0.36	0.13	0.68	0.33	0.67	1.07	0.53	0.39	0.40	0.25	0.26	0.31	0.53	0.34	0.29	0.42	0.44	1.00	0.57	1.29	1.43	0.65
R₂₆	0.19	0.39	1.30	0.32	0.47	0.39	0.41	0.63	0.23	1.20	0.57	1.18	1.88	0.93	0.69	0.70	0.44	0.45	0.54	0.92	0.59	0.51	0.74	0.77	1.75	1.00	2.26	2.50	1.14
R₂₇	0.08	0.17	0.57	0.14	0.21	0.17	0.18	0.28	0.10	0.53	0.25	0.52	0.83	0.41	0.31	0.31	0.20	0.20	0.24	0.41	0.26	0.22	0.33	0.34	0.78	0.44	1.00	1.11	0.50
R₂₈	0.08	0.15	0.52	0.13	0.19	0.16	0.17	0.25	0.09	0.48	0.23	0.47	0.75	0.37	0.28	0.28	0.18	0.18	0.22	0.37	0.24	0.20	0.30	0.31	0.70	0.40	0.90	1.00	0.46
R₂₉	0.17	0.34	1.14	0.24	0.41	0.34	0.36	0.56	0.20	1.05	0.50	1.03	1.65	0.81	0.61	0.62	0.39	0.40	0.47	0.81	0.52	0.45	0.65	0.68	1.54	0.88	1.98	2.20	1.00

表 7-4　山东省产业部分碳生产力分解结果

部门	PCF	KE	LE	CF	CPI	str-C	总计
S_1	0.993 6	0.991 0	1.001 9	1.003 1	1.006 6	1.000 7	0.996 7
S_2	1.000 0	0.998 5	1.000 7	1.001 0	1.000 0	0.999 5	0.999 6
S_3	1.000 2	1.000 5	0.999 2	1.001 7	0.999 6	0.999 9	1.001 1
S_4	1.000 1	0.999 7	1.000 6	1.000 5	1.000 1	0.999 5	1.000 5
S_5	0.999 1	0.999 4	1.000 2	1.000 3	1.001 5	0.999 4	0.999 9
S_6	1.000 0	1.000 0	1.000 0	1.000 0	1.000 0	0.999 4	0.999 4
S_7	1.002 5	0.994 0	1.000 5	1.002 3	1.000 2	1.001 8	1.001 3
S_8	1.001 5	1.000 6	0.995 3	1.001 9	0.998 0	1.001 5	0.998 9
S_9	1.000 1	1.000 0	0.999 8	1.002 1	1.000 5	0.998 8	1.001 3
S_{10}	0.999 3	0.998 1	0.999 5	1.000 2	1.002 7	0.998 2	0.997 9
S_{11}	0.999 3	1.000 5	0.993 6	1.010 1	1.000 6	1.003 3	1.007 4
S_{12}	1.000 2	1.000 6	1.000 0	1.003 7	0.999 7	1.000 6	1.004 8
S_{13}	1.002 2	0.999 4	1.000 5	1.001 6	0.997 6	0.999 8	1.000 9
S_{14}	0.999 4	0.999 3	1.001 3	1.002 3	0.999 9	1.001 5	1.003 6
S_{15}	1.000 0	1.000 1	0.999 8	1.001 7	1.001 1	0.999 5	1.002 1
S_{16}	1.000 3	1.000 9	0.996 8	1.002 7	1.000 2	1.000 6	1.001 4
S_{17}	0.999 8	1.000 7	1.000 4	1.001 0	1.000 5	0.999 4	1.001 7
S_{18}	1.000 0	0.999 8	1.003 6	1.003 8	1.000 0	0.997 4	1.004 5
S_{19}	0.997 8	1.005 2	1.005 0	0.995 7	1.005 2	0.998 6	1.007 4
S_{20}	0.996 8	1.015 9	0.998 5	1.006 6	1.013 8	0.991 9	1.023 4
S_{21}	0.999 0	1.002 8	1.000 4	1.000 8	1.004 0	0.997 7	1.004 6
S_{22}	1.000 3	1.000 0	1.000 0	1.000 0	0.999 7	0.999 6	0.999 6
S_{23}	0.999 8	1.001 1	1.000 8	0.990 0	1.012 0	0.992 0	0.995 5
S_{24}	0.999 3	1.006 8	0.997 6	0.998 8	1.004 3	0.997 9	1.004 6
S_{25}	1.001 7	1.002 1	0.997 8	1.001 8	0.996 6	0.999 3	0.999 4
S_{26}	0.997 3	1.015 8	0.989 4	1.014 4	0.999 6	1.002 3	1.018 7
S_{27}	0.997 5	1.001 8	1.002 9	1.005 0	1.002 4	0.999 9	1.009 6
S_{28}	1.001 5	1.002 9	0.992 6	1.005 6	1.000 5	1.002 1	1.005 2
S_{29}	1.000 7	1.001 0	1.000 0	1.000 3	1.001 1	0.999 4	1.002 5

续表

部门	PCF	KE	LE	CF	CPI	str-C	总计
S_{30}	1.001 8	1.012 4	0.989 0	1.011 1	0.993 0	1.003 6	1.010 8
S_{31}	1.005 4	0.999 0	0.990 0	1.008 1	0.991 7	1.003 6	0.997 6
S_{32}	0.999 2	1.000 1	1.000 6	1.009 1	0.997 5	0.999 9	1.006 3
S_{33}	1.000 0	0.999 3	1.000 6	1.001 3	1.000 0	1.000 1	1.001 3
S_{34}	1.000 1	1.000 3	1.000 1	1.000 2	1.000 0	0.999 6	1.000 4
S_{35}	1.000 3	1.000 0	0.997 6	1.001 0	1.000 4	0.999 8	0.999 1
S_{36}	1.002 4	1.001 2	0.978 7	1.001 7	1.000 6	1.000 5	0.985 0
S_{37}	1.000 2	0.999 6	1.000 1	1.001 7	0.999 7	0.999 8	1.001 2
S_{38}	0.999 6	1.000 1	1.000 1	1.000 4	1.000 2	1.000 0	1.000 5
总计	0.998 0	1.051 0	0.937 0	1.097 6	0.994	0.988 4	1.064 9

从行业层面看，38 个行业中有 27 个行业的工业碳生产率高于参照地区，其余 7 个行业的排放绩效略低于平均水平。山东和参考区域之间的差距的主要贡献者是化学部门（S_{20}），其次是金属部门（S_{26}）和运输设备部门（S_{30}）。

就化工行业而言，其资本能源和 CPI 在 38 个行业中排名第二，反映了该行业的发电结构。另外值得注意的是，电力行业的 CPI 效应相当低，这可能是 2007 年中国小型燃煤电厂停产所致。可以看出，不同行业的驱动力差异较大。因此，部门成果有助于通过与其他区域的比较，向特定部门通报如何提高其排放效率。

7.4　本 章 小 结

本章的目的是比较 2016 年省际多省工业碳生产率，研究生产相关因素对区域差异的影响。为了便于涉及大量区域的比较，采用了多区域（MR）比较策略。在生产理论框架下，空间 PDA 模型能够描述一般生产技术，从而检验投入/产出技术效率对区域碳生产率差异的影响。本章的贡献在于，利用空间 PDA 模型对 2016 年 29 个省份的工业碳生产率进行了比较。结果发现，29 个省份和基准区之间的差异的决定因素是相当不同的。在两个省份中，北京和广东在潜在碳因素和要素间替代效应上表现最好，而上海在技术效率方面表现较好。

所提出的空间 PDA 模型通常可以用于比较区域的能量和排放性能。在这项研究中，碳生产率被用作比较指标。总排放量的区域差异，即一个数量指标，也可以进行类似的研究。所提出的模型也可以灵活地应用于不同的聚集水平，如比较欧盟成员国和美国国家的碳生产率。此外，可以在企业层面进行比较，以评估生产实体/植物之间的差异。由于可以确定具体措施来提高企业的碳生产能力和/或总排放量，因此与生产技术相关因素有关的结果预计会引起微观决策者的兴趣。上述处理排放问题的应用可以很容易地扩展到研究能源问题。

本章研究存在一定的局限性，值得进一步研究。第一，本章研究的重点是比较一年内省份的碳生产能力，而不能分析区域差异随时间的变化规律。研究动态区域差异可以提供区域之间的间隙的更完整的图片，这需要一种集成的时空分解方法。第二，在本章研究中讨论的生产率指标和数量指标之外，可以在环境政策研究中采用综合指标或环境指数来聚集多个（好的和坏的）输出。这可能会引起政策制定者的兴趣。第三，在现有的 PDA 模型中使用 Shephard 距离函数。相对而言，DDFS 在建模实体的消减行为方面是更好的。然而，如 7.2 节所述，将 DDFS 并入空间 PDA 模型并不简单，特别是在需要第二阶段分解时。这是 PDA 研究的另一个潜在课题。

附表 7-A　中国省份及产业部分分类

序号	省份	序号	部门
R_1	北京	S_1	煤炭开采和洗选业
R_2	天津	S_2	石油和天然气开采业
R_3	河北	S_3	黑色金属矿采选业
R_4	上海	S_4	有色金属矿采选业
R_5	江苏	S_5	非金属矿采选业
R_6	浙江	S_6	其他采矿业
R_7	福建	S_7	农副食品加工业
R_8	山东	S_8	食品制造业
R_9	广东	S_9	饮料制造业
R_{10}	辽宁	S_{10}	烟草制品业
R_{11}	吉林	S_{11}	纺织业
R_{12}	黑龙江	S_{12}	纺织服装、鞋、帽制造业
R_{13}	山西	S_{13}	皮革、毛皮、羽毛（绒）及其制品业
R_{14}	安徽	S_{14}	木材加工及木、竹、藤、棕、草制品业
R_{15}	江西	S_{15}	家具制造业

续表

序号	省份	序号	部门
R_{16}	河南	S_{16}	造纸及纸制品业
R_{17}	湖北	S_{17}	印刷业和记录媒介的复制
R_{18}	湖南	S_{18}	文教体育用品制造业
R_{19}	广西	S_{19}	石油加工、炼焦及核燃料加工业
R_{20}	贵州	S_{20}	化学原料及化学制品制造业
R_{21}	四川	S_{21}	医药制造业
R_{22}	重庆	S_{22}	化学纤维制造业
R_{23}	云南	S_{23}	橡胶制品业
R_{24}	陕西	S_{24}	塑料制品业
R_{25}	甘肃	S_{25}	非金属矿物制品业
R_{26}	青海	S_{26}	黑色金属冶炼及压延加工业
R_{27}	宁夏	S_{27}	有色金属冶炼及压延加工业
R_{28}	新疆	S_{28}	通用设备制造业
R_{29}	内蒙古	S_{29}	专用设备制造业
		S_{30}	交通运输设备制造业
		S_{31}	电气机械及器材制造业
		S_{32}	通信设备、计算机及其他电子设备制造
		S_{33}	仪器仪表及文化、办公用机械制造业
		S_{34}	工艺品及其他制造业
		S_{35}	废弃资源和废旧材料回收加工业
		S_{36}	电力、热力的生产和供应业
		S_{37}	燃气生产和供应业
		S_{38}	水的生产和供应业

附表 7-B　对比区域的相关数据

部门	能源消费/TJ	增加值/亿元	二氧化碳排放量/万吨	碳生产力/（元/千克）
S_1	17.754	249.480	933.480	2.673
S_2	3.327	92.720	184.620	5.022
S_3	1.117	63.130	49.900	12.651
S_4	0.743	55.140	19.740	27.933

续表

部门	能源消费/TJ	增加值/亿元	二氧化碳排放量/万吨	碳生产力/（元/千克）
S_5	1.079	54.840	27.920	19.642
S_6	0.169	17.950	14.080	12.749
S_7	4.060	544.500	81.260	67.007
S_8	2.561	213.450	45.470	46.943
S_9	1.676	198.120	31.190	63.520
S_{10}	0.167	140.840	6.600	213.394
S_{11}	6.162	316.260	65.390	48.365
S_{12}	0.928	199.290	12.070	165.112
S_{13}	0.595	142.500	9.850	144.670
S_{14}	1.158	125.510	17.140	73.226
S_{15}	0.314	78.270	11.330	69.082
S_{16}	5.541	121.720	82.010	14.842
S_{17}	0.441	68.600	8.420	81.473
S_{18}	0.511	133.470	26.640	50.101
S_{19}	26.085	319.100	1 007.700	3.167
S_{20}	42.461	683.320	482.140	14.173
S_{21}	2.427	255.070	19.540	130.537
S_{22}	1.832	65.300	14.160	46.116
S_{23}	2.860	266.850	88.230	30.245
S_{24}	31.025	527.790	3 386.940	1.558
S_{25}	57.579	491.270	4 951.000	0.992
S_{26}	20.743	385.650	348.710	11.059
S_{27}	2.833	325.570	39.380	82.674
S_{28}	2.459	401.540	117.790	34.089
S_{29}	1.485	348.200	57.410	60.651
S_{30}	3.119	804.040	58.780	136.788
S_{31}	2.321	590.470	36.870	160.149
S_{32}	2.861	784.700	18.320	428.330
S_{33}	0.215	75.630	3.840	196.953

续表

部门	能源消费/TJ	增加值/亿元	二氧化碳排放量/万吨	碳生产力/（元/千克）
S_{34}	0.197	33.520	5.300	63.245
S_{35}	0.382	37.800	23.340	16.195
S_{36}	57.622	527.040	15 340.550	0.344
S_{37}	0.935	51.030	58.940	8.658
S_{38}	0.659	24.380	2.280	106.930
总计	308.403	9 814.060	25 575.517	3.837

参 考 文 献

[1] Kaya Y, Yokobori K. Environment, Energy and Economy: Strategies for Sustainability. Delhi: Bookwell Publications, 1999.

[2] 潘家华，张立峰. 我国碳生产率区域差异性研究. 中国工业经济, 2011, （5）: 47-57.

[3] 张永军. 技术进步、结构变动与碳生产率增长. 中国科技论坛, 2011, （5）: 114-120.

[4] Meng M, Niu D X. Three-dimensional decomposition models for carbon productivity. Energy, 2012, 46（1）: 179-187.

[5] Lu Z N, Yang Y, Wang J. Factor decomposition of carbon productivity chang in China's main industries: based on the Laspeyres decomposition method. Energy Procedia, 2014, （61）: 1893-1896.

[6] Hu X, Liu C. Carbon productivity: a case study in the Australian construction industry. Journal of Cleaner Production, 2016, （112）: 2354-2362.

[7] 张成，王建科，史文悦，等. 中国区域碳生产率波动的因素分解. 中国人口·资源与环境, 2014, 24（10）: 41-47.

[8] 张成，蔡万焕，于同申. 区域经济增长与碳生产——基于收敛及脱钩指数的分析. 中国工业经济, 2013, （5）: 18-30.

[9] 赵国浩，高文静. 基于前沿分析方法的中国工业部门广义碳生产率指数测算及变化分解. 中国管理科学, 2013, 21（1）: 31-36.

[10] Yu Y N, Qian T, Du L M. Carbon productivity growth, technological innovation, and technology gap change of coal-fired power plants in China. Energy Policy, 2017, （109）: 479-487.

[11] 林善浪，张作雄，刘国平. 技术创新、空间集聚与区域碳生产率. 中国人口·资源与环

境, 2013, 23（5）: 36-45.

[12] Long R Y, Shao T X, Chen H. Spatial econometric analysis of China's province-level industrial carbon productivity and its influencing factors. Applied Energy, 2016, （166）: 210-219.

[13] 刘习平, 盛三化, 王珂英. 经济空间集聚能提高碳生产力吗? 经济评论, 2017, （6）: 107-121.

[14] Filippini M, Hunt L C. 2015. Measurement of energy efficiency based on economic foundations. Energy Economics, 2015, （52）: S5-S16.

[15] Suzuki S, Nijkamp P. An evaluation of energy-environment-economic efficiency for EU, APEC and ASEAN countries: design of a Target-Oriented DFM model with fixed factors in Data Envelopment Analysis. Energy Policy, 2016, （88）: 100-112.

[16] Beltrán-Esteve M, Picazo-Tadeo A J. Assessing environmental performance in the European Union: eco-innovation versus catching-up. Energy Policy, 2017, （104）: 240-252.

[17] Ma C, Stern D I. Long-run estimates of interfuel and interfactor elasticities. Resource and Energy Economics, 2016, （46）: 114-130.

[18] 李荣杰, 张磊, 赵领娣. 中国清洁能源使用、要素配置结构与碳生产率增长——基于引入能源和人力资本的生产函数. 资源科学, 2016, 38（4）: 645-657.

[19] Su B, Ang B. Structural decomposition analysis applied to energy and emissions: some methodological developments. Energy Economy, 2012, （34）: 177-188.

[20] Lee K, Oh W. Analysis of CO_2 emissions in APEC countries: a time-series and a cross-sectional decomposition using the log mean Divisia method. Energy Policy, 2006, 34（17）: 2779-2787.

[21] Bataille C, Rivers N, Mau P, et al. How malleable are the greenhouse gas emission intensities of the G7 nations? Energy Journal, 2007, 28（1）: 145-170.

[22] Wang H, Ang B W. Assessing the role of international trade in global CO_2 emissions: an index decomposition analysis approach. Applied Energy, 2018, （218）: 146-158.

[23] Su B, Ang B W. Multi-region comparisons of emission performance: the structural decomposition analysis approach. Ecological Indicators, 2016, （67）: 78-87.

[24] Zhou P, Ang B. Decomposition of aggregate CO_2 emissions: a production theoretical approach. Energy Economics, 2008, 30（3）: 1054-1067.

[25] Fan Y, Liu L C, Wu G, et al. Changes in carbon intensity in China: empirical findings from 1980–2003. Ecological Economics, 2007, 62（34）: 683-691.

[26] Wang C, Chen J, Zou J. Decomposition of energy-related CO_2 emission in China: 1957–2000. Energy, 2005, 30（1）: 73-83.

[27] Zhang Y. Structural decomposition analysis of sources of decarbonizing economic development

in China：1992–2006. Ecological Economics，2009，（68）：2399-2405.

[28] Zhou P，Sun Z R，Zhou D Q. Optimal path for controlling CO_2 emissions in China：a perspective of efficiency analysis. Energy Economics，2014，（4）：99-110.

[29] Zhang X P，Tan Y K，Tan Q L，et al. Decomposition of aggregate CO_2 emissions within a joint production framework. Energy Econ.，2012，34（4）：1088-1097.

[30] Wang H，Zhou P. Multi-country comparisons of CO_2 emission intensity：the production-theoretical decomposition analysis approach. Energy Economics，2018，（74）：310-320.

[31] Meng M，Niu D X. Three-dimensional decomposition models for carbon productivity. Energy，2012，46（1）：179-187.

[32] Wang C H. Changing energy intensity of economies in the world and its decomposition. Energy Economics，2013，40（40）：637-644.

[33] Färe R，Grosskopf S，Hernandez-Sancho F. Environmental performance：an index approach. Resource and Energy Economics，2004，26（4）：343-352.

[34] Chung Y H，Färe R，Grosskopf S. Productivity and undesirable outputs：a directional distance function approach. Journal of Environmental Management，1997，51（3）：229-240.

[35] Färe R，Grosskopf S. Theory and application of directional distance functions. Journal of Productivity Analysis，2000，（13）：93-103.

[36] Xu S C，He Z X，Long R Y. Factors that influence carbon emissions due to energy consumption in China：decomposition analysis using LMDI. Applied Energy，2014，（127）：182-193.

[37] Wang H，Ang B W，Su B. Assessing drivers of economy-wide energy use and emissions：IDA versus SDA. Energy Policy，2017，（107）：585-599.

[38] Zhang X P，Zhang J，Tan Q L. Decomposing the change of CO_2 emissions：a joint production theoretical approach. Energy Policy，2013，（58）：329-336.

第8章 产业系统碳生产力模型构建及绿色竞争优势分析①

2018 年 12 月，波兰联合国气候变化大会在小镇卡托维兹举行，近 200 个缔约方通过了《巴黎协定》提出的将全球气温上升幅度控制在 2 摄氏度目标下的具体实施细则，并商讨决定，在 2020 年以后将提高世界各国的减排目标，"巴黎 2.0"的卡托维兹气候变化大会还达成了一些气候治理重要理念，一是多边主义气候治理机制，二是绿色技术的推进应该得到更大关注。无论是 2018 年 10 月联合国政府间气候变化专门委员会（IPCC）发布的《IPCC 全球升温 1.5℃特别报告》还是卡托维兹气候变化大会，均指出，在目前的模式下，"双重标准"和"多样模式"使得全球减排只能在与一个个国家沟通解决方案的过程中低效进行，如果能在低碳生产机理层面先达成一致，由此开始协调，不仅沟通成本会明显降低，而且低碳生产制度的建立，将有助于绿色综合集成低碳体系的形成，以及全球减排目标的最终达成。

本章将梳理绿色碳生产力的内涵，基于经典低碳经济学的内生增长模型，纳入绿色碳生产力概念，构建绿色碳生产力模型，并以产业部门数据进行实证分析，并探讨中国产业系统绿色碳生产力模型计量实证分析模式。本章的研究对加快构建绿色低碳驱动的绿色综合集成低碳体系，最终推动低碳社会可持续发展目标的实现具有重要意义。

8.1 绿色碳生产力的内涵及研究现状

绿色碳生产力将是经济内生增长的重要方向。目前关于碳生产力的研究，

---

① 本章主要内容出处：朱东旦，田立新，路正南. 产业系统碳生产力模型构建及绿色竞争优势分析. 中国人口·资源与环境，2020，已录用.

Kaya 和 Yokobori 首次提出了碳生产力的概念[1]，它被定义为一定时期内一个国家或地区的 GDP 与同期二氧化碳排放量之比，反映了经济发展过程中二氧化碳排放的经济效率。碳生产力的提高意味着用更少的物质和能源消耗产生出更多的社会财富。Burke 等在题为"碳生产力挑战：遏制全球变化、保持经济增长"的报告中进一步阐释了碳生产力的内涵，指出碳生产力囊括了低碳经济的两大目标："减少二氧化碳排放"和"保持经济增长"[2]。从碳生产力概念发展的历史来看，目前关于碳生产力概念的界定，多是从产值与碳排放的比值出发的，研究碳生产力的根本落脚点是"经济可持续发展"[3]。Sun 等对电力碳生产力进行了界定，将多维分解方法应用到电力碳生产力的时间序列分解中，考虑技术进步和结构调整的累积效应，研究了 2000~2014 年电力碳生产力的时变规律[4]。Shen 等根据 30 个 OECD 组织国家的 Luenberger 生产率指标，衡量了二氧化碳排放的绿色生产力的演变，提出了一种新的绿色生产率增长分解方法，将生产率变化分为三个部分：技术进步、技术效率变化和结构效率变化[5]。Chen 和 Golley 与传统全要素生产率（TFP）增长的衡量标准不同，将二氧化碳排放作为一种不良产出直接纳入生产技术，对 1980~2010 年中国 38 个工业部门的"绿色"全要素生产率（GTFP）增长模式的变化进行了预测[6]。Li 等基于工业碳生产力行业与技术的异质性，分析了产业差异和全要素碳生产率的动态演变，各行业的全要素碳生产率差异显著[7]。现有文献研究各个行业和企业时，都用"产值与碳排放的比"去统一衡量碳生产力，其本质就是碳生产率的倒数，实际并不能体现行业和企业的特征及属性，也不能满足可持续发展的要求，对碳生产力内涵的进一步界定将是个重要且有意义的方向。

Ackerberg 等构建了纳入碳资源的企业生产函数，考虑了企业异质性的情形，参照技术进步内生化的 OP 和 LP 函数，进行了实证分析，其实质便是企业的碳生产函数[8]。Xian 和 Huang 基于全球卢恩伯格生产率指标，利用内源性定向距离构建了碳生产函数，将碳生产力指标分解为三个部分，分别确定最佳实践的差距变化、纯效率变化和规模效率的变化[9]。Xian 等在中国电力行业在 2017~2020 年是否能够实现国家和省级二氧化碳排放强度降低目标下，确定碳生产率的变化，在存在技术异质性的情况下，进一步分解生产力指标，研究不同来源对生产力增长的贡献[10]。Gao 和 Zhu 基于 1998~2012 年的面板数据，在全要素生产率框架下，采用基于方向距离函数的数据包络分析法对工业部门的碳生产率进行了测算[11]。Yu 等提出了一个连续的元前沿 Luenberger 生产力指数（SMLPI），该指数包含了测量碳生产力随时间增长的不良产出，使之能够将群体异质性和技术的进步性考虑到生产力度量中[12]。Meng 和 Niu 建立了碳生产力的三维绝对分解模型，利用该模型，将碳生产率的绝对变化分解为各产业部门每年对各影响因素（技术创新和产业结构调整）的绝对数量影响的总和[13]。Tao 等对 2003~2013 年中国三大城市群的绿色生产力增长进行了测算和分解，发现技术进步而非效率提高是绿色生产力增长的主要贡献者[14]。Li 和 Lin 提出了一种改进的测量绿色生产率增长的方法，即 Malmquist-Luenberger 生产率指数（MLPI），在能源消耗和二氧化碳排放的约束下，用于衡量 36 个中国工业分部门的绿色生产率的增长[15]。Eugene 等在不同的国家特定生产边界下，各国绿色（环境）生产力增长的差异采用方向距离函数模型进行衡量，测量了 1981~2007 年 70 个国家的环境生产力[16]。Du 等基于改进的生产力指数，评估中国的环境生产力绩效，发现技术变革是大多数全要素生产率增长的主要驱动力[17]。刘习平等构建动态 GMM 模型和面板门限模型，分别从企业、产业和区域三个层面研究经济空间集聚对碳生产力的不同影响，并考察不同层面的集聚形态、不同的集聚模式以及与集聚相关的内部和外部力量对碳生产力的影响机制和途径[18]。从现有文献看，碳生产力的研究，基本上都是从碳生产函数出发，或是解构碳生产力，或是实证考虑了碳资源的碳生产函数，论证了碳生产力是碳生产函数的外在体现。现有的研究方法借助宏观层面数据或者企业调查数据，已经对企业碳生产力进行了研究，但是并没有解决企业异质性和离散性对生产函数构建的影响。

综上所述，目前关于碳生产力的研究，主要针对行业层面展开研究，很少涉及作为基本经济生产单位的企业来进行研究，主要原因有二：一是因为企业存在较大的异质性，一般性规律的探索难以实现[19]；二是企业数据难以搜集，除上市公司外的许多企业，数据对外公开程度较低，即便是能够公开的企业报表，很多数据也很难体现企业低碳方面的发展情况[20]。现有研究未能深度结合企业级微观数据异质性和离散性的特征，从根源上剖析企业碳生产力的内涵，导致大多成果只体现了国家、区域或者行业层面的碳生产力，这类碳生产力指标的高低并没有与企业实际行业性质、发展情况相结合，从而使得构建科学的、可操作的企业可持续低碳优化策略缺乏深层次的理论支撑。将碳生产力与企业碳生产函数进行对接，在绿色行为驱动下，重新构建纳入碳排放的企业碳生产函数，先使用产业的低碳生产相关数据实证绿色碳生产力模型，基于贝叶斯模型对企业绿色碳生产力模型进行后验拟合，再基于机器学习方法，将企业碳生产力函数进行分类，借助动态汉密尔顿系统，论证并求解企业最优碳排放，构建最优"产出-碳排放比"，并将实际"产出-碳排放比"与最优值相比，建立可量化的绿色碳生产力指数，则能够克服上述缺陷，且能够更好地体现企业绿色竞争优势。

8.2 产业系统碳生产力经济学模型构建

Arrow 在其研究[20]中提出的 C-D 生产函数形式中，包含了经典经济增长模型中的中间投入、技术进步以及能源投入等要素：

$$Y = AK^{b_1} L^{b_2} M^{b_3} E^{b_4} T^{b_5} \qquad (8\text{-}1)$$

其中，K 为固定资产投资；L 为劳动力；M 为原材料；E 为能源消费总量；T 为技术进步。

不考虑碳生产力的实际经济含义，简单的碳生产力数学模型可以表示为 $U = C / Y$，其中 C 为碳排放量。那么结合式（8-1）可以得到

$$U = \frac{C}{AK^{b_1} L^{b_2} M^{b_3} E^{b_4} T^{b_5}} \qquad (8\text{-}2)$$

式（8-2）的形式不属于正常的 C-D 函数形式，不利于实际的分析，故可以引入变量总产出 X，进一步变形得到

$$U = \frac{1}{A} \frac{C}{X} \frac{X}{T} \left(\frac{T}{K}\right)^{b_1} \left(\frac{T}{L}\right)^{b_2} \left(\frac{T}{M}\right)^{b_3} \left(\frac{T}{E}\right)^{b_4} \qquad (8\text{-}3)$$

式（8-3）的解构优势在于，借助 LMDI 因素分解法，可以将碳生产力函数无残差分解。其中，$\frac{C}{X}$ 代表碳生产率，用 f_1 表示；$\frac{X}{T}$ 技术进步的边际收益率，用 f_2 表示；$\frac{T}{K}$ 代表技术资本替代率，用 f_3 表示；$\frac{T}{L}$ 代表技术劳动力替代率，用 f_4 表示；$\frac{T}{M}$ 代表技术原材料替代率，用 f_5 表示；$\frac{T}{E}$ 代表技术能源替代率，用 f_6 表示。

本章的目的是研究解构绿色碳生产力函数，所以可以将碳生产力 U 进行微分，得到

$$\begin{aligned}
\frac{\dot{U}}{U} &= \frac{\partial U}{\partial f_1}\frac{\partial f_1}{\partial C}\frac{\dot{C}}{U} + \frac{\partial U}{\partial f_1}\frac{\partial f_1}{\partial X}\frac{\dot{X}}{U} + \frac{\partial U}{\partial f_2}\frac{\partial f_2}{\partial X}\frac{\dot{X}}{U} + \frac{\partial U}{\partial f_2}\frac{\partial f_2}{\partial T}\frac{\dot{T}}{U} \\
&+ \frac{\partial F}{\partial f_3}\frac{\partial f_3}{\partial T}\frac{\dot{T}}{U} + \frac{\partial F}{\partial f_3}\frac{\partial f_3}{\partial K}\frac{\dot{K}}{U} + \frac{\partial F}{\partial f_4}\frac{\partial f_4}{\partial T}\frac{\dot{T}}{U} + \frac{\partial F}{\partial f_4}\frac{\partial f_4}{\partial L}\frac{\dot{L}}{U} \qquad (8\text{-}4)\\
&+ \frac{\partial F}{\partial f_5}\frac{\partial f_5}{\partial T}\frac{\dot{T}}{U} + \frac{\partial F}{\partial f_5}\frac{\partial f_5}{\partial M}\frac{\dot{M}}{U} + \frac{\partial F}{\partial f_6}\frac{\partial f_6}{\partial T}\frac{\dot{T}}{U} + \frac{\partial F}{\partial f_6}\frac{\partial f_6}{\partial E}\frac{\dot{E}}{U}
\end{aligned}$$

式（8-4）中，右边第 1 项为碳排放强度对绿色碳生产力的影响，用 c 表示，考虑实际经济意义，用 gc 表示碳排放强度对碳生产力的影响，其中 g 是碳排放对碳生产力的边际效率，显然碳排放与碳生产力呈负相关关系，不是一般经济意义的情况，本章将 g 作为数值，不考虑其符号，则 gc 项前面应该是负号。右边第 2、3 项为生产规模对碳生产力的影响，带有 K、L、M、E 的右边第 6、8、10、12 项为生产要素对碳生产力的影响，结合第 2、3 项生产规模，可以归结为生产行为本身对碳生产力的影响，用 p 表示。带有 T 的右边第 4、5、7、9、11 项，则可以归结为技术进步对碳生产力的影响，用 q 表示。技术进步对碳生产力的影响，应

该考虑技术积累及新的技术投入（R&D），所以本章将技术进步对碳生产力的影响表述成 $q(T+\alpha r)$。综合考虑生产规模、生产要素、技术进步及碳排放对碳生产力的影响，可以将碳生产力的增长率表述成如下形式：

$$\frac{\dot{U}}{U}=p+q(T+\alpha r)^{\gamma}-gc \tag{8-5}$$

8.3　产业系统碳生产力效用函数构建

关于碳资源和技术进步的产出效用函数，普遍认可的经济学模型原型是由 Grossman 和 Helpman 构建的关于 R&D 投入的效用模型[21]：

$$W_t=\int_{t_0}^{\infty}e^{-\rho(t-t_0)}\log D(t)\mathrm{d}t \tag{8-6}$$

其中，$D(t)=\left[\int_0^n N^{\theta}(i)\mathrm{d}i\right]^{1/\theta}$，根据 Tarasyev 等[22]的研究，$n$ 代表新产品数；θ 为弹性系数；$1/(1-\theta)$ 为新产品之间的替代弹性；$N=Y/n$ 代表新产品对增加值的贡献率。参照此模型，考虑碳排放绿色产出的 R&D 投入效用函数应该与此相似。新产品产出基于 C-D 函数的形式，可以用 $n(t)=Be^{ks}T^{\beta_1}c^{\beta_2}$ 表述，其中，B 为产出外生变量；e^{ks} 为自然增长率；T 为技术进步；c 为碳排放。

于是，将式（8-6）展开，可以得到绿色产出的效用函数为

$$W_t=\int_{t_0}^{\infty}e^{-\rho(t_0-t)}\left[\log y(t)+a_1\log T(t)+a_2\log c(t)\right]\mathrm{d}t$$
$$+\int_{t_0}^{\infty}e^{-\rho(t-t_0)}(kt+\log B)\mathrm{d}t \tag{8-7}$$

式（8-7）的第二部分与技术进步和碳排放没有关系，所以只取前面部分来求解最优化效用函数。考虑技术积累和技术投入的技术水平表示成 $T=\pi T_d+\phi r$，π 表示技术积累对技术水平的影响效率，ϕ 表示 R&D 对技术水平的影响系数。

为了进一步与前文中式（8-5）的形式相统一，在不影响经济性质的情况下，考虑实际计算方便，并基于技术进步和碳资源投入的函数形式，将 $\pi T_d+\phi r$ 改写为 $T+\alpha r$，因而得到绿色产出效用函数变形为

$$W_t=\int_{t_0}^{\infty}e^{-\rho(t-t_0)}\left\{\log Y(t)+a_1\log\left[T(t)+\alpha r(t)\right]+a_2\log c(t)\right\}\mathrm{d}t \tag{8-8}$$

8.4 产业系统绿色最优碳生产动态系统求解

构建碳生产力的增长函数和效用函数后，将最大化绿色碳生产效用作为目标函数，绿色碳生产力增长函数作为约束条件，形成动态系统如下：

$$\max W_t = \int_{t_0}^{\infty} e^{-\rho(t-t_0)} \left\{ \log Y(t) + a_1 \log \left[T(t) + \alpha r(t) \right] + a_2 \log c(t) \right\} dt$$

（8-9）

$$\text{s.t.} \frac{\dot{U}}{U} = p + q(T + \alpha r)^{\gamma} - gc$$

这个动态最优规划方程组很好地描绘了在一定的企业规模、技术水平和碳排放约束下，企业的最优产出效率。

$$H(t, Y, T, r, \varphi_1) = \int_{t_0}^{\infty} e^{-\rho(t-t_0)} \left\{ \log Y(t) + a_1 \log \left[T(t) + \alpha r(t) \right] + a_2 \log c(t) \right\}$$
$$+ \varphi_1 \left[p + q(T + \alpha r)^{\gamma} - gc \right] U$$

（8-10）

从式（8-9）看，变量包括 Y、T、r、c，显然变量多过了可以求解的约束方程，无法对此系统进行求解。

为此，本章根据产出经济学的基本原理，假设产出增加值 Y、实际与技术积累水平 T 存在一定相关关系，故可以将 T 表述成 $T=\sigma Y$。考虑到技术进步对产出具有溢出效应，所以 σY 替代原来式中的 T 时，将弹性系数 γ 取为 1，以表示技术的溢出，则式（8-9）可以表述为

$$H(t, Y, T, r, \varphi_1) = \int_{t_0}^{\infty} e^{-\rho(t-t_0)} \left\{ \log Y(t) + a_1 \log \left[\sigma Y(t) + \alpha r(t) \right] + a_2 \log c(t) \right\}$$
$$+ \varphi_1 \left[p + q(\sigma Y + \alpha r) - gc \right] U$$

（8-11）

通过上述改变，可以论证系统存在最优解。

8.4.1 系统最优解存在的充分条件

根据西尔维斯特准则，式（8-11）有一阶偏导：

$$\frac{\partial H}{\partial Y} = e^{-\rho(t-t_0)}\frac{1}{Y} + e^{-\rho(t-t_0)}\frac{a_1\sigma}{\sigma Y + \alpha r} + \varphi_1 Uq\sigma$$

$$\frac{\partial H}{\partial r} = e^{-\rho(t-t_0)}\frac{a_1\alpha}{\sigma Y + \alpha r} + \varphi_1 Uq\alpha$$

$$\frac{\partial H}{\partial c} = e^{-\rho(t-t_0)}\frac{a_2}{c} - \varphi_1 Ug$$

式（8-11）有二阶偏导：

$$\Delta_{11} = \frac{\partial^2 H}{\partial Y^2} = -e^{-\rho(t-t_0)}\frac{1}{Y^2} - e^{-\rho(t-t_0)}\frac{a_1\sigma^2}{(\sigma Y + \alpha r)^2} < 0$$

$$\Delta_{12} = \Delta_{21} = \frac{\partial^2 H}{\partial Y\partial r} = \frac{\partial^2 H}{\partial r\partial Y} = -e^{-\rho(t-t_0)}\frac{a_1\sigma\alpha}{(\sigma Y + \alpha r)^2}$$

$$\Delta_{13} = \Delta_{31} = \frac{\partial^2 H}{\partial Y\partial c} = \frac{\partial^2 H}{\partial c\partial Y} = 0$$

$$\Delta_{22} = \frac{\partial^2 H}{\partial r^2} = -e^{-\rho(t-t_0)}\frac{a_1\alpha^2}{(\sigma Y + \alpha r)^2} < 0$$

$$\Delta_{23} = \Delta_{32} = \frac{\partial^2 H}{\partial r\partial c} = \frac{\partial^2 H}{\partial c\partial r} = 0$$

$$\Delta_{33} = -e^{-\rho(t-t_0)}\frac{a_2}{c^2} < 0$$

二阶导数的矩阵记为

$$\Delta = \begin{bmatrix} \Delta_{11} & \Delta_{12} & \Delta_{13} \\ \Delta_{21} & \Delta_{22} & \Delta_{23} \\ \Delta_{31} & \Delta_{32} & \Delta_{33} \end{bmatrix}$$

另外有

$$\Delta_{11} = \frac{\partial^2 H}{\partial Y^2} = -e^{-\rho(t-t_0)}\frac{1}{Y^2} - e^{-\rho(t-t_0)}\frac{a_1\sigma^2}{(\sigma Y + \alpha r)^2} < 0$$

$$\Delta_{11}\Delta_{22} - \Delta_{12}\Delta_{21} = e^{-2\rho(t-t_0)}\left[\frac{1}{Y^2} + \frac{a_1\sigma^2}{(\sigma Y + \alpha r)^2}\right]\left[\frac{a_1\alpha^2}{(\sigma Y + \alpha r)^2}\right] - e^{-2\rho(t-t_0)}\left[\frac{a_1^2\sigma^2\alpha^2}{(\sigma Y + \alpha r)^2}\right]$$

$$= e^{-2\rho(t-t_0)}\frac{a_1\alpha^2}{(\sigma Y + \alpha r)^2}\left[\frac{1}{Y^2} + \frac{a_1\sigma^2}{(\sigma Y + \alpha r)^2} - \frac{a_1^2\sigma^2}{(\sigma Y + \alpha r)^2}\right]$$

$$= e^{-2\rho(t-t_0)}\frac{a_1\alpha^2}{(\sigma Y + \alpha r)^2}\frac{1}{Y^2} > 0$$

$$\Delta_{11}\Delta_{22}\Delta_{33} + \Delta_{12}\Delta_{23}\Delta_{31} + \Delta_{13}\Delta_{21}\Delta_{32} - \Delta_{11}\Delta_{23}\Delta_{32} - \Delta_{12}\Delta_{21}\Delta_{33} - \Delta_{13}\Delta_{22}\Delta_{31} = \Delta_{11}\Delta_{22}\Delta_{33} < 0$$

据此可以判断，矩阵 Δ 的所有奇数阶顺序主子式小于 0，所有偶数阶顺序主子式大于 0，满足判断负定矩阵的充要条件，二阶导数的矩阵是负定矩阵，汉密尔顿函数是严格凹性的，又由于一阶偏导数都是大于 0 的，说明了汉密尔顿函数是单调递增的，存在极大值，这就给出了最优化的充分条件。

8.4.2　汉密尔顿系统最优解存在的必要条件

汉密尔顿函数（8-11）的伴随方程为

$$\frac{\partial H}{\partial U} + \dot{\varphi}_1 = 0$$

可以得到

$$\dot{\varphi}_1 = -\left[p + q(\sigma Y + \alpha r) - gc \right] < 0$$

根据庞德里亚金最大值准则，汉密尔顿系统的横截条件为

$$\varphi_i \big|_{t_0}^{\varepsilon} = 0, \ i = 1, 2, \cdots, \varepsilon$$

始端固定为 $t = t_0$，在区间 $[t_0, \varepsilon]$ 上，$t_0 \leqslant \varepsilon < +\infty$，终端自由，故有

$$\varphi_i(\varepsilon) = 0, \ i = 1, 2, \cdots, \varepsilon$$

由于 $\dot{\varphi}_1$ 小于 0，加上横截条件知，在区间 $[t_0, \varepsilon]$ 上，$\varphi_i(t)$ 是单调递减的，故有

$$\varphi_i(t) > 0, \ t \in [t_0, \varepsilon], \ i = 1, 2, \cdots, \varepsilon$$

最优化的必要条件就是满足：存在 $\varphi_i(t)$ 满足伴随方程，并且使得上述式子成立，即构成了汉密尔顿系统存在最优解的必要条件。通过求解汉密尔顿系统，就可以找到最优解的碳排放及技术投入强度的最优路径。

8.4.3　最优碳排放水平汉密尔顿系统的求解

根据绿色碳生产力动态最优规划汉密尔顿系统得到方程组：

$$\begin{cases} \dfrac{\partial H}{\partial Y} = e^{-\rho(t-t_0)} \dfrac{1}{Y} + e^{-\rho(t-t_0)} \dfrac{a_1 \sigma}{\sigma Y + \alpha r} + \varphi_1 U q \sigma = 0 \\[3mm] \dfrac{\partial H}{\partial r} = e^{-\rho(t-t_0)} \dfrac{a_1 \alpha}{\sigma Y + \alpha r} + \varphi_1 U q \alpha = 0 \\[3mm] \dfrac{\partial H}{\partial c} = e^{-\rho(t-t_0)} \dfrac{a_2}{c} - \varphi_1 U g = 0 \end{cases} \qquad (8\text{-}12)$$

上述方程组可以求出使得碳生产力最优的封闭解，第三个方程可以得到

$$e^{-\rho(t-t_0)}\frac{a_2}{gc}=\varphi_1 U \tag{8-13}$$

将之代入第二个方程，可以得到

$$\frac{a_1}{\sigma Y+\alpha r}+\frac{a_2 q}{gc}=0 \tag{8-14}$$

8.4.4　理论模型结论

通过对碳生产力函数与绿色碳生产系统的构建及求解可以得到如下结论。

（1）碳生产力函数可以解构为产业系统现有的生产规模、技术水平及碳排放强度。式（8-3）和式（8-4）表明，借助产业系统运行的实际数据，可以对不同行业的碳生产力进行实证分析，包括产业规模、技术进步及溢出、碳排放等要素对碳生产力的实际影响。式（8-5）~式（8-8）表明，经过梳理简化，碳生产力变动，可以由三部分组成：①生产规模和生产要素的外生影响，用 p 表示；②技术水平的影响由外生参数 q，以及内生的技术积累 T 和 R&D 投入强度 r 来共同影响；③碳排放强度的内生影响。进而，碳生产力变动也可以借助计量手段，进行实证分析。

（2）从绿色碳生产动态非线性系统来看，根据西尔维斯特准则和庞德里亚金准则，可以确定系统存在封闭解的充要条件。这个结论说明，在实际产业系统运行过程中，如果能够获得模型中涉及的相关变量的有效数据，并据此确定其参数值，就可以宏观控制碳排放等相关变量，使得产业系统达到绿色最优生产模式。当然，本章提出的绿色碳生力模型及动态系统建立在许多经济学假设之上，所谓的确切最优解，依旧离不开产业系统数据的实证拟合，也存在一定的误差。

（3）绿色碳生产动态系统的求解结果式（8-13）表明，碳排放强度实际与碳生产力 U 呈反向关系，这符合关于碳生产力函数的基本定义。经过整理后的碳排放强度的函数：

$$c=e^{-\rho(t-t_0)}\frac{a_2}{g\varphi_1 U} \tag{8-15}$$

其中，φ_1 作为乘子，在前文已经证明是 t 的单调递减函数，与碳生产力 U 保持一致变动。$e^{\rho(t-t_0)}U$ 表示 t_0 时刻开始，经过时间 t 变化，碳生产力 U 的未来值。综上，式（8-14）表示在绿色最优碳生产情形下，斜率参数 $\frac{a_2}{g}$ 影响最优碳排放强度的动态轨迹，贴现率 ρ 影响最优碳排放强度的速度。具体见图 8-1。

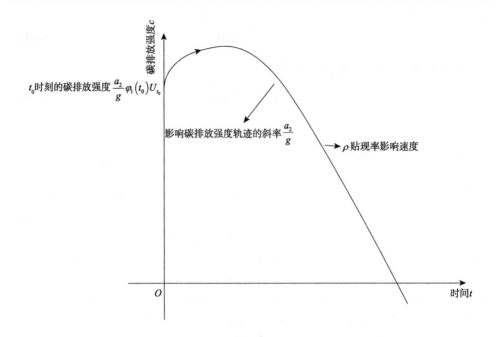

图 8-1 最优绿色低碳生产情形下的碳排放强度轨迹

（4）绿色碳生产动态系统的求解结果式（8-14）表明，在绿色最优低碳生产的情形下，碳排放强度与技术水平负相关。此处将 $\sigma Y + \alpha r$ 还原为技术水平的函数形式 $(T + \alpha r)^{\gamma}$，则式（8-14）可以转化为

$$c = -\frac{a_2}{a_1 g} q (T + \sigma r)^{\gamma} \qquad (8\text{-}16)$$

式（8-15）给出了绿色最优低碳生产情形下碳排放强度更为直观的函数形式，最优碳排放强度与技术水平相关，受到产业垄断性水平的系数 a_1、a_2，以及碳排放的边际产出影响，同时保留了技术水平部分外生性特征 q，以及技术水平的非线性内生增长特征。式（8-16）更为直观地给出了一定产业特征和技术水平下最优的碳排放强度。

（5）绿色竞争优势外部性路径——技术进步和碳排放二元外部性的统一。以往众多的研究均表明技术进步对绿色生产具有正外部性，而碳排放强度具有负外部性。先进技术的不断出现会使得现有技术的吸引力下降，从而产生技术进步的负外部性——"偷生意效应"。新技术经由技术积累及碳排放强度最终影响绿色竞争优势的外部性具体路径如图 8-2 所示，式（8-16）给出了技术进步和碳排放的绿色竞争优势的二元外部性结合的形式。

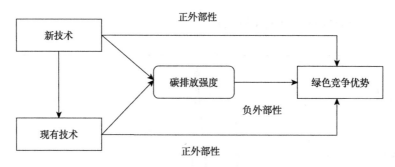

图 8-2　技术进步的绿色竞争优势二元外部性路径

8.5　基于我国产业部门的绿色碳生产力实证分析

基于动态汉密尔顿系统，本章从理论上探析了技术进步与绿色碳生产力的关系，为了进一步验证理论分析的正确性及试用性，本章将使用我国产业部门 2001~2017 年的数据，对我国产业碳生产力模型进行实证分析。

8.5.1　数据来源

我国对工业行业的统计制度比较完善，故本章选取我国工业部门对产业绿色碳生产力进行实证分析。本章分析所采用的原始数据主要来源于国家统计局颁布的《中国统计年鉴 2018》、《中国工业经济统计年鉴》（2001~2018 年）、《中国环境统计年鉴》（2001~2018 年）以及《中国科技统计年鉴》（2001~2018年）。由于这 18 年的统计口径有变化，本章根据最新的统计制度对工业行业的部门进行了整合，最后与《中国工业经济统计年鉴 2012》的 39 个产业部门保持一致。本章使用的指标数据中，固定资产合计、就业人数、能源消费、工业总产值及最终产品等数据都直接从上述年鉴中获取，而原材料投入、工业增加值、传统能源投入、碳排放强度、技术进步因素（技术累计投入和 R&D 投入）等数据经笔者加工处理，限于篇幅，不做详解。

8.5.2　碳生产力模型实证

本章构建的产业系统非期望产出强度模型主要由比较完整的式（8-3）和相对简化的式（8-5）构成，使用我国产业部门 2000~2017 年的数据进行实证分析。

图 8-3~图 8-6 中，除了图 8-4，其余均表现出较明显的异方差性，不符合直接

使用面板数据进行实证拟合的基础条件。

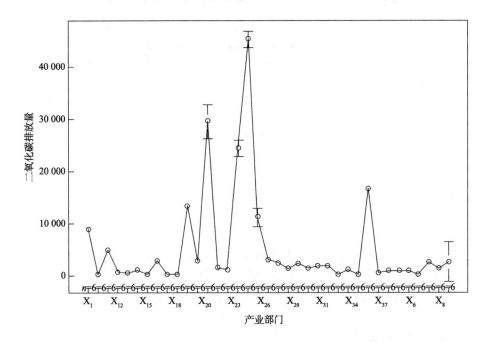

图 8-3　碳排放与产业部门的异方差检验

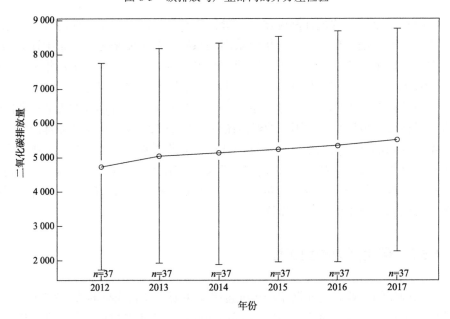

图 8-4　碳排放与年份的异方差检验

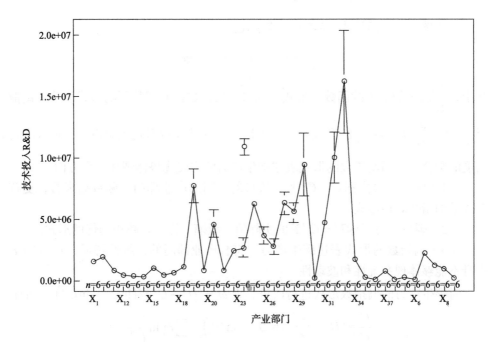

图 8-5　R&D 与产业部门的异方差检验

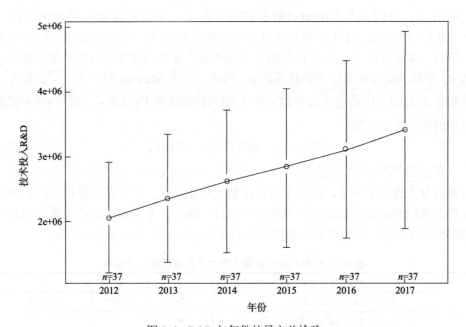

图 8-6　R&D 与年份的异方差检验

关于碳生产力函数式（8-5）的表达式：

$$\frac{\dot{U}}{U} = p + q(T + \alpha r)^\gamma - gc$$

其中，$\frac{\dot{U}}{U}$ 表示的是连续函数的形式，如果以实证数据时间数列的形式表达，离散形式 $\Delta U = \sum_{i=1}^{n}(U^T - U^0)$ 的形式表达更为恰当。这种表达形式跟熵指数的形式有着高度的契合性，用熵指数的形式表述碳生产力的主要优势体现在三个方面。

（1）碳生产力指标 $U = C/Y$，从目前中国的产业部门实际数据来看，更符合离散的指数表达形式。

（2）碳生产力指标 $U = C/Y$ 的实际值，跟熵一样，是越小越优的形式。

（3）熵指数的形式表达碳生产力，符合产业部门的系统性特征，$U = C/Y$ 本身不能够体现系统性和波动性。

对碳生产力的熵指数形式进行改进，设 $\omega_i = (U^T - U^0)/(\ln U^T - \ln U^0)$，则有

$$\frac{\dot{U}}{U} = \Delta U = \sum_{i=1}^{n} \omega_i (\ln U^T - \ln U^0) = \sum_{i=1}^{n} \omega_i \ln \frac{U^T}{U^0}$$

用上述熵指数形式来拟合实际式（8-5）的方程，将更加符合实际产业部门的特征。用碳生产力的熵指数形式拟合技术水平以及碳排放强度的情况。式（8-5）的形式，包含了多元变量及变量的指数形式，难以通过线性转化后进行拟合。本章拟合式（8-5）的目的，得到中国产业部门碳生产力的外部性参数 p 和 q，并得到碳排放强度的弹性系数 g。因此，参考 Manzan 和 Zerom[23]的研究，本章将式（8-5）中的技术水平 $(T + \alpha r)^\gamma$ 使用模糊函数 $F(r)$ 表示，式（8-5）变成可加的部分线性模型：

$$CE(t) = p + qF(T(t)) - gc(t) + \varepsilon \qquad (8-17)$$

考虑到中国统计制度在 2011 年前后发生了较大变化，尤其是对产业部门所属行业的分类进行了调整，故为了更好地贴近产业实际，本章选择使用 2012~2017 年产业部门的数据进行碳生产力的实证拟合。同时，考虑到中国产业系统面板数据的异质性较强，本章将对产业部门进行逐个拟合，结果如表 8-1 所示。

表 8-1 我国产业绿色碳生产力半参数模型拟合结果

产业部门	g	p	q
煤炭开采和洗选业（X_1）	1.059 9	2.549 7	0.211 8
石油和天然气开采业（X_2）	*		
黑色金属矿采选业（X_3）	—		

续表

产业部门	g	p	q
有色金属矿采选业（X_4）	—		
非金属矿采选业（X_5）	1.074 2	5.769 2	0.198 6
农副食品加工业（X_6）	1.506 4	3.988 8	0.239 1
食品制造业（X_7）	1.176 5	3.714 5	0.222 3
饮料制造业（X_8）	1.159 8	5.443 1	0.201 4
烟草制品业（X_9）	—		
纺织业（X_{10}）	1.776 9	3.759 9	0.197 3
纺织服装、鞋、帽制造业（X_{11}）	—		
皮革、毛皮、羽毛（绒）及其制品业（X_{12}）	*		
木材加工及木、竹、藤、棕、草制品业（X_{13}）	—		
家具制造业（X_{14}）	1.062 9	3.000 1	0.190 6
造纸及纸制品业（X_{15}）	*		
印刷业和记录媒介的复制（X_{16}）	*		
文教体育用品制造业（X_{17}）	1.056 2	5.143 7	0.246 6
石油加工、炼焦及核燃料加工业（X_{18}）	1.034 9	5.141 1	0.312 2
化学原料及化学制品制造业（X_{19}）	1.769 2	5.789 2	0.349 1
医药制造业（X_{20}）			
化学纤维制造业（X_{21}）	1.094 7	3.538 8	0.241 1
橡胶制品业（X_{22}）	*		
塑料制品业（X_{23}）	1.179 4	5.883 8	0.207 7
非金属矿物制品业（X_{24}）	1.176 1	5.163 9	0.215 6
黑色金属冶炼及压延加工业（X_{25}）	1.054 9	3.281 4	0.298 3
有色金属冶炼及压延加工业（X_{26}）	1.087 2	2.783 4	0.219 9
金属制品业（X_{27}）	1.106 4	5.793 6	0.227 3
通用设备制造业（X_{28}）	0.978 2	5.776 0	0.299 9
专用设备制造业（X_{29}）	0.964 5	2.312 2	0.190 4
交通运输设备制造业（X_{30}）	1.057 6	2.197 3	0.196 6
电气机械及器材制造业（X_{31}）	1.111 5	2.783 1	0.201 1
通信设备、计算机及其他电子设备制造（X_{32}）	0.902 8	2.147 7	0.203 2
仪器仪表及文化、办公用机械制造业（X_{33}）	1.077 6	2.017 3	0.222 1
工艺品及其他制造业（X_{34}）	—		
电力、热力的生产和供应业（X_{35}）	1.537 1	5.182 7	0.311 5
燃气生产和供应业（X_{36}）	—		
水的生产和供应业（X_{37}）	—		

注："—"代表数据缺失未能计算；"*"代表数据无法进行有效拟合

8.5.3　产业绿色碳生产力效用函数拟合

参照 R&D 投入效用模型和产出率效用模型构建的绿色碳生产力产出效用模型见式（8-8），给出产业绿色碳生产力动态汉密尔顿系统最优解的求解依赖于绿色碳生产力产出效用模型的拟合。本章求解最优解时不需要直接给出式（8-8）的拟合结果，效用函数部分实证分析的关键在于拟合新产品数 $n(t) = Be^{kt}T^{b_1}c^{b_2}$。通过拟合新产品数可以给出系数 b_1 和 b_2，同时也可以求解技术溢出率 λ，为进一步求解动态汉密尔顿系统最优解做准备。

新产品数的表达式 $n(t) = Be^{kt}T^{b_1}c^{b_2}$ 中，积累的技术投入从 R&D 投入吸收率的角度来解释为 $T_t = \mu T_{t-1} + v\mathrm{RD}$，从技术的过期情况来解释[9]，就是

$$T_t = \mathrm{RD}_{t-m} + (1-\theta)T_{t-1} \qquad (8\text{-}18)$$

其中，m 为技术投入产业化的平均年限，θ 为技术的过期率。

累积的技术投入 T_t，也就是技术储备，在实际的科技统计工作中由于其复杂性，没有统计，只能通过计算得到。如果能够得到 m 和 θ 的数据，就能够得到除第一期以外的累积技术投入 T_t。当 $t = 1$ 时，由式（8-18）可以推导得到

$$T_0 = \mathrm{RD}_{1-m}/(\delta + \theta) \qquad (8\text{-}19)$$

其中，δ 表示 R&D 投入的平均增长率，这样就有[10]，进而来拟合新产品数函数。R&D 投入的数据选取 1997~2017 年"煤炭开采和洗选业"的数据，技术投入产业化平均年限 m 和技术过期率 θ 在各个数据比较完整的传统产业间水平基本一样，所以选取我国产业部门的总水平作为计算值。

李恒川和路正南的研究中给出了技术过期率 θ 的两种计算方法[24]：一种是用技术的实际平均使用年限来计算；一种是用累积专利数量减去专利有效量从而得到淘汰的专利数量来计算。本章认为，技术的实际平均使用年限由于数量庞大且纷繁复杂，统计难度非常高，而且其研究中得出的平均使用年限为 14 年也是值得斟酌的，南昌航空大学对中国高校的专利技术使用情况统计时得出的平均使用年限在 4~7 年不等，与之存在较大差距，故本章选择使用发明专利技术的淘汰率来计算技术过期率，根据国家知识产权局专利统计年鉴的数据可以得到各年的技术过期率 θ，这个技术过期率参考日本 20 世纪 90 年代的 14%~22%的过期率是相对合适的，因为中国经济发展阶段落后于日本，相对日本目前处于高速发展的阶段，技术过期率肯定相对还要高一点。

关于技术投入产业化平均年限 m 的计算方法，偏相关系数法计算滞后 1~6 期的偏相关系数，如图 8-7（a）所示，可以发现第 5 年的偏相关系数最高，所以可以取 $m = 5$。另外，还可以用多项式分布滞后模型来拟合增加值与 R&D 投入的关系，从而确定滞后的期数情况，Eviews 运行结果具体如图 8-7（b）~（d）所示，

结果滞后 5 期的拟合效果最好，与偏相关系数得出的结果一致。

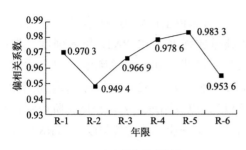

Lag Distribution of R	i	Coefficient	Std. Error	t-Statistic
	0	0.00021	0.00049	0.42137
	1	0.00040	0.00042	0.95950
	2	-4.3E-05	0.00037	-0.11635
	3	-7.4E-05	0.00053	-0.14006
	4	0.00136	0.00061	2.22208
Sum of Lags		0.00186	0.00020	9.06473

（a）偏相关系数图 　　　　　（b）滞后 4 期拟合情况

Lag Distribution of R	i	Coefficient	Std. Error	t-Statistic
	0	-0.00068	0.00026	-2.63268
	1	0.00040	0.00012	3.43234
	2	0.00036	8.3E-05	4.30119
	3	3.6E-05	0.00012	0.30709
	4	0.00030	0.00014	2.14652
	5	0.00199	0.00028	7.23401
Sum of Lags		0.00241	9.5E-05	25.4325

Lag Distribution of R	i	Coefficient	Std. Error	t-Statistic
	0	0.00021	0.00071	0.29557
	1	0.00026	0.00052	0.49768
	2	0.00023	0.00031	0.73794
	3	0.00024	0.00031	0.63971
	4	0.00024	0.00054	0.44812
	5	0.00044	0.00056	0.77450
	6	0.00086	0.00055	1.56419
Sum of Lags		0.00243	0.00032	7.56593

（c）滞后 5 期拟合情况 　　　　　（d）滞后 6 期拟合情况

图 8-7 技术投入产业化平均年限计算结果图

累积的技术投入 T_t 可以由式（8-18）和式（8-19）计算给出。经过计算各个参数的值，可以进一步通过公式来拟合累积的技术投入情况，得出近似的技术投入的吸收率 λ，可以得出

$$T = 1.069\,0T_{t-1} + 0.266\,4R \quad R^2 = 0.976\,4 \quad F = 186.3 \quad （8-20）$$
$$（9.112）\quad （2.958）$$

由此可以看出，累积的技术投入函数拟合效果非常好，技术储备的自然增长率为 6.9%，而 R&D 投入的平均吸收率为 26.64%。

据此，可以使用 R&D 投入来测度本章绿色碳生产效用函数中的"技术水平"，进而对新产品进行拟合。

得到了技术水平 T 和 R&D 投入 R 后可以进一步拟合新产品产值，得到

$$n(t) = 24.761\,3 + 0.251\,1T + 0.306\,4c \quad （8-21）$$

这样就可以得到 $b_1 = 0.251\,1$，$b_2 = 0.306\,4$，参考 Grossman 的研究，可以得到 $a_1 = 2.155$，$a_2 = 3.529$。

8.5.4 产业系统绿色碳生产力动态系统的实证求解

通过对产业部门碳生产力函数的拟合和对绿色生产效用函数的拟合，可以得到求解最适合产业绿色碳生产力提升的碳排放强度 c^* 和 R&D 投入强度，根据式（8-14），求解需要的相关参数：由技术进步引起的绿色碳生产力边际效率 g=1.059 9，新产品数的技术投入系数 a_1=2.155，a_2=3.529，综合技术吸收率 λ = 0.211 8，技术投入的平均产出效率 I=2.549 7，以及贴现率 ρ。根据现阶段银行平均年贷款利率 ρ=6%计算得到，"煤炭开采和洗选业"碳排放强度 c^* 和 R&D 投入强度 r。

在"煤炭开采和洗选业"实证数据分析的基础上，将式（8-16）进行推广，计算我国其他产业部门的最适应绿色碳生产力提升的碳排放强度 c^*。可以得到如表 8-2 的数据结果。

表 8-2　我国产业系统最优绿色碳生产力模式下的碳排放强度相关参数

产业部门	a_1	a_2	γ	σ
煤炭开采和洗选业（X_1）	2.135	3.529	0.302 7	0.266 4
石油和天然气开采业（X_2）	*			
黑色金属矿采选业（X_3）	—			
有色金属矿采选业（X_4）	—			
非金属矿采选业（X_5）	2.745	5.544	0.339 7	0.576 9
农副食品加工业（X_6）	−0.546	3.527	0.350 6	0.398 8
食品制造业（X_7）	0.791	5.644	0.388 8	0.337 1
饮料制造业（X_8）	1.175	6.363	0.388 5	0.544 3
烟草制品业（X_9）	—			
纺织业（X_{10}）	−0.793	4.146	0.320 1	0.375 9
纺织服装、鞋、帽制造业（X_{11}）	—			
皮革、毛皮、羽毛（绒）及其制品业（X_{12}）	*			
木材加工及木、竹、藤、棕、草制品业（X_{13}）	—			
家具制造业（X_{14}）	−0.271	5.722	0.500 0	0.300 0
造纸及纸制品业（X_{15}）	*			
印刷业和记录媒介的复制（X_{16}）	*			
文教体育用品制造业（X_{17}）	0.124	6.377	0.483 5	0.514 3
石油加工、炼焦及核燃料加工业（X_{18}）	0.569	5.443	0.453 4	0.514 1
化学原料及化学制品制造业（X_{19}）	2.124	5.776	0.223 5	0.578 9
医药制造业（X_{20}）	—			
化学纤维制造业（X_{21}）	2.135	3.389	0.289 1	0.353 8

续表

产业部门	a_1	a_2	γ	σ
橡胶制品业（X_{22}）	*			
塑料制品业（X_{23}）	0.171	5.783	0.423 7	0.588 3
非金属矿物制品业（X_{24}）	0.792	6.224	0.398 3	0.516 3
黑色金属冶炼及压延加工业（X_{25}）	2.217	4.445	0.335 3	0.328 1
有色金属冶炼及压延加工业（X_{26}）	2.343	3.712	0.293 6	0.278 3
金属制品业（X_{27}）	1.817	3.562	0.309 1	0.579 3
通用设备制造业（X_{28}）	0.117	5.722	0.510 3	0.577 6
专用设备制造业（X_{29}）	−0.521	4.993	0.566 1	0.231 2
交通运输设备制造业（X_{30}）	−0.316	5.729	0.506 2	0.219 7
电气机械及器材制造业（X_{31}）	0.142	5.872	0.452 2	0.278 3
通信设备、计算机及其他电子设备制造（X_{32}）	−0.512	6.669	0.618 0	0.214 7
仪器仪表及文化、办公用机械制造业（X_{33}）	−0.567	6.318	0.519 9	0.201 7
工艺品及其他制造业（X_{34}）	—			
电力、热力的生产和供应业（X_{35}）	1.377	4.761	0.263 5	0.518 2
燃气生产和供应业（X_{36}）	—			
水的生产和供应业（X_{37}）	—			

注："—"代表数据缺失未能计算；"*"代表数据无法进行有效拟合

　　根据表 8-1 和表 8-2 的数据，结合中国产业部分的技术水平，可以得到产业系统最优绿色低碳生产力模式下的碳排放强度的轨迹。

　　最优碳排放强度在数值上比实际碳排放强度，最优碳排放强度在时间纬度上相对比较平滑，实际碳排放强度受到更多因素的干扰，最优碳排放强度主要受技术水平影响，具有一定的趋势惯性。

8.6　本 章 小 结

　　本章基于碳生产力的内涵，结合柯布-道格拉斯生产函数，对碳生产力函数进行重新构建，并使用 LMDI 法对碳生产力函数进行了无残差分解，得到了碳生产力增长率关于技术进步和碳排放强度的函数形式。同时，根据绿色低碳生产要求，本章构建了绿色低碳生产效用函数，以碳生产力增长率式（8-5）为约束方程，建立了产业系统绿色低碳生产的动态汉密尔顿系统，通过西尔维斯特准则和庞德里亚金准则论证了动态系统最优解存在的充要条件。通过求解动态系统，得到了碳排放强度根据碳生产力及技术进步变动的动态轨迹。

　　理论模型的构建可以得到如下结论：①碳生产力函数可以解构为产业系统现有的生产规模、技术水平及碳排放强度；②绿色最优碳生产的情形下，最优碳排放强的动态轨迹应该是由参数 $\dfrac{a_2}{g}$ 和碳生产力 U 的线性变动共同决定的；③绿色最优低碳生产的情形下，碳排放强度与技术水平负相关，碳排放强度由技术进步的外生性变量 q 和非线性内生形式共同决定；④绿色竞争优势外部性是技术进步和碳排放"二元外部性"的统一形式。

　　根据中国产业部门 2001~2017 年的相关数据，得到如下实证结论：①碳生产力量化时，熵指数的形式能够表述系统性特征和波动性特征，更加符合实际情况。②由于产业部门的异质性问题，实证分析时无法用面板模型分析，需要逐个产业部门进行实证分析。③通过对碳生产力函数式（8-17）的实证可知，碳生产力的变动，受碳排放强度的影响大于技术进步，实际上，碳排放强度的下降，很大程度上受到技术进步的影响。上述结果从侧面说明了技术进步对碳生产力的影响，间接效应大于直接效应，而其中的原因，就是技术进步对绿色低碳生产的正外部性和碳排放强度的负外部性共同作用的结果，且正外部性不如负外部性的效应大。④通过对技术进步式（8-20）的拟合可知，我国产业部门 R&D 投入对技术进步的影响比现有技术（技术积累水平）的影响大，R&D 投入后的影响滞后期一般为 5 年，随着 R&D 投入的持续扩大，技术进步对碳生产力的影响也将持续扩大，目前大多数文献中，仅用 R&D 代表技术进步不合理，忽略了技术进步的"偷生意效应"，即技术投入会降低现有技术的吸引力，进而对绿色低碳生产产生负外部性。⑤图 8-1 关于最优碳排放强度轨迹的结果显示，最优碳排放强度在时间纬度上相对比较平滑，实际碳排放强度受到更多因素的干扰，最优碳排放强度主要受技术水平影响，具有一定的趋势惯性。

参 考 文 献

[1]　Kaya Y, Yokobori K. Environment, Energy and Economy: Strategies for Sustainability. Tokyo: United Nations University Press, 1997.

[2]　Burke M, Hsiang S, Miguel E. Global non-linear effect of temperature on economic production. Nature, 2015, 527（7577）: 235-239.

[3]　Beinhocker E, Oppenheim J, Irons B, et al. The Carbon Productivity Challenge: Curbing Climate Change and Sustaining Economic Growth. Sydney: Mc Kinsey Global Institute, Mc Kinsey &Company, 2008.

[4] Sun W, He Y J, Gao H S. An electric carbon productivity analysis of China's industrial sector using multi-dimensional decomposition. Polish Journal of Environmental Studies, 2016, 25 (4): 1699-1707.

[5] Shen Z Y, Boussemart J P, Leleu H. Aggregate green productivity growth in OECD's countries. International Journal of Production Economics, 2017, (189): 30-39.

[6] Chen S Y, Golley J. "Green" productivity growth in China's industrial economy. Energy Economics, 2014, (44): 89-98.

[7] Li W W, Wang W P, Wang Y, et al. Historical growth in total factor carbon productivity of the Chinese industry: a comprehensive analysis. Journal of Cleaner Production, 2018, (170): 471-485.

[8] Ackerberg D A, Caves K, Frazer G. Identification properties of recent production function estimators. Econometrica, 2015, 83 (6): 2411-2451.

[9] Xian Y, Huang Z. Sources of carbon productivity change: a decomposition and disaggregation analysis based on global Luenberger productivity indicator and endogenous directional distance function. Ecological Indicators, 2016, 66 (11): 545-555.

[10] Xian Y J, Wang K, Shi X P, et al. Carbon emissions intensity reduction target for China's power industry: an efficiency and productivity perspective. Journal of Cleaner Production, 2018, (197): 1022-1034.

[11] Gao W J, Zhu Z S. The technological progress route alternative of carbon productivity promotion in China's industrial sector. Natural Hazards, 2016, 82 (3): 1803-1815.

[12] Yu Y N, Qian T, Du L M. Carbon productivity growth, technological innovation, and technology gap change of coal-fired power plants in China. Energy Policy, 2017, (109): 479-487.

[13] Meng M, Niu D X. Three-dimensional decomposition models for carbon productivity. Energy, 2012, 46 (1): 179-187.

[14] Tao F, Zhang H Q, Hu Jun, et al. Dynamics of green productivity growth for major Chinese urban agglomerations. Applied Energy, 2016, (196): 170-179.

[15] Li K, Lin B Q. Measuring green productivity growth of Chinese industrial sectors during 1998–2011. China Economic Review, 2015, (36): 279-295.

[16] Eugene L Y, Chen P Y, Chen C C. Measuring green productivity of country: a generlized metafrontier Malmquist productivity index approach. Energy, 2013, (55): 340-353.

[17] Du J, Chen Y, Huang Y. A modified Malmquist-Luenberger productivity index: assessing environmental productivity performance in China. European Journal of Operational Research, 2018, 269 (1): 171-187.

[18] 刘习平, 盛三化, 王珂英. 经济空间集聚能提高碳生产率吗? 经济评论, 2017, (6):

107-121.

[19] Zhang N, Yongrok C. Total-factor carbon emission performance of fossil fuel power plants in China: a metafrontier non-radial Malmquist index analysis. Energy Economics, 2013, 40（2）: 549-559.

[20] Arrow K J. Applications of control theory to economic growth. Belknap Press of Harvard University Press, 1985, （5）: 261-296.

[21] Grossman G M, Helpman E. Innovation and Growth in the Global Economy. Cambridge: MIT Press, 1991: 195-197.

[22] Tarasyev A M, Ane B K, Watanabe C. Construction of nonlinear stabilizer for trajectories of economic growth. J. Optim. Theory Appl., 2007, 134（2）: 303-320.

[23] Manzan S, Zerom D. Kernel estimation of a partially linear additive model. Statistics & Probability Letters, 2005, 72（4）: 313-322.

[24] 李恒川, 路正南. 中国产业系统非期望产出率熵变层级结构关系研究——基于 PLS 回归的层级因素分解技术. 中国人口·资源与环境, 2015, 25（8）: 116-124.

第9章 效率提升的协同增长机理①

本章根据能源效率、能源价格和经济增长之间的因果关系，构建了相互传导的网络结构，通过寻找关联网络的主体建立了一个基于多主体的新的非线性动力系统模型。利用数值仿真的方法，分析了参数对系统和子系统运动状态的影响。然后借助 BP 神经网络识别出系统的参数，得到了一个新的具有实际意义的反映中国实际情况的动力系统模型。根据实际的演化状态，分析政策对系统状态的调控效果，发现 4 种策略均能使不稳定的系统趋于稳定。通过对比分析单一调控政策和组合调控政策的调控效果，发现组合调控政策达到稳态所需的时间较短，并且更有利于能源价格的降低。然而，单一调控政策对提高能源效率和经济增长水平的效果较好。另外，通过对同一政策下不同调控水平对能源效率的演化路径进行分析后发现，调控水平越高，能源效率达到稳态所需的时间越短，但能源效率稳定的水平却不断降低。

9.1 能源效率国内外动态分析

能源作为社会生活和经济生活的必需品，其生产和消费行为的变化会对能源市场的发展产生深远的影响。提高能源效率作为应对环境污染和能源匮乏等问题的一种方法，其目标在于对能源消费品种和能源消费量的控制，而能源新品种的开发和能源消费量的变化在不断地改变供求关系和破坏能源市场的平衡。能源价格作为判断能源市场稳定状态的"浮标"之一，它的波动导致能源市场的平衡状态被破坏，使能源市场处于不稳定状态。如今我国能源对经济增长的影响力不断扩大，经济增长对能源具有较强的依赖性。随着能源市场管制的放松，活跃的能源市场始终处于变化之中。因此，分析能源市场中能源效率、能源价格和经济增

① 本章主要内容出处：Zhang G Y，Tian L X，Zhang W B，et al. The energy efficiency model under the market response and the evolutionary path under its regulation policy in China. Energy Efficiency，2019，12（4）：895-920.

长之间的演化关系，发挥能源效率在能源市场中的重要作用，实现经济效益、环境效益和社会效益的"共赢"等问题始终是研究的热点。

　　Cantore 等研究了能源效率和经济增长之间的权衡的问题[1]，它是经济和环境政策之间的紧张关系的基础，特别是在发展中国家，往往需要扩大他们的工业基础以获得成长；通过对二者之间关系的分析，有助于辩论微观（全要素生产率）与宏观层面（国家经济增长）的能源效率与经济绩效的关系。Zhang 使用时间序列多元线性回归方法，建立了我国实际产出与资本劳动和能源效率的回归模型，估计了各要素对实际产出的边际贡献，证明了能源效率对经济增长的根本性影响[2]。Kohler 对能源效率和差别能源价格进行了研究，发现差别电价对能源效率有促进作用[3]；Chen 等研究了能源价格对能源消费和能源效率的影响[4]。Arshad 等通过宏观计量经济分析研究了能源价格和经济增长，有助于政策制定者控制能源价格的增加[5, 6]。以上研究均从不同的角度对能源价格、能源效率和经济增长两两之间的关系进行了研究，得到具有实际意义的结论。但由于综合考虑的要素较少，不能全面地反映要素间的相互促进和制约关系，得出的结论就存在差异。另外，各要素变化对能源市场行为变化的影响也未进行详细的研究。因此，怎样建立系统以便有效地反映能源市场行为变化的实质问题，利用什么方法可以将更多的要素纳入研究体系中，如何定量描述中国能源市场行为变化中能源效率、能源价格和经济增长之间的变化特征等，这些问题都是目前研究的热点。

　　提高能源效率是有效处理能源短缺和环境污染问题的重要方法，而能源价格又是反映能源市场行为变化的重要参考指标。如何提高能源效率和控制能源价格的变化，以保障能源市场的稳定和经济的增长是目前研究的重点。Mahadevan 和 Asafu-Adjaye 采用面板 VECM 评估方法研究了能源价格、能源消费和经济增长之间的影响机制，发现与发展中国家相比，发达国家的经济增长对经济增长的弹性响应较大，强调了能源政策对经济增长的影响[7]；Odhiambo 使用 ARDL 边界测试法也对能源价格、能源消费和经济增长之间的因果关系进行了研究，发现节能政策的实施可能不会影响经济发展，因为该国经济的发展并非完全依赖于能源[8]。Jin 等对能源价格、能源节约和经济增长进行了研究，发现当能源价格从模型中省略时，美国的经济增长对能源使用的变化是中性的[9]。赵立昌采用建立 VAR 模型和实证分析的方法分析了能源价格、经济增长和能源强度之间的作用机理，发现从长期的角度上来看，能源价格的上升对能源利用效率的提高正相关；经济增长对能源价格的上升有着显著的推动作用[10]。Qin 和 Rasiah 针对能源出口的依赖性和发展水平问题对电力消费、技术创新、经济增长和能源价格进行了研究，认为发展中国家不应简单地减少对化石燃料发电的消费[11]。Sun 和 Du 等采用不同方法，分别对经济增长、工业结构和能源效率，能源效率、低碳能源生产和经济增长，能源消费、经济增长和价格进行了研究，分析了它们之间复杂的影响机制[12-14]。Tian 运用动态博弈模型分析了天然气市场化改革对天然气发电的促进作用，发现开征碳税和采用环境补贴可以大大促进对天然气发电市场的渗透，以及市场管制的放松也可增加天然气发电的份额[15]。这些研究者均从不同的角度对能源效率、能源价格和经济增长进行了深入研究，并纳入更多的影响因素，综合考虑各变量相互之间的影响关系。但各要素对实际能源市场行为变化的影响未进行综合分析，缺乏对实际能源市场行为变化的综合反映能力。

另外，目前通过建立非线性动力系统进行能源经济领域的研究已有部分工作，如 Fang 等建立的三维节能减排系统和碳税约束下的节能减排四维系统，提出了控制碳排放和能源强度的方法[16, 17]；Zhang 等建立了电力市场的价格–供给–经济增长的三维系统，研究了电力市场的稳定性，给出几种推动电力市场稳定的调控策略[18]；Wang 和 Tian 建立了能源价格–能源供给–经济增长三维系统并进行了实证分析，对促进能源市场的稳定进行了研究[19]。这些研究者均是先通过明确各变量之间的传导机制和因果关系进行建模；然后对所构建的系统模型进行数值仿真，分析系统的稳定性；最后基于实际的统计数据进行实证分析，给出符合实际情况的政策建议。可见，借助非线性动力学理论进行能源市场的研究，已得到普遍的认可。

9.1.1　需要解决的问题

目前关于能源效率、能源价格和经济增长对能源市场行为变化的研究，主要是借助现有的历史统计资料进行实证研究，缺少理论方面的系统分析。本章有必要从以下几个角度进行深入研究。

（1）中国能源市场包含一系列要素，且每个要素之间还存在不同程度的复杂性，明确中国能源市场中各个要素之间的传导机制，建立符合实际的能源市场模型，并进行定量分析，对能源市场的稳定发展具有重要意义。

（2）借助非线性动力学理论和数值仿真方法，研究参数变化对系统动力学行为的影响和子系统稳定的条件，为实际能源市场的稳定发展提供理论支撑。

（3）为实现"经济、社会和环境协调发展"的目标，不仅要研究能源效率、能源价格和经济增长相互间的演化关系，而且要分析不同调控政策对系统行为变化和能源效率的影响。

9.1.2　研究思路

针对以上研究内容，本章思路如下。

（1）根据实际的能源市场，构建经济系统要素间的传导关系，将能源效率、能源价格和经济增长作为直接变量纳入非线性动力系统模型，将对能源效率、能源价格和经济增长产生影响的其他要素作为间接变量纳入系统模型，并对系统模型的动力学行为进行理论分析。

（2）利用历史统计数据进行 BP 神经网络识别系统参数，通过实际系统中各参数对能源效率的分岔图分析，给出 4 种不同的调控政策。对不同政策作用下模型中参数的改变，定量分析各种单一调控策略和组合调控策略的优缺点，以期寻求既能保持经济稳步增长又能让能源市场稳定发展的调控政策，为我国政府部门制定政策提供合理的建议。

本章框架安排如下：9.2 节根据实际的能源市场建立模型，并对模型的动力学行为进行分析；9.3 节利用统计数据，确定了一个具有实际意义的能源市场模型，并给出实证分析；9.4 节做出总结。

9.2 能源效率-能源价格-经济增长模型建立及分析

能源效率-能源价格-经济增长系统是一个复杂的系统，它包括能源效率、经济增长、能源价格、能源供需比、新能源、能源结构等一系列的因素。各个因素彼此间的相互作用决定着它们之间具有非常复杂的非线性关系，如图 9-1 所示。

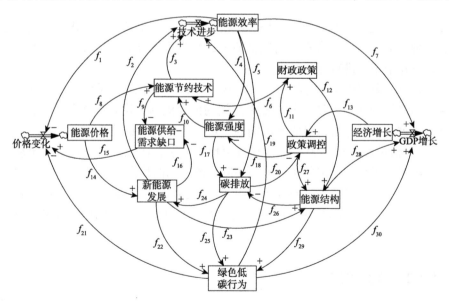

图 9-1 多主体之间的因果传导关系

其中，$f_i(i=1,2,\cdots,30)$ 代表影响因素之间的传导关系；"+"代表因素之间具有正相关关系；"–"代表因素之间具有负相关关系。

由图 9-1 可以发现，能源效率的提高有利于经济的发展和能源价格的下降，能源效率的提高降低了生产同单位产品的能源消费量，缩小了供需缺口，降低了能源价格，而生产成本的降低，又促进了经济的发展。高昂的能源价格刺激能源消费主体主动进行能源节约技术的研发和调整产业耗能结构以提高能源效率。经济的增长为调控政策的实施提供财政支持，充足的财政支持促进了能源节约技术的开发和新能源的发展，而能源节约技术的开发有利于能源效率的提高以及新能源的发展，它们都有利于降低能源价格。所以，能源效率、能源价格与经济增长之间存在直接或者间接的相互制约和相互促进的复杂的非线性传导关系。

9.2.1　建立能源效率–能源价格–经济增长模型

为了定量描述能源效率、能源价格和经济增长之间复杂的影响关系，在通过对能源效率、能源价格和经济增长之间存在的实际传导关系进行分析的基础上，借助非线性微分方程，根据各个影响因素之间的关系（图 9-1），建立如下的非线性方程（9-1）。令 $x(t)$ 代表中国能源市场中随时间变化的能源效率；$y(t)$ 代表中国能源市场中随时间变化的能源价格；$z(t)$ 代表中国能源市场中随时间变化的经济增长量，则有如下的非线性关系：

$$
\begin{cases}
\dot{x} = a_1 x(z - C) + a_2 y + a_3 z & \text{(9-1a)} \\
\dot{y} = -b_1 x + b_2 (L - y) z + b_3 z \left(\dfrac{z}{M} - 1 \right) & \text{(9-1b)} \\
\dot{z} = c_1 xy + c_2 z \left(1 - \dfrac{z}{N} \right) & \text{(9-1c)}
\end{cases}
\tag{9-1}
$$

其中，

$$
\begin{cases}
a_1 = \psi(f_1, f_4, f_{10}, f_9, f_{15}, f_{17}, f_{24}, f_{16}, f_{22}, f_{21}) \\
a_2 = \psi(f_8, f_3, f_1, f_9, f_{15}, f_{14}, f_{22}, f_{21}, f_{27}, f_{29}, f_{26}, f_{21}, f_{24}, f_{16}) \\
a_3 = \psi(f_{12}, f_{20}, f_{25}, f_{21}, f_{22}, f_{24}, f_{11}, f_6, f_3, f_5) \\
b_1 = \psi(f_{13}, f_{11}, f_6, f_3, f_{27}, f_{29}, f_{19}, f_1, f_8, f_{14}, f_2) \\
b_2 = \psi(f_8, f_3, f_{14}, f_2, f_{15}, f_{15}, f_{23}, f_{29}, f_5) \\
b_3 = \psi(f_{13}, f_{11}, f_6, f_3, f_{18}, f_{10}, f_{20}, f_{25}, f_{19}, f_{24}, f_2) \\
c_1 = \psi(f_7, f_4, f_{17}, f_5, f_{25}, f_{20}, f_{14}, f_{22}, f_{23}) \\
c_2 = \psi(f_{13}, f_{11}, f_{12}, f_{28}, f_{20}, f_{25}, f_{30})
\end{cases}
$$

其中，$f_i(i=1,2,\cdots,30)$ 表示图 9-1 中各因素间的传导关系，等式右边的 $\psi(f_i)$ 是由参数 f_i 的组合以确定 $a_m,b_m,c_n(m=1,2,3;n=1,2)$ 的系数，C,M,L,N 均为正常数。

综上分析发现，模型中变量的参数 $a_m,b_m,c_n(m=1,2,3;n=1,2)$ 会随参数 f_i 的改变而改变，并且这样变化具有复杂的非线性相关性。另外，模型中各变量的参数同参数 f_i 之间的具体关系不是本章所要研究的。本章所要研究的是利用图 9-1 中给出的参数间的传导关系，研究各个参数的变化对模型参数的影响。在实际调控过程中，实施的各种调控政策都会影响图 9-1 中的参数 f_i 大小的改变，而参数 f_i 的大小改变会影响能源效率-能源价格-经济增长动力系统模型中参数 $\left[a_m,b_m,c_n(m=1,2,3;n=1,2)\right]$ 大小的变化。另外，当参数取不同数值时，能源价格、能源效率和经济增长就会呈现出不同的演化关系。

模型建立的基本思想如下。

方程 (9-1a)：$a_1x(z-C)$ 表示能源效率对其本身的促进作用（如自主研发与引进国外先进技术）以及在拥有一定的经济实力的基础上，不再以高耗能的方式获得经济的增长，而是发展能源节约技术和开发新能源，即提高能源效率。a_2y 表示上涨的能源价格在一定程度上迫切需要降低能耗（科学技术水平的提高）以减少成本，从而获得更大的利润。a_3z 表示经济增长对提高能源效率的推动作用。

方程 (9-1b)：$-b_1x$ 表示能源价格与能源效率成反比，即能源效率的提高会提高整个社会单位时间内的生产效率，使生产成本降低，最终导致能源价格的下降。$b_2(L-y)z$ 表示实际系统中的能源价格和经济增长共同对能源价格产生影响，即能源市场中能源价格具有上升或下降的变化趋势，当 $L>y$，即 $L-y>0$，表示能源市场中实际的能源价格小于能源本身的价格阈值 L，能源价格低于实际购买力，对能源的需求量提高，进而导致能源价格的上升；当 $L<y$，即 $L-y<0$，表示能源市场中实际的能源价格大于能源本身的价格阈值 L，能源价格高于实际购买力，需求能力降低，对自身产生阻滞作用，从而导致价格下降。$b_3z\left(\dfrac{z}{M}-1\right)$ 表示经济增长对能源价格的影响，当经济增长不超过其阈值 M，即 $\dfrac{z}{M}-1<0$ 时，经济增长会阻碍能源价格过快增长，反之，则会加速能源价格的上涨。

方程 (9-1c)：c_1xy 表示能源效率以及能源价格共同对经济增长的促进作用；$c_2z\left(1-\dfrac{z}{N}\right)$ 表示经济增长对其本身的阻滞作用，随着经济水平发展程度的提高，经济增长的幅度就会越来越小。

能源效率-能源价格-经济增长系统反映了中国能源市场中一定经济时期内的能源效率、能源价格和经济增长之间的相互制约和促进的矛盾关系。

9.2.2　能源效率-能源价格-经济增长的数值仿真分析

能源效率-能源价格-经济增长动力系统模型是对它们之间相互关系的综合反映，模型中各变量与各参数之间存在相对复杂的动力学特征。本节用理论分析和数值仿真的方法对该系统的动力学特征予以研究。

1. 系统的平衡点和稳定性

系统（9-1）存在较高的复杂性，当系统参数 $a_i, b_i, c_i, C, L, M, N$ 的值取不同时，系统（9-1）就会呈现出不同的动力学行为。为了便于系统（9-1）的研究，先通过数值仿真的方法得出系统模型的参数，再对系统的动力学特征进行分析。系统（9-1）的参数固定如下：

$$a_1 = 0.845, a_2 = 0.315, a_3 = 0.400, b_1 = 0.700, b_2 = 0.045, b_3 = 0.950,$$
$$c_1 = 0.100, c_2 = 0.900, C = 2.000, L = 5.300, M = 3.000, N = 2.250 \qquad (9\text{-}2)$$

固定系统（9-1）参数如式（9-2）所示，在实数域内系统（9-1）的状态变量存在四个平衡点，对应的平衡点如下：

$$S_0(0,0,0), S_1(0.878\,3, 6.610\,5, -0.523\,4), S_2(-3.398\,5, -70.976\,2, -6.721\,5),$$
$$S_3(0.300\,4, -2.851\,8, 2.150\,3)$$

对系统（9-1），其平衡点 $S_0(0,0,0)$ 的线性近似系统的 Jacobian 矩阵如下：

$$\boldsymbol{J}_0 = \begin{bmatrix} a_1 z - a_1 C & a_2 & a_1 x + a_3 \\ -b_1 & b_2 z & b_2 L - b_2 y + b_3 \left(\dfrac{2z}{M} - 1 \right) \\ c_1 y & c_1 x & c_2 \left(1 - \dfrac{2z}{N} \right) \end{bmatrix} \qquad (9\text{-}3)$$

$$= \begin{bmatrix} -a_1 C & a_2 & a_3 \\ -b_1 & 0 & b_2 L - b_3 \\ 0 & 0 & c_2 \end{bmatrix} = \begin{bmatrix} -1.690\,0 & 0.315\,0 & 0.400\,0 \\ -0.700\,0 & 0 & -0.711\,5 \\ 0 & 0 & 0.900\,0 \end{bmatrix}$$

令 $|\lambda \boldsymbol{I} - \boldsymbol{J}_0| = 0$，计算得出：在固定系统（9-1）参数如式（9-2）所示的情况下，平衡点 $S_0(0,0,0)$ 的 Jacobian 矩阵如式（9-3）所示，则系统（9-1）在 $S_0(0,0,0)$ 处的特征值为

$$\lambda_1 = -0.142\,5 < 0, \lambda_2 = -1.547\,5 < 0, \lambda_3 = 0.900\,0 > 0$$

因此，平衡点 $S_0(0,0,0)$ 为不稳定鞍点。

同理，可以得到系统（9-1）的线性近似系统分别在另外三个平衡点处的 Jacobian 矩阵的特征值。

（1）系统（9-1）在平衡点 $S_1(0.878\,3,6.610\,5,-0.523\,4)$ 处对应的特征值为

$$\lambda_1 = 0.125\,6 > 0, \lambda_2 = 1.370\,4 > 0, \lambda_3 = -2.286\,0 < 0$$

（2）系统（9-1）在平衡点 $S_2(-3.398\,5,-70.976\,2,-6.721\,5)$ 处对应的特值为

$$\lambda_1 = -8.510\,4 < 0, \lambda_2 = 0.156\,8 > 0, \lambda_3 = 75\,636 > 0$$

（3）系统（9-1）在平衡点 $S_3(0.300\,4,-2.851\,8,2.150\,3)$ 处对应的特征值为

$$\lambda_1 = -0.791\,8 < 0, \lambda_2 = -0.900\,0 - 0.589\,9i, \lambda_3 = -0.900\,0 + 0.589\,9i$$

因此，由微分方程稳定性理论知：系统（9-1）在平衡点 S_0, S_1, S_2 处是不稳定的，而在平衡点 S_3 处是稳定的。

2. 系统的耗散性

对于系统（9-1），我们有如下的关系：

$$\Delta V = \frac{\partial \dot{x}}{\partial x} + \frac{\partial \dot{y}}{\partial y} + \frac{\partial \dot{z}}{\partial z} = \left(a_1 - b_2 - \frac{2c_2}{N} \right) z - a_1 C + c_2 \qquad (9\text{-}4)$$

当 $\left(a_1 = b_2 + \dfrac{2c_2}{N} \right)$，$c_2 - a_1 C = 0.9 - 0.845 \times 2 = -0.79 < 0$ 时，系统（9-1）是耗散的。

3. 数值仿真

中国能源市场中的能源价格、能源效率和经济增长之间表现出非常复杂的相互作用关系。系统（9-1）中的参数同它们彼此之间的这种复杂性密切相关，模型中的参数在不同背景下或者不同的时间段内所取的数值不同，而所取数值的不同将导致系统（9-1）呈现的状态变化也不同。

固定系统（9-1）的参数如式（9-2）所示的情况下，取初值 $x_0 = 0.033$，$y_0 = 0.2$，$z_0 = 0.8$，让参数 b_3 分别在 0.81、0.99 和 0.92 处取值，可以得到 $b_3 = 0.81$、$b_3 = 0.99$ 和 $b_3 = 0.92$ 情况下的图像。通过参数 b_3 的李雅普诺夫指数图（图 9-2）和参数 b_3 对 x_t 的分岔图（图 9-3），得到系统（9-1）的敏感性变化情况：当 $b_3 = 0.81$ 时，系统（9-1）的最大李雅普诺夫指数为负值，这就表明系统（9-1）在该处存在稳定的平衡点；当 $b_3 = 0.92$ 时，系统（9-1）的最大李雅普诺夫指数为正值，且处于分岔状态，表明系统（9-1）处于不稳定状态，如图 9-2、图 9-3 所示。

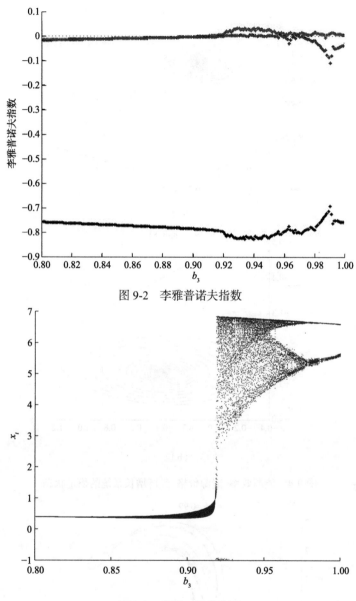

图 9-2　李雅普诺夫指数

图 9-3　变量 x 的分岔图

结果表明：当 b_3=0.81时，系统（9-1）呈现稳定状态，如图 9-4 所示；当 b_3=0.99时，系统（9-1）处于周期状态，如图 9-5 所示；当 b_3=0.92时，系统（9-1）呈现混沌状态，如图 9-6 所示。

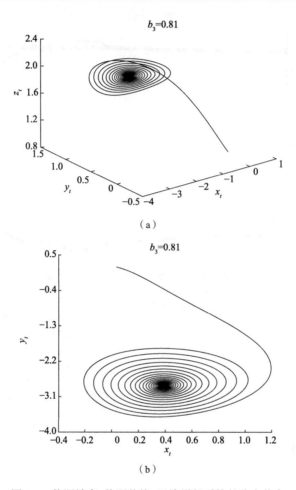

（a）

（b）

图 9-4　能源效率-能源价格-经济增长系统的稳定状态

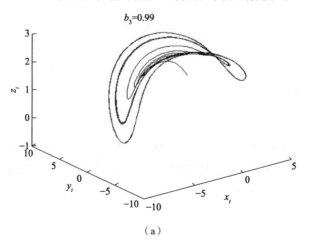

（a）

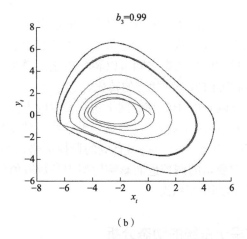

（b）

图 9-5　能源效率-能源价格-经济增长系统的周期状态

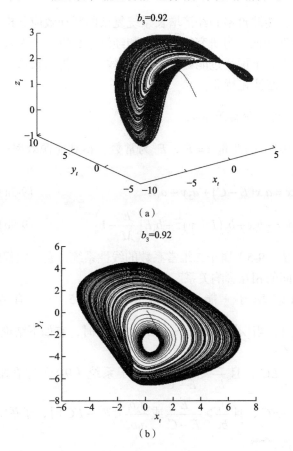

（a）

（b）

图 9-6　能源效率-能源价格-经济增长系统的混沌状态

　　以上通过理论分析及数值仿真的方法对系统的动力学特征的研究表明：该系统模型具有不稳定状态、周期状态和稳定状态，并且当参数取值不同时，它们可以相互转化。该系统模型的各状态之间可以相互转化，说明该模型是可调节的，这有利于实现从一种状态向另一种状态的转化。

　　针对实际系统，可以利用 BP 神经网络识别参数的方法以及实际的统计数据先识别出系统模型（9-1）中的参数，并根据影响这些参数变化的要素进行分析，得出系统（9-1）的演化状态，进而提出有效的调控策略，如当系统（9-1）处于不稳定状态时，通过对要素的调控进而影响模型中参数取值的变化，可以使系统（9-1）从不稳定状态达到稳定状态。

9.2.3　能源效率子系统的动态分析

　　对能源效率、能源价格和经济增长系统复杂的联动效应分析发现：该系统具有多层次的动力学特征。为研究能源效率和经济增长以及能源效率和能源价格两两之间的联动关系，下面通过能源价格–能源效率–经济增长系统导出能源效率子系统，并分析其动态演化特征。

1. 能源效率–能源价格子系统

　　固定系统（9-1）的变量 $z = E$ ，E 为常数，得到能源效率–能源价格子系统（9-5）：

$$\begin{cases} \dot{x} = a_1 x (E - C) + a_2 y + a_3 E & (9\text{-}5a) \\ \dot{y} = -b_1 x + b_2 (L - y) z + b_3 E \left(\dfrac{E}{M} - 1 \right) & (9\text{-}5b) \end{cases} \quad (9\text{-}5)$$

　　显然，子系统（9-5）属于二维常系数的线性系统，它一定程度上反映了能源效率和能源价格间的相互影响关系。

　　对于能源效率子–能源价格系统（9-5），有系数矩阵 $A = \begin{pmatrix} a_1 E - a_1 C & a_2 \\ -b_1 & -b_2 E \end{pmatrix}$，当 $|A| = a_2 b_1 - a_1 b_2 E (E - C) \neq 0$ 时，有如下结论：

　　当 $\dfrac{a_2 b_1}{a_1 b_2} > E^2 - EC$ ，且 $\dfrac{a_1}{b_2} < \dfrac{E}{E - C}$ 时，子系统（9-5）存在唯一的稳定平衡点；当 $\dfrac{a_2 b_1}{a_1 b_2} > E^2 - EC$ ，且 $\dfrac{a_1}{b_2} \geqslant \dfrac{E}{E - C}$ 或 $\dfrac{a_2 b_1}{a_1 b_2} < E^2 - EC$ 时，子系统（9-5）仅有一个不稳定的平衡点。

　　证明：只要 $|A| = a_2 b_1 - a_1 b_2 E (E - C) \neq 0$ 时，子系统（9-5）都存在唯一的平衡

点。系数矩阵 A 的特征方程为

$$\lambda^2 + \left[a_1\left(E-C\right)-b_2E\right]\lambda + a_2b_1 - a_1b_2E\left(E-C\right) = 0 \qquad (9\text{-}6)$$

方程（9-6）的特征值为

$$\frac{T \pm \sqrt{\Delta}}{2}$$

其中，$\dfrac{T \pm \sqrt{\Delta}}{2}$，$T = a_1\left(E-C\right)-b_2E$，$D = a_2b_1 - a_1b_2E\left(E-C\right)$，$\Delta = T^2 - 4D$。

根据微分方程的平衡点稳定性定理和分类有如下情况。

（1）若 $D = a_2b_1 - a_1b_2E\left(E-C\right) < 0$，即 $\dfrac{a_2b_1}{a_1b_2} < E^2 - EC$ 时，则必然有

$$\Delta = T^2 - 4D > 0 \Rightarrow \begin{cases} \lambda_1 = \dfrac{T+\sqrt{\Delta}}{2} \\[2mm] \lambda_2 = \dfrac{T-\sqrt{\Delta}}{2} \end{cases}$$，对应的特征值为一正一负，平衡点是不稳

定的鞍点；

（2）若 $\begin{cases} D = a_2b_1 - a_1b_2E\left(E-C\right) > 0 \\[1mm] T = a_1\left(E-C\right)-b_2E < 0 \end{cases}$，即 $\begin{cases} \dfrac{a_2b_1}{a_1b_2} > E^2 - EC \\[2mm] \dfrac{a_1}{b_2} < \dfrac{E}{E-C} \end{cases}$ 时，有如下三种

情况：

（a）当 $\Delta = T^2 - 4D > 0 \Rightarrow \begin{cases} \lambda_1 = \dfrac{T+\sqrt{\Delta}}{2} < 0 \\[2mm] \lambda_2 = \dfrac{T-\sqrt{\Delta}}{2} < 0 \end{cases}$ 时，平衡点是节点；

（b）当 $\Delta = T^2 - 4D = 0 \Rightarrow \lambda_1 = \lambda_2 = \dfrac{T}{2} < 0$ 时，平衡点是非正常节点或临界节点；

（c）当 $\Delta = T^2 - 4D < 0 \Rightarrow \begin{cases} \lambda_1 = \dfrac{T+\sqrt{\Delta}}{2} \\[2mm] \lambda_2 = \dfrac{T-\sqrt{\Delta}}{2} \end{cases}$ 时，特征值对应的实部均为 $\dfrac{T}{2} < 0$，

此时平衡点是焦点；

所以由（a）、（b）和（c）有，当 $\begin{cases} \dfrac{a_2b_1}{a_1b_2} > E^2 - EC \\[2mm] \dfrac{a_1}{b_2} < \dfrac{E}{E-C} \end{cases}$ 时，平衡点都是稳定的。

（3）当 $\begin{cases} D=a_2b_1-a_1b_2E(E-C)>0 \\ T=a_1(E-C)-b_2E=0 \end{cases}$，即 $\begin{cases} \dfrac{a_2b_1}{a_1b_2}>E^2-EC \\ \dfrac{a_1}{b_2}=\dfrac{E}{E-C} \end{cases}$ 时，此时平衡点是

中心，是不稳定的。

（4）当 $\begin{cases} D=a_2b_1-a_1b_2E(E-C)>0 \\ T=a_1(E-C)-b_2E<0 \end{cases}$，即 $\begin{cases} \dfrac{a_2b_1}{a_1b_2}>E^2-EC \\ \dfrac{a_1}{b_2}>\dfrac{E}{E-C} \end{cases}$ 时，有如下三种

情况：

（a）当 $\Delta=T^2-4D>0 \Rightarrow \begin{cases} \lambda_1=\dfrac{T+\sqrt{\Delta}}{2}>0 \\ \lambda_2=\dfrac{T-\sqrt{\Delta}}{2}>0 \end{cases}$ 时，此时平衡点是节点；

（b）当 $\Delta=T^2-4D=0 \Rightarrow \lambda_1=\lambda_2=\dfrac{T}{2}>0$ 时，平衡点是非正常节点或临界节点；

（c）当 $\Delta=T^2-4D<0 \Rightarrow \begin{cases} \lambda_1=\dfrac{T+\sqrt{\Delta}}{2} \\ \lambda_2=\dfrac{T-\sqrt{\Delta}}{2} \end{cases}$ 时，特征值对应的实部均为 $\dfrac{T}{2}>0$，

此时平衡点是焦点；

所以由（a）、（b）和（c）有，当 $\begin{cases} D=a_2b_1-a_1b_2E(E-C)>0 \\ T=a_1(E-C))-b_2E<0 \end{cases}$，即

$\begin{cases} \dfrac{a_2b_1}{a_1b_2}>E^2-EC \\ \dfrac{a_1}{b_2}>\dfrac{E}{E-C} \end{cases}$ 时，平衡点都是不稳定的。

综上所述，只有当 $\begin{cases} D=a_2b_1-a_1b_2E(E-C)>0 \\ T=a_1(E-C)-b_2E<0 \end{cases}$，即 $\begin{cases} \dfrac{a_2b_1}{a_1b_2}>E^2-EC \\ \dfrac{a_1}{b_2}<\dfrac{E}{E-C} \end{cases}$ 时，平衡

点才是稳定的。

子系统（9-5）反映了能源效率和能源价格间的作用机制，其中方程（9-5a）表明能源价格的上涨会促使能源效率的提高，说明高耗能产业变革的迫切性；方程（9-5b）表示一定时期内的能源效率对能源价格的影响，说明能源节约技术水

平的提高降低了成本进而推动能源价格的减少；参数(a_2)的大小表示能源价格对能源效率的刺激作用，即价格水平上升一个单位时下一时期能源效率的增加值；参数(a_1)的大小表示能源效率对自身的促进作用，即上一时期的能源效率提高一个单位时，下一时期能源效率的上升值；参数(b_2)的大小分别表示能源价格大于和小于本身的阈值时，能源价格对自身的降低幅度和增加幅度；参数(b_1)的大小表示能源效率提高一个单位时能源价格的减少幅度，反映了科技水平变化对能源价格的敏感度。虽然同一参数(a_1, a_2, b_1, b_2)在不同阶段的大小各异，但在同一阶段参数(a_1, b_1)相同，即在同一时期内能源效率对能源价格和能源效率对自身的增幅相同。当保持参数(a_1, b_1)不变时，结论说明要使能源效率-能源价格系统持续稳定，应当实施某种调控策略：当能源价格大于本身阈值时，提高参数(b_2)；反之，则降低参数(b_2)。由结论有：当结论中条件符合时，说明实施的调控策略有效。

子系统（9-5）体现了能源价格和能源效率的演化状态，通过理论分析，它们二者在演化过程中会表现出稳定和不稳定状态。借助数值仿真实验，给出了它们之间的演化关系，如图 9-7 所示。根据图 9-7（b）可知，能源效率对能源价格作用的灵敏度较高，即能源效率的提高对降低能源价格的效果很快就会作用到能源价格上；能源价格对能源效率的作用效果有较长的滞后时间，即能源效率对能源价格的刺激反映具有迟滞性。

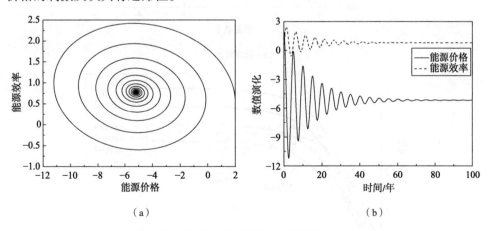

（a）　　　　　　　　　　（b）

图 9-7　能源效率-能源价格子系统的演化关系

2. 能源效率-经济增长子系统

令 y 为关于时间 t 的已知函数，若 $t = t_0$，则系统（9-1）变为子系统（9-7）：

$$\begin{cases} \dot{x} = a_1 x(z-C) + a_2 y + a_3 z \\ \dot{z} = c_1 xy + c_2 z\left(1-\dfrac{z}{N}\right) \end{cases} \quad (9\text{-}7)$$

子系统（9-7）反映了在一定价格水平下的能源效率和经济增长之间的关系。对子系统（9-7），消去中间变量，得到如下的能源效率和经济增长之间的演化关系：

$$\frac{\mathrm{d}x}{\mathrm{d}z} = \frac{a_1 x(z-C) + a_2 y + a_3 z}{c_1 xy + c_2 z\left(1-\dfrac{z}{N}\right)}$$

能源效率和经济增长的演化关系图如图 9-8 所示。

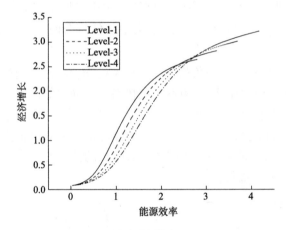

（a）能源效率

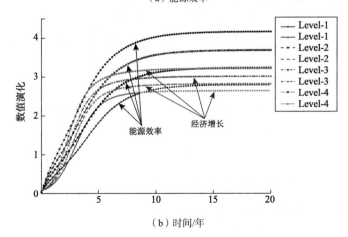

（b）时间/年

图 9-8　能源效率-经济增长子系统的演化关系

给出四种不同的价格水平：Level-1，Level-2，Level-3，Level-4（低→高）。图 9-8（a）表示当价格处于不同的水平时，能源效率和经济增长间的演化关系。图 9-8（b）表示当价格水平不同时，能源效率和经济增长间的演化关系。

据图 9-8（a）有，从整个社会的发展来看能源效率的提高加快了经济的增长，在不同的经济发展时期，能源效率发挥的作用也不同：在经济水平较低时，随着能源效率的提高，经济增长较快，即此阶段能源效率提高幅度的高低对经济增长的影响较为突出，属于经济快速增长阶段；随着经济发展水平的提高，能源效率达到一定水平后，能源效率的提高对经济增长的影响程度逐渐放缓，此阶段属于经济的稳步增长阶段，即随着能源效率提高难度的加大以及经济增长对能源效率的依赖性降低，最后能源效率对经济增长的影响力逐渐变弱。

据图 9-8（b）有，能源价格数值水平高低的不同将会出现不同的稳定水平，能源效率与经济增长也存在不同的变化幅度，说明价格对二者的影响效果不同：当能源价格不断上升时（Level-1→Level-2→Level-3→Level-4），能源效率的稳定值逐渐变大，而能源效率的提高又促进了整个社会的能耗成本的减少，推动了经济的发展，相应的经济增长的稳定值也将不断得以提高，这也符合社会和经济增长的规律。

9.3 动态演化和情景分析

本章借助 BP 神经网络和统计数据，确定了一个具有实际意义的中国能源市场——能源效率-能源价格-经济增长动力系统。根据系统演化行为的研究，分析了不同政策的调控效果。

9.3.1 数据来源及处理

本章选取 1980 年至 2015 年的中国能源消费量、经济增长量、电力工业出厂价格指数、煤炭工业出厂价格指数、石油工业出厂价格指数作为研究对象，数据均源于《中国统计年鉴 2016》。目前中国能源市场的能源品种主要以煤炭、石油和电力为主，因此选择将电力、石油及煤炭的工业出厂价格指数的均值作为能源价格指标，具有实际意义上的代表性。另外，将经济增长量与能源消费量的比值作为能源效率指标。由于本系统所选变量的单位不一致，故先对各变量进行归一化处理：

$$X_i = \frac{x_i - x_{min}}{x_{max} - x_{min}}$$

其中，x_i 为实际的统计数据；X_i 为处理后的数据。处理后数据的演化关系如图 9-9 所示。

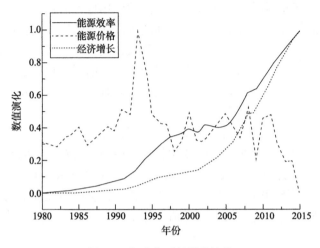

图 9-9   标准化后的数值演化

9.3.2   系统参数识别

首先对能源效率-能源价格-经济增长系统（9-1）进行离散化处理，得到如下的差分方程：

$$\begin{cases} X(k+1) = X(k) + \Delta T \left\{ a_1 X(k) \left[Z(k) - C \right] + a_2 Y(k) + a_3 Z(k) \right\} \\ Y(k+1) = Y(k) + \Delta T \left\{ -b_1 X(k) + a_2 \left[L - Y(k) \right] Z(k) + b_3 Z(k) \left[\frac{Z(k)}{M} - 1 \right] \right\} \\ Z(k+1) = Z(k) + \Delta T \left\{ c_1 X(k) Y(k) + c_2 Z(k) \left[1 - \frac{Z(k)}{N} \right] \right\} \end{cases} \quad (9\text{-}8)$$

利用 BP 神经网络识别参数的方法，把实际数据标准化后得到 n 组数据，以前 $n-1$ 组数据作为输入数据，后 $n-1$ 数据作为输出数据。令全部可调参数为随机数，并将输出的数据代入方程（9-8），比较既得的数据与目标输出的数据得到误差 e，经多次调试和运行，当 $e < 10^{-5}$ 时输出结果，得到实际的能源价格-能源效率-经济增长动力系统的参数如下：

$$a_1 = 0.286\,5,\ a_2 = 0.031\,7,\ a_3 = 0.188\,7,\ b_1 = 0.235\,0,\ b_2 = 0.785\,4,\ b_3 = 0.084\,2,$$
$$c_1 = 0.756\,5,\ c_2 = 0.393\,4,\ C = 1.461\,5,\ L = 0.671\,9,\ M = 0.870\,8,\ N = 0.696\,2$$

$$(9\text{-}9)$$

将式（9-9）中的参数代入系统，得到如下的实际系统：

$$\begin{cases} \dot{X} = -0.418\,7X + 0.031\,7Y + 0.188\,7Z + 0.286\,5XZ \\ \dot{Y} = -0.235\,0X - 0.785\,4YZ + 0.443\,5Z + 0.096\,7Z^2 \\ \dot{Z} = 0.756\,5XY + 0.393\,4Z - 0.565\,1Z^2 \end{cases} \qquad (9\text{-}10)$$

利用得到的实际系统（9-10）对能源效率、能源价格和经济增长的相互关系进行分析：取 2009 年中国能源效率、能源价格指数和经济增长标准化处理后的数据作为初始值，经过标准化后数值分别为 0.635 6、0.198 6、0.507 2。因此，以（0.635 6，0.198 6，0.507 2）为初值，得到它们之间的演化关系如图 9-10 所示。

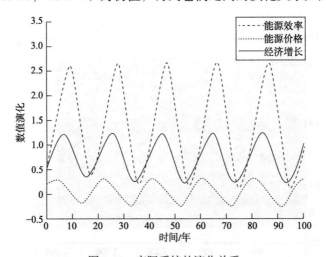

图 9-10　实际系统的演化关系

根据图 9-10 可知，经济的增长推动能源节约技术水平的提升，能源节约技术水平的提升促进各行各业能源效率的上升，能源效率的上升有助于能源价格的降低，能源价格的降低对能源效率的提高又产生阻碍作用；能源效率的提高会加速经济的增长，经济的增长导致了能源的大量消耗，能源消费量的增加导致供需缺口加大，而供需缺口的加大导致了能源价格的上升。由此可见，能源效率、能源价格和经济增长对能源市场的行为存在复杂的影响关系。

随着经济的不断发展，中国能源的供需比例无法始终保持平衡，这就导致了实际的能源价格始终难以保持在稳定水平，即随着供求关系的不断改变，实际的能源市场总在不断地发生变化（系统总是处于不稳定状态），如图 9-11（a）和 9-11（b）所示。下文将研究不同调控政策对能源市场行为的影响和能源效率的动态演化。

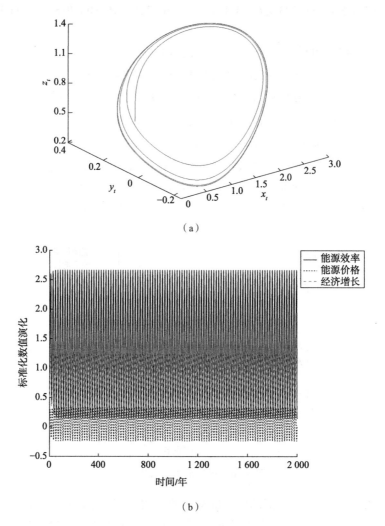

（a）

（b）

图 9-11   实际系统混沌状态

9.3.3   单一调控政策对能源市场的影响分析

以能源市场的实际情况为基础，以符合能源市场持续、健康、稳定发展为原则，以环境优美和社会稳定为前提，综合经济、社会和环境协调发展所采取的符合社会发展的政策。本节以所建立的模型为依据，以促进中国能源市场健康、稳定的发展为方向，研究单一调控政策和组合调控政策对能源市场的影响。

1. 政策-1：发展能源节约技术

发展能源节约技术，使能源效率-能源价格-经济增长动力系统模型中的参数的数值 b_1 变大，b_2 减小。能源节约技术的发展，能源效率的提高，降低能源生产的成本，缓解能源需求和供应的压力，阻碍能源价格的上升，使能源效率对能源价格的影响系数 b_1 的数值变大；能源效率对能源价格影响的增加，使得价格对其自身的影响减小，即参数 b_2 变小。改变参数 b_1 和 b_2 的值，其余参数取值如式（9-9）所示，得到关于参数 b_1 和 b_2 对变量 x_t 的单参数分岔图，如图 9-12 所示。根据图 9-12；当其他参数保持不变，参数 b_1 增加到一定区间（0.29，0.35），或将参数 b_2 减少到一定区间（0.6，0.66）时，能源市场逐渐趋于稳定。

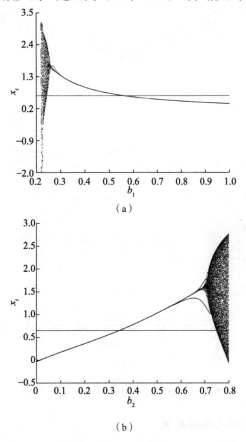

（a）

（b）

图 9-12　参数 b_1 和 b_2 对状态变量 x_t 的分岔图

实际系统的其他参数值保持不变，仅改变参数为 b_1 : 0.235 → 0.295 以及参数 b_2 : 0.785 4 → 0.65，则实际系统的演化图像如图 9-13 所示。根据图 9-13，发展能源节约技术，提高能源效率，随着其效应的产生，能源市场逐渐由不稳定达到稳定状态。

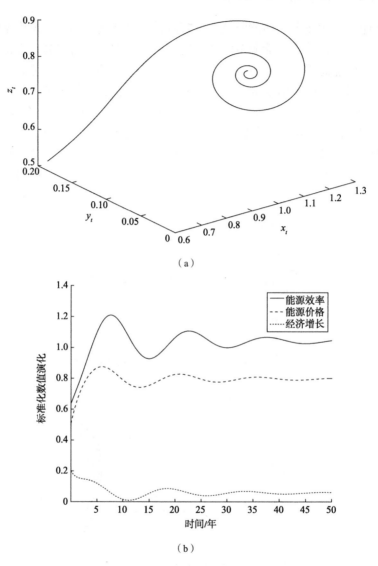

（a）

（b）

图 9-13　政策-1 调控下系统的演化状态

2. 政策-2：实行绿色低碳发展

倡导绿色低碳行为，实现绿色低碳发展是实现可持续性发展的一种有效的方法。此措施的实施在系统的模型中表现为通过倡导绿色低碳行为来促进经济的发展，降低经济增长对能源效率的约束，即参数 a_3 的值减小；调整经济增长方式，加大绿色、低碳发展的经济投入，减少经济增长对自身的阈值，即参数 N 的值减小。仅改变参数 a_3 和 N 的值，其余参数取值如式（9-9）所示，得到关于参数 a_3 和 N 对变量 x_t 的单参数分岔图，如图 9-14 所示。根据图 9-14，当其他参数保持不变，仅参数 a_3 减小到一定区间（0.02，0.035），将参数 N 减小到一定区间（0.4，0.6）时，能源市场逐渐趋于稳态。

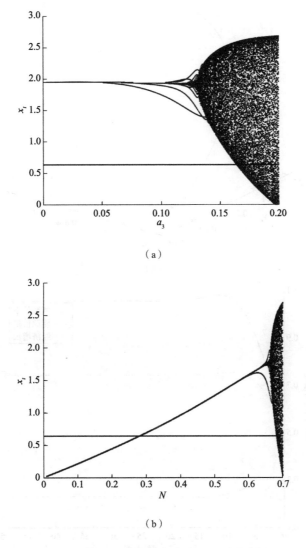

（a）

（b）

图 9-14　参数 a_3 和 N 对状态变量 x_t 的分岔图

　　实际系统的其他参数值保持不变，如式（9-9）所示，仅改变参数为 $a_3 : 0.188\ 7 \rightarrow 0.03$ 以及参数 $N : 0.696\ 2 \rightarrow 0.56$，则实际系统的演化图像如图 9-15

所示。根据图 9-15，实行绿色低碳发展，提高能源效率，随着其影响效应不断发挥作用，能源市场逐渐由不稳定状态达到稳定状态。

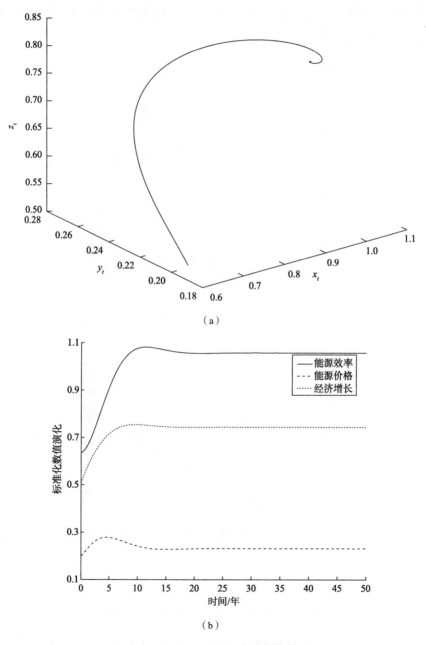

（a）

（b）

图 9-15　政策-2 调控下系统的演化状态

3. 政策-3：减少终端能源消费补贴

减少对终端能源消费的补贴，使得能源消费量减少和经济增长速度减缓。能源消费量的减少使得能源供需缺口缩小，使能源价格下降，即减少能源价格对其自身的阈值 L。经济增长速度减缓，使得经济增长对能源的依存度降低，即减少能源价格对经济增长的影响系数 c_1。仅改变参数 c_1 和 L 的值，其余参数取值如式（9-9）所示，得到关于参数 c_1 和 L 对变量 x_t 的单参数分岔图，如图9-16所示。根据图9-16，当其他参数保持不变，仅参数 c_1 减小到一定区间（0.4，0.61），或将参数 L 减小到一定区间（0.5，0.6）时，能源市场逐渐趋于稳定状态。

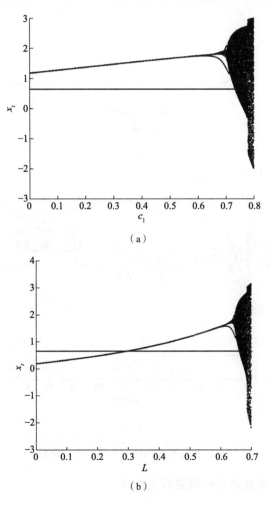

图 9-16 参数 c_1 和 L 对状态变量 x_t 的分岔图

实际系统的其他参数值保持不变，仅改变参数为 $c_1 : 0.756\,5 \rightarrow 0.6$ 以及参数 $L : 0.671\,9 \rightarrow 0.55$，则实际系统的演化图像如图 9-17 所示。根据图 9-17，减少终端能源消费补贴，随着其效应的产生，能源市场逐渐由不稳定状态达到稳定状态。

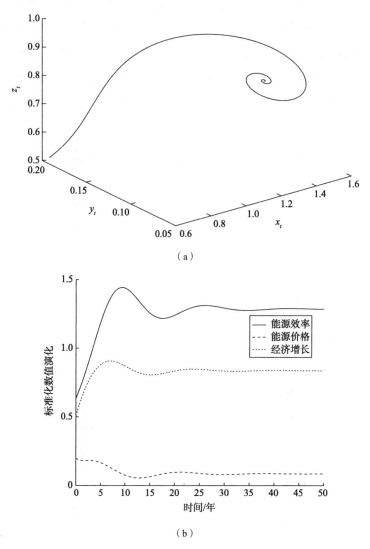

（a）

（b）

图 9-17　政策-3 调控下系统的演化状态

4. 政策-4：增强能源价格调整的灵活性

增强能源价格调整的灵活性，提高政府对能源价格的调控能力在能源效率-能源价格-经济增长系统模型中表现为提高经济增长对能源价格的阈值 M 和经济增长对其自身的影响系数 c_2，其实际意义是政府加大对能源领域的经济投入和调控力度，保障能源供应安全，确保能源市场的稳定。仅改变参数 c_2 和 M 的值，其余参数取值如式（9-9）所示，得到关于参数 c_2 和 M 对变量 x_i 的单参数分岔图，如图 9-18 所示。根据图 9-18，当其他参数保持不变，参数 c_2 增加到一定区间（0，01），或将参数 M 增加到一定区间（1.5，3）时，能源市场逐渐趋于稳态。

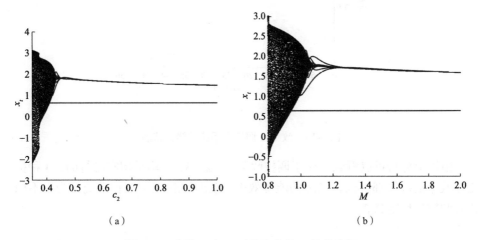

（a）　　　　　　　　　　　　　　　（b）

图 9-18　参数 c_2 和 M 对状态变量 x_i 的分岔图

　　实际系统的其他参数值保持不变，而仅改变参数为 c_2：$0.3934 \rightarrow 0.95$ 以及参数 M：$0.8708 \rightarrow 1.9$，则实际系统的演化图像如图9-19所示。根据图9-19，随着能源价格调整的灵活性的增强，能源市场逐渐由不稳定状态达到稳定状态。

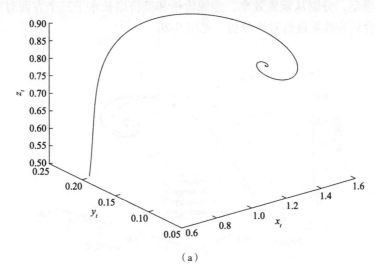

（a）

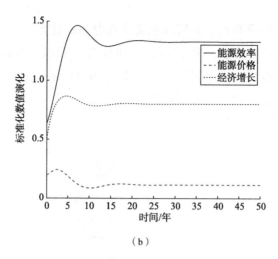

（b）

图 9-19　政策-4 调控下系统的演化状态

　　由以上分析可以看到：对于调控政策 1、2、3、4 均是切实可行的，4 种提高能源效率的政策都可以将实际的能源效率-能源价格-经济增长系统行为由不稳定状态调控到稳定状态。

9.3.4　不同政策下系统的调控效应分析

　　根据本章上一节的分析发现：4 种调控政策的实施均能改变系统的状态，最终达到稳定状态，然而不同调控政策使系统达到稳态的水平却不同。本节根据建立的系统模型，分别从能源效率、能源价格和经济增长水平三个方面对单一调控政策和组合调控政策进行对比分析，见图 9-20。

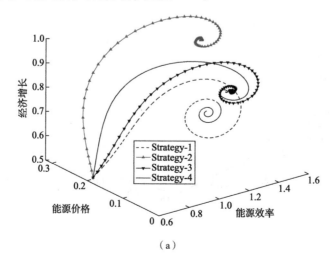

（a）

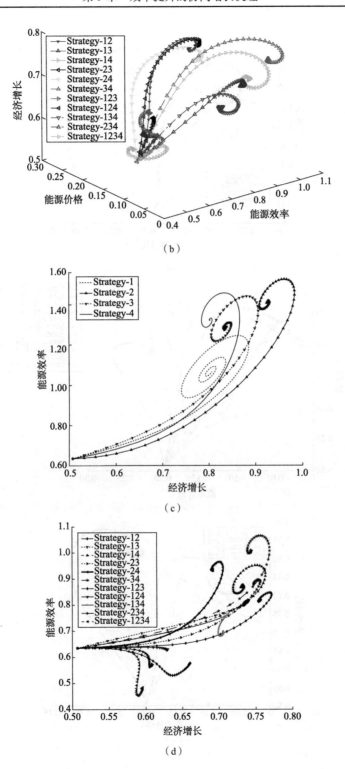

（b）

（c）

（d）

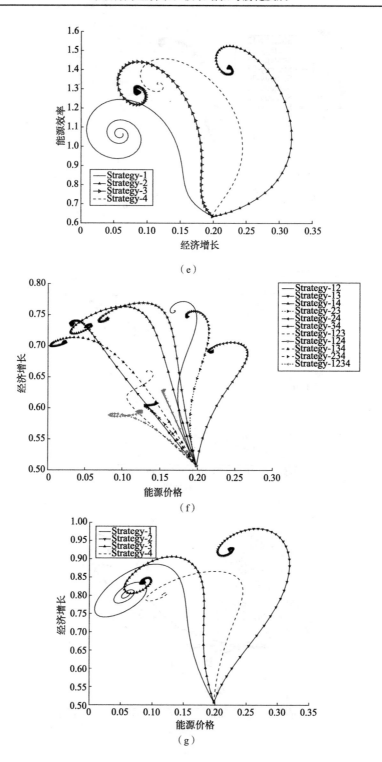

（e）

（f）

（g）

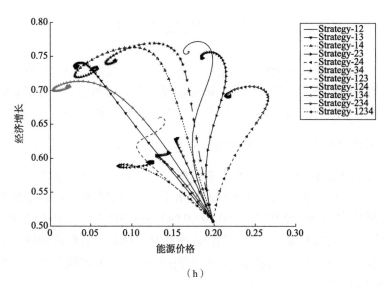

（h）

图 9-20　不同政策下实际系统的演化图像

对比分析图 9-20 发现：

（1）在能源效率水平方面：从单一调控政策的角度分析，图 9-20（a, c, e）表明，政策-2 的效果较好，能源效率为 1.410；从组合调控政策的角度分析，图 9-20（b, d, f）表明，政策-34 的效果较好，能源效率为 1.008；通过单一调控政策和组合调控政策的对比分析，比较图 9-20（a, c, e）和图 9-20（b, d, f）发现，单一调控政策使得能源效率的水平更高。

（2）在能源价格水平方面：从单一调控政策的角度分析，图 9-20（a, e, g）表明，政策-1 的价格水平较低，为 0.064；从组合调控政策的角度分析，图 9-20（b, f, h）显示，政策-134 的价格水平最低，为 0.021；通过对单一调控政策和组合调控政策的对比分析，比较图 9-20（a, e, g）和图 9-20（b, f, h）发现，组合调控政策更有利于系统的能源价格水平的降低。

（3）在经济增长水平方面：从单一调控政策的角度分析，图 9-20（a, c, g）表明，政策-2 的效果较好，经济增长为 0.926；从组合调控政策的角度分析，图 9-20（b, d, h）表明，政策-12 的效果较好，经济增长为 0.869；通过单一调控政策和组合调控政策的对比分析，比较图 9-20（a, c, g）和图 9-20（b, d, h）发现，单一调控政策使经济增长的水平更高。

由以上分析发现，组合政策和单一政策的调控效果各有优缺点。另外，无论是组合政策还是单一政策，对实际系统的影响从不同的角度进行分析时都具有不同的效果，即选取分析角度不同，最后得到的分析结果也会不同。

9.3.5　能源效率不同政策下的调控效应分析

本章采用经济增长和能源消费量的比值作为能源效率指标，其值的大小表示单位能源消费的经济产出量。因此，研究能源效率的动态变化具有重要的实际意义，本节将对不同调控政策下能源效率的演化路径进行分析。

1. 不同调控水平下能源效率的演化路径分析

对于调控政策-1，提高调控水平表示增加对能源节约技术研发的投入促进能源节约技术的发展。根据政策-1 不同调控水平对模型参数的影响，令模型中参数 (b_1, b_2) 的值依次为 $(0.295, 0.65) \rightarrow (0.305, 0.64) \rightarrow (0.315, 0.63) \rightarrow (0.325, 0.62)$。另外，参数值 b_1 变大和 b_2 变小，表示调控水平提高。因此，我们得到调控策略-1 的不同调控水平下系统的三维相轨线演化图像[图 9-21（a）]和能源效率随时间的演化路径[图 9-21（b）]。

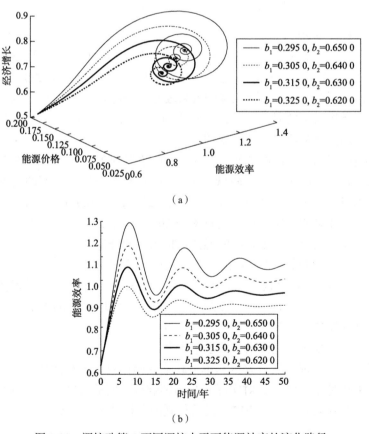

（a）

（b）

图 9-21　调控政策-1 不同调控水平下能源效率的演化路径

根据图 9-21（a）发现，政策-1 下四种不同的调控水平均可以使系统达到稳定状态；根据图 9-21（b）发现，政策-1 下四种调控水平使能源效率达到稳定状态所需的时间不同，以及其稳定的水平也在不断降低。这说明对于能源节约技术研发的投入越大，其所产生的效果不是就越好，而是要根据能源市场的实际情况进行综合分析，统筹各项已经实施和将要实施的政策，确定符合实际的调控政策。

对于调控政策-2，提高调控水平表示进一步深化实施绿色低碳发展，提高对绿色低碳发展的意识。根据政策-2 不同调控水平对模型参数的影响，令模型中参数 (a_3, N) 的值依次为 $(0.03, 0.56) \rightarrow (0.027, 0.51) \rightarrow (0.024, 0.46) \rightarrow (0.021, 0.41)$，其中 (a_3, N) 的值逐渐减小，说明政策-2 的调控水平在不断提高。因此，我们得到调控策略-2 的不同调控水平下系统的三维相轨线演化图像[图 9-22（a）]和能源效率随时间的演化路径[图 9-22（b）]。

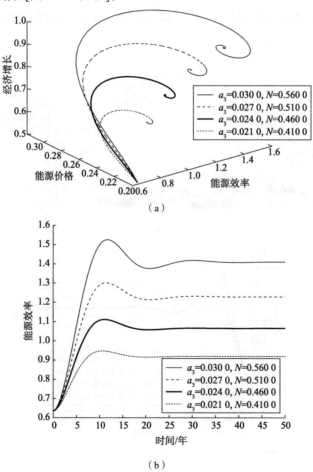

（a）

（b）

图 9-22　调控政策-2 不同调控水平下能源效率的演化路径

　　根据图9-22（a）发现，政策-2下四种不同的调控水平均可以使系统达到稳定状态；根据图 9-22（b）发现，政策-2 下四种调控水平使能源效率达到稳定状态所需的时间逐渐减少，且波动幅度逐渐减少，但最终稳定的水平也在不断降低。这说明对于实行绿色低碳发展的力度越大，其效应发挥所需的时间在不断减少，而能源效率水平却在不断降低。因此，在实行绿色低碳发展的前期，应根据中国的实际情况，结合产业-经济结构的特殊性，合理把握调控尺度，逐步实现绿色低碳发展，力争在时间减少和水平提高方面实现双赢。

　　对于调控政策-3，提高调控水平表示对终端能源消费补贴的力度不断减少。根据政策-3 下不同调控水平对模型中参数的影响，改变模型中参数 (c_1, L) 的取值依次为 $(0.6, 0.55) \rightarrow (0.55, 0.54) \rightarrow (0.5, 0.53) \rightarrow (0.45, 0.52)$，其中参数 (c_1, L) 值的减小，表示调控水平提高。因此，我们得到调控策略-3 的不同调控水平下系统的三维相轨线演化图像[图 9-23（a）]和能源效率随时间的演化路径[图 9-23（b）]。

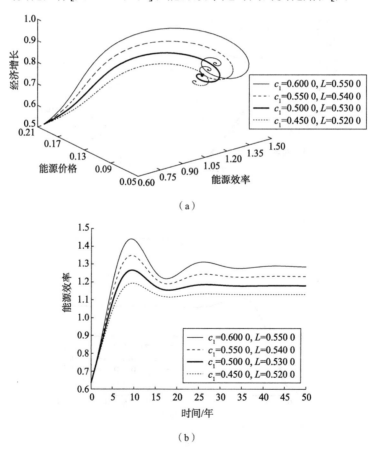

（a）

（b）

图 9-23　调控政策-3 不同调控水平下能源效率的演化路径

根据图 9-23（a）发现，政策-3 下四种不同的调控水平都可以使系统达到稳定状态；根据图 9-23（b）发现，随着调控力度的增加，能源效率的水平逐渐降低，其波动幅度和稳定所需的时间也在不断减少。这说明当前国家还不能简单地通过减少终端能源消费补贴，达到减少能源消费量的目标，它不利于能源市场的健康、持续发展。因此，在实施减少能源消费补贴的同时，应控制好减少的尺度，结合其他的辅助措施并行实施，争取实现符合中国经济发展需要的目标。

对于政策-4，提高调控水平表示政府对能源价格具有较强的调控能力，可根据实际市场需要进行能源价格的调整。根据政策-4 不同调控水平对模型参数的影响，令模型中参数 (c_2, M) 的值依次为 $(0.8, 1.75) \rightarrow (0.85, 1.8) \rightarrow (0.9, 1.85) \rightarrow (0.95, 1.9)$，其中参数 (c_2, M) 的值逐渐变大，说明调控力度逐渐加大。因此，我们得到调控策略-3 的不同调控水平下系统的三维相轨线演化图像[图 9-24（a）]和能源效率随时间的演化路径[图 9-24（b）]。

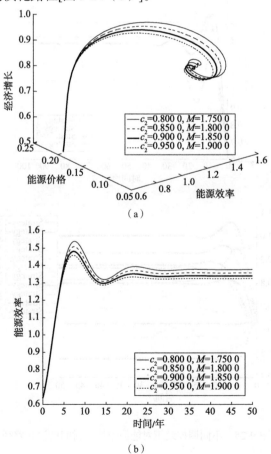

（a）

（b）

图 9-24　调控政策-4 不同调控水平下能源效率的演化路径

根据图9-24（a）发现，政策-4下四种不同的调控水平都可以使系统达到稳定状态；根据图 9-24（b）发现，四种不同的调控水平使能源效率达到稳定状态所需的时间逐渐减少，且波动幅度逐渐减小，但能源效率稳定的水平也在不断降低。这表明增强政府对能源价格的调控能力，以经济手段调整能源价格，并不利于中国的经济发展。因此，我们应避免过多的市场干预，在确保社会安定的前提下，适时地对能源价格进行调整。

2. 不同调控政策下能源效率的演化路径分析

单一调控政策和组合调控政策使能源市场达到稳态的水平各不相同，进而使得系统的能源效率处于不同的水平。下面从能源策略达到稳态的速度和水平两个方面，对不同调控政策对能源效率随时间的演化路径进行分析，见图9-25、图9-26。

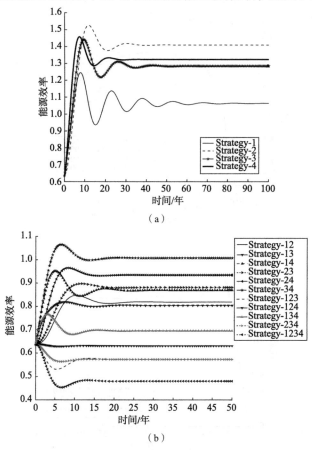

（a）

（b）

图 9-25 不同调控政策对能源效率随时间的演化路径

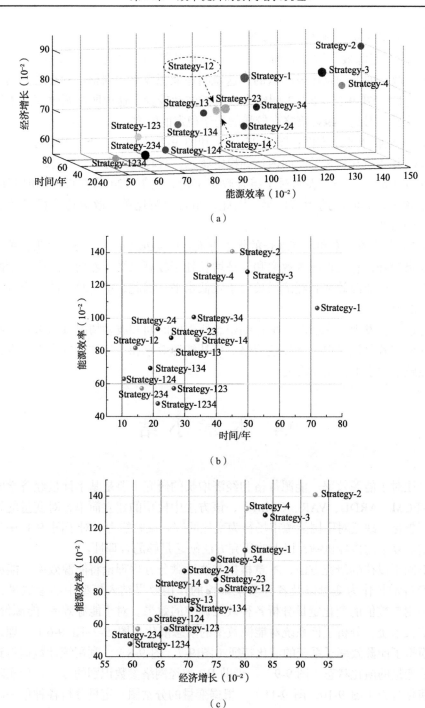

图 9-26　不同政策对能源效率及其时间延迟的调控影响

通过分析图 9-25 和图 9-26 发现：

（1）在能源效率波动方面：从单一调控政策的角度分析，图 9-25（a）表明，单一政策的波动是比较频繁的，这说明在能源效率达到稳定状态之前具有较差的稳定性。图 9-25（b）表明组合政策的波动较少，这说明能源效率趋于稳定的能力较强。因此，组合策略有较强的趋于稳定的能力。

（2）在收敛速度方面：图 9-25（a）和图 9-26（a）、（b）表明对于单一政策来说政策-4 将在较短的时间内达到稳定状态，其时间约为 38 年。图 9-25（b）和图 9-26（a）、（b）表明对于组合政策来说，政策-124 将在较短的时间内达到稳定状态，其时间约为 11 年。因此，组合政策比单一政策达到稳定状态所需的时间较少。

（3）在能源效率和经济增长的水平方面：图 9-26（a）、（c）表明，单一政策的效果较好，它使得能源效率和经济增长处于较高水平。然而，组合政策的效果较差，它使能源效率和经济增长处于较低水平。因此，单一政策的效果好于组合政策的效果。

通过分析发现，在能源效率达到稳态所需的时间和波动情况方面来看，组合政策的调控效果优于单一调控政策略。但从能源效率和经济增长的水平来看，单一调控政策优于组合调控政策。

9.4 本章小结

以往对于能源效率、能源价格和经济增长的研究主要是基于计量经济学的方法（VECM、ARDL、VAR、GMM），该方法中模型的建立简单，对变量的处理较为理想化，缺乏对中国能源市场行为变化的综合反映能力。对于图 9-1 中各要素间错综复杂的传导机制，以上的研究方法缺乏足够的合理性。

不同于以往的研究方法，本章根据非线性微分方程理论将能源效率、能源价格和经济增长作为变量以及各种政策调控的作用效果纳入模型中的参数进行研究，利用参数值的变化定量分析各种政策调控的效果。对于能源效率-能源价格-经济增长系统，分析了该系统对能源效率的动态演化（图 9-2~图 9-6），理论及数值模拟了能源效率子系统的演化特征（图 9-7、图 9-8）。利用统计数据得到标准化后变量的演化状态（图 9-9），借助 BP 神经网络参数识别的方法得到实际系统的演化行为（图 9-10，图 9-11）。根据变量的分岔图，定量分析各种单一政策调控的效果（图 9-12~图 9-19）。通过比较分析单一政策和组合政策的调控效果，发现在提高能源效率和经济增长水平方面，单一政策比组合政策好，但是在降低能源价格方面，组合政策的效果较好（图 9-20）。根据不同调控政策下能源效率的演化路径，从长期来看结果表明，提高调控水平将导致能源效率水平降低但是有利于减少稳定所需的时间和波动次数（图 9-21~图 9-24）。另外，图 9-25和图 9-26 表明在能源效率的收敛速度和波动频率方面，组合政策的调控效果较好，在提高能源效率和经济增长水平方面，单一政策的调控效果较好。

研究结果表明，政策的制定和实施不是孤立的，它应该在政策实施和实际情况中加以考虑。否则，政策的效果将不是所期望的那样。在能源效率和经济增长方面，倡导绿色低碳发展的政策更适合中国的发展。

本章主要分析了能源经济系统的演化行为与中国能源效率的动态变化。但是，目前系统还没有引入其他变量，如供需缺口、碳价格、碳排放量等。因此，我们将进行深入的研究，以期在今后的研究中提出合理的政策建议。

参 考 文 献

[1] Cantore N，Calì M，te Velde D M. Does energy efficiency improve technological change and economic growth in developing countries? Energy Policy，2016，（92）：279-285.

[2] Zhang J. Energy efficiency and economic growth of China：1953-2006. Ecological Economy，2009，5（2）：122-131.

[3] Kohler M. Differential electricity pricing and energy efficiency in South Africa. Energy，2014，（64）：524-532.

[4] Chen K H，Yang H Y，Lee J M，et al. The impact of energy prices on energy consumption and energy efficiency：evidence from Taiwan. Energy Efficiency，2016，9（6）：1-21.

[5] Arshad A，Zakaria M，Xi J Y. Energy prices and economic growth in Pakistan：a macro-econometric analysis. Renewable and Sustainable Energy Reviews，2016，（55）：25-33.

[6] Berk I，Yetkiner H. Energy prices and economic growth in the long run：theory and evidence. Renewable and Sustainable Energy Reviews，2014，（36）：228-235.

[7] Mahadevan R，Asafu-Adjaye J. Energy consumption，economic growth and prices：a reassessment using panel VECM for developed and developing countries. Energy Policy，2007，（35）：2481-2490.

[8] Odhiambo N M. Energy consumption，prices and economic growth in three SSA countries：a comparative. Energy Policy，2010，38（5）：2463-2469.

[9] Jin J C，Choi J Y，Yu E S H. Energy prices，energy conservation，and economic growth：

evidence from the postwar United States. International Review of Economics & Finance, 2009, 18（4）: 691-699.

[10] 赵立昌. 能源价格、能耗强度与经济增长. 企业经济, 2015, （11）: 166-170.

[11] Qin F, Rasiah R. Electricity consumption, technological innovation, economic growth and energy prices: does energy export dependency and development levels matter? Energy Procedia, 2014, （61）: 1142-1145.

[12] Sun F L, Du W. An analysis of the effects of economic growth, industrial structure and energy efficiency on carbon emission of Jilin province. Applied Mechanics and Materials, 2014, （675）: 1789-1792.

[13] Vazim A, Kochetkova O, Azimzhamov I, et al. Energy efficiency, low-carbon energy production, and economic growth in CIS countries. IOP Conference Series: Earth and Environmental Science, 2016, 43（1）: 012087.

[14] Mahadevan R, Asafu-Adjaye J. Energy consumption, economic growth and prices: a reassessment using panel VECM for developed and developing countries. Energy Policy, 2007, 35（4）: 2481-2490.

[15] Tian R J. Study on the promotion of natural gas-fired electricity with energy market reform in China using a dynamic game-theoretic model. Applied Energy, 2017, （185）: 1832-1839.

[16] Fang G C, Tian L X, Sun M, et al. Analysis and application of a novel three-dimensional energy-saving and emission-reduction dynamic evolution system. Energy, 2012, 40（1）: 291-299.

[17] Fang G C, Tian L X, Fu M, et al. The impacts of carbon tax on energy intensity and economic growth - a dynamic evolution analysis on the case of China. Applied Energy, 2013, （110）: 17-28.

[18] Zhang W B, Tian L X, Wang M G, et al. The evolution model of electricity market on the stable development in China and its dynamic analysis. Energy, 2016, （114）: 344-359.

[19] Wang M G, Tian L X. Regulation effect of the energy market-theoretical and empirical analysis based on a novel energy prices-energy supply-economic growth dynamic system. Applied Energy, 2015, （155）: 526-546.

第10章 最优经济增长的节能减排 模型及应用[①]

经济的快速发展消耗了大量的能源，引起碳排放剧增，进而导致全球气候变暖加剧[1-3]，从这个意义上说，经济发展对气候环境造成外部经济影响[4, 5]。另外，节能减排的蓬勃发展依赖于经济的投入，节能减排在连续和有效的经济投入下可以有条不紊地发展。因此，经济增长与节能减排之间的关系非常密切[6, 7]。新能源因其环保和可再生的特征，引起越来越多的关注[8, 9]。发展新能源可以有效地破解能源和环境瓶颈，是调整经济结构、构建低碳经济的重要抓手[10]。新能源的健康有序发展可以推进能源体系革命的进程[11, 12]。

新能源的发展受诸多因素的制约[13-15]，其中经济发展对新能源的影响比较显著，尤其当经济增长率发生变化时，会给新能源发展带来一系列的影响[16, 17]。在经济放缓时，尤其在当前经济发展新常态的背景下，探讨新能源的演化发展路径[18, 19]，有助于厘清新能源系统中各变量的演化关系，促进新能源快速发展，为能源体系革命积累经验。在节能减排系统中，当经济增长率在某个区间范围内波动时，演化系统中能源强度、经济增长等变量的演化趋势会相应地变化[20-23]。除此之外，新能源的发展还会受到能源结构调整[24]、新能源技术进步等的影响[25]。

本章依据节能减排、碳排放、经济增长及新能源四者相互依存的演化关系提出了一类四维新能源约束下的节能减排动态演化系统[26]，并给出了一些富有成效的研究结果，结合中国当前的经济特征与节能减排系统的实际情形，构建多变量约束下的节能减排系统，对不同经济发展速度下的新能源的演化发展进行了探讨。以往关于节能减排系统中新能源的研究，有些研究以叙述性的表达为主，有些研究构建了模型，但是模型中的变量比较单一，未能对与新能源相关的变量做一个综合分析。与现有研究相比较，本章的特色主要有以下几点：①建立基于新

---

① 本章主要内容出处：Fang G C, Tian L X, Fu M, et al. How to promote the development of energy-saving and emission-reduction with changing economic growth rate—a case study of China. Energy, 2018, （143）: 732-745.

能源的非线性耦合节能减排系统，并分析了系统的动力学行为，构建了新能源研究的理论框架；②利用动力学方法研究新能源问题，相比之前的研究更加形象，研究结论更加具有适用性；③借助基于遗传算法的神经网络对实际系统进行参数辨识；④借助能源强度、经济增长等的动态演化图形象地展示了新能源在各种约束变量下的演化情形，并给出一些符合国情的政策建议。

10.1　经济发展情形分析

经济发展速度是指一定时期内社会物质生产和劳务发展变化的速率。在中国，经济发展速度通常以不变价格计算的报告期同基期的社会总产值或国民收入相比较而得出的比率来表示，两年以上的则求其年平均比率。近年来，为了反映全部社会经济活动总量，以不同时期的 GDP 相比较的比率作为经济发展速度的一种表示方法。在西方国家，经济发展速度一般是以不变价格计算的报告期的 GDP 同基期相比而得的比率表示的。

改革开放以来，中国取得了举世瞩目的成就[27]，经济规模和经济总量不断扩大。1979 年至 2012 年，中国经济年均增速达 9.8%，而同期世界经济年均增速只有 2.8%。至 2016 年，平均每年的 GDP 的增长率也达到 9.6%。人类历史上，未曾有过以这么高的增长速度持续这么长时间，而且是在人口基数大、极度贫困的基础上实现的，把改革开放这 40 年称为中国的奇迹，一点都不夸张。经济总量居世界位次稳步提升，1978 年，我国经济总量仅位居世界第十位；2008 年超过德国，居世界第三位；2010 年超过日本，居世界第二位，成为仅次于美国的世界第二大经济体。

中国经过 30 多年的高速发展后，资源、环境、社会保障问题的制约日趋严重[28]，经济增长结构也发生了很大的变化。从数字上来看，GDP 增速从 2012 年起开始回落，2013 年为 7.7%，至 2017 年增速为 6.9%，当然，与世界其他国家或全球经济增长速度相比，这一增长速度仍处于领跑状态。中国发展面临资源消耗大，资源约束日紧；环境污染；生态系统退化；温室气体排放总量大、增速快；社会保障体系建设滞后。经济发展方式的转变已经展开，必须告别过去不顾资源短缺、破坏性开采的粗放型发展，忽视环境保护的污染性发展，透支人口红利、社会保障体系建设滞后的透支性发展。要逐步转入遵循经济规律的科学发展，遵循自然规律的可持续发展，遵循社会规律的包容性发展。发展的主要动力要逐步转向依靠转型升级、生产率提升和开拓创新。

中国经济呈现出新常态[29]，从高速增长转为中高速增长，经济结构优化升级，从要素驱动、投资驱动转向创新驱动。其主要特点是速度下台阶、效益上台阶，增长动力实现转换和经济结构实现再平衡。客观地说，经济新常态是经济结构的对称态，强调结构稳增长的经济，而不是总量经济；着眼于经济结构的对称态及在对称态基础上的可持续发展，而不仅仅是 GDP（人均 GDP）增长与经济规模最大化。经济新常态就是用增长促发展，用发展促增长。在经历了经济危机、经济调整之后出现的一个过渡阶段经济运行态势称为经济新常态，而旧常态是粗放型、数量型、扩张的一种状态，它靠低成本来驱动。经济"新常态"是转到一个集约型、质量型来进行发展，这就是经济新旧常态的差别。新常态给中国带来新的发展机遇，经济新常态经济增速虽然放缓，实际增量依然可观。经济结构优化升级，发展前景更加光明。

　　资源环境承载能力已达到或接近上限也是进入经济新常态的主要原因之一，因此经济新常态下要推动形成绿色低碳循环发展新方式，缓解资源环境瓶颈压力、大力发展新兴产业、增强消费者环保意识，这些都是创造绿色低碳经济的机遇。经济新常态下能源发展也需要进入新常态。需要采取一系列绿色转型措施，使得能源需求总量增速持续放缓、能源消耗结构加速转型、能源效率提升明显，能源强度大幅降低、能源价格合理，经济社会环境逐步改变。经过努力使得非化石能源占比明显上升，打破对化石能源绝对依赖的局面。风能、水能、太阳能、核能等占一次能源消费的比重上升，大力发展可再生能源电力。将新能源的增长纳入国家战略规划中，提高质量、降低成本，更好地与现有化石能源为主体的能源体系相匹配。煤、气、油结构逐渐合理，能源消费结构向低碳化和清洁化发展。实现资源环境的可持续发展。

10.2　经济增速约束下的模型构建及分析

10.2.1　新能源四维节能减排系统

　　本节在基于新能源的四维节能减排系统的基础上，结合中国当前节能减排系统中节能减排、碳排放、经济增长、新能源相互影响的复杂演化关系，将能源结构调整、经济增速、新能源技术进步等约束条件纳入基于新能源的节能减排系统中，构建多变量约束的新型节能减排系统，深入探讨在各种约束条件下的新能源演化发展路径。模型的研究将进一步丰富新时期具有中国特色的新能源理论体系，推进中国能源体系变革问题的研究，对探索适合中国国情的节能减排之路具有重要的理论价值和实际意义。在四维新能源节能减排系统中加入约束条件，得到的新系统更加贴近实际，符合新能源的发展趋势。加入诸多约束的新能源四维节能减排系统（10-1）可以表述如下[30]：

$$\begin{cases} \dot{x} = a_1 x(y/M - 1) - a_2 y + a_3 z + a_4 u \\ \dot{y} = -b_1 x + b_2 y(1 - y/C) + b_3 z(1 - z/E) - b_4 u - b_5' z \times \left(d/1 - (1+d)^{-t}\right) + (b_6' - b_6'') z(L - x) \\ \dot{z} = c_1 x(x/N - 1) - c_2 y - (c_3' - c_3'') z + c_4 u(u/F - 1) - (c_5' - c_5'') z + c_6 z \\ \dot{u} = d_1 u(y - H) + d_2 z + d_3 u \end{cases}$$

$$(10\text{-}1)$$

系统（10-1）中 $x(t)$ 为随时间变化的节能减排量；$y(t)$ 为随时间变化的碳排放量；$z(t)$ 为随时间变化的经济增长量（GDP）；$u(t)$ 为随时间变化的新能源的开发利用量。[为方便，将 $x(t)$、$y(t)$、$z(t)$、$u(t)$ 简称为节能减排、碳排放、经济增长、新能源]其中，a_i，b_j，c_j，d_k，M，C，E，L，N，F，H 为正常数，$t \in I$，I 为一个经济时期（$i = 1,2,3,4$；$j = 1,2,3,4,5,6$；$k = 1,2,3$）。a_1 为 $x(t)$ 的发展系数；a_2 为 $y(t)$ 对 $x(t)$ 的抑制系数；a_3 为 $z(t)$ 对 $x(t)$ 的影响系数；a_4 为 $u(t)$ 对 $x(t)$ 的影响系数；M 为 $y(t)$ 对 $x(t)$ 影响的转折点。b_1 为 $x(t)$ 对 $y(t)$ 的影响系数；b_2 为 $y(t)$ 的发展系数；b_3 为 $z(t)$ 对 $y(t)$ 的影响系数；b_4 为 $u(t)$ 对 $y(t)$ 的影响系数；C 为一个经济时期内 $y(t)$ 的峰值；E 为一个经济时期内 $z(t)$ 的峰值；b_5' 为改良能源结构调整系数；b_6'、b_6'' 为经济增速对 $y(t)$ 的影响系数；L 为经济增速对 $y(t)$ 影响的拐点。c_1 为 $x(t)$ 对 $z(t)$ 的影响系数；c_2 为 $y(t)$ 对 $z(t)$ 的影响系数；c_3'、c_3'' 为 $x(t)$ 等的投入对 $z(t)$ 的抑制系数；c_4 为 $u(t)$ 对 $z(t)$ 的影响系数；c_5'、c_5'' 为对能源结构调整的投入系数；c_6 为经济增速系数；N 为 $x(t)$ 对 $z(t)$ 影响的转折点；F 为 $u(t)$ 对 $z(t)$ 影响的转折点。d_1 为 $u(t)$ 的发展系数；d_2 为 $u(t)$ 的投资成本系数；d_3 为技术进步等对 $u(t)$ 的促进系数；H 为 $y(t)$ 对 $u(t)$ 发展影响的转折点。

系统（10-1）中的第一个公式表示：随时间变化的节能减排的发展速度与经济投入和新能源的开发利用、技术成熟等成正比（$+a_3 z$，$+a_4 u$）。碳排放量的增加会抑制节能减排的成效（$-a_2 y$）。节能减排的发展速度与其发展潜力密切相关，当碳排放没有达到某个临界点（承受度）M 时，即 $y < M$，$y/M - 1 < 0$，节能减排发展缓慢；当超过这个 M 值时，即 $y > M$，$y/M - 1 > 0$，节能减排加速发展以期更好地控制碳排放。

系统（10-1）中的第二个公式表示：碳排放的发展速度在峰值 C 到来之前很快（$y < C$，$1 - y/C > 0$），峰值到来之后渐渐变缓（$y > C$，$1 - y/C < 0$）。经济增长的发展早期会带来大量的碳排放（$z < E$，$1 - z/E > 0$），达到峰值 E 后对碳排放的影响会逐渐趋缓（$z > E$，$1 - z/E < 0$）。节能减排的开展会减缓碳排放的发展速度（$-b_1 x$）。新能源的发展会抑制碳排放的发展速度（$-b_4 u$）。基于

目前的国情，能源结构调整由经济驱动，$b_5'z$ 表示一个经济时期内的能源结构投资，d 为投资实际折现率；t 为措施周期，$t \in I$，令 $b_5' \times \left(d / 1 - (1+d)^{-t} \right) = b_5$。$(b_6' - b_6'')z(L-x)$ 为经济增速对碳排放的影响，目前一段经济发展期内，经济发展越快带来的碳排放也越多，但等节能减排系统发展成熟后，经济的增长不一定会带来碳排放的增加，$b_6' = \sum_i b_{6i}', i = 1,2,3,\cdots$，$b_{6i}'$ 为经济增速对碳排放的正向影响，类似地，$b_6'' = \sum_j b_{6i}'', j = 1,2,3,\cdots$，$b_{6j}'$ 为经济增速对碳排放的负向影响，令 $b_6 = b_6' - b_6''$，当前一段经济时期内 $b_6' > b_6''$，即经济增速加快会带来更多的碳排放。经济增速对碳排放的影响有一个滞后，滞后与相应的节能减排的发展状态 L 密切相关[节能减排 $x(t)$ 发展得好，经济增速对碳排放增加的影响就小]。

系统（10-1）中的第三个公式表示：碳排放的增加会阻碍经济增长的发展（$-c_2y$），对节能减排的投入开始对经济增长有一定的阻碍作用，随着技术的成熟与节能减排的全面开展，节能减排反过来会促进经济增长[c_3' 为 $x(t)$ 等的投入对 $z(t)$ 的抑制系数；c_3'' 为 $x(t)$ 等的投入对 $z(t)$ 的促进系数]。对 $c_1x(x/N-1)$，当 $x < N$，$x/N-1 < 0$ 时，节能减排对经济增长有一定的抑制作用；当 $x > N$ 时，节能减排开始促进经济增长。对 $c_4u(u/F-1)$，当 $u < F$，$u/F-1 < 0$ 时，对新能源等的经济投入比较大，投资效益还未能及时体现，这种情形下新能源对经济增长有一定的抑制作用；当 $u > F$，即 $u/F-1 > 0$ 时，表示新能源发展比较完备，开始促进经济增长。对改良能源结构的投入会在一定程度上抑制经济的增长（$-c_5'z$），当能源结构成熟以后又会反过来促进经济的发展（$+c_5''z$）。经济增速对经济增长有着直接的影响（$+c_6z$）。

系统（10-1）中的第四个公式表示：随时间变化的新能源的发展速度同时与新能源及新能源的发展潜力密切相关，新能源的发展潜力主要由碳排放的情况决定，当碳排放没有达到某个临界值（承受值）H，即 $y < H$ 时，新能源的发展速度缓慢，此时碳排放总量很小时，能源消耗不大，新能源发展的外在压力不大；当碳排放超过 H，$y > H$ 时，新能源的发展速度变快，此时碳排放总量大，能源消耗大，迫切需要发展新能源来缓解能源缺口，降低碳排放。经济投入的增加会促进新能源的发展（$+d_2z$），新能源技术进步也会促进新能源的发展（$+d_3u$）。

系统（10-1）是一个连续的动态演化系统，由系统（10-1）推导出一个经济时期内 t 时刻的能源消耗为 $y^*(t) = \phi_1(x,ky,z,u,t)$，GDP 为 $z(t) = \phi_2(x,y,z,w,t)$，则一个经济时期内随时间变化的能源强度（也称为能源强度）可表示为

$$U(t) = \phi_1(x,ky,z,u,t) / \phi_2(x,y,z,u,t) \quad t \in I \qquad (10\text{-}2)$$

其中，k_0 为标准煤的排放系数，$k=1/k_0$。

10.2.2　动力学行为分析

系统（10-1）是一个非常复杂的非线性动力系统，当参数取不同值时会展现出不同的动力学行为，经过大量的调试和数值仿真后发现，当取如表 10-1 所示的参数时展示出非常好的动力学行为。

表 10-1　系统（10-1）的参数

a_1	a_2	a_3	a_4	b_1	b_2	b_3	b_4	b_5
0.09	0.005	0.012	0.096	0.412	0.088	0.8	0.072	0.009 8
b_6	c_1	c_2	c_3	c_4	c_5	c_6	d_1	d_2
0.012	0.035	0.008	0.1	0.025	0.008 2	0.007 8	0.01	0.002
d_3	M	C	E	L	N	F	H	
0.001 2	0.9	1.6	3.46	2.98	0.35	2.58	1.62	

在系统（10-1）中

$$\nabla V = \frac{\partial \dot{x}}{\partial x} + \frac{\partial \dot{y}}{\partial y} + \frac{\partial \dot{z}}{\partial z} + \frac{\partial \dot{u}}{\partial u} = \frac{a_1 y}{M} - a_1 + b_2 - \frac{2b_2}{C}y - c_3 - c_5 + c_6 + d_1 y - d_1 H + d_3$$

$$= \left(\frac{a_1}{M} - \frac{2b_2}{C} + d_1\right)y + b_2 + c_6 + d_3 - a_1 - c_3 - c_5 - d_1 H \tag{10-3}$$

当 $\frac{a_1}{M} + d_1 = \frac{2b_2}{C}$，$b_2 + c_6 + d_3 - a_1 - c_3 - c_5 - d_1 H < 0$ 时，系统（10-1）是耗散的。

固定系统参数如表 10-1 所示，取初值[0.015，0.758，1.83，0.01]，这时得到一个节能减排吸引子，如图 10-1 所示。

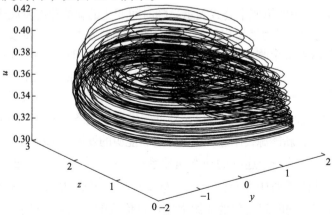

图 10-1　多变量约束下的新能源吸引子（y-z-u）

　　固定系数如式（10-3）所示，令 b_2 任意 $\left[b_2 \in (0.05, 0.09)\right]$ ，得到关于 b_2 的李雅普诺夫指数图，如图 10-2 所示。图 10-3 显示了系统（10-1）中 y 的值随参数 b_2 变化的分岔图。

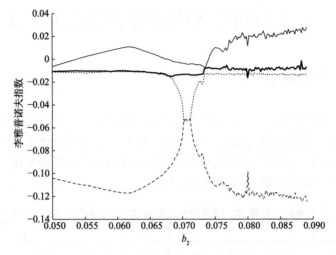

图 10-2　李雅普诺夫指数图

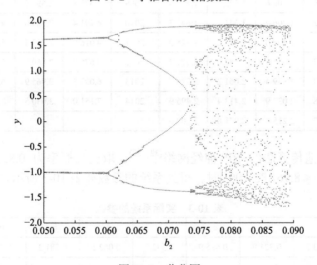

图 10-3　分岔图

　　对比洛伦兹系统、陈系统、吕系统、能源供需系统及四维新能源约束下的节能减排系统，系统（10-1）的平衡点、线性项、非线性项与上述系统有很明显的差异。系统（10-1）的相图、李雅普诺夫指数图及分岔图与上述系统也有很明显的区别，该吸引子是一个新的吸引子，是在四维新能源约束下的节能减排系统上，受到能源结构、经济增速、新能源技术进步等的约束后得到的，我们称为多变量约束下的新能源吸引子。系统（10-1）中混沌现象的发现，为深入多变量约束下的新能源系统的演化行为揭开了新的篇章。

10.3 基于不同经济增速的节能减排实证分析

10.3.1 参数辨识

节能减排的数据按参考文献[31]的算法，碳排放、经济增长的数据来源于统计年鉴，新能源数据主要是指水电、风电、核电。《中国统计年鉴》数据有所更新，因此表 10-2 中数据与文献[26]中的数据相比有很小幅度的变化。节能减排、碳排放、经济增长及新能源的数据见表 10-2。

表 10-2 节能减排、碳排放、经济增长、新能源的统计数据（以 1999 年为基年）

年份	x	y	z	u	年份	x	y	z	u
2000	2.218 3	1.045 5	1.106 3	1.285 9	2008	6.310 4	2.280 8	3.512 1	3.175 2
2001	3.978 6	1.106 6	1.222 7	1.552 4	2009	3.577 8	2.391 2	3.832 3	3.384 4
2002	2.560 2	1.206 4	1.341 7	1.642 3	2010	4.191 4	2.565 6	4.533 9	3.918 8
2003	1.445 7	1.402 0	1.514 2	1.728 9	2011	4.016 9	2.753 4	5.368 0	3.917 5
2004	2.612 7	1.638 2	1.782 0	2.079 7	2012	4.676 2	2.860 8	5.922 3	4.716 0
2005	2.105 9	1.859 4	2.061 2	2.326 7	2013	6.092 3	2.965 9	6.519 9	5.072 1
2006	2.294 8	2.037 9	2.413 4	2.496 9	2014	7.151 0	3.030 5	7.053 5	5.832 7
2007	4.349 7	2.215 6	2.971 8	2.709 0					

借助基于遗传算法的 BP 神经网络[32, 33]，取交叉概率为 0.85，变异概率为 0.04，当误差 $e \leqslant 8.962\,8e-003$ 时，得到系统的参数如表 10-3 所示。

表 10-3 实际系统的参数

a_1	a_2	a_3	a_4	b_1	b_2	b_3	b_4	b_5
0.873 2	0.232 7	0.321 9	0.415 9	0.332 3	0.062 1	0.581 3	0.176 9	0.084 5
b_6	c_1	c_2	c_3	c_4	c_5	c_6	d_1	d_2
0.738 7	0.014 5	0.098 4	0.037 8	0.748 6	0.135 7	0.107 6	0.736 1	0.080 1
d_3	M	C	E	L	N	F	H	
0.074 5	0.403 7	0.972 1	0.904 3	0.914 1	0.472 4	0.518 7	0.547 3	

固定系统（10-1）的系数为表 10-3 中的参数，选择 2000 年的数据作为初始条件（0.000 000 96，0.615，1.73，0.029 8），单位为 10^9 吨标煤，实际系统相应的

相图如图 10-4 所示。观察图 10-4 可以发现，实际系统是稳定的，与实际情况是符合的。

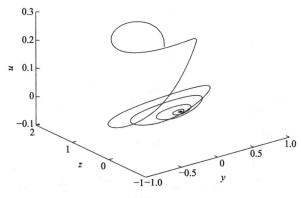

图 10-4 实际系统相图（ y-z-u ）

10.3.2 实证结果与分析

在新能源的节能减排系统中引入约束变量，对整个系统的变量都有影响，会带给系统复杂的演化行为。长期的节能减排研究经验启示我们，能源强度约束比碳排放总量约束更加符合中国温室气体减排目标，当然在节能减排过程中也不能忽视经济发展。本节从系统的动力学演化行为出发，从系统中推导出能源强度演化公式，并将其图像化。将各变量变化对经济增长影响的误差图形化。通过观察能源强度的演化趋势、稳定值，以及经济增长的误差演化图，探讨多变量约束下的新能源系统的演化行为。

在节能减排系统中引入新能源，随着新能源的健康发展可以有效地降低能源强度。将诸多约束变量引入基于新能源的节能减排系统，势必会给系统带来更大的影响，实际系统中每个变量都有相应的变化。图 10-5 形象地刻画了新能源及其约束变量在节能减排系统中发挥的作用。情形 1 显示的是三维节能减排系统的能源强度演化图，情形 2 显示的是基于新能源的四维节能减排系统的能源强度演化图（文献[26]中系统对应的演化图），情形 3 显示的是系统（10-1）对应的节能减排系统的能源强度演化图。观察图像可以发现，引入多重约束变量的新能源系统对能源强度的控制效果明显优于前两个系统（情形 3 对应的曲线比情形 1 和 2 低很多），这些约束变量的联合影响效果非常显著。保持当前的约束强度，可以很好地控制能源强度。以 2000 年为初值开始实施相应的约束，能源强度会在 2015 年左右有一个波谷，对比三条曲线在 2020 年处的能源强度（"十三五"截止年份），情形 3 对应的曲线最低。上述分析充分说明，节能减排系统中引入系统

（10-1）中的约束变量是可行和有效的。

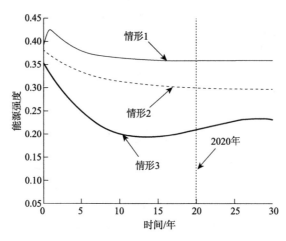

图 10-5　能源强度对比演化图

在当前的经济发展结构，中国的能源结构调整主要由经济驱动，因此能源结构调整对包括经济增长在内的节能减排系统中每个变量都会产生影响。图 10-6 显示了当经济对能源结构调整的投入加大及能源结构调整有效地发挥作用时的能源强度演化图。情形 1~9 显示的是参数 b_5：$0.0845 \rightarrow 0.1645$，$c_5$：$0.1357 \rightarrow 0.2157$，参数每变化 0.01 时所对应的能源强度演化图。观察发现，随着参数的变大，能源强度越来越低，并且情形 1~9 对应的能源强度稳定值的间距有增大的趋势。保持当前的约束强度，系统会在 2020 年左右有一个波谷。图 10-6 左上方的图给出了情形 1（b_5=0.0845，c_5=0.1357），情形 5（b_5=0.1245，c_5= 0.1757），情形 9（b_5=0.1645，c_5=0.2157）所对应的能源强度演化图，可以更好地反映上述演化趋势。

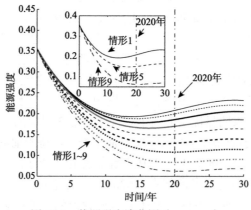

图 10-6　能源强度演化图（b_5，c_5）

能源结构调整的有效实施可以很好地降低能源强度，但是对经济增长也会带来一定的影响。图 10-7 显示了随着系数 b_5、c_5 变大，即当经济对能源结构调整的投入加大及能源结构调整有效实施时对经济增长的误差演化图[系统（10-1）在不同的约束强度下与原四维新能源系统的误差]。情形 1 对应 b_5 =0.124 5，c_5 = 0.175 7；情形 2 对应 b_5 =0.164 5，c_5 =0.215 7。新系统中引入能源结构调整后对经济增长的影响比较显著，开始阶段对经济的影响是正向的，随着约束变量逐渐发挥作用，对经济慢慢有一些抑制影响，当系统进一步成熟时，又会促进经济的发展。当经济对能源结构调整的投入变大时，对经济的影响也随之变大，即情形 2 绝大多数时间低于情形 1（除短期的波动外）。相比图 10-6 对能源强度的强有力控制，图 10-7 中对经济的影响大多数时间是正向的，曲线只有一小段时间位于零线下方，即对经济有抑制作用。值得一提的是，在当前的约束强度下，2015~2020 年对经济的影响是正向的（情形 2 对应的曲线个别点位于这个区间之外），即在"十三五"期间进行能源结构调整，可以很好地控制能源强度，同时对经济的影响也不大。

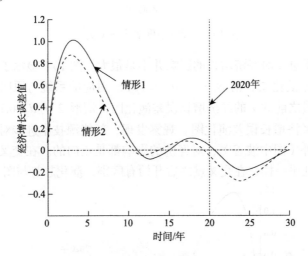

图 10-7　经济增长误差图（b_5，c_5）

新能源技术进步可以促进新能源的发展，进而影响到节能减排系统中的每个变量。图 10-8 显示了当技术进步系数 d_3 逐渐变大时对应的能源强度演化图。图 10-8 中情形 1 与图 10-6 中情形 3 相同，情形 2 对应 d_3 =0.114 5，情形 3 对应 d_3 = 0.154 5。观察图 10-8 可以发现，当 d_3 增大时能源强度随之降低，d_3 增大得越多，能源强度降低得越多。有意思的是随着系统的演化发展，能源强度经过波谷后又逐渐变大，在某一个时刻又大于情形 1 对应的能源强度。图 10-8 中，情形 2 在交叉点 1 处越过情形 1，情形 3 在交叉点 2 处越过情形 1，在交叉点 3 处越过情形 2。

d_3越大，能源强度曲线越过情形 1 的时间越晚。上述分析说明，新能源技术进步可以很好地控制能源强度，并且随着技术的成熟对能源强度的控制效果越好。

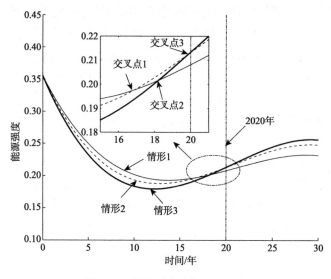

图 10-8　能源强度演化图（d_3）

新能源技术进步对经济增长的影响并不是很大。图 10-9 显示了当 d_3 逐渐变大时经济增长误差演化图，情形 1 为 d_3=0.114 5 对应的系统与原四维新能源系统（没加约束变量之前的）的经济增长误差演化图，情形 2 为 d_3=0.154 5 对应的系统与原系统的经济增长误差演化图。观察发现，新能源技术进步对经济增长除了短期内的抑制外（图中波谷），对经济的影响都是正向的。在交叉点之前两条曲线的演化趋势几乎一样，在交叉点之后开始有区别，演化趋势与图 10-8 对应。

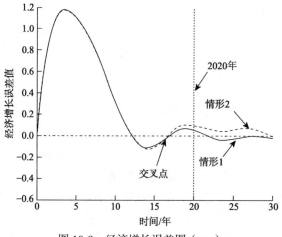

图 10-9　经济增长误差图（d_3）

不同经济发展阶段节能减排系统表现出不同的演化趋势。图 10-10 显示了当经济增速变大时对应的能源强度演化图。图 10-10 中情形 1 是图 10-5 中的情形 3，情形 2 对应 b_6 =0.758 7，c_6 =0.127 6，情形 3 对应 b_6 =0.778 7，c_6 =0.147 6。当系数 b_6 和 c_6 变大时，即经济发展速度增大时，对能源强度的影响表现出非常有意思的现象。当 b_6 取 0.758 7，c_6 取 0.127 6 时，能源强度先降低，在交叉点 3 之后反而大于情形 1。当经济增速进一步加大时，b_6 取 0.778 7，c_6 取 0.147 6 时，开始阶段能源强度并没有被有效地控制，在交叉点 1 之前，情形 3 高于情形 1 和情形 2，在交叉点 2 之后能源强度小于情形 1 和情形 2，2020 年对应能源强度远小于前两种情形（2020 年之后能源强度逐渐变大，可以根据 2020 年之后的具体情况，调整约束强度，达到相应的控制目标）。分析表明，能源强度对经济增速非常敏感，较快的经济发展速度也不一定会带来较高的能源强度。

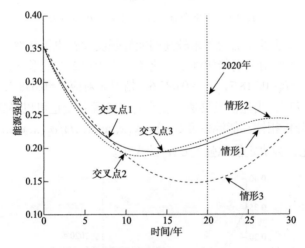

图 10-10　能源强度演化图（b_6，c_6）（一）

现阶段，经济发展速度加快会带来越多的碳排放（当系统成熟时，经济发展速度变快不一定会引起碳排放的增加），但两者的比值即能源强度在适当的经济增速下反而会变小。是不是经济发展越快，能源强度就越低呢？图 10-11 显示了当 c_6 进一步变大时的能源强度演化图（b_6 保持不变）。情形 1 对应 c_6 =0.157 6，情形 2 对应 c_6 =0.177 6，此时节能减排系统已经崩溃。事实上，当时 $c_6 \geqslant 0.157\ 6$ 系统已经崩溃，但是当 b_6 变大时，这种崩溃情形有所缓解。观察可以发现，经济增速 c_6 越大，节能减排系统崩溃的就越早。因此经济增长要适度，增速太快，而这股"能量"不能有效地转移释放（转移到 b_6 等相关变量）会导致当前的节能减排系统崩溃。

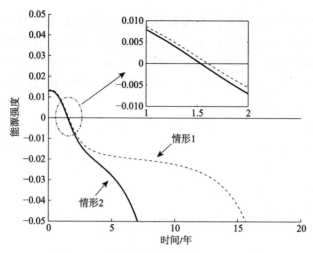

图 10-11　能源强度演化图 $(c_6 \geqslant 0.157\,6)$

是否经济发展速度变低会带来较高的能源强度呢？也不尽然。图 10-12 显示了当经济增速变小时对应的能源强度演化图。图 10-12 中情形 1 是图 10-5 中的情形 3，情形 2 对应 b_6=0.718 7，c_6 =0.087 6，情形 3 对应 b_6=0.698 7，c_6 =0.067 6。观察图 10-12 发现，当经济发展速度变小时，能源强度也可以得到控制。这是否与图 10-10 的分析相悖？能源强度 $U(t) = \phi_1(x, ky, z, u, t) / \phi_2(x, y, z, u, t)$，经济与碳排放的综合变化，会决定能源强度 $U(t)$ 的大小。

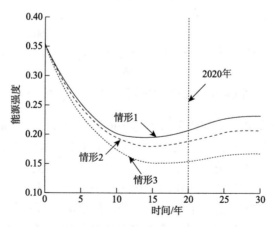

图 10-12　能源强度演化图（b_6，c_6）（二）

值得注意的是，过低的经济增速也会导致节能减排系统崩溃。图 10-13 显示了当经济增速低于临界值的系统崩溃演示图。情形 1 对应 c_6=−0.530 3，情形 2 对应 c_6=−0.630 3（在当前的约束强度下，$c_6 \leqslant -0.430\,3$ 时节能减排系统崩溃）。

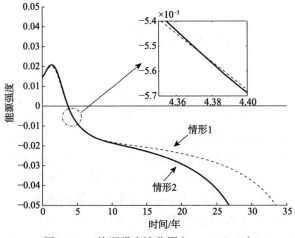

图 10-13　能源强度演化图$(c_6 \leqslant -0.430\ 3)$

　　为更加清晰地分析经济发展速度对能源强度的影响，将图 10-10 和图 10-12 合并在一起。图 10-14 综合了图 10-10 和图 10-12，图 10-14 中情形 1 为图 10-5 中的情形 3，情形 2 为图 10-10 中的情形 2，情形 3 为图 10-10 中的情形 3，情形 4 为图 10-12 中的情形 2，情形 5 为图 10-12 中的情形 3。情形 1~5，在交叉点处有交替变化现象。观察图 10-14，结合图 10-10 和图 10-12 的分析可以发现，在当前的约束条件下，经济增速有一个区间（带），在这个范围内，经济增速系数变大或变小均可通过调整相应的约束条件，有效地控制能源强度。不管未来的经济走势为"U"形还是"L"形，保持适当的经济增长速度，同时辅以恰当的节能减排约束措施，是降低能源强度的关键。

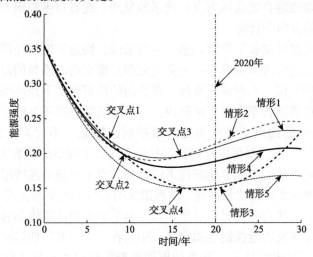

图 10-14　能源强度演化图（b_6，c_6）（三）

10.4 政策建议

能源结构调整是应对气候变化的重要措施，是经济、社会和环境可持续发展的内在要求，能源结构调整的顺利实施可以推动能源系统革命的进程。研究发现，能源结构调整可以有效地控制能源强度（图 10-7、图 10-8）。依据中国当前的经济发展和能源现状，能源结构调整由经济驱动，因此保障经济对能源结构调整的投入就显得非常重要。实践中要优化发展和适度控制燃煤发电比例，并逐步摆脱对煤电的高度依赖性。重点提高能源密集型企业的能源效率和清洁能源的使用比例，比关闭城镇的小微型企业更有节能减排效果。同时，能源结构调整需要因地制宜地发展，依据各地自然条件等因素积极发展清洁能源，如风能、太阳能、水能、生物质能、核能等。制定和完善相应的法律法规，在制度上保障能源结构调整的有效实施。

技术进步是降低新能源的生命周期成本的关键驱动因素。新能源的发展与关键技术创新密切相关，从这个意义上说，新能源技术革新也是能源系统革命的一部分。中国的核电技术研究亟待加强，核电技术需要跨越式发展，同时要规范化、制度化商业经营体制。风能的发展应加大关键技术的开发力度，如叶片、齿轮箱、发电机、控制系统、变浆系统、偏航系统等风电机组零部件，此外建立完整的风能产业体系（产业链）也是非常重要的环节。对太阳能来说，在光伏发电技术快速转型时期，首先要摆脱对补贴政策的依赖。新能源技术应以均衡和谐的方式发展，如加强混合光伏风力发电技术的发展。拥有自主知识产权的新能源核心技术是未来的方向和目标。

能源强度对经济增长率非常敏感。一般来说，快速发展的经济会带来更多的碳排放，但是高的经济增长率不一定会使能源强度变高。适当的经济增长速度有助于节能减排的发展。本章研究发现，在当前的约束强度下经济增长有一个理想的区间，只要经济增长率在这个区间内，不管增长率是高还是低，能源强度都可以通过调整相应的约束变量而得到有效控制。因此，不管未来的经济走向是"U"形还是"L"形，都可以针对特定的经济增长率调整约束条件来降低能源强度。基于此，对当前的中国节能减排来说，关注点不应该是经济增长率如何，而是有效降低能源强度的方法和措施，这些措施的有效实施更加关键。

值得注意的是政府调控对经济增长乃至整个节能减排系统都有重要的影响，政府调控可以立竿见影地控制能源强度。中国在"十二五"期间频繁地使用政府调控，并得到了预想的结果。频繁的周期性调控政策容易被各种短期指标所吸引，而忽视了内在的实质性问题，更重要的是，政府调控在某种意思上对经济发展有一定的抑制作用[34, 35]。经济增长率对节能减排的发展影响重大,很有必要在经济增长的"换挡期"采取适当的激励和约束措施。经验告诉我们,政府调控是不可或缺的,但也只能在必要时使用,不宜频繁地大范围地实施政府调控。

10.5 本 章 小 结

本章在基于新能源的节能减排演化系统的基础上,借助非线性动力学方法,将能源结构调整、经济增速、新能源技术进步等约束变量引入基于新能源的节能减排系统。利用李雅普诺夫指数和分岔图分析了系统的动力学行为,并得到了多变量约束下的新能源吸引子。基于中国统计数据,借助基于遗传算法的 BP 神经网络,辨识出实际系统的参数。以能源强度和经济增长的演化趋势为衡量指标,详细讨论了引入能源结构调整、新能源技术进步和其他变量后对节能减排系统的影响。探索了不同经济增长率下的节能减排系统演化行为,并揭示了系统演变深层次的原因。

实证分析结果表明:能源结构调整的有效实施,可以在对经济影响不大的前提下很好地控制能源强度,对能源结构调整的经济投入对其发展进程非常关键。新能源技术进步可以很好地促进新能源的发展,进而推进能源系统革命。相比能源结构调整,新能源技术进步对能源强度的控制效果要弱一些,但随着新能源技术的成熟,新能源技术进步对能源强度的控制效果越好。经济增长率对节能减排系统中的变量都有影响,可以说节能减排系统与经济增长率密切相关。研究发现,在当前的约束条件下,存在一个最佳的经济增速区间,当经济增速落入这个区间时,能源强度可以通过调整相应的约束条件得到有效控制。保持适当的经济增速有益于节能减排的开展,但更重要的是制定并实施能有效降低能源强度的措施。

本章将能源结构调整、经济增长率和新能源技术进步引入四维节能减排系统。实际节能减排系统包括更多的变量,如公众接受程度、低碳意识等。进一步的研究也将深入探讨节能减排系统的动力学行为。此外,缺乏统计数据也会对实际系统的参数辨识有所影响。经济增长率对节能减排系统的影响是通过能源强度和经济增长的演化公式来展现的,未来的研究可以引入更多的衡量指标。本章验证了最佳经济增长率区间的存在,而针对特定约束条件的具体区间求解也是值得深入研究的问题。

参 考 文 献

[1] Adams S, Klobodu E K M, Opoku E E O. Energy consumption, political regime and economic growth in sub-Saharan Africa. Energy Policy, 2016, （96）: 36-44.

[2] Streimikiene D, Kasperowicz R. Review of economic growth and energy consumption: a panel cointegration analysis for EU countries. Renewable & Sustainable Energy Reviews, 2016, （59）: 1545-1549.

[3] Deviren S A, Deviren B. The relationship between carbon dioxide emission and economic growth: hierarchical structure methods. Physica A: Statistical Mechanics & Its Applications, 2016, （451）: 429-439.

[4] Bouznit M, Pablo-Romero M D P. CO_2, emission and economic growth in Algeria. Energy Policy, 2016, （96）: 93-104.

[5] 张瑞萍. 生态环境与经济增长协调发展研究综述. 经济问题探索, 2016, （12）: 179-183.

[6] Esso L J, Keho Y. Energy consumption, economic growth and carbon emissions: cointegration and causality evidence from selected African countries. Energy, 2016, （114）: 492-497.

[7] Ahmad A, Zhao Y H, Shahbaz M, et al. Carbon emissions, energy consumption and economic growth: an aggregate and disaggregate analysis of the Indian economy. Energy Policy, 2016, （96）: 131-143.

[8] Xiong L, Shen B, Qi S, et al. The allowance mechanism of China's carbon trading pilots: a comparative analysis with schemes in EU and California. Applied Energy, 2017, 185（4）: 1849-1859.

[9] Younsi M, Hassine A B H, Ncir M. The economic and energy effects of carbon dioxide emissions trading in the international market: new challenge conventional measurement. Journal of the Knowledge Economy, 2015, 8（2）: 565-584.

[10] Li W, Lu C, Ding Y, et al. The impacts of policy mix for resolving overcapacity in heavy chemical industry and operating national carbon emission trading market in China. Applied Energy, 2017, （204）: 509-524.

[11] Perdan S, Azapagic A. Carbon trading: current schemes and future developments. Energy Policy, 2011, 39（10）: 6040-6054.

[12] 史丹. 论三次能源革命的共性与特性. 价格理论与实践, 2016, （1）: 30-34.

[13] Sun C, Lin B. Reforming residential electricity tariff in China: block tariffs pricing approach. Energy Policy, 2013, 60 (6): 741-752.

[14] Montagnoli A, Vries F P D. Carbon trading thickness and market efficiency. Energy Economics, 2010, 32 (6): 1331-1336.

[15] Lin B, Sun C. Evaluating carbon dioxide emissions in international trade of China. Energy Policy, 2010, 38 (1): 613-621.

[16] Holtz-Eakin D, Selden T M. Stoking the fires? CO_2, emissions and economic growth. Journal of Public Economics, 1992, 57 (1): 85-101.

[17] 上海社会科学院世界经济研究所宏观经济分析小组. 砥砺前行中的世界经济: 新常态、新动力、新趋势——2015 年世界经济分析与展望. 世界经济研究, 2015, (1): 3-23.

[18] Aldy J E. Per capita carbon dioxide emissions: convergence or divergence? Environmental & Resource Economics, 2006, 33 (4): 533-555.

[19] Bode S. Equal emissions per capita over time—a proposal to combine responsibility and equity of rights for post-2012 GHG emission entitlement allocation. Environmental Policy & Governance, 2003, 14 (5): 300-316.

[20] Wei C, Ni J, Du L. Regional allocation of carbon dioxide abatement in China. China Economic Review, 2012, 23 (3): 552-565.

[21] Höhne N, Blok K. Calculating historical contributions to climate change—discussing the "brazilian Proposal". Climatic Change, 2005, 71 (1/2): 141-173.

[22] Wang K, Wei Y M, Zhang X. Energy and emissions efficiency patterns of Chinese regions: a multi-directional efficiency analysis. Applied Energy, 2013, 104 (2): 105-116.

[23] Liu H, Lin B. Cost-based modelling of optimal emission quota allocation. Journal of Cleaner Production, 2017, (149): 472-484.

[24] Botzen W J W, Gowdy J M, Bergh J C J M. Cumulative CO_2 emissions: shifting international responsibilities for climate debt. Climate Policy, 2008, 8 (6): 569-576.

[25] Wang Z L, Chen J, Lin L. Progress in triboelectric nanogenertors as new energy technology and self-powered sensors. Energy & Environmental Science, 2015, 8 (8): 2250-2282.

[26] 方国昌, 田立新, 傅敏, 等. 新能源发展对能源强度和经济增长的影响. 系统工程理论与实践, 2013, (11): 2795-2803.

[27] 张弥. 改革开放以来中国经济的周期波动与 J 型增长. 财经问题研究, 2017, (10): 11-18.

[28] 戴铁军, 王婉君, 刘瑞. 中国社会经济系统资源环境压力的时空差异. 资源科学, 2017, 39 (10): 1942-1955.

[29] 王思斌, 关信平. 经济新常态下的社会政策议题. 中国社会科学, 2017, (6): 80-90.

[30] Fang G C, Tian L X, Fu M, et al. How to promote the development of energy-saving and

emission-reduction with changing economic growth rate—a case study of China. Energy, 2018, (143): 732-745.

[31] Fang G C, Tian L X, Sun M, et al. Analysis and application of a novel three-dimensional energy-saving and emission-reduction dynamic evolution system. Energy, 2012, 40 (1): 291-299.

[32] Kuo R J, Wang Y C, Tien F C. Integration of artificial neural network and MADA methods for green supplier selection. Journal of Cleaner Production, 2010, 18 (12): 1161-1170.

[33] Pirdashti M, Movagharnejad K, Curteanu S, et al. Prediction of partition coefficients of guanidine hydrochloride in PEG-phosphate systems using neural networks developed with differential evolution algorithm. Journal of Industrial and Engineering Chemistry, 2015, (27): 268-275.

[34] Fang G C, Tian L X, Fu M, et al. Government control or low carbon lifestyle? —analysis and application of a novel selective constrained energy-saving and emission-reduction dynamic evolution system. Energy Policy, 2014, (68): 498-507.

[35] Fang G C, Tian L X, Fu M, et al. Investigating carbon tax pilot in YRD urban agglomerations—analysis of a novel ESER system with carbon tax constraints and its application. Applied Energy, 2017, (194): 635-647.

第11章 碳税及经济发展的优化路径

本章提出了改进的两个时期的代际交叠模型，改进的新模型研究了环境污染、居民的健康状态对经济活动的影响。通过建模，将健康福利引入公众的终身福利函数，并将时间分配比例引入健康函数和消费预算，探究和分析了使经济稳态平衡点的人均产出和居民社会福利同时达到最大的最优碳税收入分配比例。此外，还分析了本章中每个参数对最优碳税收入分配比例的影响，进行了定性结论的稳定性分析，且提出了相应的政策。最后，在稳态均衡的状态下将本章中的健康函数与以往研究中的健康函数进行了比较。

11.1　碳税研究背景

近年来，全球变暖、海平面上升和能源短缺等问题日益突出，引起了全世界的广泛关注。世界各国开始采取了一系列的气候保护政策来应对气候的恶性变化。1997 年，《联合国气候变化框架公约》缔约方大会第三次会议以国家减排计划和减排义务为主要内容，并通过了《京都议定书》。2009年和2015年先后召开了哥本哈根气候变化峰会和巴黎气候变化大会。在此背景下，有关应对措施和气候保护政策的研究有了迅猛的发展。

全球气候变暖是一种"自然现象"。当人们在焚烧化石燃料时，会产生大量的温室气体，如二氧化碳等。在探索研究全球气候变暖时，法国学者于1824年第一次提出了温室效应。同时能源危机也是全球性的关键问题。能源是人类活动的物质基础。在某种程度上说，人类社会的发展是离不开能源资源的。能源危机通常情况下会影响经济的发展，导致经济衰退。在第十九次全国代表大会上，习近平提出了要建设一个美丽中国，要注重平衡发展经济增长、社会进步和环境改善这三方面。党的十九大报告明确指出，有必要推动绿色发展，这是实现经济发展和生态环境保护双赢的根本措施。在经济增长和环境保护的双重压力下，如何实现在不损害经济或减少产出损失的情况下减少环境污染和提高居民的终身福利水平，已经成为我国经济发展过程中亟须解决的问题之一。改革开放以来，中国的经济增长、社会生活和消费带来了环境污染问题，进而限制了中国的经济和社会发展。徐现祥和李书娟指出，经济增长将会带来一定的环境污染，环境保护和能源的可持续利用是可持续经济和社会发展的重要成分[1]。全球气候变暖是近年来最主要的气候变化，会严重制约人类社会及经济社会的发展。因此，减少碳的排放是全球经济发展的重要趋势。

许多国家都已经开始征收能源税（碳税）。但是，由于国情、经济发展水平以及环境条件的差异，碳税政策也存在很大差异。碳税的实施不仅在减少碳排放和能耗方面发挥了重要的作用，而且在促进节能减排技术的开发与应用方面也取得了一定的成果。然而，碳税的实施也可能导致能源价格上涨，从而提高产品价格，影响企业产品的竞争力，增加人民的生活成本。这会抑制消费意愿，阻碍经济发展，可能引起人们的不满，引发社会动荡，降低居民的社会福利。但是，征收碳税可以通过碳税收入的合理再分配改善环境质量，促进公众健康，从而提高产出水平，增加居民社会福利。将碳税收入用于居民转移支付，可以增加居民储蓄和资本存量，从而增加居民社会福利，促进经济增长。

碳税，是一种基于产品加工过程中排放碳量的税。据了解，目前五个北欧国家（丹麦、芬兰、荷兰、挪威和瑞典）已经实施了征收碳税或能源税的政策。

11.2 碳税的国内外研究动态

有关碳税的研究一直在发展中，征收碳税是否损害经济增长和社会福利，一直是研究学者们讨论的热点。碳税收入再分配利用的影响也仍在争议之中。Sneeringer 指出，将碳税收入再分配利用，可以减轻征收碳税对低收入群体带来的负面影响；将碳税收入再分配利用于低碳能源的研发补贴，可以实现高碳能源到低碳能源的转换[2]。Callan 等表明，通过对爱尔兰实施征收碳税政策的研究，发现将碳税收入用于社会福利，可以缩小人们收入的差距[3]。Ekins 和 Dresner 认为，在征收碳税时，如果向低收入群体提供补贴和贷款，那么能够减轻低收入群体的税负[4]。Bureau 研究了征收碳税对不同收入群体的影响，发现将碳税收入再分配利用于税收的返还会使得低收入群体的社会福利提高[5]。Vella 等表明，在税收对基础设施和环境投入再分配中，存在最优政策，这使得税收将会获取环境保护和经济增长的"双重红利"[6]。Pearce 首次提出了"双重红利"，认为碳税的征收不仅有助于环境改善，而且可以减轻市场上的其他税种所造成的扭曲[7]。Yao

和 Liang 表明，优先考虑将公民的福利、补助和收入按比例转移给家庭，这是促进我国经济增长最有效的方法[8]。张明文等指出，征收碳税可以扩大我国很多区域的经济规模，但也会抑制东部区域能源的消费[9]。Lee 等分析了碳税和排污交易对不同工业部门的影响，如果碳税和排污交易同时实施，它将抵消这部分的负面影响[10]。Wissema 和 Dellink 在 CGE 模型基础上分析了征收碳税对爱尔兰经济的影响，该模型发现征收碳税会改变经济的模式，将其转变为高科技能源，这会带来比单一能源税更多的减排[11]。

在国内研究中，也有很多关于碳税影响的讨论。许广月表明，征收碳税不仅可以调节碳排放量，而且可以实现经济增长、能源消耗、碳排放和环境的协调发展[12]。张景华表明，征收碳税可以使环境质量得以改善，同时，缩小因征收碳税而扩大的资本和劳动要素收入差距，提高居民收入[13]。张孜孜表明，将碳税收入用于研发补贴，或者将其用于减轻收入税，都将会增加经济增长率，降低污染水平[14]。刘宇等表明，征收碳税会导致 GDP 增长率下降约 1%，当税收返还时，这种影响将大大减轻。征收碳税对绝大多数的行业来说，都是负面影响[15]。李君表明，从短期来看，碳税对东部地区经济增长的影响主要体现在负面影响上；从碳税的长期影响来看，由于成本上升，可能对经济增长与社会福利产生不利的影响[16]。苏明等指出 CGE 模型分析是在 2005 年投入产出的数据基础上进行的，从静态、动态的角度分析了不同碳税税率方案对宏观经济的影响。从静态分析来看，与没有征收碳税的情形相比，征收碳税会导致 GDP 和通货膨胀率的下降；从动态分析来看，征收碳税对经济的影响程度正在不断地增强。随着碳税税率的增大，若增强的幅度越大，那么对 GDP 的负面影响将随时间的延长而增大[17]。较早定量研究分析中国拟征收碳税的经济影响的是贺菊煌等，他们利用 CGE 模型分析了征收碳税对中国经济各个方面的影响[18]。其结论表明：征收碳税对 GDP 的影响较小，其会导致石油、煤炭价格的上涨和煤炭产量的下降；碳税政策的实施，会导致煤炭部门劳动力大幅度减少，建筑业和农业劳动力方面略有减少。这些劳动力将主要转移到制造业、服务业、电力和商业餐饮等行业。

综上所述，在国内外研究中，一些学者认为征收碳税能够实现经济可持续增长，减少能源消耗和排放量，改善环境质量，然而一些学者还认为碳税会阻碍经济的增长，并对社会福利产生不利的影响。同时，很多学者认为碳税收入的合理再分配，可以抵消碳税所造成的扭曲，降低经济负担，实现经济增长。将碳税收入用于补贴减排、居民返还、基础设施建设，可以促进经济增长，缩小收入差距，提高社会福利。以往研究中，关于最优碳税收入分配比例以实现人均产出最大化或居民社会福利最大化这类问题，很少有学者给出系统的探讨。那么，在既定的碳税税率条件下，政府该如何支配碳税收入，也就是探讨分析碳税收入用于减排活动补贴和居民收入补贴的比例，以使得经济产出和社会福利达到最优。并且目前有关碳税政策的研究主要是其对经济的影响，而有关碳税政策对微观层面影响的研究相对就比较少。

11.3　模型的建立

为了研究健康、环境与经济发展三者之间的联系，本章将人们的健康状态作为生产投入中的一个要素，即在原有的经济增长理论中引入了有效的劳动力。从而可以知道，健康状态好的工人有着更高的工作效率。当工作效率越高时，单位产出也将会越多。因此，健康状况对劳动效率或产出有着直接影响。进而，将健康状态与经济产出联系到了一起。换句话说，环境污染会危害公众的身体状况，同时影响着他们的劳动生产率。因此，利用陈素梅和何凌云[19]的研究中的生产函数：

$$Y_t = AK_t^\alpha \left(h_t^\varepsilon L_t \right)^{1-\alpha} \tag{11-1}$$

其中，Y_t 表示 t 时期的总产出；$A > 0$，表示常数形式的生产技术水平；K_t 表示 t 时期总资本投入；$\alpha \in (0,1)$，为资本的产出弹性；$\varepsilon \geqslant 0$，为健康状态对劳动力要素的影响系数。为了简化模型，在本章假定人口增长是常数并归一化为 1，即 $L = 1$。因此，人均产出就是关于人均资本投入与健康状态的函数，即

$$y_t = AK_t^\alpha \left(h_t^\varepsilon \right)^{1-\alpha} \tag{11-2}$$

基于代际交叠模型[20]，假定每一代可以存活两个时期：年轻时期和老年时期。年老者会在原来的年轻人进入老年时逝去，新的年轻人也将会诞生，因此，任何时候都存在着两代人。为了简化，假设本章中的人口没有性别。并且每个人一生中只会拥有一个孩子，这样就不存在人口增长率。在 $t(t = 1,2,\cdots,T)$ 时期出生的人口总量为常数 L。

假设个人是非利他的。在两个时期的代际交叠模型中，第 t 期出生的年轻人，就要开始从事工作；第 $t+1$ 期他们就将会成为老年人，退休在家没有工资收入。所以，借鉴陈素梅和何凌云[19]的研究中的效用函数，对 t 时期的终身效用函数进行了改进。目前为止，以往的研究忽视了健康方面的福利，而健康对于公众来说是至关重要的。所以，本章将每个时期健康要素作为终身福利函数的决定因素，从而引入模型中：

$$U_t = \ln\left(c_{1t} h_t\right) + \rho \ln\left(c_{2t+1} h_{t+1}\right) \tag{11-3}$$

其中，c_{1t} 为第 t 时期的年轻人的消费量；c_{2t+1} 为第 $t+1$ 时期的老年人的消费量；h_t 为第 t 时期年轻人的健康状态；h_{t+1} 为第 $t+1$ 时期老年人的健康状态；$\rho \in (0,1]$ 为主观贴现率，参数值 ρ 的增大，指的是个人终身消费会变得更加平滑，那么消

费也就变得更加理性。以往研究中，没有考虑公众进行健康活动或享受休息时间对他们健康的修复作用。本章中假设每个人有一单位的时间，将时间比例 $v_t \in [0,1]$ 用于最终生产，将剩余时间 $1-v_t$ 用于健康活动和休息来改善健康状态。所以本章中认为用于健康活动的休息时间对公众的健康起到了正面影响。并且，一个人可以获得的工资收入为 $v_t w_t$，其中 w_t 为工资率。出生在 t 时期的人在 t 时期与 $t+1$ 时期的个人健康状态依赖于两方面。第一方面，随着时间的推移，健康将自然衰弱。环境污染对公众健康有着巨大的危害，根据 Grossman[21]和 Cropper[22]的研究，假设 t 时期的人均健康状态 h_t 和人均污染存量 P_t 是负相关的。第二方面，人们的健康状况与投资是正相关的，食物资源、健身时间和医疗服务都是健康投入，可以为人们获得良好的健康状态。因此，在本章中人均健康水平还受健康卫生投资 θ 和时间投资 $1-v_t$ 的正面影响。所以，我们假设本章中 $t+1$ 时期的人均健康状态为

$$h_{t+1} = \eta\theta(1-v_t) + \left(1-\xi P_t^{\varphi}\right)h_t \qquad (11\text{-}4)$$

其中，$\eta > 0$ 为改善健康状态的效率；$\xi > 0$、φ 为污染存量对健康状态的影响系数。由于本章中假设将时间比例 $v_t \in [0,1]$ 用于最终生产，那么每个人在年轻时期的总收入主要有两种来源：一种是将时间比例 $v_t \in [0,1]$ 用于工作而得到的工资收入 $v_t w_t$；另一种是政府将部分的碳税收入再分配利用补贴给居民 I_t。从而，居民将年轻时的总收入用于他们当前的消费 c_{1t} 和储蓄 s_t。因此，本章假设每一代人在年轻时期的消费预算为

$$c_{1t} + s_t = v_t w_t + I_t \qquad (11\text{-}5)$$

在老年时期的收入全部来源于前一时期的储蓄，并将其全部用于满足当期的消费需求 c_{2t+1}。由于以上已假设每一代人之间是互不关心的，所以就没有遗产赠予。因此，每一代人在老年时期的消费预算为

$$c_{2t+1} = \left(1+r_{t+1}\right)s_t \qquad (11\text{-}6)$$

其中，r_{t+1} 为 t 时期至 $t+1$ 时期的储蓄利率。

本章中，第 $t+1$ 期的平均污染存量 P_{t+1} 主要受两方面的影响：一是受 t 期的净污染流量 S_t 的影响，净污染的流量与污染存量是正相关的；二是受环境自身的再生速度的影响，污染存量与环境的自净率 μ 是负相关的。t 期的净污染流量 S_t 是由 t 期的环境污染物排放量 E_t 和政府对企业减排活动的补贴 D_t 决定的。t 期环境污染物排放量 E_t 与 t 期的净污染的流量 S_t 正相关；t 期政府用于减排活动的投入 D_t 与 t 期的净污染流量 S_t 负相关。根据 Smulders 和 Gradus[23]、Oueslati[24]、Varvarigos[25]等，本章中假设净污染流量 S_t 函数是零次齐次的，即

$$S_t = \left(\frac{E_t}{D_t}\right)^{\gamma} \qquad (11\text{-}7)$$

其中，$\gamma > 0$，为污染排放量与减排投入比率 E/D 对污染存量的外生弹性。在既定排放调整下，当弹性值越小，人为减排活动对环境的保护作用就更加明显。因此，借鉴陈素梅和何凌云[19]的研究，$t+1$ 时期的污染存量函数可以表示为

$$P_{t+1} = \left(\frac{E_{t+1}}{D_{t+1}}\right)^{\gamma} + (1-\mu)P_t \qquad (11\text{-}8)$$

其中，$\mu \in (0,1]$ 为环境的自净率。我们知道人均产出与人均污染物的排放量是正相关的，为了简化模型，本章假定 t 期的人均污染物的排放量 E_t 是关于人均产出 y_t 的函数，从而可以表示为

$$E_t = zy_t \qquad (11\text{-}9)$$

其中，$z \in [0,1]$ 为污染的强度。

在本章中借鉴陈素梅和何凌云[19]的研究，假定将其中部分的碳税收入用于返还给居民 I_t，从而缓解原有税收造成的扭曲。其中，用于转移支付在碳税收入中所占比例为 β。剩余部分的碳税收入用来治理环境污染 D_t，将其补贴给企业进行减排活动，那么，治理环境污染的投入在碳税收入中占的比例为 $1-\beta$。在没有其余税收的情形下，政府的收入都来源于碳税，即

$$\tau y_t = D_t + I_t \qquad (11\text{-}10)$$

根据治理环境污染投入 D_t 和转移支付投入 I_t 在碳税收入中所占的比例，可以得到

$$D_t = (1-\beta)\tau y_t \qquad (11\text{-}11)$$

$$I_t = \beta\tau y_t \qquad (11\text{-}12)$$

将式（11-9）、式（11-11）代入式（11-8）中，化简后可得

$$P_{t+1} = \left[\frac{z}{(1-\beta)\tau}\right]^{\gamma} + (1-\mu)P_t \qquad (11\text{-}13)$$

由此可知，污染存量与人均经济总产出无关。

11.4　竞　争　均　衡

在给定的工资率 w_t、储蓄利率 r_{t+1}、污染存量 P_t、目前的健康状态 h_t 下，t 时期居民的终身效用最大化函数的消费决策问题可以表示为

$$\max_{c_{1t},c_{2t+1}}\left[\ln(c_{1t}h_t)+\rho\ln(c_{2t+1}h_{t+1})\right]$$

$$\text{s.t.}\begin{cases}c_{1t}+s_t=v_tw_t+I_t\\c_{2t+1}=(1+r_{t+1})s_t\end{cases}\tag{11-14}$$

由一阶条件和消费约束，可知个体最优储蓄决策为

$$s_t=\delta(v_tw_t+I_t)\tag{11-15}$$

和时间分配比例为

$$v_t=\frac{h_{t+1}}{\delta\eta\theta}-\frac{I_t}{w_t}=\frac{h_{t+1}}{\delta\eta\theta}-\frac{\beta\tau y_t}{(1-\tau)(1-\alpha)y_t}=\frac{h_{t+1}}{\delta\eta\theta}-\frac{\beta\tau}{(1-\tau)(1-\alpha)}\tag{11-16}$$

其中，$\delta=\dfrac{\rho}{1+\rho}$ 是私人储蓄率，并且它是关于主观贴现率 ρ 的增函数。也就是说，当主观当折现率越高时，每个人在年轻时的储蓄率也会越高，这时跨期的消费会变得更加平滑。

在完全竞争的市场经济中，政府是根据企业的总产出来征收碳税的，其中税率 $\tau\in(0,1]$。人均利润最大化目标函数为

$$\pi_t=(1-\tau)y_t-(1+r_t)k_t-w_t\tag{11-17}$$

从而工资率和资本收益率分别为

$$w_t=f(k_t)-k_tf'(k_t)=(1-\tau)y_t-(1-\tau)\alpha y_t=(1-\tau)(1-\alpha)y_t\tag{11-18}$$

$$1+r_t=f'(k_t)=(1-\tau)\alpha Ak_t^{\alpha-1}\left(h_t^{\tau}\right)^{1-\alpha}=\frac{(1-\tau)\alpha y_t}{k_t}\tag{11-19}$$

假设资本在当期被全部折旧，每一期的资本存量取决于前一期的储蓄。因此，在竞争均衡的状态下，可获得人均资本的动态过程为

$$k_{t+1}=s_t=\delta(v_tw_t+\beta\tau y_t)=\delta\left[v_t(1-\tau)(1-\alpha)+\beta\tau\right]y_t\tag{11-20}$$

在市场的调整后，经济将趋于稳态均衡状态。因此，在稳态均衡的条件下，生产过程中的人均资本、人均健康状态、人均污染存量、人均产出及单位有效工资分别都会达到稳态均衡点 k^*、h^*、P^*、y^* 和 w^*。这样，污染存量是常数，令 $P_t=P_{t+1}=P^*$，代入式（11-13）中，就可以得到，在稳态平衡的条件下，人均的污染存量为

$$P^*=\frac{1}{\mu}\left[\frac{z}{(1-\beta)\tau}\right]^{\gamma}\tag{11-21}$$

由此可知，碳税税率越高，也就是政府对企业征收碳税越严格，环境的污染存量就会越低，这样就起到了改善环境的作用。所以征税碳税对治理污染和改善环境质量是有效果的，而碳税收入的最优分配问题是为实现经济产出效应而讨论的。

将式（11-16）代入式（11-4）中，并且当人均健康状态达到稳定均衡点时，人均健康状态是常数，令 $h_t = h_{t+1} = h^*$，从而得到人均健康状态的稳态均衡点为

$$h_t^* = \left[1 + \frac{\beta\tau}{(1-\tau)(1-\alpha)} \right] \eta\theta \left\{ \frac{1}{\delta} + \xi \left[\frac{1}{\mu} \left[\frac{z}{(1-\beta)\tau} \right]^\gamma \right]^\varphi \right\}^{-1} \quad （11\text{-}22）$$

由此可以看出，人均健康状态与健康投资是成正比的。用于健康卫生的投入越多，人均的健康状态也就会越好。人均健康状态与碳税正相关。因而可以得到

$$k_t^* = \delta \left[v_t (1-\tau)(1-\alpha) + \beta\tau \right] y_t^*$$
$$= \delta \left[v_t (1-\tau)(1-\alpha) + \beta\tau \right] A \left(k_t^* \right)^\alpha \left(h_t^* \right)^{\varepsilon(1-\alpha)} \quad （11\text{-}23）$$

将式（11-16）代入式（11-23）中，得到人均资本的稳态均衡点为

$$k_t^* = \left\{ \delta A \left[(1-\tau)(1-\alpha) \left(\frac{h_{t+1}}{\delta\eta\theta} - \frac{\beta\tau}{(1-\tau)(1-\alpha)} \right) + \beta\tau \right] \right\}^{\frac{1}{1-\alpha}} \left(h_t^* \right)^\varepsilon \quad （11\text{-}24）$$

由于在稳定均衡状态下 $h_t = h_{t+1} = h^*$，所以可以得到

$$k_t^* = \left\{ \delta A \left[(1-\tau)(1-\alpha) \left(\frac{h_{t+1}}{\delta\eta\theta} - \frac{\beta\tau}{(1-\tau)(1-\alpha)} \right) + \beta\tau \right] \right\}^{\frac{1}{1-\alpha}} \left(h_t^* \right)^\varepsilon$$
$$= \left[\delta A \frac{(1-\tau)(1-\alpha)}{\delta\eta\theta} \right]^{\frac{1}{1-\alpha}} \left(h_t^* \right)^{\varepsilon + \frac{1}{1-\alpha}} \quad （11\text{-}25）$$

进而得到人均产出稳态平衡点和工资率稳态平衡点分别为

$$y^* = A k_t^* \left(h_t^* \right)^{1-\alpha} = A \left[\delta A \frac{(1-\tau)(1-\alpha)}{\delta\eta\theta} \right]^{\frac{\alpha}{1-\alpha}} \left(h_t^* \right)^{\alpha\varepsilon + \frac{\alpha}{1-\alpha}} \left(h_t^\varepsilon \right)^{1-\alpha}$$
$$= A \left[\delta A \frac{(1-\tau)(1-\alpha)}{\delta\eta\theta} \right]^{\frac{\alpha}{1-\alpha}} \left(h_t^* \right)^{\varepsilon + \frac{\alpha}{1-\alpha}} \quad （11\text{-}26）$$

$$w_t^* = (1-\tau)(1-\alpha) y_t = (1-\tau)(1-\alpha) A \left[\delta A \frac{(1-\tau)(1-\alpha)}{\delta\eta\theta} \right]^{\frac{\alpha}{1-\alpha}} \left(h_t^* \right)^{\varepsilon + \frac{\alpha}{1-\alpha}} \quad （11\text{-}27）$$

最终，居民终身社会福利达到稳态平衡点为

$$U^* = \ln \frac{1-\delta}{\delta} \left[\delta A \frac{(1-\tau)(1-\alpha)}{\delta\eta\theta} \right]^{\frac{1+\alpha\rho}{1-\alpha}} \left[(1-\tau)\alpha A \right]^\rho + \ln \left(h_t^* \right)^{\frac{\rho+1}{1-\alpha} + \varepsilon + 1} \quad （11\text{-}28）$$

由此得到经济稳态平衡点时的人均产出和居民终身福利。在经济稳态平衡的状态下，人均产出和居民的终身社会福利都是关于健康状态 h_t^* 的函数，而 h_t^* 是关

于 β 的函数。接着，本章将探讨是否存在 $\hat{\beta}$ 使得 h_t^* 最大化。由于人均产出 y^* 和居民终身社会福利 U^* 都是关于 h_t^* 的增函数，因此 h_t^* 的最大值点，也是 y^* 和 U^* 的最大值点。因而，此问题实质上是单目标最优化问题。

根据我国的现状来探究最优碳税收入再分配利用的问题，验证是否存在最优的碳税收入分配比例可以实现经济稳态平衡点的人均产出和居民终身社会福利最大化，并且简述每个参数对最优碳税收入分配政策的影响。

根据已有的文献、模型的建立和《中国统计年鉴 2016》来确定本章中的各个参数。从 2016 年的《中国统计年鉴》中，可以计算出 2015 年的我国居民储蓄率 $\delta = 28\%$。根据私人储蓄率 δ 与主观贴现率 ρ 的数量关系 $\delta = \dfrac{\rho}{1+\rho}$，得到居民消费的主观贴现率是 39%。在王小鲁和樊纲[26]的研究中，假设劳动和资本的产出弹性值分别是 0.4 和 0.6，张军[27]将劳动和资本产出弹性分别设为 0.5 和 0.5。如果我国的资本禀赋状况得到提高，那么资本的产出弹性就会呈现下降的趋势。由此本章参考了汪伟[28]的研究，假设我国的资本产出弹性值 $\alpha = 0.4$。根据《中国统计年鉴 2016》[29]，2016 年中国卫生总费用占 GDP 的比例为 6.23%，所以假设健康卫生投资 $\theta = 0.062\,3$。根据 Pautrel[30]的假设，假定污染存量对居民健康的影响系数 $\varphi = 1.5$。参考 Pautrel[31]的研究，假设污染存量对居民健康的影响系数 $\xi = 0.025$，污染排放量与减排投入的比率 E/D 对污染存量的外生弹性值 $\gamma = 0.3$。假设当期的污染排放量可以依靠环境的再生速度，由环境自身完全净化，所以环境的自净率是 100%，即 $\mu = 1$。参考彭美华等[32]有关各个地区的医疗卫生服务效率均值的做法，本章假设医疗卫生的服务效率是 $\eta = 0.985$，也就是说，在相同的条件下，每个单位的卫生投资将会增加 0.985 个单位的公众健康状况。本章将烟（粉）尘作为环境的主要污染物。从《中国统计年鉴 2016》[29]中可知，2015 年的烟（粉）尘排放量达到了 1 010.66 万吨，且 GDP 为 743 586 亿元，可以计算出 2015 年每亿元的产出会排放出将近 14 吨的烟（粉）尘污染物，因此本章可以假设污染物的排放强度 $z = 14$。健康状态对劳动力质量的影响程度上，根据 Chang 等[33]的研究，可以知道健康状态对劳动力质量的情况，大气中 $PM_{2.5}$ 细颗粒物的浓度值每上升 1% 时，劳动生产率就会降低 0.09%。在本章中，假设环境污染物在大气中是均匀的，所以如果人均污染存量每升高 1%，那么大气中污染物的浓度值也会升高 1%，从而劳动生产率就会降低 $\varepsilon\varphi$%，即 $\varepsilon\varphi = 0.09$。由此可以计算出 $\varepsilon = 0.06$。在本章中，为了简化模型将不考虑技术的变动，因此假设 $A = 1$。由以上假设，本章数值模拟的参数值见表 11-1。

表 11-1　本章的各个参数值

参数	A	δ	α	η	θ	μ	ξ	ε	φ	z	γ
取值	1	0.28	0.4	0.985	0.063	1	0.025	0.045	2	14	0.3

由于

$$
\frac{\partial h^*}{\partial \beta} = \eta\theta\left\{ \frac{\dfrac{\tau}{(1-\tau)(1-\alpha)}\left[\dfrac{1}{\delta}+\xi\left[\dfrac{1}{\mu}\left[\dfrac{z}{(1-\beta)\tau}\right]^{\gamma}\right]^{\varphi}\right]}{\left\{\dfrac{1}{\delta}+\xi\left[\dfrac{1}{\mu}\left[\dfrac{z}{(1-\beta)\tau}\right]^{\gamma}\right]^{\varphi}\right\}^{2}} - \frac{\varphi\xi\left[\dfrac{1}{\mu}\left[\dfrac{z}{(1-\beta)\tau}\right]^{\gamma}\right]^{\varphi-1}\dfrac{\gamma}{\mu}\left[\dfrac{z}{(1-\beta)\tau}\right]^{\gamma-1}\dfrac{z}{\tau}\dfrac{1}{(1-\beta)^{2}}\left[1+\dfrac{\beta\tau}{(1-\tau)(1-\alpha)}\right]}{\left\{\dfrac{1}{\delta}+\xi\left[\dfrac{1}{\mu}\left[\dfrac{z}{(1-\beta)\tau}\right]^{\gamma}\right]^{\varphi}\right\}^{2}} \right\}
$$

$$
= \eta\theta\frac{\dfrac{\tau}{(1-\tau)(1-\alpha)}\left\{\dfrac{\tau}{\delta}+\xi z^{\gamma\varphi}\dfrac{1}{\mu^{\varphi}(1-\beta)^{\gamma\varphi}\tau^{\gamma\varphi-1}}\left\{1-\dfrac{\varphi\gamma\left[(1-\tau)(1-\alpha)+\beta\tau\right]}{(1-\beta)\tau}\right\}\right\}}{\left\{\dfrac{1}{\delta}+\xi\left[\dfrac{1}{\mu}\left[\dfrac{z}{(1-\beta)\tau}\right]^{\gamma}\right]^{\varphi}\right\}^{2}}
$$

$$(11\text{-}29)$$

那么，如果存在

$$
\Omega(\beta) = \frac{\tau}{\delta}+\xi z^{\gamma\varphi}\frac{1}{\mu^{\varphi}(1-\beta)^{\gamma\varphi}\tau^{\gamma\varphi-1}}\left\{1-\frac{\varphi\gamma\left[(1-\tau)(1-\alpha)+\beta\tau\right]}{(1-\beta)\tau}\right\} > 0 \quad (11\text{-}30)
$$

则 $\dfrac{\partial h^*}{\partial \beta}$ 的符号是正的。也就是说，其充分条件是：$\Omega(\beta)$ 是 $\beta\in[0,1)$ 的单调减函数，且 $\lim\limits_{\beta\to 1}\Omega(\beta) = -\infty$，$\lim\limits_{\beta\to 0}\Omega(\beta) = \dfrac{\tau}{\delta}+\xi z^{\gamma\varphi}\dfrac{1}{\mu^{\varphi}\tau^{\gamma\varphi-1}}\left\{1-\dfrac{\varphi\gamma(1-\tau)(1-\alpha)}{\tau}\right\} > 0$。根据表 11-1 中的参数，利用 MATLAB 二分法可求出 $\tau > 2.74\%$。此时，存在最优解 $\hat{\beta}$，使得稳态均衡条件下的健康状态 h_t^* 最大化，即 $\Omega(\beta) = 0$。所以，在既定的税率大于 2.74% 时，存在最优解 $\hat{\beta}$，使得稳态均衡条件下的人均产出 y^* 和居民终

身社会福利 U^* 最大化。当 $\beta < \hat{\beta}$ 时，$\dfrac{\partial y^*}{\partial \beta} > 0$，$\dfrac{\partial U^*}{\partial \beta} > 0$；当 $\beta > \hat{\beta}$ 时，

$\dfrac{\partial y^*}{\partial \beta} < 0$，$\dfrac{\partial U^*}{\partial \beta} < 0$。那么，如果 $\lim\limits_{\beta \to 0} \Omega(\beta) \leqslant 0$ 时，即 $0 < \tau \leqslant 2.74\%$，$\Omega(\beta)$ 在区间 $[0,1)$ 内恒小于等于 0，所以 $\Omega(\beta)$ 是关于 β 在区间 $[0,1)$ 上是单调递减的，那么此时的最优解 $\hat{\beta} = 0$。

因此，若碳税收入转移支付给居民的比例 β 低于 $\hat{\beta}$ 时，此比例值越大，在稳态均衡条件下，居民终身社会福利水平 U^* 和人均产出 y^* 也就越高；反之亦然。当居民的终身社会福利 U^* 和人均产出 y^* 达到最大时，征收碳税的经济损失和居民的终身社会福利将会下降至最低，从而实现双重红利效应，即经济增长与环境保护。

碳税收入的再分配利用虽然可能有助于增加经济产出，提高居民终身社会福利水平，但是也可能导致经济产出的减少、居民终身社会福利水平的降低。理论上讲，碳税收入分配政策对经济总产出与居民终身社会福利的作用可表述为以下两种：①碳税收入补贴减排活动，会改善居民的健康状态，提高劳动力的生产效率，从而提高经济总产出和居民终身社会福利；②碳税收入补贴给居民，在一定程度上可以抵消部分因原有征税而产生的扭曲，此时会使得居民的储蓄和资本存量有所增加。所以说，如果增加一单位用于减排活动的补贴对公众健康改善的影响小于增加一单位用于居民转移支付的补贴对公众健康改善的影响，那么此时增加转移支付投入 I_t 在碳税收入中所占的比例，将有助于提高经济水平与居民的终身社会福利水平；反之，就将会阻碍经济增长，同时也会对居民的终身社会福利水平造成一定的损害。所以，当转移支付投入 I_t 在碳税的收入中所占的比例达到 $\hat{\beta}$ 时，稳态均衡状态下的经济产出和居民终身社会福利水平达到最大化。

当 $\varphi = 0$ 时，即忽视了环境的污染存量对居民健康产生的负面影响。此时，碳税收入将全部补贴给居民。但实际上，环境污染对我国经济以及人们的身体状态已经产生危害，环境健康已经成为社会发展的基础，所以环境的改善已经成为经济发展的前提，将碳税收入按比例提供给减排活动有着重要意义。

11.5　数值模拟及敏感性检验

根据表 11-1 中给定的参数值，可以求出碳税税率的临界值 $T = 2.74\%$。由以上讨论可知，当碳税税率低于 2.74% 时，最优值 $\hat{\beta} = 0$。因此碳税收入不用于居民

的转移支付，而全部用于补贴减排活动，可以使得在经济稳态点的人均产出和居民终身社会福利达到最大化。在全球范围内，碳税是一种新型的税种，已经受到各国的关注，但是目前仅北欧的一些国家实施碳税政策，我国的碳税仍处于探索阶段。本质上，碳税的作用机制在于提高使用各种化石能源的税率，提高对化石能源替代的积极性，减少对化石能源的需求，从而降低碳的排放量。在征税范围来看，碳税和能源税两者间都有着某种程度上的交叉和重合，都是对化石燃料征税；从征收碳税的效果来看，碳税与能源税都具备了碳减排与节约能源的效果。我国有关碳税收入的具体数据较少，所以本章参考了2016年欧洲能源税的统计数据。此数据来源于欧洲委员会。从欧洲能源税的统计数据上来看，2016年欧盟28个国家的能源税收入总额占2016年GDP的1.9%。其中斯洛文尼亚是比重最高的国家，占3.3%；而爱尔兰是比重最低的国家，占1.1%。从图11-1中可以知道，欧洲一部分的国家现有能源税收入占GDP的比重在临界值$T = 2.74\%$以上。由于污染对经济有着巨大的影响以及能源资源、环境资源挑战的严峻性，本章中假设我国的碳税税率高于2.74%。碳税收入分配政策中碳税收入并非全部用于减排活动，有一部分将用于居民转移支付，从而实现人均产出和居民福利水平的最大化。为了分析，选取最严格的碳税征收情形，即参照斯洛文尼亚的能源税税率来确定我国的碳税税率为$\tau = 3.3\%$，从而$\tau > T$。

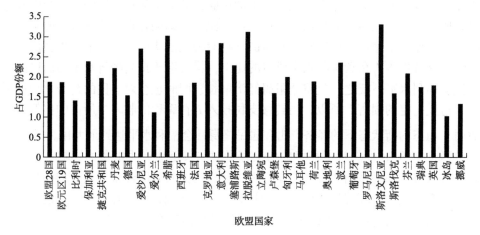

图 11-1   2016 年欧盟国家的能源税收入占 GDP 的份额

图11-2是在给定碳税税率3.3%的条件下，碳税收入用于转移支付的比例β对人均产出和居民福利的边际效应。A点表示$\frac{\partial y^*}{\partial \beta} = 0$，$\frac{\partial U^*}{\partial \beta} = 0$，$\hat{\beta} = 0.171$。由此可知，17.1%的碳税收入补贴居民，其余82.9%用于减排活动，这时可以在稳态均衡状态下实现居民社会福利和人均产出同时最大化。因此，政府可以转移支付给

居民 17.1%的碳税收入，来降低经济和社会福利的损失。

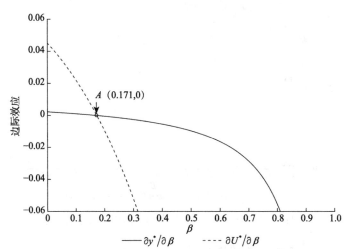

图 11-2　碳税收入分配的比例对人均产出和居民福利的边际影响

过去的 30 年，以经济发展为准则来制定相应的政策，将 GDP 作为经济总体状况的综合指标，导致过于依赖能源消耗发展经济，而碳排放问题已经日益凸显出来。事实上，环境污染会对人们的身体健康状况以及工作生活产生一定的影响，因此不应只关注经济福利，同时居民福利也应得到更多的关注，更加重视公众的健康，合理分配碳税收入。在本章中，经济总产出、居民社会福利与居民健康状态正相关。

下面根据表 11-1 中的参数，并且结合以往研究中对资本产出弹性估值、污染对健康的影响弹性、健康对劳动力的影响系数、主观折现率的赋值和我国经济的发展趋势，本章选取了关键参数的变化情形，并研究了这些关键参数对碳税收入的最优分配比例的影响。

如图 11-3~图 11-6，点画线表示基准情景，实线表示关键参数增加的情景，虚线表示关键参数减少的情景。能够发现关键参数增加或减少时，$\frac{\partial y^*}{\partial \beta} = 0$、$\frac{\partial U^*}{\partial \beta} = 0$ 均是存在的。此外，在达到最优分配比例之前，人均产出水平和社会福利水平会随着这个比例的增加而增加；超过这个最优分配比例时，人均产出水平、社会福利水平随着这个比例的增加而减少。因此，关键参数的变化，不会影响使人均产出水平、社会福利水平实现最大化的最优碳税收入分配比例的存在性。这与先前的理论是一致的，因此结果是具有稳健性的。

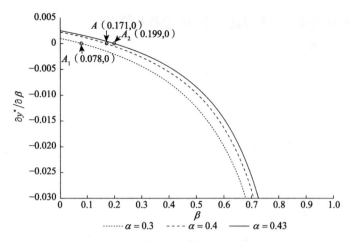

图 11-3　资本产出的份额与人均产出边际效应的关系

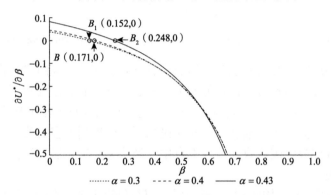

图 11-4　资本产出份额与居民福利边际效应的关系

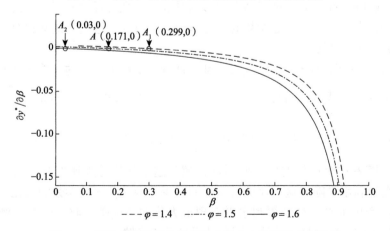

图 11-5　污染危害健康的程度与人均产出边际效应的关系

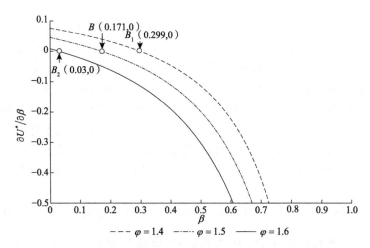

图 11-6　污染危害健康的程度与居民福利边际效应的关系

对于资本产出份额 α，江三良和李攀研究表明，2008 年政府的一揽子经济刺激计划促使单位的资本产出迅速降低[34]。所以基于以往的研究以及结合我国经济发展的现状，在此采取了 $\alpha = 0.3$、$\alpha = 0.43$ 这两种情形。如图 11-3 所示，当资本产出份额 α 下降时，基于人均产出最大化的碳税收入最优分配比例将会从点 A（0.171，0）左移至点 A_1（0.078，0）；当资本产出弹性提高时，基于人均产出最大化的碳税收入最优分配比例将会从点 A（0.171，0）右移至点 A_2（0.199，0）。如图 11-4 所示，当资本产出弹性下降时，基于社会福利最大化的碳税收入最优分配比例将会从点 B（0.171，0）左移至点 B_1（0.152，0）；当资本产出弹性提高时，基于社会福利最大化的碳税收入最优分配比例将会从点 B（0.171，0）右移至点 B_2（0.248，0）。由此可知，资本产出份额 α 的变化不会影响人均产出和社会福利达到最大化。当资本产出弹性 α 下降时，劳动力产出弹性$1-\alpha$ 就会增加，原有税收引起的扭曲也会随之加重；然而，与此同时，环境的污染会对居民的健康造成一定的影响，从而也会影响劳动生产率，进而降低人均的产出。从图 11-3、图 11-4 可以看出，α 越小，碳税收入用于补贴减排活动越重要；此时，政府需要下调碳税收入对居民收入补贴的比例，提高对减排活动补贴的比例，才可以保持人均产出和社会福利最大化。

对于污染危害健康程度 φ，污染对健康的影响或许远远超出我们所认知的，所以在此选取了 $\varphi = 1.6$。又考虑到居民对自身健康的重视，又选取了 $\varphi = 1.4$。因此，在此引入了 $\varphi = 1.4$、$\varphi = 1.6$ 两种情形。如图 11-5 所示，当污染危害健康程度 φ 下降时，基于人均产出最大化的碳税收入最优分配比例将会从点 A（0.171，0）左移至点 A_2（0.03，0）；当污染危害健康程度 φ 提高时，基于人均产出最大化的碳税收入最优分配比例将会从点 A（0.171，0）右移至点 A_1

（0.299，0）。如图 11-6 所示，当污染危害健康程度 φ 下降时，基于居民终身社会福利最大化的碳税收入最优分配比例将会从点 B（0.171，0）右移至点 B_1（0.299，0）；当污染危害健康程度 φ 提高时，基于社会福利最大化的碳税收入最优分配比例将会从点 B（0.171，0）左移至点 B_2（0.03，0）。因此，从图 11-5、图 11-6 可以看出，污染危害健康程度 φ 下降，那么减排活动对居民健康状态的改善效果会变得不明显。因而基于此种情况，碳税收入用于补贴居民收入就变得越重要。所以，当污染危害健康程度 φ 下降时，政府需要上调碳税收入对居民补贴的比例，降低对减排活动补贴的比例，才可以保持人均产出和社会福利最大化。

对于主观贴现率 ρ，参考 Fanti 和 Gori[35]的表述，主观贴现率一般在 0.2 与 0.6 之间。所以，在此选取了 $\rho = 0.25$ 和 $\rho = 0.43$ 这两种情形。根据 $\delta = \dfrac{\rho}{1+\rho}$，相应地可以得到 $\delta = 0.2$、$\delta = 0.3$。如图 11-7 所示，当主观贴现率 ρ 下降时，基于人均产出最大化的碳税收入最优分配比例将会从点 A（0.171，0）右移至点 A_1（0.328，0）；当主观贴现率 ρ 提高时，基于人均产出最大化的碳税收入最优分配比例将会从点 A（0.171，0）左移至点 A_2（0.135，0）。如图 11-8 所示，当主观贴现率 ρ 下降时，基于社会福利最大化的碳税收入最优分配比例将会从点 B（0.171，0）右移至点 B_1（0.328，0）；当主观贴现率 ρ 提高时，基于社会福利最大化的碳税收入最优分配比例将会从点 B（0.171，0）左移至点 B_2（0.135，0）。因此，当主观贴现率增加时，居民更加注重储蓄，以平稳终身消费需求。这样，会增加资本积累和社会总产出水平，那么居民的工资收入也将增加，原有征税所带来的收入扭曲就会减轻，因而补贴居民收入就不那么重要，可以更多地补贴减排活动。政府可以下调碳税收入对居民收入补贴的比例，提高减排活动补贴的比例，才可以保持人均产出和社会福利最大化。

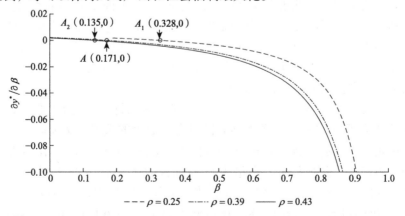

图 11-7　主观贴现率与人均产出边际效应的关系

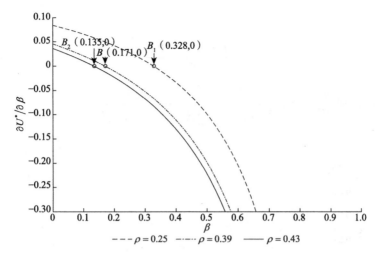

图 11-8　主观贴现率与居民福利边际效应的关系

11.6　稳态均衡状态下健康函数的比较

如图 11-9 所示，与陈素梅和何凌云的《环境、健康与经济增长：最优能源税收入分配研究》相比，在稳态均衡状态下，由于碳税收入用于居民返还和减排活动对公众的健康状态都有着积极的作用，本章健康函数 h^* 比陈素梅和何凌云的研究[19]中的健康函数 H^* 受碳税收入用于居民返还比例的影响较小。

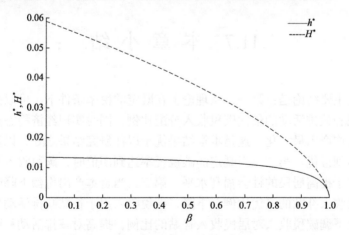

图 11-9　经济稳定状态下健康函数 h^*、H^*

如图 11-10 所示，将本章中的健康函数式（11-22）与陈素梅和何凌云的健康

函数

$$H^* = \frac{\eta\theta\mu^\varphi}{\xi}\left[\frac{(1-\beta)\tau}{z}\right]^{\varphi\gamma} \tag{11-31}$$

相比，可以得到 $\dfrac{h^*}{H^*} = \left[1+\dfrac{\beta\tau}{(1-\tau)(1-\alpha)}\right]\dfrac{\delta\xi z^{\varphi\gamma}}{\delta\xi z^{\varphi\gamma}+\mu^\varphi(1-\beta)^{\varphi\gamma}z^{\varphi\gamma}}$。

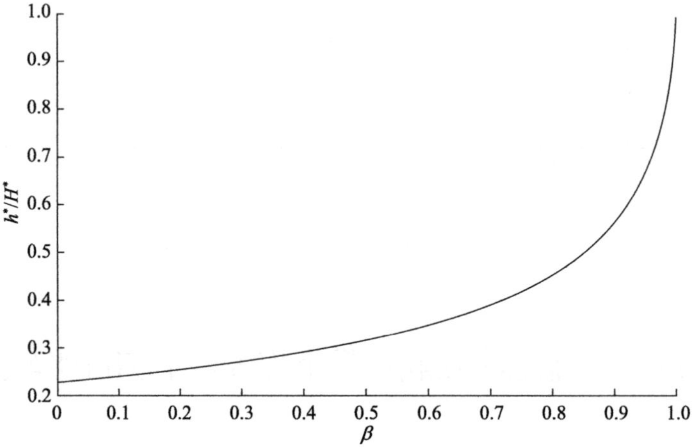

图 11-10 经济稳定状态下健康函数 h^* 与 H^* 的比较

当碳税收入用于居民返还的比例 β 趋于 1 时，即对减排活动没有补贴时，本章中的健康函数 h^* 与 H^* 趋于相等。

11.7 本章小结

本章的主要结论是：第一，从理论上在既定的税率条件下，可以找到碳税收入补贴居民和减排活动的最优碳税收入分配比例，同时实现经济稳态点的社会福利水平和人均产出最大化。这是本章结果优于以往研究结果之处，以往的研究只能单方面达到最优。第二，当既定的碳税税率达到阈值时，碳税收入再分配利用政策更有利于提高居民的社会福利水平。第三，当资本产出份额下降时，碳税收入用于居民收入补贴的最优比例会下降，碳税收入用于补贴减排活动越重要，此时政府需要下调碳税收入对居民收入补贴的比例，提高对减排活动补贴的比例，才可以保持人均产出和社会福利最大化；当污染危害健康程度下降时，碳税收入用于居民收入补贴的最优比例会上升，碳税收入用于补贴居民收入就变得越重要，此时政府需要上调碳税收入对居民收入补贴的比例，降低对减排活动补贴的比例，才可以保持人均产出和社会福利最大化；当主观贴现率上升时，碳税收入补贴居民的最优比例会下降，补贴居民就不那么重要，此时政府可以下调碳税收入对居民收入补贴的比例，提高减排活动补贴的比例，才可以保持人均产出和社会福利最大化；无论参数如何变化，定性结论仍然是稳健的。

参 考 文 献

[1] 徐现祥，李书娟. 政治资源与环境污染. 经济学报，2015，2（1）：1-24.

[2] Sneeringer S. A question of balance：weighing the options on global warming policies. Global Environmental Politics，2009，9（1）：147.

[3] Callan T，Lyons S，Scott S，et al. The distributional implications of a carbon tax in Ireland. Energy Policy，2008，37（2）：407-412.

[4] Ekins P，Dresner S. GFC briefing paper 8：achieving fairness in carbon emissions reduction：the distributional effects of green fiscal reform. Green Fiscal Commission，2010.

[5] Bureau B. Distributional effects of a carbon tax on car fuels in France. Energy Economics，2011，33（1）：121-130.

[6] Vella E，Dioikitopoulos E V，Kalyvitis S. Green spending reforms，growth，and welfare with endogenous subjective discounting. Macroeconomic Dynamics，2015，19（6）：1240-1260.

[7] Pearce D. The role of carbon taxes in adjusting to global warming. The Economic Journal，1991，101（407）：938-948.

[8] Yao Y F，Liang Q M. Approaches to carbon allowance allocation in China：a computable general equilibrium analysis. Natural Hazards，2016，84（1）：333-351.

[9] 张明文，张金良，谭忠富，等. 碳税对经济增长、能源消费与收入分配的影响分析. 技术经济，2009，28（6）：48-51，95.

[10] Lee C F，Lin S J，Lewis C. Analysis of the impacts of combining carbon taxation and emission trading on different industry sectors. Energy Policy，2008，36（2）：722-729.

[11] Wissema W，Dellink R. AGE analysis of the impact of a carbon energy tax on the Irish economy. Ecological Economics，2007，61（4）：671-683.

[12] 许广月. 中国能源消费、碳排放与经济增长关系的研究. 北京：中国书籍出版社，2013.

[13] 张景华. 碳税的收入分配效应研究. 经济论坛，2010，（9）：9-11.

[14] 张孜孜. 我国碳税的税率估算及其影响研究. 华中科技大学博士学位论文，2014.

[15] 刘宇，肖宏伟，吕郢康. 多种税收返还模式下碳税对中国的经济影响——基于动态 CGE

模型. 财经研究，2015，41（1）：35-48.

[16] 李君. 我国碳税政策的构建与优化途径研究——以东部地区为例. 南京信息工程大学硕士学位论文，2016.

[17] 苏明，傅志华，许文，等. 我国开征碳税的效果预溯和影响评价. 环境经济，2009，（9）：23-27.

[18] 贺菊煌，沈可挺，徐嵩龄. 碳税与二氧化碳减排的 CGE 模型. 数量经济技术经济研究，2002，19（10）：39-47.

[19] 陈素梅，何凌云. 环境、健康与经济增长：最优能源税收入分配研究. 经济研究，2017，52（4）：120-134.

[20] 魏丽莹. 延长退休年龄与京津冀地区经济增长——基于世代交叠的可计算一般均衡模型. 开发研究，2018，（6）：120-128.

[21] Grossman M. On the concept of health capital and the demand for health. Journal of Political Economy，1972，80（2）：223-255.

[22] Cropper M L. Measuring the benefits from reduced morbidity. American Economic Review，1981，71（2）：235-240.

[23] Smulders S，Gradus R. Pollution abatement and long-term growth. European Journal of Political Economy，1996，12（3）：505-532.

[24] Oueslati W. Environmental policy in an endogenous growth model with human capital and endogenous labor supply. Economic Modelling，2002，19（3）：487-507.

[25] Varvarigos B D. Human capital accumulation and output growth in a stochastic environment. Economic Theory，2008，36（3）：435-452.

[26] 王小鲁，樊纲. 中国经济增长的可持续性：跨世纪的回顾与展望. 北京：经济科学出版社，2000.

[27] 张军. 资本形成、工业化与经济增长：中国的转轨特征. 经济研究，2002，（6）：3-13.

[28] 汪伟. 人口老龄化、养老保险制度变革与中国经济增长——理论分析与数值模拟. 金融研究，2012，（10）：29-45.

[29] 中华人民共和国国家统计局. 中国统计年鉴 2016. 北京：中国统计出版社，2016.

[30] Pautrel X. Pollution，private investment in healthcare，and environmental policy. The Scandinavian Journal of Economics，2012，114（2）：334-357.

[31] Pautrel X. Pollution and life expectancy：how environmental policy can promote growth. Ecological Economics，2009，68（4）：1040-1051.

[32] 彭美华，张瑞华，朱才华. 城乡医疗保险制度的衔接发展：矛盾、路径与对策. 中国卫生经济，2011，30（6）：37.

[33] Chang T，Graff Zivin J，Gross T，et al. Particulate pollution and the productivity of pear packers. American Economic Journal：Economic Policy，2016，8（3）：141-169.

[34] 江三良，李攀. 资本产出比、技术进步率与经济增长. 经济与管理评论，2016，32（4）：14-19.

[35] Fanti L，Gori L. Public health spending，old-age productivity and economic growth：chaotic cycles under perfect foresight. Journal of Economic Behavior and Organization，2010，78（1）：137-151.

第12章 多主体绿碳行为的基于消纳作用的碳价格与碳排放演化及统筹策略

本章通过对绿色低碳发展系统中包含的多主体之间相互影响和制约的因果传导关系和数量关系的分析，建立了一个新的绿色低碳行为驱动下的碳排放市场模型，并研究了不同策略下多主体绿色低碳行为及不同调控力度对碳排放市场的动态演化特征。首先，利用数值仿真的方法，研究了参数变化对该系统运动状态的影响，发现系统可在稳定状态、周期状态和混沌状态之间相互转化。其次，通过 BP 神经网络和统计数据识别参数的方法，确定了模型的参数，得到了一个具有实际意义的多主体绿色低碳行为驱动下的碳排放市场模型。最后，基于不同调控策略下参数变化对绿色低碳行为演化状态的分叉图，分析不同绿色低碳行为策略对碳排放市场变化的影响，研究发现：4 种策略均能使不稳定的碳排放市场趋于稳定；组合调控策略在提高碳价格水平并使其达到稳态的时间上要优于单一调控策略；单一调控策略下碳排放的稳定水平低于组合策略调控，但组合调控策略下绿色低碳行为综合力度较小，即为此付出的绿色低碳成本较低；碳排放市场对绿色低碳行动的开展具有滞后性，并且滞后期间碳市场变化幅度较大；相同策略的不同调控力度对碳排放的稳态水平呈现同向变化趋势。此外，在当前碳排放权交易市场不成熟阶段通过碳市场实现碳减排的导向作用具有一定的范围性（即尚不能充分挖掘出绿色低碳发展的潜力），而通过政府行为和社会行为开展绿色低碳行动则具有较为显著的效果。

12.1 国内外研究动态分析

世界各地都在发生气候变化，全球变暖是毋庸置疑的。同时，全球气候变化导致的一系列环境问题,严重影响着人类的生存与发展,碳排放已经成为影响全球气候增温的主要因素,而对气候变化产生影响的二氧化碳主要来源于人类的行为活动。因此,探究人类行为活动过程中二氧化碳的排放及其减排策略已成为全世界探讨的热点问题。

随着工业化进程的不断发展和大量化石能源的使用,人类经济行为和社会行为过程中二氧化碳的排放,是导致大气中二氧化碳浓度急剧上升的根本原因。工业作为国民经济的支柱产业和主要能源使用者和碳排放者,Xia 等从能源安全、能源效率和碳排放等主要能源政策角度进行了综合评价[1]。针对国家节能减排政策,Ren 和 Wang 采用碳排放系数法对山东钢铁工业 2005~2008 年碳排放进行了计算,结果表明,我国碳排放在该期间内总体呈上升趋势,仍有降低碳排放的空间[2]。针对中国有色金属行业的工业规模、能源结构、能源强度和公用事业结构对二氧化碳排放总量的影响,Ren 和 Hu 采用改进的拉式指数法进行了研究,发现工业的快速增长是造成二氧化碳排放量增加的最重要因素,能源结构的变化主要是由于电能消耗比例的提高,而电能消耗比例的提高又是二氧化碳排放量增加的原因。同时,能源强度的降低对排放的减少有显著的贡献,而公用事业混合效应也在一定程度上促进了排放的减少[3]。He 和 Zhang 运用 IPCC 经验方法计算了1992~2012 年中国钢铁工业的碳排放量,结果表明,产能过剩对我国钢铁工业碳排放也有着重要影响[4]。此外,物流业作为碳排放的来源之一,也是减少温室气体排放和环境污染的重要领域[5]。

国内外关于碳排放的研究发现,碳排放不仅与工业密切相关,而且与交通、火力发电、建筑、人口、经济、能源消费、城镇化发展等密切相关,而严峻的气候变化正在日益增加碳减排的压力。Zhang 等提出了一个非径向 Malmquist 二氧化碳排放性能指数,研究了中国区域交通运输业二氧化碳排放动态变化及其分解情况,结果表明,技术下降导致交通运输业全要素碳排放绩效较上年同期下降32.8%[6]。电力业务在全球经济向低碳化转型的过程中发展速度最快、增长空间最大,Wang 和 Du 采用面向不良输出的数据包络分析模型来测量多个行政区域内电力行业的碳排放绩效,并且还研究了中国电力行业碳排放绩效的区域差异和空间相关性[7]。Yang 和 Lin 分别采用 LMDI 方法和情景分析法,分析了中国电力行业二氧化碳排放及其减排潜力的影响[8]。此外,Liu 等构建了基于时间模型的中国电力行业低碳路径分析模型,并对参考情景、低碳情景和强化低碳情景下的碳排放进行了对比分析[9]。在全球气候变暖的浪潮中,水泥行业因二氧化碳排放量大而排在首位[10]。作为国民经济的支柱产业,建筑业对环境的破坏不容忽视,Shang 等基于 Kaya 因子分解法,研究了能源结构的碳强度、能源强度以及建设产出对省级建筑业碳排放的影响,提出了省级建筑业低碳发展的相关建议[11]。我国正处于快速的新型城市化阶段,不同城市化阶段的区域碳排放呈现出不同的特点,

Shi 和 Li[12]基于环境库兹涅茨曲线，计算了中国 30 个省（自治区、直辖市）1978~2014 年的碳排放量，利用自回归分布滞后模型，分析了不同城市群碳排放与城市化率的三阶段动态关系，并分析了能量强度和能量结构对这种关系的影响。同时，人口城市化也已成为影响我国碳排放的主要人口因素，Guo 等通过引入城市化、居民消费等因素，对 LMDI 模型进行了扩展，将我国碳排放变化分解为碳排放因子效应、能源强度效应、消费抑制因子效应、城市化效应、居民消费效应、人口规模效应，进而探讨了上述六个因素对我国碳排放变化的贡献率和作用机制，研究表明中国人口年龄结构、人口教育结构、人口职业结构的变化缓解了碳排放的增长，但人口、城乡结构、区域经济水平的变化影响了碳排放的增长，人口数量增加了碳排放量，而人口性别结构的变化对碳排放的变化没有显著影响[13]。此外，大气中的二氧化碳排放量被认为取决于自然因素和人口密度相关因素。Sundar 等利用微分方程的稳定性理论对该模型（建模考虑了大气中二氧化碳浓度、人口密度、绿地生物量密度和海藻生物量密度四个非线性相互作用的变量）进行了分析，结果表明，如果绿地种植和海藻种植的生物量密度增加，大气中二氧化碳的浓度就会显著降低，而与人口有关的活动增加了大气中二氧化碳的浓度[14]。大量研究表明，碳排放与经济增长之间存在密切的关系[5]，Jin 和 Zhang 基于 ARDL 模型，讨论了能源消费、碳排放与经济增长的关系，结果表明，降低碳排放的关键在于降低能源消费、优化能源结构[15]。为了寻找降低我国碳排放强度的有效途径，Zhang 和 Da 分别从能源和产业结构的角度，运用 LMDI 方法对 1996~2010 年我国碳排放和碳排放强度的变化进行了分解[16]。根据印度二氧化碳排放量、一次能源消费、人均 GDP 和结构变量（如农业和服务业增加值、城市化、资本和中间产品生产以及就业）的数据，Sikdar 和 Mukhopadhyay 研究了印度二氧化碳排放、能源消费、GDP 增长与经济结构变化之间的动态因果关系[17]。

在践行绿色低碳行为减排的模式中，近年来我国不仅大力推进火电减排[7, 8, 18, 19]、新能源汽车[20]、建筑节能[21]、工业节能和循环经济[22]、资源回收[23]、环保设备和节能材料[24, 25]等低碳经济产业体系的发展，碳排放交易作为一种市场调节机制，也是近年来的一个工作重点[26-29]。碳价格对绿色低碳发展具有较大的推动作用，而当前的碳定价尚不足以推动市场发展。按照国家发改委的初步估计，从长期来看，每吨 300 元碳排放权交易价格才是能真正发挥低碳转型的引导作用的价格标准，而目前我国主要的几个碳交易所的平均成交价仅为 22 元/吨。研究发现，提高碳价格、减少碳排放在不同行业的竞争水平可能是一个更好的政策选择[30]。Forbes 和 Zampelli[31]估计了一个时间序列的二氧化碳排放量的经济计量模型，结果表明，在负荷评估和风能预测误差为零的情况下，碳价格的提高显著降低了碳排放量。Lin 和 Jia[32]利用可计算一般均衡模型，对排污权交易价格（行业覆盖率、年度递减系数、自由贴现率）的影响因素及其机制进行详细分析，结果表明，排放交易机制价格与减排有显著的正相关关系。目前我国碳排放交易市场还处于初级阶段，但随着我国碳排放交易体系的不断完善和发展，碳交易市场必将为节能减排目标的实现做出巨大贡献。

　　为应对环境变化对人类生存与发展带来的巨大挑战，实现绿色低碳发展已成为全球发展的共同诉求。本章通过建立多主体绿色低碳行为驱动下的碳排放市场模型，并对不同行为策略下碳排放市场的演化状态进行分析，以期给出科学、合理的绿色低碳行为减排策略，进而实现减少碳排放的目的和全球控温的目标。本章研究框架安排如下：12.2 节建立多主体绿色低碳行为驱动下的碳排放市场模型，并分析其动力学演化特征；12.3 节利用统计数据和 BP 神经网络参数识别方法，确定了一个新的多主体绿色低碳行为驱动下的碳排放市场模型，并通过不同参数对绿色低碳行为分岔图的分析，研究各种策略（单一策略和组合策略）对碳排放市场的影响，探究碳价格和碳排放的稳态水平；12.4 节是本章小结。

12.2　绿色低碳行为驱动下中国碳排放市场模型

　　绿色低碳行为-碳价格-碳排放系统是一个具有多个主体、复杂度较高的系统，该系统内包含经济增长、能源价格、能源结构、产业结构、能源消费、能源强度、气候变化和低碳发展等众多因素。由于各因素之间存在直接或间接的制约关系，它们之间呈现出高度的非线性复杂关系，如图 12-1 所示。

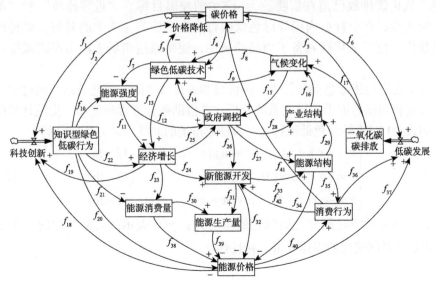

图 12-1　多主体变量之间的因果传导关系网络

其中，$f_i(i=1,2,\cdots,42)$ 代表各主体之间的因果传导关系；"+"代表各主体之间具有正相关的影响关系；"−"代表因素之间具有负相关的影响关系。

　　实现绿色低碳发展是新时代人民对美好生活的殷切期盼，是构建高质量现代化经济体系的必然要求，也是当代国际社会发展的共识和潮流。由图 12-1 可知，绿色低碳行为有利于减少碳排放量和降低碳价格，绿色低碳行为有利于转变能源消费方式，减少高碳能源的消费，从而降低大气中二氧化碳的排放。同时，在当前碳配额制度下，碳排放减少，剩余碳排放额度进入碳排放市场，则会出现碳排放额度供给增加，需求减小，从而导致碳价格减低。随着气候变化问题的加剧，控制二氧化碳的排放已成为当前的首要目标，这导致碳排放额需求的增加及碳价格的上涨。为实现经济的快速增长，大量的化石能源被使用，导致过度的二氧化碳排放，而碳排放的增加带来了一系列的气候问题，就需发展低碳方式，提高能源及其相关的技术创新，倡导绿色低碳行为，减少二氧化碳的排放，实现"近零排放"，甚至是"负排放"。可见，绿色低碳行为、碳价格和碳排放之间存在直接或间接的相互制约和相互促进的复杂的非线性传导关系。

12.2.1　建立模型

　　树立"绿水青山就是金山银山"的发展理念，树立"人与自然是生命共同体"的发展理念，树立"保护生态环境就是保护生产力、改善生态环境"的观念具有重大意义。众所周知，二氧化碳导致环境恶化的加剧及其导致的财产损失，控制二氧化碳排放已迫在眉睫。为 1.5℃的控温目标、"近零排放"和"负排放"的实现，在全社会内倡导绿色低碳行为也已成为全人类的共识。碳排放权的市场化，使二氧化碳具备了商品的属性，使得通过市场手段实现碳减排成为可能。

　　为了定量描述绿色低碳行为、碳价格和碳排放之间的演化关系，通过对三者之间直接和间接的因果传导关系的分析，并借助微分方程理论和历史统计数据，建立如式（12-1）的绿色低碳行为对碳排放市场的非线性动力系统模型。

$$\begin{cases} \dot{x}=a_1x+a_2x(y-C)+a_3y(z-L) & (12-1\mathrm{a}) \\ \dot{y}=-b_1x+b_2y(M-y)+b_3z & (12-1\mathrm{b}) \\ \dot{z}=-c_1x(y-N)+c_2y(K-z) & (12-1\mathrm{c}) \end{cases} \quad (12\text{-}1)$$

其中，$x(t)$ 表示随时间变化的绿色低碳行为；$y(t)$ 表示随时间变化的碳价格；$z(t)$ 表示随时间变化的碳排放量。并且有

$$
\begin{cases}
a_1 = \phi\left(f_1, f_2, f_3, f_{10}, f_{12}, f_{14}, f_{18}, f_{20}, f_{21}, f_{22}, f_{25}, f_{38}\right) \\
a_2 = \phi\left(f_1, f_2, f_3, f_4, f_7, f_{11}, f_{13}, f_{14}, f_{18}, f_{19}, f_{22}, f_{23}, f_{25}\right) \\
a_3 = \phi\left(f_5, f_1, f_4, f_{13}, f_{19}, f_{17}, f_{18}, f_{15}, f_{26}, f_{31}, f_{39}, f_{18}, f_{27}, f_{34}\right) \\
b_1 = \phi\left(f_2, f_{10}, f_{11}, f_{25}, f_{14}, f_3, f_{22}, f_{24}, f_{33}, f_{16}, f_8, f_{21}, f_{38}, f_{37}, f_5\right) \\
b_2 = \phi\left(f_4, f_3, f_1, f_2, f_{10}, f_{12}, f_{14}, f_{22}, f_{25}, f_{26}, f_{31}, f_{33}, f_{29}, f_{16}, f_{21}, f_{30}, f_{39}\right) \\
b_3 = \phi\left(f_5, f_{17}, f_8, f_3, f_{15}, f_{14}, f_9, f_{18}, f_{16}, f_{26}, f_{32}, f_2, f_{27}, f_{34}, f_{28}\right) \\
c_1 = \phi\left(f_6, f_{20}, f_{37}, f_{40}, f_{36}, f_{22}, f_{24}, f_{33}, f_{21}, f_{38}, f_2, f_4, f_{13}, f_9, f_{27}\right) \\
c_2 = \phi\left(f_{17}, f_8, f_3, f_5, f_{15}, f_{27}, f_{35}, f_{36}, f_{26}, f_{32}, f_{37}\right)
\end{cases}
$$

其中，$f_i(i=1,2,\cdots,40)$ 表示图 12-1 中各因素间的传导关系，等式右边的 $\phi(f_i)$ 是由参数 f_i 的组合以确定 $a_m, b_m, c_m(m=1,2,3; n=1,2)$ 的系数，C, L, M, N, K 均为正常数。a_1 为 $x(t)$ 的濡化系数；a_2 为 $y(t)$ 对 $x(t)$ 的影响系数；a_3 为 $y(t)$ 和 $z(t)$ 对 $x(t)$ 的影响系数；b_1 为 $x(t)$ 对 $y(t)$ 的影响系数；b_2 为 $y(t)$ 的发展系数；b_3 为 $z(t)$ 对 $y(t)$ 的影响系数；c_1 为 $x(t)$ 和 $y(t)$ 的影响系数；c_2 为 $y(t)$ 对 $z(t)$ 的影响系数，C 为 $y(t)$ 对 $x(t)$ 的阈值；L 为 $z(t)$ 对 $x(t)$ 的阈值；M 为 $y(t)$ 的阈值；N 为 $y(t)$ 对 $z(t)$ 的阈值；K 为 $z(t)$ 的阈值。

综上分析发现，模型中变量的参数 $a_m, b_m, c_m(m=1,2,3; n=1,2)$ 会随参数 f_i 的改变而改变，并且这样变化具有复杂的非线性相关性。另外，模型中各变量的参数同参数 f_i 之间的具体关系不是本章所要研究的。本章所要研究的是利用图 12-1 中给出的参数间的传导关系，研究随着各个参数的变化对模型参数的影响。在实际调控过程中，实施的各种调控政策都会影响图 12-1 中的参数 f_i 大小的改变，而参数 f_i 的大小改变会影响绿色低碳行为-碳价格-碳排放动力系统模型中参数 $\left[a_m, b_m, c_m(m=1,2,3; n=1,2)\right]$ 大小的变化。另外，当参数取不同数值时，绿色低碳行为、碳价格和碳排放就会呈现出不同的演化关系。

模型建立的基本思想如下。

方程（12-1a）：$a_1 x$ 表示绿色低碳行为的累积效应对自身的促进作用。对 $a_2 x(y-C)$，当 $y>C$ 时，表示碳排放价格对绿色低碳行为的促进作用；当 $y<C$ 时，表示碳排放价格对绿色低碳行为的抑制作用。对 $a_3 y(z-L)$，当 $z>L$ 时，表示碳排放对绿色低碳行为的促进作用；当 $z<L$ 时，表示碳排放对绿色低碳行为的抑制作用。

方程（12-1b）：$-b_1 x$ 表示绿色低碳行为的发展对碳价格具有抑制作用。对 $b_2 y(M-y)$，当 $y<M$ 时，表示当碳价格处于较低水平时碳价格对自身具有促进作用；当 $y>M$ 时，表示当碳价格处于较高水平时碳价格对自身具有抑制作用。

$b_3 z$ 表示碳排放的增加会导致碳价格的上升，即碳排放对碳价格的上涨具有促进作用。

方程（12-1c）：对 $-c_1 x(y-N)$，当 $y > N$ 时，表示当碳价格处于较高水平时，碳排放成本较高，抑制碳排放的增加；当 $y < N$ 时，表示当碳价格处于较低水平时，发展绿色低碳行为缓慢，碳排放的收益大于成本，促进碳排放的增加。对 $c_2 y(K-z)$，当 $K < z$ 时，表示过度的碳排放造成的环境压力会促进节能减排行动的进行，抑制碳排放的增加；当 $K > z$ 时，表示较低水平的碳排放活动带来的危害较小，导致碳减排意识淡薄，碳排放量增加。

绿色低碳行为-碳价格-碳排放系统反映了中国碳排放市场中在一定经济时期内三者之间的相互制约和促进的矛盾关系，通过对该模型的分析，探究不同绿色低碳减排行动对减排效果的影响，这为减排、控温和建立美丽中国目标的实现提供了理论政策基础。

12.2.2 模型分析

1. 系统的平衡点及其稳定性

由于系统（12-1）中各变量间存在直接和间接的非线性复杂关系，当系统参数 $(a_i, b_i, c_i, C, L, M, N, K)$ 的值取不同时，系统（12-1）会呈现出多样性的动力学行为。为便于对系统（12-1）进行理论研究，本节通过数值仿真的方法得出了系统模型的参数，并对系统的动力学特征进行分析。系统（12-1）的参数固定如下：

$$a_1 = 0.004\,2, a_2 = 0.009\,0, a_3 = 0.760\,0, b_1 = 0.032\,9, b_2 = 0.003\,0, b_3 = 0.500\,0,$$
$$c_1 = 0.475\,0, c_2 = 0.003\,0, C = 90.00, L = 5.000, N = 15.00, K = 60.00$$

（12-2）

在实数域内，固定系数参数如式（12-2）所示，则系统有四个平衡点：$S_0(0,0,0)$，$S_1(0.1569, -26.883\,8, 4.992\,0)$，$S_2(0.475\,3, 30.877\,4, 5.010\,7)$，$S_3(575.313\,7, 15.002\,5, 38.846\,0)$。

对系统（12-1），其平衡点的线性近似系统的 Jacobian 矩阵如下：

$$\boldsymbol{J}_0 = \begin{bmatrix} a_1 + a_2(y-C) & a_2 x + a_3(z-L) & a_3 y \\ -b_1 & b_2 M - 2b_2 y & b_3 \\ -c_1(y-N) & -c_1 x + c_2(K-z) & -c_2 y \end{bmatrix} = \begin{bmatrix} a_1 - a_2 C & -a_3 L & 0 \\ -b_1 & b_2 M & b_3 \\ c_1 N & c_2 K & 0 \end{bmatrix}$$

（12-3）

根据式（12-2）和式（12-3），得到系统（12-1）的线性近似系统平衡点的特征值，如表 12-1 所示。

表 12-1　平衡点的特征值及其类型

平衡点	特征值（实部）	类型
$S_0(0,0,0)$	$\lambda_1 = -0.27 < 0, \lambda_2 = 0.96 > 0, \lambda_3 = 0.96 > 0$	不稳定点
$S_1(0.156\,9, -26.883\,8, 4.992\,0)$	$\lambda_1 = 0.17 > 0, \lambda_2 = -0.48 < 0, \lambda_3 = -0.48 < 0$	不稳定点
$S_2(0.475\,3, 30.877\,4, 5.010\,7)$	$\lambda_1 = -0.17 < 0, \lambda_2 = -0.31 < 0, \lambda_3 = -0.31 < 0$	稳定点
$S_3(575.313\,7, 15.002\,5, 38.846\,0)$	$\lambda_1 = 0.08 > 0, \lambda_2 = -0.44 < 0, \lambda_3 = -0.44 < 0$	不稳定点

因此，根据微分方程定性理论，在平衡点 S_0、S_1、S_3 处系统是不稳定的，而在平衡点 S_2 处是稳定的。

2. 系统的耗散性

$$\Delta V = \frac{\partial \dot{x}}{\partial x} + \frac{\partial \dot{y}}{\partial y} + \frac{\partial \dot{z}}{\partial z} = (a_2 - 2b_2 - c_2)y + a_1 - a_2 C + b_2 M \qquad (12\text{-}4)$$

当 $a_2 = 2b_2 + c_2$，$a_1 - a_2 C + b_2 M = 0.004\,2 - 0.009 \times 90 + 0.003 \times 4 = -0.793\,8 < 0$ 时，系统是耗散系统。

3. 数值仿真

随着碳减排行动的开展和碳排放权的市场化发展，碳减排行动中囊括的绿色低碳行为、碳排价格和碳排放量之间呈现出复杂的动力学关系。这种复杂的动力学关系表现在，当系统参数不同时，系统呈现出不同的变化状态。

取初值 $x_0 = 0.8, y_0 = 0.4, z_0 = 0.05$，并固定系统参数如式（12-2）所示，当参数 c_1 取不同值时系统呈现出不同的状态。通过参数 c_1 的李雅普诺夫指数图（图 12-2）和分岔图（图 12-3）可知，当参数 c_1=0.18 时，系统的最大李雅普诺夫指数小于 0，这说明在该参数取值下系统最终达到稳定状态；当参数 c_1=0.33 时，系统的最大李雅普诺夫指数大于 0，且处于分岔状态，这说明在该参数取值下系统处于不稳定状态。

结果表明，当参数 c_1=0.18 时，系统最终可以达到稳定状态，如图 12-4 所示；当参数 c_1=0.22 时，系统处于周期状态，如图 12-5 所示；当参数 c_1=0.33 时，系统呈现混沌状态，如图 12-6 所示。

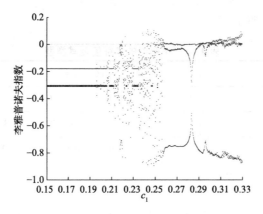

图 12-2　李雅普诺夫指数图

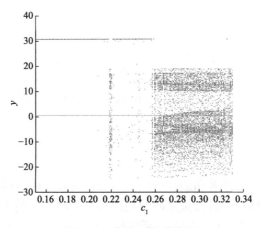

图 12-3　参数 c_1 的分岔图

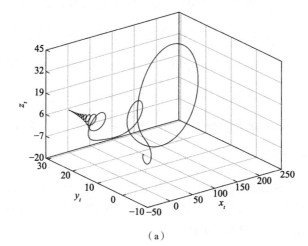

（a）

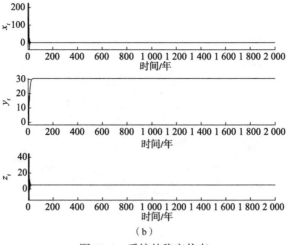

（b）

图 12-4　系统的稳定状态

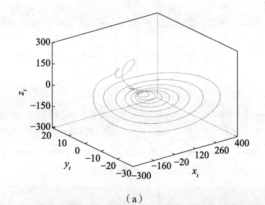

（a）

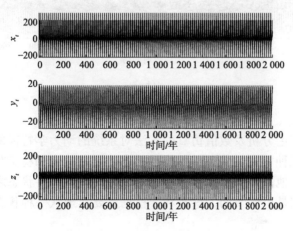

（b）

图 12-5　系统的周期状态

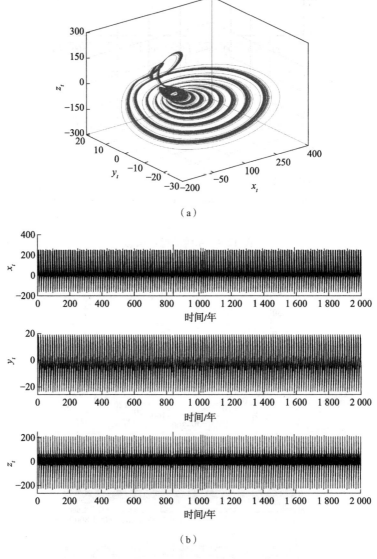

（a）

（b）

图 12-6　系统的混沌吸引子

　　以上通过理论分析及数值仿真的方法对系统的动力学特征的研究表明：该系统模型具有三种不同的状态：不稳定状态、周期状态和稳定状态，并且当参数取值不同时，他们之间可以相互转化。该系统模型的各状态之间可以相互转化，说明该模型是可调节的，这有利于根据需要实现从一种状态向另一种状态的转化。

　　针对实际系统，可以利用 BP 神经网络识别参数的方法以及实际的统计数据先识别出系统模型（12-1）中的参数，并根据影响这些参数变化的要素进行分析，得出系统（12-1）的演化状态，进而提出有效的调控策略，如当系统（12-1）处于不稳定状态时，通过对要素的调控进而影响模型中参数取值的变化，可以使系统（12-1）从不稳定状态达到稳定状态。

12.3　绿色低碳行为驱动下中国碳排放市场的实证分析

在当今的经济生活和社会生活中，绿色低碳是一种发展方向，代表着科技发展和产业变革方向，是最具市场前景和发展潜力的领域；绿色低碳也是一种发展方式，是生态文明建设和可持续发展战略具体的实现形式。因此，开展绿色低碳生产和生活方式，倡导绿色低碳行为，不仅是应对气候问题下的被迫挑战，而且是一种发展机遇（是一种最具持久性和竞争力的发展优势，是市场竞争最有效的砝码和手段）。

12.3.1　数据来源及处理

本章选取国家知识产权局的国内发明专利月度授权数（http://www.sipo.gov.cn/tjxx/）、碳排放期货价格（https://cn.investing.com/commodities/carbon-emissions-historical-data）以及火力发电的月度生产量（国家统计局：http://data.stats.gov.cn/easyquery.htm?cn=A01）作为研究对象（从 2011 年 1 月至 2019 年 7 月的数据）。目前火力发电（括燃煤发电、燃气发电、燃油发电、余热发电、垃圾发电和生物质发电等具体形式）是我国的主要发电形式，长期占据总装机容量和总发电量的七成左右。电力为各行各业使用的主要能源，而火力发电作为电力供应系统的主力军，因此选择火力发电的月度发电量对年度碳排放量进行同比例加权，得到碳排放的月度数据，其中碳排放的年度数据来自英国石油公司出版的《2020 世界能源统计评论》。此外，由于国内的碳排放市场还处于初始阶段，因此采用 ICE 碳排放期货月度价格（每月内每日价格的平均数）作为碳排放价格。在当前碳减排需求下，政府、市场和居民的绿色低碳行为通过科学技术进步不断得以实现，因此选择国内发明专利授权数作为绿色低碳行为的指标。由于模型系统中各变量单位的差异，需先对变量进行标准化处理：

$$X_i = \frac{x_i - \overline{x}}{S_i}, \overline{x} = \frac{1}{n}\sum_{i=1}^{n} x_i, S_i = \sqrt{\frac{\sum_{i=1}^{n}(x_i - \overline{x})}{n-1}}$$

其中，x_i 为实际统计数据。标准化后数据的演化关系如图 12-7 所示。

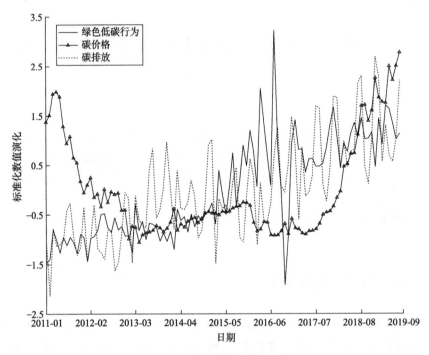

图 12-7　标准化的数值演化

12.3.2　系统参数识别

首先对系统（12-1）进行离散化处理，得到如下的差分方程：

$$\begin{cases} X(k+1) = X(k) + \Delta T\left\{a_1 X(k) + a_2 X(k)\left[Y(k) - C\right] + a_3 Y(k)\left[Z(k) - L\right]\right\} \\ Y(k+1) = Y(k) + \Delta T\left\{-b_1 X(k) + b_2 Y(k)\left[M - Y(k)\right] + a_3 Z(k)\right\} \\ Z(k+1) = Z(k) + \Delta T\left\{-c_1 X(k)\left[Y(k) - N\right] + c_2 Y(k)\left[K - Z(k)\right]\right\} \end{cases} \quad （12\text{-}5）$$

利用 BP 神经网络识别参数的方法，把实际数据标准化后得到 n 组数据，以前 $n-1$ 组数据作为输入数据，后 $n-1$ 数据作为输出数据。令全部可调参数为随机数，并将输出的数据代入方程（12-1），比较既得的数据与目标输出的数据得到误差 e，经多次调试和运行，当 $e < 10^{-5}$ 时输出结果，得到实际的能源价格-能源效率-经济增长动力系统的参数如下：

$a_1 = 0.315\,0, a_2 = 0.002\,3, a_3 = 0.122\,0, b_1 = 0.521\,2, b_2 = 0.250\,3, b_3 = 0.400\,4,$
$c_1 = 0.320\,5, c_2 = 0.641\,1, C = 50, L = 20, M = 45, N = 12, K = 70$　　（12-6）

将式（12-6）中的参数代入系统，得到如下的实际系统：

$$\begin{cases} \dot{X} = 0.2X + 0.002\,3XY - 2.44Y + 0.122YZ \\ \dot{Y} = -0.521\,2X + 11.263\,5Y - 0.250\,3Y^2 + 0.400\,4Z \\ \dot{Z} = 3.846X - 0.320\,5XY + 44.877Y - 0.641\,1YZ \end{cases} \quad （12\text{-}7）$$

利用得到的实际系统（12-7）对绿色低碳行为、碳价格和碳排放的相互关系进行分析，并以 2018 年 3 月标准化后的数据$(0.936\,7, 0.472\,2, 0.990\,1)$数值仿真得到它们之间的演化关系，如图 12-8 所示。

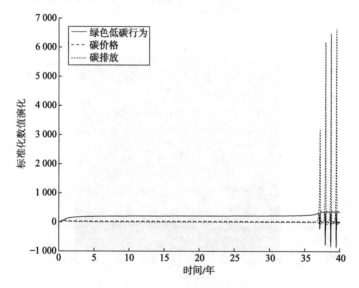

图 12-8　实际系统的演化关系

根据图 12-8，随着气候问题的加剧，推动形成绿色低碳发展模式，倡导绿色低碳行为，减少能源消费，降低二氧化碳的排放量。二氧化碳排放减少，使得对碳配额的需要降低，导致碳排放价格下跌，而碳排放价格的下跌，又使得碳排放成本降低，进而增加化石能源的使用，导致二氧化碳排放增加。由此可见，绿色低碳行为对碳排放市场变化存在复杂的影响关系。

随着经济的发展和生活环境需求的提高，化石能源的消费、碳排放及碳排放成本之间的矛盾始终无法调和，这就导致了碳排放始终难以保持在较低的稳定水平，即随着经济发展成本的不断改变，实际的碳排放市场总处于不断的变化之中（系统总是处于不稳定状态），如图 12-9（a）和图 12-9（b）所示。下文将研究不同调控政策下绿色低碳行为提高对碳排放市场变化的影响。

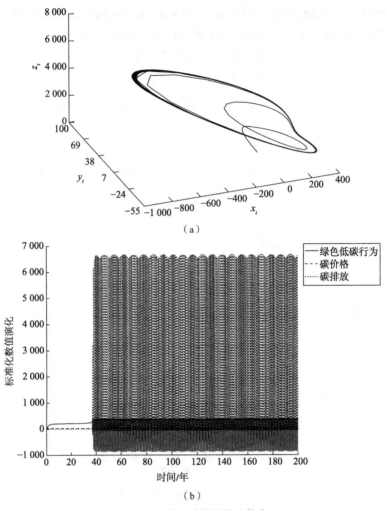

（a）

（b）

图 12-9　实际系统的混沌状态

12.3.3　不同调控策略下绿色低碳行为对碳排放市场变化的对比分析

2016 年 1 月 18 日，习近平总书记在省部级主要领导干部学习贯彻党的十八届五中全会精神专题研讨班上指出："绿色发展，就其要义来讲，是要解决好人与自然和谐共生问题。"①绿色发展是新发展理念的重要组成部分，与创新发展、协调发展、开放发展、共享发展相辅相成、相互作用，是全方位的变革，是构建

① 习近平. 在省部级主要领导干部学习贯彻党的十八届五中全会精神专题研讨班上的讲话. http://politics. people.com.cn/n1/2016/0510/c1001-28336908-2.html，2016-01-18.

高质量现代化经济体系的必然要求。因此，在控温目标和美丽中国目标下，在经济生活和社会生活中大力开展节能减排活动，实现绿色低碳发展势在必行。

1. 单一调控策略下绿色低碳行为对碳排放市场变化的对比分析

策略-1：在政府行为方面，有效加快推进绿色低碳发展的统筹（监管和统领）作用

在政府行为方面，有效加快推进绿色低碳发展的统筹作用，使绿色低碳行为-碳价格-碳排放动力系统模型中的参数 a_1 的数值减小和 K 的数值减小。政府对绿色低碳生产方式和生活方式进行引导和调节，形成良性的绿色低碳行为循环，导致其对自身的促进作用逐渐减弱，即参数 a_1 的值变小；政府对各种有悖绿色发展的行为与做法进行约束和治理，并逐步缩减其碳排放额度，提高碳排放对其自身的抑制作用，即参数 K 减小。改变参数 a_1 和 K 的值，其余参数取值如式（12-6）所示，得到关于参数 a_1 和 K 对变量 x_t 的单参数分岔图，如图 12-10 所示。根据图 12-10，当其他参数保持不变，参数 a_1 减小到一定区间 $(0,0.28)$，或将参数 K 减小到一定区间 $(35,65)$ 时，碳排放市场逐渐趋于稳定状态。

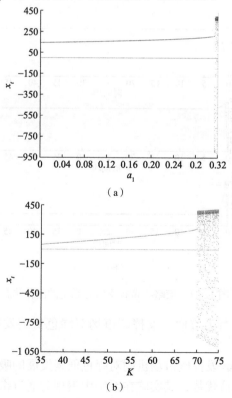

图 12-10　参数 a_1 和 K 对状态变量 x_t 的分岔图

　　系统的其他参数值保持不变，仅使参数 $a_1:0.315\rightarrow0.25$ 和 $K:70\rightarrow55$，则实际系统的演化图像如图 12-11 所示。根据图 12-11，政府有效加快推进绿色低碳发展的引领和管控作用，碳排放市场状态逐渐由不稳定状态达到稳定状态。

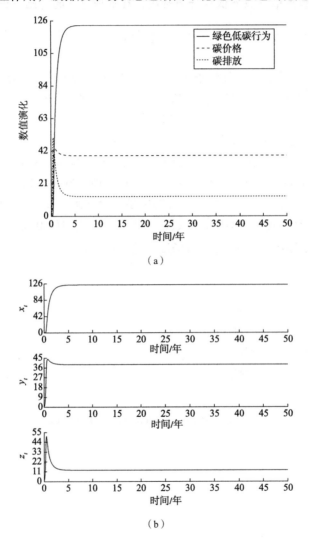

图 12-11　策略-1 调控下实际系统的演化状态

　　策略-2：在市场行为方面，发挥碳市场对绿色低碳发展的消纳（吸纳、整合、配置）作用

　　在市场行为方面，发挥碳市场机制对绿色低碳发展的吸纳作用，把绿色优势转化为市场优势和经济优势，其实施在系统中表现为通过市场这个"无形之手"调节碳排放价格，在高昂的碳排放成本压力之下，引导碳排放者树立低碳发展

理念，即降低碳排放价格对绿色低碳行为的阈值 C 以提高碳排放价格对绿色低碳行为的促进作用和提高碳排放价格对自身的阈值（M）以促进碳排放价格的上升提高碳排放的成本，降低碳排放。改变参数 C 和 M 的值，其余参数取值如式（12-6）所示，得到关于参数 C 和 M 对变量 x_t 的单参数分岔图，如图 12-12 所示。根据图 12-12，当其他参数保持不变，将参数 C 增加到一定区间 $(51,60)$，或将参数 M 增加到一定区间 $(48,60)$ 时，碳排放市场逐渐趋于稳定状态。

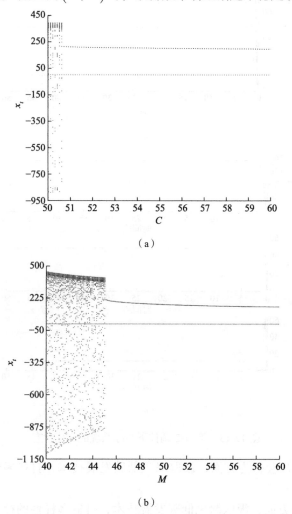

（a）

（b）

图 12-12　参数 C 和 M 对状态变量 x_t 的分岔图

保持系统的其他参数值不变，仅使参数 $M:50 \to 52$ 和 $M:45 \to 55$，则实际系统的演化图像如图 12-13 所示。根据图 12-13，充分发挥碳市场机制对绿色低碳发展的导向作用，碳排放市场状态逐渐由不稳定状态达到稳定状态。

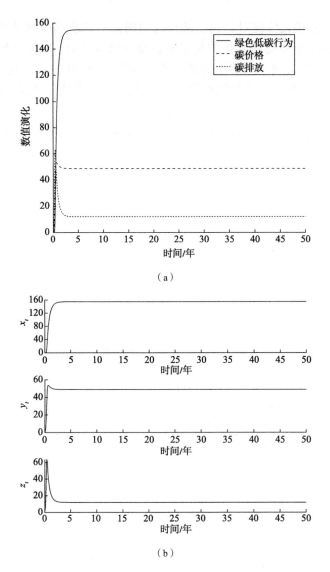

图 12-13　策略-2 调控下实际系统的演化状态

策略-3：在社会行为方面，汲取绿色低碳发展技术，打造多样性的社会绿色低碳建设平台

在社会行为方面，汲取绿色低碳发展技术，打造多样性的社会绿色低碳建设平台，倡导全民参与和全民共治，推动绿色低碳发展横向扩大到边、纵向延伸到底，使绿色低碳行为-碳价格-碳排放动力系统模型中的参数 L 和 c_1 的数值增大。鼓励和倡导全民减排行动，增强社会性绿色低碳行为对减排的意识和行动力，即使参数 c_1 的值增大；建立社会性绿色低碳的激励机制，推动绿色低碳的纵横发

展，逐步减少碳排放的社会性行为阈值 L。改变参数 L 和 c_1 的值，其余参数取值如式（12-6）所示，得到关于参数 L 和 c_1 对变量 x_t 的单参数分岔图，如图 12-14 所示。根据图 12-14，当其他参数保持不变，参数 L 增加到一定区间（21,26），或将参数 c_1 增加到一定区间（0.37,1）时，碳排放市场逐渐趋于稳定状态。

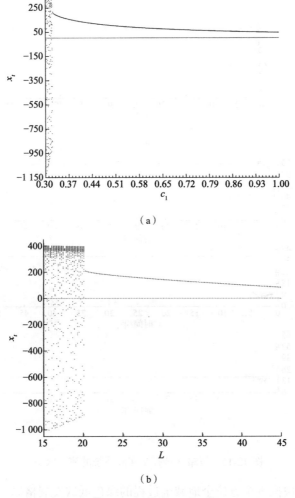

（a）

（b）

图 12-14　参数 c_1 和 L 对状态变量 x_t 的分岔图

保持系统的其他参数值不变，仅使参数 $c_1:0.3215 \rightarrow 0.37$ 和 $L:20 \rightarrow 22$，则实际系统的演化图像如图 12-15 所示。根据图 12-15，在社会行为方面汲取绿色低碳发展技术，打造多样性的社会绿色低碳建设平台，碳排放市场状态逐渐由不稳定状态达到稳定状态。

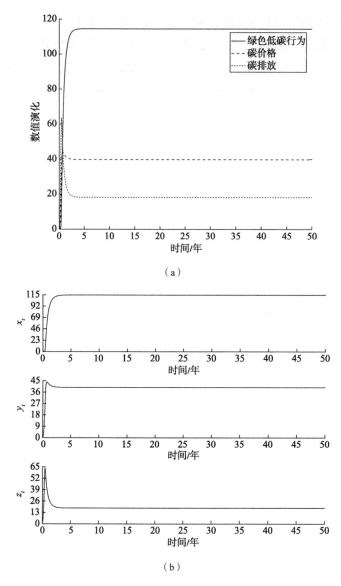

（a）

（b）

图 12-15　策略-3 调控下实际系统的演化状态

策略-4：加快推进全方位全地域全过程的绿色低碳发展格局

加快推进全方位全地域全过程的绿色低碳发展格局，重点在制度建设、战略导向和战略推进上发力，把绿色低碳发展贯穿于经济和社会发展的全过程。此措施的实施在系统中表现为通过低碳发展的制度建设，增强碳排放约束下对绿色低碳生产和生活的促进作用（a_3）；通过政府和碳市场协同发力，降低碳排放价格对碳排放的阈值 N，稳步推进战略导向的进程，实现绿色低碳发展。改变参数 N

和 a_3 的值，其余参数取值如式（12-6）所示，得到关于参数 N 和 a_3 对变量 x_t 的单参数分岔图，如图 12-16 所示。根据图 12-16，当其他参数保持不变，参数 N 减小到一定区间（0,11），或将参数 a_3 增加到一定区间（0.13,0.3）时，碳排放市场逐渐趋于稳定状态。

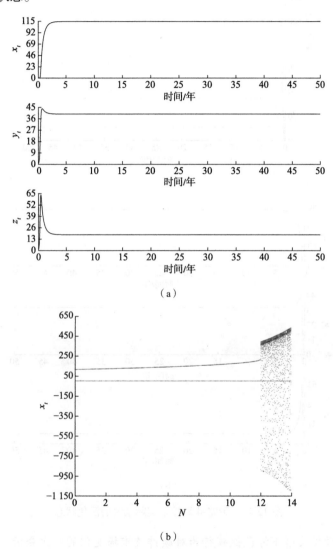

（a）

（b）

图 12-16　参数 a_3 和 N 对状态变量 x_t 的分岔图

保持系统的其他参数值不变，仅使参数 $a_3:0.122 \rightarrow 0.13$ 和 $N:12 \rightarrow 11$，则实际系统的演化图像见图 12-17。根据图 12-17，加快推进全方位全地域全过程的绿色低碳发展格局，碳排放市场状态逐渐由不稳定状态达到稳定状态。

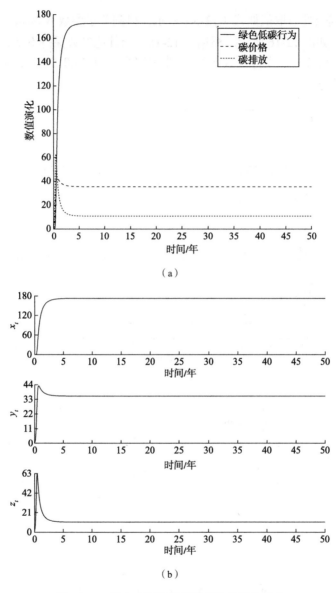

（a）

（b）

图 12-17　策略-4 调控下实际系统的演化状态

2. 组合调控策略下绿色低碳行为对碳排放市场变化的对比分析

　　根据上一节的分析发现：4 种调控政策的实施均能使碳排放市场行为改变，最终达到稳定状态，然而不同的调控政策使实际的系统达到的稳态却不同。本节将从系统的稳态水平和收敛速度两个层面，分别对单一调控策略和组合调控策略下绿色低碳行为对碳价格和碳排放的影响进行对比分析，如图 12-18 所示。

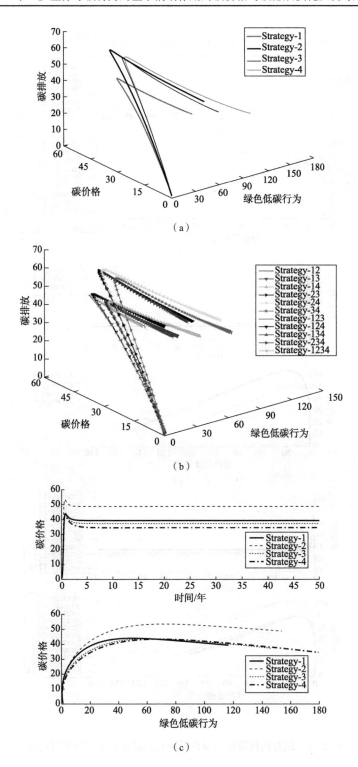

（a）

（b）

（c）

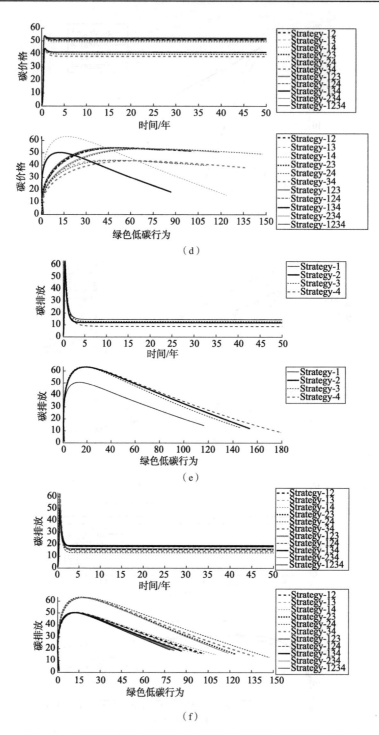

图 12-18　组合调控策略下绿色低碳行为对碳排放市场的演化关系

对比分析图 12-18 发现：

（1）从碳价格的变化方面来看，根据图 12-18（a，b，c，d）可知，单一调控策略下碳价格具有较低水平（如策略-1 具有最低的碳价格水平），这说明绿色低碳行动的开展还有很大空间，而组合调控策略下碳价格具有较高水平（如组合策略-1234 具有最高的碳价格水平），这说明组合调控策略更多地挖掘出了绿色低碳发展的潜力。可见，组合调控策略在提高碳价格水平并使其达到稳态的时间上要优于单一调控策略，这说明在开展绿色低碳的过程中，应综合协调、统筹兼顾，力争挖掘出更多的低碳发展潜力，取得经济的增长和社会的进步。

（2）在碳排放的控制方面来看，根据图 12-18（a，b，e，f）可知，单一调控策略下碳排放的稳定水平低于组合调控策略，但组合调控策略下绿色低碳行为综合力度较小，这说明为实现绿色低碳发展，组合策略下花费较少的绿色低碳成本就可以获得较明显的减排效果。

（3）从绿色低碳行为对碳排放市场的影响方面来看，碳排放市场对绿色低碳行动的开展具有滞后性，即开展绿色低碳的效果需要一定的时间才能转传递到碳排放市场，并且此期间碳市场变化幅度较大（碳价格迅速上升，绿色低碳发展的潜力被迅速挖掘出来；由于绿色低碳发展尚未彰显出其效果，碳排放增势依然较为强劲）。但随着绿色低碳发展的进行，绿色低碳发展的潜力开始滋生"疲软效应"，碳价格开始回落并最终保持稳定水平，而低碳发展的减排效果开始发力，使碳排放大幅减少并最终保持一个较低的水平。

通过分析发现，在挖掘碳价格的绿色低碳发展潜力方面，组合策略的调控效果要好于单一调控政策，而在碳排放的稳态水平方面，单一调控策略的效果要优于组合调控策略，但该情境下组合调控策略的绿色低碳行为实施的综合力度较小。可见，对于不同调控策略，绿色低碳行为驱动的碳排放市场呈现出不同的动力学特征，这些动力学特征的差异性说明了在开展绿色低碳减排行动中，不同的减排行为会有不同的减排效果，并且相近的减排效果所需要的减排力度也有差异性。因此，把握不同行为策略下的减排成本和减排效果，并根据当前自身所具备的减排能力，实施减排行动，才能保障绿色低碳发展的持续性进行，进而最终实现控制地球温度升高的目的。

12.3.4　不同调控策略下不同调控力度对碳价格水平的影响分析

Tang 等的研究表明，最优碳价在 345 元/吨至 1 140 元/吨（43.2~142.71 欧元/吨）[33]。为探索不同策略下不同调控力度下的碳价水平，以 2019 年碳期货价格的平均值为初值，即 24.87 欧元/吨，对不同调控策略下不同调控力度对碳排放价格的稳态水平进行探究，并对比分析其间的差异性，其演化路径如图 12-19 所示。

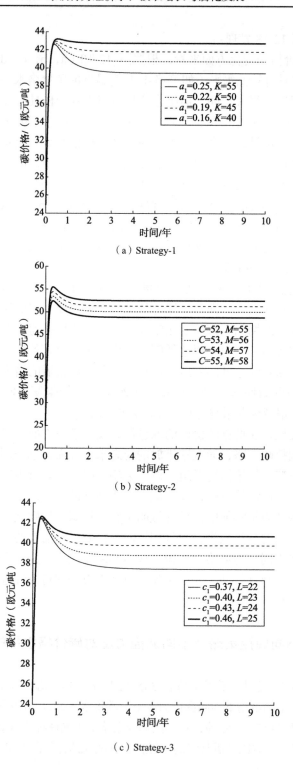

（a）Strategy-1

（b）Strategy-2

（c）Strategy-3

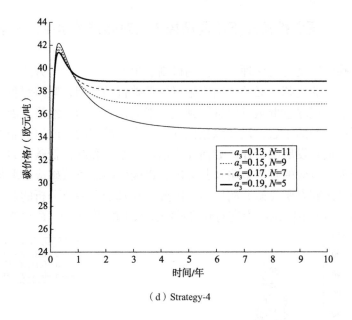

（d）Strategy-4

图 12-19　不同调控策略不同调控力度下碳排放价格的稳态水平

根据图 12-18（a，b）和图 12-19，有如下结论。

（1）随着调控力度的加大，策略-4 中调控策略均可使碳价格水平不断提高。可见，随着调控力度的加大，绿色低碳发展的潜力被逐步地激发出来。

（2）在 4 种调控策略中，策略-2 碳价格的稳态水平最高（即挖掘绿色低碳发展的潜力效果较好），随着调控力度的加大，其碳价格依次约为 52.52 欧元/吨、51.31 欧元/吨、50.09 欧元/吨和 48.84 欧元/吨。而策略-4 则相对最差，随着调控力度的加大，其碳价格依次约为 38.86 欧元/吨、38.06 欧元/吨、36.88 欧元/吨和 34.65 欧元/吨。

绿色低碳发展是解决当前气候变化问题的有效途径，只有不断加快推进绿色低碳发展的进程，提高绿色低碳发展的水平，才能更好地保证减排目标的实现。而目前我国主要的几个碳交易所的平均成交价仅为 22 元/吨（约 2.75 欧元/吨），按照国家发改委的初步估计，从长期来看，每吨 300 元（约 37.56 欧元/吨）碳排放权交易价格才是能真正发挥低碳转型的引导作用的价格标准。因此，根据当前的经济发展水平和绿色低碳发展水平，研究不同调控策略及其调控力度对碳价格的影响，探究合理、有效的调控策略，充分挖掘绿色低碳发展的潜力，提高碳价格水平具有重要意义。

12.3.5 不同调控策略下不同调控力度对碳排放水平的影响分析

    绿色低碳发展是对发展理念、体制机制、生产方式、生活方式、领导方式等一系列、全方位的变革，必须全面实施绿色低碳行动计划，坚持绿色低碳发展、绿色低碳生活，把绿色低碳发展进行到底。然而，由于当前经济发展和能源消费模式之间不可调和的矛盾，以及绿色低碳发展水平的制约，政府、企业和居民都要肩负起绿色低碳发展的责任。如何在当前经济水平和绿色低碳能力的约束下实施科学、合理、有效的减排策略及其力度，以较低的绿色低碳成本取得良好的减排成果，应是研究者所要研究的内容。因此，在基于上一节分析的基础上，本节将讨论不同策略下不同调控力度对碳排放稳态水平的影响，如图 12-20 所示。

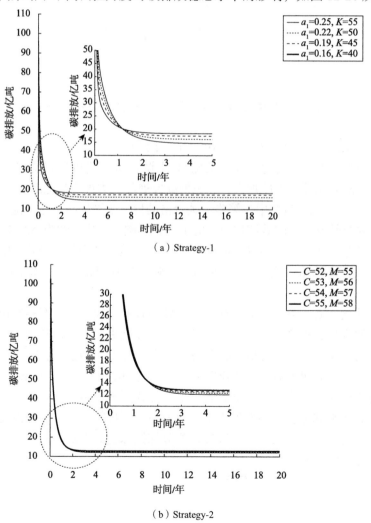

（a）Strategy-1

（b）Strategy-2

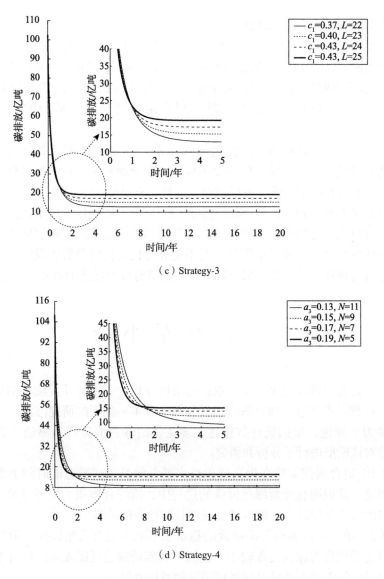

（c）Strategy-3

（d）Strategy-4

图 12-20　不同策略不同调控力度下碳排放的稳态水平

　　根据图 12-20，通过对不同策略不同调控力度下碳排放水平的分析，我们有如下发现。

　　（1）从策略（Strategy-1，Strategy-2，Strategy-3，Strategy-4）的不同调控力度来看，随着调控力度的提高，碳排放的稳态水平呈现上升趋势，这说明在当前经济水平下通过单一加大调控力度虽然在一定程度上可以有效降低碳排放，但并不能使碳排放水平达到最低，这就要求我们根据实际情况实施科学、合理的实施调控方案，进而实现最优减排。

（2）从碳排放收敛的速度来看，随着调控力度的加大，碳排放达到稳态的时间逐渐减少。对于不同调控力度的而言，在 Strategy-2 的 4 种调控力度下碳排放达到稳态的时间均较短，而 Strategy-4 在 $t=2$ 时达到稳定状态是收敛最快的（ $a_3=0.13, N=11.0$ ），在 $t=8$ 时达到稳定状态是收敛最慢的（ $a_3=0.19$ ，$N=5.0$ ）。

（3）从不同策略的碳排放稳态水平来看，Strategy-4 使系统碳排放的问题水平最低，这说明绿色低碳发展需要形成全方位全地域全过程的推进格局，而不是局部的、暂时性的绿色低碳发展战略。此外，Strategy-2 的不同调控力度下碳排放的稳态水平差异性较小，而 Strategy-1，3，4 的不同调控力度下碳排放的稳态水平差异性较大，这说明在当碳排放权交易市场不成熟前阶段通过碳市场实现碳减排的导向作用具有一定的范围性，尚不能充分挖掘出绿色低碳发展的潜力，而通过政府行为和社会行为开展绿色低碳行动则具有较为显著的效果。

12.4　本　章　小　结

传统研究碳排放主要是基于数据的情境分析法、传统计量法、结构性因素分解法、指数因素分解法和自适应权重分解法等单一类型的研究方法。本章基于非线性动力学理论，根据统计数据建立多主体的绿色低碳行为驱动下的碳市场模型，并对该模型进行了分析和研究。

（1）组合调控策略在提高碳价格水平并使其达到稳态的时间上要优于单一调控策略，这说明在开展绿色低碳的过程中，应综合协调、统筹兼顾，争取挖掘出更多的低碳发展潜力，取得经济的增长和社会的进步。

（2）单一调控策略下碳排放的稳定水平低于组合策略调控，但组合调控策略下绿色低碳行为综合力度较小，这说明为实现绿色低碳发展，组合策略下花费较少的绿色低碳成本就可以获得较明显的减排效果。

（3）碳排放市场对绿色低碳行动的开展具有滞后性，并且滞后性期间碳市场变化幅度较大。但随着绿色低碳发展的进行，绿色低碳发展的潜力开始滋生"疲软效应"，碳价格开始回落并最终保持稳定水平，而低碳发展的减排效果开始发力，使碳排放大幅减少并最终保持一个较低的水平。

（4）相同策略的不同调控力度对碳排放的稳态水平呈现同向变化趋势，这是由于加大调控策略力度的过程中，造成了更多的资源浪费，导致了碳排放水平的上升。同时，随着调控力度的加大，碳排放达到稳态的时间逐渐减少。

（5）绿色低碳发展需要形成全方位、全地域、全过程的推进格局，而不是局部的、暂时性的绿色低碳发展战略。此外，在碳排放权交易市场不成熟前阶段通过碳市场实现碳减排的导向作用具有一定的范围性，尚不能充分挖掘出绿色低碳发展的潜力，而通过政府行为和社会行为开展绿色低碳行动则具有较为显著的效果。

绿色生态是一种财富和资产，是难以取代的优质资产、是特殊的资本存在。本章通过探讨不同策略调控力度下绿色低碳行为驱动的碳排放市场的演化状态，分析对当前绿色低碳发展最有价值的调控力度，力争把全面推动绿色发展落到实处，实现预期的碳减排目标，这对让天蓝地绿水清的生态环境成为常态，让人民群众有更多获得感、幸福感和自豪感具有重大意义。此外，为研究更多碳排放的驱动因素，在未来的研究中，我们会将经济增长、能源价格和居民消费行为等因素纳入模型中，进一步研究更多主体驱动下碳排放市场的演化状态，以期为绿色低碳发展的顺利进行提供更多切实、可行的政策建议。

参 考 文 献

[1]   Xia X H，Huang G T，Chen G Q，et al. Energy security，efficiency and carbon emission of Chinese industry. Energy Policy，2011，39（6）：3520-3528.

[2]   Ren L J，Wang W J. Analysis of existing problems and carbon emission reduction in Shandong's iron and steel industry. Energy Procedia，2011，（5）：1636-1641.

[3]   Ren S G，Hu Z. Effects of decoupling of carbon dioxide emission by Chinese nonferrous metals industry. Energy Policy，2012，（43）：407-414.

[4]   He W D，Zhang C. Research on carbon emission evaluation of China's iron and steel industry. International Conference on Industrial Economics System & Industrial Security Engineering，2017.

[5]   Zhang Z J，Zhang C，Feng Y P，et al. Strategies for the decoupling effect of carbon emission and low carbon in the logistics industry of Jiangxi province：from the perspective of environmental protection. Nature Environment & Pollution Technology，2015，14（4）：995-1002.

[6]   Zhang N，Zhou P，Kung C C. Total-factor carbon emission performance of the Chinese transportation industry：a bootstrapped non-radial Malmquist index analysis. Renewable and Sustainable Energy Reviews，2015，（41）：584-593.

[7]   Wang X P，Du L. Carbon emission performance of China's power industry：regional disparity

and spatial analysis. Journal of Industrial Ecology，2017，21（5）.

[8] Yang L S，Lin B Q. Carbon dioxide-emission in China's power industry：evidence and policy implications. Renewable & Sustainable Energy Reviews，2016，（60）：258-267.

[9] Liu Q，Zheng X Q，Zhao X C，et al. Carbon emission scenarios of China's power sector：impact of controlling measures and carbon pricing mechanism. Advances in Climate Change Research，2018，（9）：27-33.

[10] Hao L X，Zhao F Q，Zhao P X. Measures to reduce carbon dioxide emission of China cement industry. Advanced Materials Research，2011，（233/235）：412-415.

[11] Shang M，Rui Dong R，Fu Y J，et al. Research on carbon emission driving factors of China's provincial construction industry. IOP Conference Series：Earth and Environmental Science，2018，（128）：012148.

[12] Shi X C，Li X Y. Research on three-stage dynamic relationship between carbon emission and urbanization rate in different city groups. Ecological Indicators，2018，（91）：195-202.

[13] Guo W，Sun T，Dai H J. Effect of population structure change on carbon emission in China. Sustainability，2016，8（3）：225.

[14] Sundar S，Mishra A K，Ram Naresh，et al. Modeling the impact of population density on carbon dioxide emission and its control：effects of greenbelt plantation and seaweed cultivation. Modeling Earth Systems and Environment，2019，5（3）：833-841.

[15] Jin T T，Zhang J S. Study on the relationship between energy consumption，carbon emission and economic growth in China. Advanced Materials Research，2014，（869/870）：746-749.

[16] Zhang Y J，Da Y B. The decomposition of energy-related carbon emission and its decoupling with economic growth in China. Renewable and Sustainable Energy Reviews，2015，（41）：1255-1266.

[17] Sikdar C，Mukhopadhyay K. The nexus between carbon emission，energy consumption，economic growth and changing economic structure in india：a multivariate cointegration approach. The Journal of Developing Areas，2018，52（4）：67-83.

[18] Arasto A，Tsupari E，Kärki J，et al. Feasibility of significant CO_2 emission reductions in thermal power plants–comparison of biomass and CCS. Energy Procedia，2014，（63）：6745-6755.

[19] Wang Y P，Yan W L，Komonpipat S. How does the capacity utilization of thermal power generation affect pollutant emissions? Evidence from the panel data of China's provinces? Energy Policy，2019，（132）：440-451.

[20] Li F Y，Ou R，Xiao X L，et al. Regional comparison of electric vehicle adoption and emission reduction effects in China. Resources，Conservation & Recycling，2019，（149）：714-726.

[21] Tan L Z，Dong X M，Gong Z Q，et al. Analysis on energy efficiency and CO_2 emission

reduction of an SOFC-based energy system served public buildings with large interior zones. Energy, 2018, （165）: 1106-1118.

[22] Li H Q, Bao W J, Xiu C H, et al. Energy conservation and circular economy in China's process industries. Energy, 2010, 35（11）: 4273-4281.

[23] Liu Z, Adams M, Raymond P, et al. How does circular economy respond to greenhouse gas emissions reduction: an analysis of Chinese plastic recycling industries? Renewable and Sustainable Energy Reviews, 2018, （91）: 1162-1169.

[24] Sun W L, ChenX K, Wang L. Analysis of energy saving and emission reduction of vehicles using light weight materials. Energy Procedia, 2016, （88）: 889-893.

[25] Safin R R, Khakimzyanov I F, Garaeva A F. Energy saving equipment for crushed materials drying. Procedia Engineering, 2017, （206）: 1246-1251.

[26] Liu Z Q, Geng Y, Dai H C, et al. Regional impacts of launching national carbon emissions trading market: a case study of Shanghai. Applied Energy, 2018, （230）: 232-240.

[27] Zhang W J, Zhang N, Yu Y N. Carbon mitigation effects and potential cost savings from carbon emissions trading in China's regional industry. Technological Forecasting & Social Change, 2019, （141）: 1-11.

[28] Zhang Y, Zhang J K. Estimating the impacts of emissions trading scheme on low-carbon development. Journal of Cleaner Production, 2019, （238）: 117913.

[29] Zhou B, Zhang C, Song H Y, et al. How does emission trading reduce China's carbon intensity? An exploration using a decomposition and difference-in-differences approach. Science of the Total Environment, 2019, （676）: 514-523.

[30] Wen W, Zhou P, Zhang F Q. Carbon emissions abatement: emissions trading vs consumer awareness. Energy Economics, 2018, （76）: 34-47.

[31] Forbes K F, Zampelli E M. Wind energy, the price of carbon allowances, and CO_2 emissions: evidence from Ireland. Energy Policy, 2019, （133）: 110871.

[32] Lin B Q, Jia Z J. What are the main factors affecting carbon price in Emission Trading Scheme? A case study in China. Science of the Total Environment, 2019, （654）: 525-534.

[33] Tang B J, Ji C J, Hu T J, et al. Optimal carbon allowance price in China's carbon emission trading system: perspective from the multi-sectoral marginal abatement cost. Journal of Cleaner Production, 2020, （253）: 119945.